LA CLEF
DE LA PHILOSOPHIE

ou

LA VÉRITÉ
SUR L'ÊTRE ET LE DEVENIR.

SAINT-PONS, IMPRIMERIE DE SEMAT.

LA CLEF
DE LA PHILOSOPHIE

OU

LA VÉRITÉ

SUR L'ÊTRE ET LE DEVENIR.

PAR

L'Abbé J.-E. FILACHOU.

Vobis datum est nosse mysteria regni cœlorum; illis autem non est datum.
(MATH., 13, 11.)

La connaissance des mystères du royaume des cieux vous est donnée, mais non aux autres.

MONTPELLIER,	PARIS,
CHEZ MALAVIALLE, LIBRAIRE,	CHEZ LECOFFRE ET C.ie, LIB.,
Place de la Préfecture.	Rue du Vieux-Colombier, 29,

1851.

PRÉFACE.

Toute Préface a généralement pour but d'initier le lecteur aux plus intimes pensées d'un auteur, et de le préparer à ses vues. Nous voulons aujourd'hui nous conformer à cet usage et dire familièrement au lecteur nos sentiments.

L'origine de nos recherches fut le besoin d'une conviction personnelle. Parcourant, l'un après l'autre, à la fin de nos études classiques, tous les systèmes philosophiques inventés jusqu'à ce jour, nous étions frappés de voir qu'aucun ne répondait à nos désirs, en entrant franchement dans la voie d'investigation que, d'après nos pressentiments, il eût pourtant été nécessaire de suivre pour arriver à la vérité systématique. Un seul, à la fin, nous parut marcher dans cette voie; mais ce que nous en avions consistait en une simple analyse extrêmement succincte, et comment une telle analyse aurait-elle pu nous complétement satisfaire? Alors nous nous décidâmes à partir pour l'Allemagne, afin d'aller demander à l'inventeur lui-même communication de ses idées; mais un nouvel obstacle ne tarda pas à s'offrir. L'entrée de ce système est à peu près interdite, au jugement de son auteur, à quiconque ne s'est point élevé jusqu'aux mathématiques transcendantes. Alors il nous fallut revenir sur nos pas, apprendre le calcul infinitésimal que nous ignorions, et, enfin, remettre entre nos mains les ouvrages philosophiques de Herbart, que les Allemands eux-mêmes ont de la peine à comprendre à cause de leur profondeur[1], pour tâcher de nous en approprier ou du moins d'en discuter la doctrine. Au bout de ces travaux, voici ce qui nous apparut clairement. Herbart

---

[1] Nous demandions un jour à M. Wolff, professeur d'esthétique à l'université d'Iéna, pourquoi les Allemands aimaient mieux généralement s'adonner à toutes les folies du panthéisme que cultiver la philosophie, de primo abord, beaucoup plus raisonnable de Herbart : « Elle est trop difficile, » nous répondit-il ingénûment.

a réellement discerné la voie de la vérité ou de l'être, et il y a marché; mais il ne l'a pourtant discernée qu'en partie, et il s'est arrêté aux deux tiers de la route. Car, des trois notions essentielles dont se compose la vraie notion de l'être, il se trouve avoir admis les deux premières (la position, la qualité), et il a tout-à-fait méconnu la dernière (la puissance). Son système est donc vrai sous deux rapports, et faux sous un troisième. Delà vient que, après l'avoir long-temps et vivement combattu dans le champ de l'ontologie pure, nous ne laissons pas de lui faire des emprunts très-multipliés dans les applications. Alors, à proprement parler, ce n'est pas nous qui raisonnons, c'est Herbart; et nous aimons à penser que le lecteur ne sera pas fâché de retrouver dans notre langue les théories physiques ou physiologiques de ce célèbre écrivain.

Parmi toutes les difficultés qui s'opposent, chez la plupart des lecteurs, à l'approbation spontanée de nos vues, nous en distinguons une qu'il nous importe ici, s'il est possible, de faire disparaître : nous voulons parler de la difficulté de concevoir l'étendue sans matière. Nous ferons remarquer, à ce propos, qu'il existe un moyen de s'en rendre raison *à priori*, pour peu qu'on veuille s'en donner la peine; car il suffit, pour cela, de réfléchir sur le don de la mémoire. La mémoire n'est point le simple souvenir des formes objectives; elle est aussi le souvenir des faits, des impressions. D'abord, tout fait ou toute impression est simple; mais comme toutes les impressions, une fois reçues, demeurent gravées ineffaçablement dans l'âme, et peuvent cependant être inégales en force pour diverses raisons, alors elles se coordonnent entre elles, au sein de l'âme, de manière à représenter réellement une étendue intelligible. Ainsi, tandis qu'on ne perçoit réellement qu'une extension intelligible ou interne, on croit apercevoir une étendue réelle au dehors; et la raison en est manifeste : la mémoire, d'une part, est au dedans de nous, et, d'autre part, elle représente le dehors.

Dans les questions sociales si vivement agitées de nos jours, il importe surtout d'invoquer la bonne foi, parce que, sans bonne foi, la morale est encore plus incertaine que le dogme. Supposons deux hommes en présence, et, de ces deux hommes, l'un le premier en possession (de fait) d'un bien déterminé, l'autre voulant entrer en possession de ce bien. Dans le conflit, ces deux hommes devront s'entendre par bienveillance seulement, parce qu'il n'y a point de droits antérieurs. Mais que pourra dire alors, néanmoins, le possédant de fait, qui se dépouille ? Il pourra et devra même dire : « Sans doute, la bienveillance, l'humanité nous fait maintenant une obligation de nous céder l'un à l'autre ; mais c'est à une condition, savoir, qu'une fois les parts faites, si par mon activité particulière je donne à ma moitié plus de valeur ou en retire plus de fruit, j'en pourrai jouir en paix et sans danger d'être contraint à partager de nouveau. » Rien de plus légitime assurément que cette prétention ; il faut moralement que la capacité et l'activité ne soient point étouffées ni comprimées par l'ignorance et le vice ; donc la convention actuelle est nécessaire. Mais cette convention expresse ou tacite engendre le droit, et d'ailleurs elle commence, elle fonde la société qui n'existait pas encore. Donc 1° la bienveillance, l'humanité, c'est le simple mobile incitant les hommes à éviter le combat et à faire la paix ; 2° le droit, c'est au contraire la règle et la charpente de la société qui se construit par le droit, et, sans le droit, ne serait plus que confusion.

Il n'est pas rare cependant d'entendre dire,

aujourd'hui, que le renversement des droits sociaux existants doit être le prélude d'une entière rénovation du genre humain, d'un nouvel âge d'or; mais cette promesse ou cette attente est fallacieuse, car il est impossible que, dans notre condition actuelle, elle se réalise jamais. Sur quoi se fonde-t-on, en effet, pour nous en garantir le succès? On se fonde principalement sur l'idée de l'indéfinie perfectibilité du genre humain qu'on espère voir arriver bientôt, en masse, au même banquet de la civilisation où sont assis, depuis plusieurs années, quelques peuples de l'Europe. Entendons ce que dit sur ce sujet Barchou de Penhoen, dans son exposition du système de Fichte :

« Au premier coup-d'œil que nous jetons » sur la face du monde, ne demeurons-nous » pas tout aussitôt convaincus qu'il est de la » destination de l'humanité de tendre à se » constituer en un seul corps homogène? » Sans doute, il en est ainsi; nous l'avouons. Il reste seulement à savoir si l'on prétend arriver au but de cette tendance inniable, naturellement ou surnaturellement. Notre avis est que l'humanité n'y peut atteindre que surnaturellement; notre adversaire présume que c'est naturellement possible; et d'abord il ne prouve rien ; puis il prouve pour nous et contre lui.

D'abord, il ne prouve rien, en ce qu'il ajoute incontinent :

« Depuis l'origine du monde, nos vices et nos
» vertus, la paix et la guerre, les événements
» ou le hasard, ne nous ont-ils pas également
» poussés vers ce but? » Les événements nous poussent vers ce but, mais ils ne nous apprennent point s'il est naturellement réalisable. Ainsi, la loi mosaïque était une préparation constante à l'évangile, et ne pouvait, néanmoins, naturellement l'amener; il fallait, pour cela, l'apparition du Fils de Dieu.

Puis, l'auteur prouve pour nous et contre lui, dans les paroles suivantes : « Arrivé à
» cette époque de sa vie terrestre, l'homme
» touchera sans doute à une ère de paix, de
» bonheur, de repos. Les hommes ne font point
» le mal pour l'amour du mal (cette assertion
» est fausse, comme dans le cas de l'oppres-
» sion personnelle où une volonté en op-
» prime une autre par haine ou par envie),
» pour le plaisir de faire le mal; quand ils le
» font, c'est en vue d'un avantage qu'ils espè-
» rent en retirer, qu'ils n'en retirent que trop
» souvent dans l'ordre actuel des choses. Mais,

» si la société était constituée comme elle doit
» l'être (qu'est-ce à dire ?), comme elle le sera
» un jour (quand et où ?), l'auteur d'une mau-
» vaise action n'en retirerait que mal et dom-
» mage; le mal reviendrait à son auteur. Le
» moment arrivera donc où, dans sa patrie, à
» l'étranger, sur la terre entière, le méchant
» ne trouvera pas à qui nuire avec impunité;
» il se trouvera dépouillé de la puissance
» de mal faire; et, dès-lors, la volonté
» du mal ne tardera pas à l'abandonner;
» l'intérêt ne divisant plus les hommes, ils
» emploieront leur force à achever de soumet-
» tre, de dompter la nature. Aucune perturba-
» tion nouvelle n'empêchera plus les hommes
» de graviter de toutes leurs forces vers le
» bien; le mal disparaîtra du monde. La pen-
» sée même du mal s'effacera de l'intelli-
» gence humaine. » Dans ce passage, on fait
dépendre le retour de l'âge d'or ou la rentrée
dans le paradis terrestre, d'une triple condition absolument indispensable : plus de puissance de mal faire, plus de mauvaise volonté,
plus de pensée même du mal. C'est, comme
on voit, exiger la grâce complète de l'indéfec-
tibilité. Mais comment arriver là, dans notre
condition actuelle naturelle, sans une action

directe, particulière et personnelle de Dieu, c'est-à-dire, sans un secours surnaturel? Est-ce que la nature humaine peut, naturellement, se dépouiller de la puissance de mal faire? Est-ce qu'il peut être un temps où, naturellement, la division des intérêts cesserait d'exister? Est-ce enfin que la pensée même du mal peut naturellement disparaître sans détriment de la pensée du bien? Certes, si cela se pouvait, il faudrait dire non seulement que la nature de l'homme n'est pas fixe, mais encore qu'elle peut, naturellement, se changer et devenir tout autre. Cela est, maintenant, évidemment absurde. Donc il est réellement impossible à l'homme d'atteindre naturellement sa perfection; et si sa destination est d'y atteindre, il ne peut se flatter d'y parvenir qu'avec l'aide de Dieu.

Nous voudrions pouvoir dire également ici toute notre pensée sur les causes de l'affaiblissement rapide de l'esprit religieux. Mais cette question est trop grave pour nous; nous la laissons à d'autres, pour ne plus songer qu'à remplir un dernier devoir. Plusieurs hommes bienveillants nous ont encouragés et soutenus dans le cours de nos travaux : nous les remercions tous, en ce moment, du plus profond de notre cœur. Mais nous avons des obligations toutes particulières à M. Mondot, professeur de mathématiques au lycée de Toulouse. Nous le prions de vouloir bien regarder l'hommage public, que nous rendons à son ardent amour pour la science et à son infatigable dévouement pour nous, comme la faible expression des profonds sentiments d'estime et d'affection qui nous lient à lui pour toujours.

Saint-Pons, 1er Mai 1850.

L'AUTEUR.

DIVISION ET TABLE DES MATIÈRES.

INTRODUCTION.

	§§
Analyse et synthèse	1
Avantages de la synthèse.	2
Dangers de la synthèse.	3
Certitude et vérité.	4

CHAPITRE Ier.

Notions Analytiques.

Notion complexe de l'être : qualité, position, puissance. . .	5
De la Qualité.	6
Remarques sur les définitions précédentes.	
De l'être en général.	7
Du concret.	9
De l'abstrait.	10
Du formel.	12

De la Position. . . . . §§ 14
Remarque.
De l'infini et du fini, selon Hégel; du nécessaire et du contingent, selon Kant; de l'actuel et du possible, selon Herbart. 16
De l'identité de l'actuel et du possible, ou de l'inconditionné radical. 17
De l'alliance de l'actuel et du possible, ou du conditionné primitif. 18
De la Puissance 19
Remarques.
De l'application de la notion du temps à la puissance et à la réalité. 20

CHAPITRE II.

Étude et Détermination de la Position.

Indication et ordre des actes d'affirmation possibles touchant la position. 22
De l'Empirisme sceptique.
Sa définition. 24
Ses causes. 25
Sa réfutation, ou démonstration de cette proposition : L'être est, primitivement, absolu 26
Du Panthéisme.
Son idée. 29
Ses variétés. 31
Sa réfutation, ou démonstration de cette proposition : L'être absolu est, actuellement, multiple. 33
De l'Athéisme.
Sa nature. 37
Ses espèces. 38
Sa réfutation, ou démonstration de cette proposition : La contingence et la possibilité du phénomène prouvent l'existence d'une suprême condition des êtres soumis au devenir. . . 39
Du Théisme.

Le dogme de la création, ou d'une condition radicale, n'implique aucune contradiction positive. 48

Importance de ce dogme. 50

CHAPITRE III.

Étude et Détermination de la Qualité.

Suite et enchaînement des vérités ou des erreurs touchant la qualité. 51

De la Réalité.

Sa signification en général. 54

Sa cognoscibilité. 55

Sa détermination positive, ou démonstration de cette proposition : La réalité, c'est l'activité. 57

De l'Actualité.

Son caractère éminemment distinctif. 61

Sa démonstration, ou vérité de cette proposition : L'activité est acte. 62

Sa reconnaissance comme objet de l'absolue position. . . . 63

De l'Extension.

Sa possibilité. 66

Sa nécessité, ou démonstration de cette proposition : L'acte est extensif. 67

Ses conséquences. 70

CHAPITRE IV.

Étude et Détermination de la Puissance.

Indication et déduction des aperçus concernant cette nouvelle et dernière détermination de l'être. 73

Du Possible.

Sa double nature : l'absolu et le relatif. 74

Ses deux espèces : l'explicite et l'implicite. 75

Caractère fondamental des puissances explicites et implicites, ou notion des personnes divines et des êtres créés. . . . 78

Du Devenir. 88
Ses variétés : devenir immanent, et devenir incident. . . . 81
Origine et nature de ces deux sortes de devenir. 89
Définition et réfutation de l'idéalisme de Hégel, ou le vrai réalisme. 89
De la Relation.
Sa nature en général. 90
Ses variétés. 91
Personnalité et impersonnalité. 92

CHAPITRE V.

Application de la Synthèse.

Rationalité de l'idée de Dieu. 96
Rationalité de l'idée de la créature. 97
Nature intime des êtres : actes pour soi, et actes non pour soi. 98
Construction de l'univers, ou division des puissances réelles ou apparentes. 101
De la Nature. 102
Psychologie. 103
Physique. 111
Physiologie. 114
De la Liberté. 119
Jurisprudence. 120
Politique. 128
Sociologie. 130
De l'Esprit. 133
Idéologie. 134
Déterminologie. 135
Religion. 136
Conclusion. 139

LA CLEF
DE LA PHILOSOPHIE

ou

LA VÉRITÉ

SUR L'ÊTRE ET LE DEVENIR.

INTRODUCTION.

§ 1er.

Il y a deux méthodes concurremment usitées dans l'enseignement des sciences : l'analyse et la synthèse. L'analyse est cette méthode par laquelle on part de la considération distincte des divers éléments d'un problème ou d'une question proposés, pour en induire ensuite par le raisonnement les vérités dont on veut ramener la croyance ou opérer la conviction. La synthèse, au contraire, consiste à partir d'une proposition générale comme d'un principe éminent d'où l'on s'efforce ensuite de déduire systématiquement toutes les propositions particulières que l'on peut avoir pour objet de défendre ou d'exposer fidèlement. Ces deux méthodes, séparées, ont leurs avantages et leurs inconvénients respectifs; mais, réunies, elles se complètent ou se parfont l'une l'autre. L'analyse, par exemple, est tout spécialement propre à démontrer la vérité, par la raison qu'elle porte précisément à mettre sans cesse en évidence les révélations immédiates des sens ou les notions constitutives de l'esprit que l'on sait être les véritables fondements de toute discussion; mais, parce qu'elle manque en même temps d'une vue générale à laquelle elle rattache ou les faits qu'elle explique ou les vérités qu'elle prouve, elle fait, à peu près toujours, éprouver, après cette première satisfaction que cause à tout homme la découverte du vrai, un malaise réel résultant de l'impuissance où l'on se trouve alors d'envisager cette même vérité librement de tous côtés ou sous toutes ses faces. De même, la synthèse a cet avantage inverse, qu'elle présente toujours réunies en un principe commun toutes les diverses parties de la doctrine soumise à l'examen, et par-là contribue merveilleusement à faire ressortir à la fois tous ses points de vue spéciaux; mais, à cause de cette élévation même qu'elle donne à la pensée pour la rendre capable d'embrasser d'un seul regard la science, elle amoindrit extrêmement, d'une part, la force ou l'importance des points de vue primitifs, d'autre part, elle renforce singulièrement l'empire de l'imagination toujours plus facile à consulter que l'observation attentive des faits, et ainsi elle a le notable défaut, au lieu d'éclairer, d'éblouir. Dès-lors, pour jouir à la fois des deux avantages respectifs de l'une ou de l'autre méthode sans en éprouver les inconvénients, c'est-à-dire, pour avoir tout ce que l'on peut souhaiter sous le double rapport de la grandeur des aperçus et de la force des preuves, il n'y a rien de mieux à faire que d'employer simultanément l'analyse et la synthèse à la reconnaissance ou à l'étude des mêmes vérités ; car, puisque chacune de ces méthodes a ce qui manque à l'autre pour être parfaite, il est inévitable qu'elles fassent, par leur ensemble, un tout parfait, ou se corrigent, se complètent l'une l'autre, et, de cette manière, suffisent à montrer dans tout son jour la science, surtout si l'on a soin de les ranger dans l'ordre convenable. L'analyse, prenant l'homme tel qu'il est et ne l'occupant d'abord que de ce qu'il a coutume de regarder et de traiter, l'intéresse d'autant plus pour ses recherches que la matière en est plus familière et le succès plus certain ; d'ailleurs, elle se suffit à elle-même, demeurant dans le cadre des travaux qui lui sont affectés ; elle a, par conséquent, le droit de passer la première. La synthèse, au contraire, vient plus à propos au second rang, parce que, comme sa fin est moins de démontrer que de systématiser la connaissance, elle n'exige pas seulement une pleine intelligence des questions agitées, mais elle requiert encore une notable facilité d'abstraction ; et l'on sait que cette facilité ne saurait être acquise sans une grande habitude préalable de la méthode analytique. Analyse et synthèse, mais d'abord analyse, puis synthèse, tel est donc le moyen nécessaire et suffisant d'arriver, dans les sciences, à la plus grande exactitude et clarté des idées.

Or, dans notre *Examen de la Rationalité de la Doctrine catholique*, nous avons déjà réalisé ce traitement des vérités fondamentales de la philosophie par l'analyse et l'induction, qui doit précéder l'emploi de la synthèse.

Quand, en effet, nous avons voulu procéder au renversement de tous les faux systèmes opposés au développement du dogme catholique, nous avons toujours basé la discussion sur l'observation des faits internes ou externes. Quand nous avons voulu pénétrer la vraie nature des notions de l'espace, du mouvement et du temps, nous nous sommes appliqués à les décomposer en leurs principes élémentaires, avant de passer à la discussion des lois de formation auxquelles ils obéissent, et de montrer ensuite, dans ces lois, la véritable raison de l'apparition de ces notions en l'esprit. De même, lorsqu'il s'est agi plus tard d'étudier les faits de liberté, nous avons soigneusement proposé la triple distinction de la faculté de vouloir, des motifs de vouloir, et des circonstances, à l'explication rationnelle des deux ordres d'action appelés grâce et nature, dont le dernier, par l'excès de ses désordres même, est ce qui fournit à l'autre la matière de ses plus ravissantes beautés. D'après cela, nous pouvons donner sans crainte notre premier travail comme un effort continu tendant à faire passer incessamment l'esprit, de chaque ordre inférieur d'idées, à l'ordre immédiatement supérieur; par exemple, de la notion de l'espace à celle de l'ensemble des êtres, de la notion du temps à celle de la successivité des actes, et de l'idée des actes contingents à celle des puissances réelles. Il est vrai que, dans ces transitions multipliées, certaines idées, telles que celles de l'absolu et du relatif, etc., nous ont servi de guide et de lien entre les divers objets de notre étude; néanmoins, parce que, toutes les fois que l'expérience est posée en principe, les idées ressortent peu ou point, notre marche a dû, nonobstant ce secours, retenir et présenter inévitablement une apparence de développement arbitraire. C'est pourquoi, si nous voulons arriver à posséder réellement un parfait ensemble de doctrine, nous devons encore nous occuper sérieusement de coordonner ce que nous avons divisé, et de le montrer ainsi comme ramassé dans sa source, au sein du premier principe de toute vérité, de toute force et de tout fait.

Afin de ne pas laisser notre œuvre inachevée, mais de donner au contraire pleine satisfaction au besoin illimité de savoir, nous publions donc aujourd'hui, sous la forme synthétique, une nouvelle exposition de nos pensées. Le principal objet de notre application dans ce nouveau travail sera, non de prouver nos dogmes, mais d'en offrir les définitions les plus simples, les plus exactes et aussi les plus propres à les faire comprendre, embrasser et goûter. Puissions-nous mener à bonne fin cette grande entreprise !

§ 2.

Voici les heureux résultats ou les précieux fruits que nous nous promettons de cette étude, si nous nous y livrons avec le zèle et l'application convenables.

Le premier résultat de la synthèse appliquée aux sciences est, en général, de répondre au besoin de l'esprit que tourmente le désir d'embrasser, comme d'un seul regard, tout l'ensemble des vérités ou des faits démontrés par l'analyse et le raisonnement. Si les esprits que tourmente l'amour de la science sont rares, plus rare encore, on peut le dire, est la satisfaction dont nous voulons parler.

Le second résultat de la synthèse est de faire tomber, en quelque sorte, sous le sens intime de l'intelligence les vérités les plus abstraites, à l'aide de ses définitions éminemment simples et générales. Il existe, en effet, entre l'analyse et la synthèse, cette différence remarquable, qu'en analyse on se contente parfois de définitions imparfaites, parce que, telles qu'elles s'offrent à l'esprit, ces définitions suffisent à résoudre les questions du moment; au point de vue synthétique, au contraire, il n'en saurait être de même, parce qu'alors l'esprit généralise et par conséquent exige que les définitions soient rigoureusement appropriées à tous les cas possibles.

Le troisième résultat de la synthèse, c'est, tout en simplifiant la pensée, d'agrandir indéfiniment la connaissance. Car, si la synthèse aide à mieux voir, il est inévitable qu'elle fasse apercevoir davantage, par la raison qu'il est difficile d'admettre un notable accroissement d'exactitude et de clarté, sans présupposer un développement correspondant de connaissance réelle. Qu'est-ce que mieux voir, si ce n'est voir sous de nouveaux aspects les vérités que l'on ne pouvait auparavant que partiellement saisir ? Ces nouveaux aspects méritant certainement autant de considération que les points de vue primitifs, il s'ensuit que la synthèse ne régularise pas seulement la connaissance, mais encore la développe et l'étend.

Ce n'est pas tout; elle la confirme, l'affermit ou la fixe. En effet, il n'est pas impossible que l'analyse, à cause de l'apparente incohérence ou liaison arbitraire des vérités particulières qu'elle réussit à prouver, laisse subsister dans l'esprit, après et malgré ses preuves positives, un reste de doute et d'incrédulité. Chacun sait que, lorsqu'un fait est déjà bien établi, l'on se sent encore souvent de la répugnance à l'admettre, tant que l'on n'arrive point à saisir parfaitement le caractère, la raison, le but ou l'utilité de ce fait. Or, où se trouve-t-il ainsi plus de questions réservées qu'au sujet des vérités religieuses, métaphysiques, physiques ou morales ? Pour les faire disparaître toutes en même temps, il n'y a point alors de moyen plus sûr et plus expéditif que la synthèse;

car la synthèse est justement ce qui fait ou constitue le savoir, en rangeant chaque vérité, chaque fait à sa place, dans l'ordre des vérités ou des faits. La synthèse est par conséquent, essentiellement, la dernière contr'épreuve comme la plus haute vérification du véritable savoir.

§ 3.

A la vue de ces magnifiques résultats de la synthèse, il serait possible, maintenant, que le découragement nous saisît, parce que nous nous jugerions au-dessous de la tâche dont nous nous sommes chargés. Mais nous pouvons nous rassurer, en pensant que notre *Examen de la Rationalité de la Doctrine catholique* a été une préparation constante à ce nouveau travail, débarrassé, par cet essai, des deux plus grandes entraves qui se puissent offrir : la solution des mystères, et le choix des principes. Si nous n'avions pas déjà reconnu la rationalité des dogmes les plus profonds de notre foi, et si les vrais principes du savoir étaient encore autant de mystères incompris, nous aurions alors infailliblement lieu de redouter l'insuccès le plus complet ; nous devrions, pour ne pas perdre à la fois notre temps et nos peines, abandonner irrévocablement notre entreprise. Mais tel n'est point notre cas ; les mystères sont expliqués, les vrais principes établis, et, par-là, le plus difficile est fait ; non seulement, le champ de la science est, pour ainsi dire, défriché, mais la semence a été répandue en terre, elle a germé, elle s'est développée, elle se présente à nous dans sa fleur et prête à nous donner son fruit. Qu'est-ce qui nous reste à peu près à faire, si ce n'est à le recueillir dans nos mains ? A moins de renoncer sciemment à tous les avantages que nous avons acquis, nous ne pouvons donc nous contenter de ce que nous avons fait. Si la science est quelque chose, c'est par l'ordre, par la clarté, par la fécondité des idées synthétiquement rapprochées et unies. Ainsi Dieu embrasse tout sans effort ni recherche, parce que sa connaissance n'est qu'une seule et même vue réfléchie en tous lieux et de toutes manières. Rendu semblable à lui par la synthèse, le vrai savant n'a de même, quelquefois, besoin que d'invoquer un seul principe élevé, pour résoudre, sans lenteur et avec précision, les questions les plus épineuses, ou se tirer des cas les plus embarrassants.

Si la synthèse n'est pas trop difficile, il ne faudrait pas de suite s'imaginer, pour cela, qu'on en peut être quitte pour un moment d'attention. Car rien ne serait plus dangereux, plus nuisible que cette fausse persuasion, en vertu de laquelle on ne manquerait pas de vouloir sans scrupule construire, d'un seul jet et sous l'impression d'une première idée, un système entier de l'univers pour le fonds et la forme, à la façon des anciens philosophes qui, croyant tout expliquer, n'expliquaient rien, et de plus faisaient les importants en religion, en politique, en morale, pour aboutir le plus souvent à la négation des devoirs et des droits. Parce que tout s'enchaîne, erreur et vice, vérité et vertu, un premier écart de la vérité est bientôt suivi d'un autre, comme cet autre d'un troisième; de plus, l'homme, qui commence à raisonner sur l'essence des choses, a tellement l'esprit rempli de préjugés dès sa naissance, qu'il n'est pas moins nécessaire, pour lui, d'oublier que d'apprendre. Pose-t-il un premier principe? c'est pour lui le premier pas, le début de sa raison inexpérimentée dans une route inconnue. Les occasions d'errer ne peuvent être plus nombreuses, les méprises ne peuvent jamais être plus radicales. A cause du fatal enchaînement entre les erreurs et les vices, il est dès-lors inévitable qu'une fois engagé dans l'erreur, il en parcoure tous les degrés, jusqu'à ce qu'il tombe encore dans l'abîme des vices; c'est-à-dire, confonde dans une seule et même négation, ou ruine tout à la fois par la base la raison et la science, la religion et la morale, la société et l'état. Les systèmes du jour sont une preuve palpable de ce que nous avançons en ce moment : tout ce qu'on propose pour fonder la société tourne à sa destruction. Les prétendues vérités qu'on invente ne sont que le fruit empoisonné de l'arbre de la science du bien et du mal, et Dieu l'a voulu sans doute, pour prouver l'impuissance du génie de l'homme qui le donne, comme la folie de ceux qui s'en contentent. Au reste, cette vertu délétère de tous les faux systèmes, ils l'éprouvent eux-mêmes et sans retard : on connaît le sort des théories des Fichte, Schelling, Hégel. Méprisant les écueils trop fameux de la synthèse, ces philosophes, éminemment féconds en aperçus brillants, en contrastes ingénieux, au lieu d'expliquer les faits d'observation, comme c'était leur devoir, sans les dénaturer, les ont tellement peu à peu transformés dans leurs mains, qu'à la fin de leur œuvre il suffit, pour en découvrir l'illusion, de la mettre en opposition avec ces mêmes faits perçus libres de préjugés. Leur monde n'est pas même une silhouette du véritable monde ; c'est plutôt une caricature.

Est-ce que nous n'allons pas, nous-mêmes, éprouver un semblable destin ? Où tant d'autres ont péri, ne sommes-nous pas grandement téméraires d'oser porter nos pas, nous?... Eh bien ! non ; nous croyons même qu'il faut n'avoir pas compris notre constante application à faire toujours marcher de front, dans notre *Examen de la Rationalité de la Doctrine catholique*, l'expérience et la raison, la raison et la foi, pour venir nous suggérer une crainte semblable. Marchant à la lueur de ce triple flambeau : l'expérience, la raison, la foi, nous ne laisserons pas, assurément, d'être faillibles; mais les erreurs ne seront plus mortelles, et jamais nous n'aurons le regret d'avoir nié le certain, le beau, le juste, le parfait, le divin.

Il est vrai que nous sommes infiniment au-dessous des beaux génies dont nous suivons la carrière, pour l'invention, l'imagination, le talent et l'étendue du savoir; mais aussi nous savons à quelles chûtes exposent tous ces dons naturels, qui sont loin d'être une garantie contre l'erreur. Notre génie, à nous, est la patience et la circonspection. Pourvu que nous procédions à notre œuvre avec toute la réserve possible, nous espérons que nos désavantages relatifs seront suffisamment compensés. Si nous offrons moins de nouveau, nous pourrons n'être pas moins utiles. Des erreurs monstrueuses, des aperçus chimériques ne défigureront pas notre travail, où, tout au plus, on pourra remarquer la trace d'opinions librement discutées dans les écoles, mais jamais celle de ces doctrines insensées dont on ne saurait envisager sans horreur les conséquences funestes.

§ 4.

L'essentiel sera, dans tout le cours de nos recherches, de ne jamais perdre de vue les deux signes au moyen desquels on peut, en philosophie, s'orienter, ou distinguer facilement la vérité de l'erreur, et la certitude de l'hypothèse. Ces deux signes, qui ne constituent proprement, lorsqu'ils sont réunis, qu'un seul et même principe de certitude absolue, n'ont sans doute, à peu près jamais, été niés directement ; mais souvent on a paru les oublier, et nous reconnaissons à Leibnitz et à Herbart le mérite spécial de les avoir distinctement signalés ou recommandés à l'attention du philosophe. Leibnitz, frappé de l'introduction de plus en plus explicite de l'évidence dans le champ des discussions philosophiques, et prévoyant les nombreux abus que l'on pouvait faire de son autorité en faveur de l'erreur, se hâta de formuler le premier signe, afin de déterminer de quelle sorte d'évidence il pouvait être question. Mais ce signe était par lui-même seulement négatif, ou propre à faire distinguer ce qui est rationnel de ce qui ne l'est point ; et la question de fait restait tout entière à juger. Kant et son école, entreprenant de décider cette question, allaient dès-lors s'enfonçant dans les voies d'un idéalisme absolu ; le moi, l'absolu, l'un, étaient seuls proclamés la vérité et l'être ; le sol manquait partout sous les pieds du rationaliste, quand Herbart est venu marquer le second signe, le signe positif. L'unique principe de certitude absolue, formé de la réunion de ces deux signes, l'un négatif et l'autre positif, nous l'énoncerons maintenant de cette sorte : **Toute proposition est certaine, toutes les fois qu'elle ne présente aucune contradiction à l'esprit, et a de plus l'expérience pour base.** En effet, par la première condition, il est certain alors que l'idée proposée, sauf la question de fait, est intrinsèquement bonne et par conséquent admissible ; et, par la seconde condition, il est encore certain que cette même idée n'est point imaginée, inventée, mais donnée, inspirée, injectée du dehors par la nature dans l'âme ; d'où il suit qu'elle n'est pas seulement valable en droit, mais de fait est nécessairement certaine ou certainement vraie. Or, toute proposition se borne essentiellement à reconnaître ou poser un fait ou une idée comme vrais. Donc, puisque cette vérité ressort évidemment des deux conditions que nous venons d'indiquer, ces deux conditions, réunies, sont bien incontestablement le signe ou le critérium infaillible de la certitude absolue. Nous disons réunies, parce que, séparées, elles n'offriraient point intégralement le même résultat. Sans la dernière de ces deux conditions, par exemple, on pourrait par hasard se trouver dans le vrai ; mais alors on n'en serait pas certain, on resterait dans l'hypothèse. Sans la première, au contraire, on ne se trouverait pas seulement hors de la certitude, mais encore dans le sein de l'erreur ; un moment de réflexion à ce sujet suffit pour le faire comprendre. Donc les deux conditions que nous avons signalées sont bien réellement le double élément indispensable de toute certitude ou vérité objective ; et le défaut de l'une suffit pour constituer l'erreur, comme celui de l'autre l'hypothèse.

Il nous reste à tracer la marche que nous nous proposons de suivre en ce nouveau travail. Naturellement, il convient de présenter d'abord, dans un résumé clair et succinct, les données ou les résultats de nos recherches antérieures : nous consacrerons à cette œuvre un premier chapitre, dont le but sera de nous préparer aux études subséquentes. Ensuite, il faut coordonner et systématiser les résultats obtenus, en les montrant se déduisant les uns des autres dans un ordre parfaitement rationnel ; nous entreprendrons cette laborieuse recherche en trois chapitres, où nous passerons en revue tous les points de vue généraux et spéciaux dont l'être est susceptible. Enfin, que faut-il faire encore ? Il faut encore mettre le système complet, en face des vérités puisées à leurs sources immédiates, et s'assurer, ainsi, si l'on ne travestit ou ne dénature point ces mêmes vérités, en même temps que l'on s'efforce de les mieux saisir et comprendre ; cette tâche sera l'objet d'un cinquième et dernier chapitre, où nous ferons l'application des principes établis aux diverses branches de la philosophie. Puisse le lecteur parcourir tous ces divers chapitres avec la même ardeur qui nous les a fait entreprendre, poursuivre et terminer !

CHAPITRE I.ᵉʳ

NOTIONS ANALYTIQUES.

§ 5.

Toutes nos recherches analytiques nous ont conduits à formuler ainsi nos idées générales sur l'ÊTRE :

« Qu'est-ce que l'être ? D'après tous les développements
» antérieurs, on n'aura pas de peine à nous comprendre
» si nous disons que, comme en mathématiques tout
» solide se construit au moyen de trois ordonnées néces-
» saires et suffisantes à cet effet, ainsi toute vraie réalité
» s'obtient au moyen de trois conceptions nécessaires et
» suffisantes, qui sont la position, la qualité, et la puis-
» sance. En effet, la position, sans la qualité, ne suffit
» point ; pareillement, la position et la qualité, si l'on
» ne sous-entend dans la qualité l'idée d'une puissance

» spécialement déterminée à telle ou telle sorte d'exercice,
» ne suffisent point ou ne donnent qu'un produit vague
» et non réel. Il est donc indispensable de réunir toutes
» ces conceptions, pour arriver à la véritable notion de
» l'être ou de la réalité ; d'où il suit que toute réalité ou
» actualité absolue peut et doit être définie : une telle
» puissance réelle ou actuelle [1]. »

Or, si c'est là que l'analyse a abouti, c'est de là que la synthèse doit maintenant partir.

§ 6.

Parlons, d'abord, de la qualité. Nous ne pouvons pénétrer ou saisir parfaitement l'intime qualité de l'être, ou dire quel il est. Il est, cependant, possible de distinguer trois points de vue spéciaux propres à nous représenter sa nature; et ces trois points de vue sont le concret, l'abstrait, le formel.

Du Concret.

Le concret, c'est tout ce qui est réel ou apparent. La réalité est opposée à l'apparence, comme l'apparence à la réalité.

L'apparence est tout objet de connaissance distincte, immédiatement ou médiatement obtenue par les sens, par exemple, le rouge, l'espace. Parce qu'il y a deux directions du sens, l'une au dedans, l'autre au dehors, il y a aussi deux sortes d'apparence, l'une interne, l'au-

---

[1] *Examen de la Rationalité de la Doctrine catholique*, pag. 272.

tre externe. L'apparence externe est ce qui nous vient du dehors, par exemple, le rouge; et l'apparence interne est ce qui nous vient du dedans, par exemple, l'espace.

La réalité est ou le sujet du sens interne ou l'objet du sens extérieur; c'est-à-dire, elle est l'être envisagé comme support objectif ou subjectif de l'apparence. On voit par-là que l'apparence est toujours comprise entre deux êtres, comme entre deux points fixes. Ces deux êtres opposés peuvent n'être pas tous les deux réels, mais être l'un réel, l'autre fictif, parce que le même être peut quelquefois jouer en même temps le double rôle de sujet et d'objet.

De l'Abstrait.

L'abstrait, c'est tout ce qui est simplement représenté comme actuel ou possible. L'actualité est le contraire de la possibilité, comme la possibilité est le contraire de l'actualité.

Le possible, c'est tout objet de connaissance engendrée du dedans sans réalité correspondante au dehors. Telles sont, en général, toutes les choses, réelles ou apparentes, dont l'existence dépend d'une condition et surtout du libre arbitre, par exemple, une montagne d'or, une rivière de lait, etc.

L'actuel, c'est tout objet de connaissance conçu et posé comme raison ou sujet du possible, et par conséquent reconnu existant en dehors de l'esprit ou indépendamment de la pensée qui le conçoit et le pose. Nous citerons pour exemple la monade, Dieu, l'âme, la terre, le soleil, etc.

De même que l'apparence se trouve incessamment

comprise entre deux réalités réelles ou fictives, la possibilité se trouve toujours également comprise entre deux actualités correspondantes, l'une nécessaire ou de raison, et l'autre contingente ou de fait.

Du Formel [1].

Le formel, c'est tout ce qui est susceptible de déterminations multiples et diverses, comme l'extension ou la grandeur, l'intensité ou la force.

L'extension est l'idée qui résulte de la comparaison entre le genre et l'espèce, ou la puissance et l'acte. Par exemple, l'idée de couleur, en général, a un ressort bien plus grand que l'idée de rouge.

L'intensité est l'idée qui résulte de la comparaison de deux ou plusieurs actes. L'activité dominante est, ordinairement, réputée plus intense.

Remarques sur les Définitions précédentes.

§ 7.

On n'est pas bien éloigné, vulgairement, de désigner par le mot être une chose qui serait à la fois Tout et Rien, parce qu'on ne s'applique point à distinguer toutes les vues contradictoires qui se rattachent à ce mot. En effet, si l'on admet l'être sans détermination, il n'est Rien, faute d'objet de position. Si l'on admet, au con-

---

[1] Il ne faudrait pas identifier le formel et la forme. Car la forme est invariable, et le formel est variable par les formes qui se succèdent en lui.

traire, qu'il est déterminé et qu'on lui prête en même temps en germe toutes les déterminations imaginables, on en fait l'ensemble le plus monstrueux qu'on puisse concevoir, par la présence simultanée de plusieurs ordres de déterminations à la fois impossibles. Pour se le représenter sainement, il ne faut prendre, par conséquent, en considération qu'une seule détermination intrinsèque, sans détermination extrinsèque d'aucune qualité, ou bien pleinement indéterminée au dehors ; la reconnaissance ou la position explicite de cette première détermination sera l'ê t r e. L'idée véritable qu'il faut se faire de l'être est donc celle d'une position simple au dedans, simple au dehors, ou bien tellement complète et finie en elle-même que, sous ce rapport ou comme position ; elle ait tout, rien ne lui manque.

Cette position, supposons maintenant que nous voulions la sonder en elle-même, l'examiner dans tous ses modes. Nous serons, pour cela, contraints de briser, pour ainsi parler, son unité naturelle, en distinguant en elle trois sortes de qualités spéciales : le concret, l'abstrait, le formel.

§ 8.

Le concret, s'il est réellement la première apparition ou manifestation de l'être à l'être, doit nécessairement nous le montrer, exposer, révéler dans sa pureté native, dans son essence originaire, selon la qualité de ses données ; car, en ce cas, sa nature encore vierge pour toute autre sorte de manifestation subséquente n'a pu être aucunement altérée, ni déguisée, ni contrefaite, pour prendre une apparence étrangère ; elle représente forcément l'être tel qu'il est en lui-même. Or, le concret est réellement la première apparition ou manifestation de l'être à l'être. En effet, entre toutes les manifestations, celle-là passe incontestablement la première, qui se trouve la moins compliquée, la plus simple ou la plus naturelle. Or, le concret est évidemment la manifestation de l'être la moins compliquée, la plus simple ou la plus naturelle, puisqu'il se développe au simple contact ou par la vision face à face, et consiste, par ce moyen, dans le simple phénomène de passion et de réaction physiques, ordinairement non moins imprévu qu'involontaire. Le concret est donc réellement la première apparition ou manifestation de l'être à l'être ; et, par conséquent, si nous voulons reconnaître l'être en lui-même, nous n'avons point d'autre ni de meilleur moyen que d'étudier l'essence du concret.

§ 9.

Le concret, maintenant, en quoi consiste-t-il ? Nous nous le sommes déjà représenté comme formé de deux principes élémentaires : la réalité et l'apparence. Or, cette manière de voir ou plutôt cette division est exacte ; car, de ces deux éléments, l'un et l'autre impliquent également la notion du concret, à cause de leur inséparable union actuelle ou possible. L'apparence, par exemple, est concrète, quand elle est jointe à la réalité, parce que c'est justement à l'aide de la réalité qu'on distingue l'apparence concrète de toute autre apparence. De même, la réalité est concrète, quand elle peut tomber sous une apparence quelconque, parce que c'est justement à cause de cette possibilité qu'on distingue, de toute autre réalité, la réalité concrète. C'est, ainsi, la relation entre la réalité et l'apparence, qui constitue le concret. La réalité, par elle-même et sans cette relation intrinsèque, ne se distinguerait pas de l'être ou de la position pure et simple ; mais, par cette relation, elle acquiert une détermination particulière qui l'élève au rang de puissance réelle. De même, l'apparence, par elle-même ou sans sa relation à la réalité, ne se distinguerait pas des représentations fantastiques ; mais, en vertu de cette relation, elle devient positive et se pose très-déterminément dans l'être comme le premier fait de sa conscience ou de sa vie.

La réalité et l'apparence, se présupposant toujours l'une l'autre d'une certaine manière, ainsi que nous venons de le voir, ne sont pas tellement opposées qu'on puisse regarder la réalité comme essentiellement non apparente, et l'apparence comme essentiellement non réelle. Au contraire, la véritable apparence ou l'apparence concrète est celle qui emporte avec soi la réalité, et la véritable réalité ou la réalité concrète est celle qui, loin d'exclure l'apparence, la présuppose toujours d'une certaine manière, sinon comme actuelle, du moins comme possible. On n'a pas de peine à comprendre en général, ce nous semble, que ce qui apparaît est ce qui est, et que ce qui est est ce qui apparaît ; d'où il suit qu'il n'y a pas de distinction réelle à établir entre l'apparence et la réalité, que l'on conçoit se rapporter l'une à l'autre, et que, si, par hasard, la possibilité de les séparer se présente à l'esprit, cette possibilité résulte de l'idée qui les perçoit et les pose intelligiblement distinctes, bien qu'elles soient toujours réellement confondues, si de fait elles existent ensemble.

§ 10.

Comment est-il possible, nous demandera-t-on, d'arriver à concevoir distinct ce qui ne se distingue pas réellement, comme l'apparence et la réalité ? La distinction intelligible, plus ou moins éloignée, de l'apparence et de la réalité résulte précisément de l'union primitive de ces deux éléments du concret qui semblerait devoir la rendre tout-à-fait impossible ; et, pour arriver à s'en convaincre aisément, il suffit de fixer un moment son attention sur la nature infailliblement percevante de tout être nanti d'apparences réelles. Un tel être, en effet, doué d'aperception en lui-même, ne doit pas seulement discerner la première apparence ou l'apparence concrète dont le fait l'enrichit ; il peut et doit encore, avec le concours des circonstances, sinon par sa propre énergie, discerner la perception qu'il en a, ou percevoir l'apparence de la première apparence. Mais la nature de la première apparence, nous l'avons clairement définie tout-à-l'heure (§ 9), consiste dans l'identification originaire de l'apparence et de la réalité ; et, tant que dure cette union, le caractère essentiel de la première apparence subsiste. Donc le caractère essentiel de la seconde espèce d'apparence, que nous avons appelée l'apparence de la première apparence, consiste inversement dans l'admission d'une apparence sans réalité ou d'une réalité sans apparence ; ou bien, la seconde apparence est la distinction entre la réalité et l'apparence, l'opposition entre le latent et le patent, et, pour mieux nous exprimer encore, la position de l'abstrait à côté du concret.

§ 11.

Il ne saurait être, après cela, malaisé de différencier le concret, et l'abstrait ou cette seconde apparence dans laquelle nous retrouvons la première apparence moins la réalité dont elle est dépouillée ou distincte. A cause de l'opposition essentielle que nous reconnaissons entre le concret et l'abstrait, parce que la nature du concret implique l'union naturelle de l'apparence et de la réalité, la nature de l'abstrait implique, au contraire, l'enlèvement, la négation ou la désunion de cette union primitive, non sans doute en ce sens qu'on en dément le fait antérieur, mais en ce sens qu'on ne la tient plus que pour un simple fait, dont on n'aurait pas même à constater l'existence sans la présence de certaines conditions propres à la déterminer ou à la rendre possible. Ainsi, l'abstrait nous apparaît comme un jugement que l'on porte sur un fait ou sur une actualité précédente, envisagée dans ses deux éléments essentiels, l'apparence et la réalité, et par lequel on déduit, de la distinction des deux éléments de ce fait, tant l'absolue possibilité de ce fait en lui-même que celle de tout fait analogue. Dans cette opération de l'esprit, il est bien clair, du reste, que la réalité et l'apparence ne fonctionnent plus de la même manière que dans la perception du concret. En effet, leur union est, ici, toujours censée dissoute ; l'apparence est, intelligiblement au moins, reléguée au rang des êtres fantastiques, et la réalité ne compte plus au nombre des êtres tombant sous l'apparence. Alors, l'apparence ne s'appelle plus, par la même raison, apparence, mais idée, concept, représentation ou image ; de même, la réalité ne s'appelle plus réalité, mais actualité, position ou substance. Cependant l'abstrait ne contient point, pour cela, plus d'être véritable que le concret, car il roule toujours exclusivement, comme lui, sur la réalité et l'apparence; seulement, la manière d'être intérieure est changée, l'union primitive est détruite ou réputée détruite, et par suite le théâtre de la conscience est agrandi d'un second pas en tout équivalent au premier soit pour le fond soit pour la forme; et d'abord pour le fond, parce qu'il comprend le premier tout entier, ensuite pour la forme, parce que la distinction entre l'actuel et le possible qui constitue le second fait ou pas, n'a ni plus ni moins de latitude ou d'extension que l'union du réel et de l'apparent qui constitue le premier.

Nous avons déjà remarqué que, dans le concret, la réalité et l'apparence s'impliquent essentiellement l'une l'autre; l'une, pour ne pas retomber dans la notion indécise de l'être en général; l'autre, pour ne pas se changer en une pure apparence. La même relation existe et se répète, au moins jusqu'à un certain point, entre l'actualité et la possibilité, puisqu'on ne saurait dire que ces deux éléments de l'abstrait soient tellement opposés qu'on ne puisse, d'une certaine manière, regarder comme actuel le possible, et comme possible l'actuel. Cependant il est encore vrai de dire que l'actualité et la possibilité s'excluent ou se repoussent entre elles; car, si ce n'était cette exclusion, l'actuel et le possible se confondraient de telle sorte, comme le réel et l'apparent, en une seule représentation absolue, qu'on pourrait les affirmer indifféremment l'un de l'autre. Or, bien loin qu'il en soit ainsi, l'actuel et le possible se distinguent au point de cesser tout-à-coup l'un ou l'autre, si leur opposé se produit. L'actuel, par exemple, n'est plus lui-même, s'il mérite d'être nommé possible ; et, de même, le possible a disparu, quand l'actuel survient. En conséquence, il est incontestable qu'en même temps que l'actuel et le possible s'impliquent, ils ne laissent pas de s'exclure ou de se repousser formellement. Que signifie maintenant cette exception ou réserve ? Elle signifie qu'ils se présupposent, non simultanément comme le réel et l'apparent, mais successivement et en ce sens que, d'abord, l'actualité implique toujours à sa suite la possibilité pour ne pas aboutir à l'impossibilité de fait ou à l'incapacité, et qu'ensuite la possibilité présuppose toujours à son devant l'actualité pour ne pas aboutir à l'impossibilité de raison ou à l'absurdité. Cette double considération, facile à saisir, montre qu'il y a une distinction réelle à établir entre le possible et l'actuel, que l'on conçoit se rapporter l'un à l'autre. Car, de ce que, sous peine d'aboutir à l'absurde, il est rigoureusement nécessaire d'admettre une actualité quelconque au devant de toute espèce de possibilité, il résulte clairement que l'actuel est, au moins une fois, dans l'universalité des événements ou des faits, la condition du possible, ou bien que le possible, avec tout l'actuel qu'il entraîne à sa suite, est radicalement dépendant d'un actuel déterminé, sans lequel il serait impossible. Or, toute subordination semblable, s'étendant jusques à l'existence, est bien ce qu'on entend exprimer par la dénomination de distinction réelle. Donc il existe une distinction réelle entre l'actuel et le possible, que l'on conçoit se rapporter l'un à l'autre, suivant que l'actuel est présupposé au possible, ou le possible à l'actuel.

§ 12.

Après ces éclaircissements, rappelons-nous que l'actuel

et le possible sont les deux termes d'une seule et même relation naturelle, et que cette relation est l'objet d'une apparence interne, dépouillée de la position qu'il lui faudrait pour atteindre au concret. En vertu de sa qualité naturellement percevante, l'être, ainsi favorisé d'apparences ou d'images intelligibles à la suite et par l'effet des apparences sensibles qu'il saisit tout d'abord, doit toujours percevoir, comme il a toujours perçu jusqu'à cette heure, son état intérieur réel ou apparent, et, par conséquent, il doit tendre à élever d'un degré la puissance des apparences internes. Mais il se trouve que la série des apparences singulières possibles, qui commence au concret, se termine brusquement à l'abstrait, comme le prouve l'opposition contradictoire en vertu de laquelle toutes les apparences singulières se divisent exclusivement en concrètes ou abstraites. Il est donc impossible qu'une nouvelle espèce d'apparences singulières surgisse ; et ce qui résulte, ce qui peut résulter de l'état intérieur, c'est seulement une troisième apparence dérivée des deux autres par l'adjonction réciproque du concret et de l'abstrait. Le phénomène, résultant de cette opération, est ce que nous avons appelé le formel.

§ 13.

La réunion de l'abstrait au concret est susceptible d'être entendue de deux différentes manières, intensivement ou extensivement. La grandeur extensive ou l'extension, bien et dûment appréciée, ne nous semble pas différer essentiellement de la réalité proprement dite ou actuelle. En effet, il en est ainsi, sans aucun doute, si l'extension est une grandeur relative toujours essentiellement déterminée par les réalités auxquelles elle s'applique ou convient. Or, l'extension est bien certainement une grandeur toujours essentiellement définie par les réalités dont elle exprime la puissance ou les relations originaires ou naturelles. Donc l'extension ne diffère pas essentiellement des réalités ou des qualités primitives des êtres ; et, par suite, sa reconnaissance directe ou indirecte implique une certaine idée des qualités réelles, tout comme une reconnaissance exacte des qualités réelles impliquerait à son tour une complète aperception de leur extension respective. L'intension ou l'intensité, au contraire, se distingue rationnellement de la réalité mise en activité. Car cette sorte de grandeur se borne à exprimer le degré de puissance ou de force mise en œuvre par une ou plusieurs activités réelles ; elle admet donc la possibilité de distinguer entre ce qui est fait ou n'est pas fait du côté de l'agent, ou l'opposition manifeste du négatif au positif. Mais le négatif ne saurait entrer dans la composition des réalités proprement dites. L'intensité se distingue par conséquent des réalités, et constitue, par elle-même, un troisième ordre d'apparence suffisamment caractérisé par le nom d'apparence formelle.

§ 14.

La position est la seconde considération se rattachant à l'être, après la qualité. Elle se confond originairement avec l'acte d'affirmation pris en lui-même ; par où l'on voit qu'elle est l'acte fondamental de l'idée, ou cet acte sans lequel on ne saurait absolument rien concevoir d'existant.

La position, selon la manière dont elle est amenée

dans l'esprit, est absolue ou relative, nécessaire ou contingente, inconditionnée ou conditionnée.

De l'Absolu et du Relatif.

La position absolue est la position pure et simple, ou la position principale dépouillée de toutes déterminations accessoires.

La position relative est toute position accessoire se rattachant, d'une manière quelconque, à la position principale.

Du Nécessaire et du Contingent.

La position nécessaire est toute position sans enlèvement possible.

La position contingente est celle qui n'implique pas plus essentiellement la position, qu'elle n'exclut l'enlèvement.

On appelle impossible tout ce qui est uniquement susceptible d'enlèvement, et non de position.

De l'Inconditionné et du Conditionné.

La position inconditionnée est celle qui se suffit parfaitement à elle-même ou ne dépend de rien.

La position conditionnée est celle qui dépend d'une condition pour devenir, de possible, actuelle.

Remarque.

§ 15.

L'importance des définitions précédentes, trop souvent

incomprises, nous engage à rechercher ici comment d'illustres philosophes ont pu, quelquefois, tellement apprécier diversement le même point de vue, qu'ils en soient venus à poser des résultats contraires.

Nous avons vu (§ 11) que le possible présuppose toujours à son devant, au moins d'une certaine manière, l'actuel, et que de même l'actuel implique toujours à sa suite le possible, ou le non-actuel réalisable et non réalisé. Sous ce rapport, nous pouvons nous représenter le contingent actuel et le contingent simplement possible, comme divisés en deux parts, et situés l'un à la gauche et l'autre à la droite d'une commune condition, dans les mains de laquelle ils sont comme tenus en balance pour passer, l'un et l'autre, à son gré, de l'actuel au possible ou du possible à l'actuel. Si l'on imagine maintenant, fictivement, que l'actuel et le possible, non moins séparés que réunis par cette condition intermédiaire commune, d'éloignés qu'ils en sont, l'un à droite, l'autre à gauche, s'en rapprochent de plus en plus des deux côtés, alors l'actuel sera censé d'autant plus près d'être possible, et le possible sera censé d'autant plus près d'être actuel, que la distance sera devenue moindre. Bien plus, à la fin de ce rapprochement, s'il est poussé jusqu'à ses dernières limites, l'actuel et le possible seront réellement confondus, ils n'auront plus besoin de condition, ou plutôt la condition, en ce cas, sera l'identité de l'actuel et du possible par l'effet de l'égalité de l'actuel à tout le possible que l'on pourrait imaginer. Cela compris, prenons pour commun point de vue primitif cette identité de l'actuel et du possible que nous venons de signaler, et voyons ce que les philosophes en ont fait.

§ 16.

Hégel, que l'ordre de nos idées nous porte à nommer le premier, y a vu le fondement immédiat de la distinction entre l'infini et le fini. Car, s'occupant de caractériser ces deux notions inverses de l'infini et du fini, il s'exprime de la sorte : « Dans le fait, tout fini est ceci
» et seulement ceci, ce dont l'existence diffère de l'idée.
» Mais Dieu (l'infini) doit être expressément ce qui peut
» seulement être conçu existant; laquelle notion impli-
» que l'être. Cette unité de l'être et de l'idée est ce qui
» constitue l'idée de Dieu [1]. » Or, il suit de là réellement que Hégel a regardé l'identité de l'actuel et du possible, au sens ci-dessus expliqué, comme le fondement immédiat de la distinction entre l'infini et le fini. A moins de dire, en effet, que Hégel a voulu poser comme directement correspondantes les deux idées de réalité et de possibilité, que nous savons seulement correspondre, la première à l'apparence, et la seconde à l'actualité, il est indispensable d'admettre que, dans le texte cité, le mot existence signifie actualité, et le mot idée (Begriff) désigne la possibilité. Mais, d'après ce célèbre idéologue, le fini consiste expressément dans la distinction, et l'infini dans l'identité de l'existence et de l'idée. Donc, selon

---

[1] « In der That ist alles Endliche dies und nur dies, dass das Daseyn desselben von seinem Begriff verschieden ist. Gott aber soll ausdrücklich das seyn, das nur «« als existirend gedacht »» werden kann, wo der Begriff das Seyn in sich schliesst. Diese Einheit des Begriffs und des Seyns ist es, die den Begriff Gottes ausmacht. »

(Encyklopädie, 3 Ausg., S. 63.)

lui, le fini consiste expressément dans la distinction, et l'infini dans l'identité de l'actuel et du possible. Maintenant est-il rationnel de confondre ainsi le fini et l'infini avec la distinction ou l'identité de l'actuel et du possible? Non. Car, d'abord, ce nous semble, cela n'est aucunement évident comme il conviendrait que cela fût entre choses absolument identiques, puisqu'il est incontestable que la synonymie de ces deux ordres d'idées n'éclate point. Ensuite, on n'a pas la ressource de dire que cette synonymie, bien qu'elle ne soit pas manifeste, ne laisse pas d'être réelle, par la raison que ces deux ordres d'idées s'impliquent essentiellement d'une manière immédiate. Car le seul objet, immédiatement impliqué par la distinction ou l'identité de l'actuel et du possible, est une position absolue ou relative, d'une nature quelconque; de sorte qu'il ne s'agit pas simplement de savoir, tout d'abord, si cette distinction ou cette identité constituent le fini ou l'infini, mais encore quand et comment l'absolu et le relatif sont infinis ou finis. Or, il est clair que l'absolu et le relatif n'impliquent point essentiellement ces deux qualifications opposées, mais sont seulement propres à les recevoir dans des cas particuliers dont la détermination est d'ailleurs étrangère à ces idées. Donc la distinction ou l'identité de l'actuel et du possible n'impliquent point essentiellement les deux notions relatives d'infini ou de fini. Par le fait, il est encore, du reste, manifeste que tout être fini actuel, du moins en tant qu'il est, est toujours, un moment, identique au possible qui lui correspond en idée. Cependant on n'admet pas que ce moment d'identité lui donne alors l'infinité. Donc la permanence ou, si l'on veut, l'éternité de cette identité ne peut la constituer davantage, puisque la durée permanente ou éternelle du fini ne saurait être jamais proprement appelée infinie.

Après Hégel, nous citerons Kant. Ce dernier philosophe n'a pas confondu la distinction ou l'identité de l'actuel et du possible avec le fini ou l'infini, mais il y a vu plutôt le double caractère du contingent et du nécessaire, d'après le passage suivant : « [Que la distinction et la » subordination respectives de l'actuel et du possible n'at- » teignent point généralement les choses en elles-mêmes,] » c'est ce qui résulte de ce postulat indispensable de la » raison, par lequel on est forcé d'admettre comme in- » conditionnellement nécessaire un quelque chose en quoi » le possible et l'actuel ne doivent plus être distingués » l'un de l'autre[1]. » Ces paroles montrent, en effet, qu'au jugement de Kant, l'essence du nécessaire consiste dans l'identité de l'actuel et du possible ; d'où vient qu'il a pu dire ailleurs : « Le conditionné, c'est le contingent ; » et l'inconditionné, c'est le nécessaire[2]. » Or, il s'en faut bien, d'abord, que la simple reconnaissance de cette identité nous place immédiatement dans la position nécessaire. Car, qu'une position soit nécessaire, ou qu'elle soit contingente, y a-t-il rien de plus ou de moins dans l'un et l'autre cas, sous le rapport de l'actualité, que la pure et simple reproduction du possible intelligiblement correspondant à l'actuel ? Non, sans doute. Donc elles sont alors, toutes les deux, également équivalentes

---

[1] « Dass...iene Sätze...nicht von Dingen überhaupt (gelten) : leuchtet aus der unablässlichen Forderung der Vernunft ein, irgend etwas (den Urgrund), als unbedingt nothwendig existirend anzunehmen, an welchem Möglichkeit und Wirklichkeit gar nicht mehr unterschieden werden sollen. »
(Kritik der Urtheilsk. 2 theil, S. 341, 3e Aufl.)

[2] « Das Bedingte im Daseyn überhaupt heisst zufällig ; und das Unbedingte, nothwendig. »
(Krit. der rein. Vern., S. 323, 7 Aufl.)

au possible qui leur correspond en idée. Donc elles impliquent, chacune à sa manière, l'identité de l'actuel et du possible. Donc l'essence du nécessaire ne consiste point dans cette identité. D'ailleurs, comment pourrions-nous, encore, confondre le nécessaire et l'inconditionné? Un évènement peut être nécessaire, comme étant amené forcément à devenir. Tel est, par exemple, l'avènement du second Acte relatif dans la Conscience divine. Mais il serait absurde, alors, de prétendre que cet évènement fût inconditionné; puisque, dans ce cas, il n'y aurait point de nécessité, sans condition présupposée. Donc la nécessité ne consiste ni dans l'inconditionnalité, ni dans l'identité de l'actuel et du possible.

Herbart s'est aperçu de la méprise qui consiste à réduire le nécessaire à l'identité de l'actuel et du possible; mais, tout en relevant cette faute, il tombe, lui-même, dans une autre. Car, cherchant à déterminer convenablement cette même identité, il y voit seulement l'explication ou la définition du pur être, ou de la position pure et simple : « La vraie notion du nécessaire, dit-il, » est : Ce dont le contraire implique contradiction. Et » cette définition ne dit aucunement qu'il consiste en ce » que le possible et l'actuel ne doivent plus être distin- » gués l'un de l'autre. Au contraire, cette dernière notion » pourrait plutôt valoir comme définition du pur être[1]. »

---

[1] « Die richtige, und längst bekannte, auch in der angeführten Stelle überall zum Grunde liegende Erklärung der Nothwendigkeit lautet so : nothwendig ist dasjenige, dessen Gegentheil einen Widerspruch enthält. Keinesweges aber sagt sie nothwendig sey das, worin Möglichkeit und Wirklichkeit nicht mehr unterschieden werden sollen. Vielmehr würde eben dies für eine Erklärung nicht des nothwendigen, sondern des reines Seyn gelten können. »

(Allg. Met., B. 1, S. 114.)

Mais, est-ce que l'identité de l'actuel et du possible ne réveille pas d'autre idée, que celle de la position pure et simple? Qui dit position pure et simple, dit seulement position sans enlèvement, et, par conséquent, ne prend nullement en considération la notion du possible [1]. Or, la compréhension de l'identité de l'actuel et du possible requiert, au contraire, qu'on prenne expressément en considération le possible, pour le comparer à l'actuel et l'identifier en même temps avec lui. Donc il est encore formellement impossible d'identifier la position pure et simple avec l'identité de l'actuel et du possible.

§ 17.

Comment doit être finalement qualifiée cette identité presque indéfinissable? Nous distinguerons. Dans cette comparaison de l'actuel et du possible, ou l'on entend parler de l'actuel préposé au possible, ou l'on désigne l'actuel qui présuppose le possible avant lui. — Dans le premier cas, la distinction entre l'actuel et le possible est purement apparente, et l'union est, au contraire, réelle; de plus, cette même union est, alors, une vraie **identité**. — Dans le second cas, l'union est toujours, en elle-même, apparente, comme consistant dans une vraie relation intelligiblement percevable entre

---

[1] Herbart le déclare lui-même : « Es ist demnach schon entschieden, dass der Unterschied des Wirklichen und Möglichen die Dinge selbst gar nicht angeht, und nicht im geringsten auf das wahrhaft Seyende, auch nur in unsern Gedanken, darf bezogen werden. »

(Allg. Met., B. 1, S. 110.)

deux sortes de positions identiques d'idée, mais non de fait ; et la distinction est, au contraire, réelle, puisqu'alors leur réunion implique un terme moyen étranger, dont la dénomination caractéristique est celle de puissance (§ 11).

Nous ne nous arrêterons pas à faire voir, ici, le caractère inconditionné de l'union de l'actuel et du possible prise dans le premier sens que nous venons d'indiquer, parce que ce caractère ressort assez manifestement des explications précédentes relatives à ce cas (§ 15). Ce qui nous doit maintenant occuper, c'est de chercher à concevoir, aussi parfaitement, le second cas, d'où nous vient la notion, généralement si peu distincte, de puissance.

§ 18.

La possibilité, se trouvant toujours comprise entre deux actualités correspondantes, l'une antérieure et l'autre postérieure à elle-même, ne peut être aucunement l'apanage de cette dernière qui n'influe point sur elle. Elle appartient donc, tout entière, à la première envisagée soit comme suppôt soit comme auteur du possible ; c'est-à-dire, envisagée comme concrète, pleine et actuelle, sous un rapport, et comme abstraite, vide et non actuelle ou simplement possible, sous un autre. La vraie signification de ces expressions : concret, plein, etc., appliquées à l'être, nous la connaissons déjà (*Examen*, etc., § 21). Le concret, le plein, sont synonymes de détermination ; et, inversement, l'abstrait, le vide, pris objectivement, sont synonymes d'indétermination. Comme la conception de puissance implique la coexistence de ces deux ordres de notions en un seul et même être, on pourrait vouloir dire maintenant, de nouveau, que l'identité de l'actuel et du possible est ce qui constitue la puissance. Mais le mot identité nous semble très-impropre en ce cas, et nous lui substituons le mot plus heureux d'alliance. En effet, reconnaître l'alliance positive de l'actuel et du possible, c'est admettre (à cause de la nature absolument irréductible des deux notions du possible et de l'actuel, l'une en l'autre, que nous avons reconnue § 11) l'existence d'une seule position à deux faces réelles, ou bien l'existence d'une seule position essentiellement telle qu'étant positive en un sens, et non positive ou négative en un autre, elle ne soit point, par elle-même, complète sous toutes ses faces, mais pourtant soit toujours puissante à le devenir, ou capable de déterminations contingentes. Or, il est parfaitement rationnel d'admettre l'existence d'une semblable position à deux faces distinctes, et néanmoins toute simple. Car mettre, de cette sorte, ensemble le positif et le négatif, ou l'actuel et le possible, ce n'est pas, comme on nous l'attribue déjà peut-être, composer, de parties réelles, une unité réelle; c'est seulement décrire et définir, au moyen d'une pluralité d'idées toutes compatibles entre elles et avec elle, l'unité de l'absolue position. Ces idées, dont nous voulons parler, sont l'actualité et la possibilité. L'actualité, d'abord, est compatible avec la position absolue; c'est évident; de plus, elle la détermine positivement. Ensuite, la possibilité n'est pas moins compatible avec l'absolue position; puisque, n'étant rien de réel en elle-même, elle ne peut l'agrandir ni la multiplier, mais est seulement propre à la distinguer de tout ce qui ne lui est point essentiel; ce qui n'implique aucune absurdité. Donc l'idée que nous

nous sommes formée de la puissance, comme constituée par l'alliance positive de l'actuel et du possible, est également très-rationnelle en elle-même.

D'après cela, la puissance, cette troisième espèce de considération que nous avons vue (§ 17) se rattacher à l'être, peut être très-intelligiblement définie, non plus l'inconditionné, mais le conditionnant ou la condition du possible. C'est l'actualité primitive ou radicale, encore indéterminée au dehors, dont d'autres actualités, relativement contingentes, dépendent pour l'existence et l'action.

§ 19.

La notion de puissance résultant de la nature de l'alliance que l'on conçoit exister entre l'actuel et le possible, il importe, si l'on veut arriver à bien caractériser cette notion, d'étudier préalablement avec soin les divers aspects sous lesquels on peut envisager cette même alliance. Or, il y a trois principaux aspects à distinguer dans l'alliance de l'actuel et du possible, suivant qu'on la considère avant, pendant ou après l'événement.

De la Puissance, avant l'avènement du Possible.

Elle est explicite ou implicite. La puissance explicite est la puissance en sa plénitude de développement intrinsèque, ou la puissance appliquée, moins l'effet. La puissance implicite est la puissance en simple possibilité de devenir, ou non appliquée.

De la Puissance, pendant l'avènement du Possible.

Elle est incréée ou créée. La puissance incréée est celle

qui ne devient point dans le temps, mais seulement en raison, d'implicite, explicite. La puissance créée est celle qui, d'abord implicite, devient ensuite explicite ou réelle.

De la Puissance, après l'avènement du Possible.

Elle est personnelle ou impersonnelle. La puissance personnelle est celle qui possède toute la plénitude de l'acte absolu ou réel ; et la puissance impersonnelle est celle qui n'a point cet avantage.

Remarque.

§ 20.

Dans le cas de l'inconditionné, l'actuel et le possible ne sont point réellement distincts, mais confondus et unis, puisqu'aucune condition ne vient les séparer indépendamment de l'acte d'abstraction ou en dehors de l'idée. Dans le cas du conditionnant, au contraire, le possible et l'actuel sont tellement distincts qu'une condition intermédiaire est toujours rationnellement requise pour les opposer l'un à l'autre, et changer le possible en actuel ou l'actuel en possible, puisqu'il est manifeste que l'actuel et le possible ne peuvent être simultanément affirmés, en ce cas, d'une seule et même chose. Il suit de là que, si, dans le premier cas, la notion du temps n'intervient ni ne peut intervenir entre l'actuel et le possible, elle peut et doit naturellement intervenir, au contraire, dans le deuxième cas ; car alors les deux termes du rapport, c'est-à-dire, l'actuel et le possible n'étant qu'alternativement réalisables, constituent, par le seul fait de leur réalisation successive, cette suite de changements qu'on appelle le temps.

Dans le cas de l'inconditionné, l'actuel et le possible étant distincts l'un de l'autre, sinon en réalité, du moins en apparence ou en idée, présupposent, par le seul fait de cette distinction, une succession d'apparences ou un développement apparent de fonctions. Au contraire, dans le cas du conditionnant, la distinction du possible et de l'actuel n'étant pas seulement apparente, mais réelle, on peut et l'on doit dire que son exercice interne ou essentiel implique l'existence d'une pluralité non seulement d'apparences, mais de réalités. Cependant, les réalités survenant au conditionnant n'agrandissent aucunement ni sa position, ni sa qualité, ni sa puissance, par la raison qu'elles ne lui sont aucunement comparables sous ce triple rapport. De même qu'on ne peut ajouter des surfaces à des solides, ni des lignes à des surfaces, ni des points à des lignes, à moins qu'on ne considère toutes ces choses abstractivement et sans relations d'aucune sorte, on ne peut ajouter à la réalité radicale, à l'apparence radicale, toutes les apparences ou réalités contingentes dont elle est l'absolue condition ; ou, si on les lui compare, associe et ajoute, c'est par l'abstraction, par l'idée, par le renoncement à toute détermination comparable.

En combinant ces deux remarques, on arrive à cette conclusion manifeste : Il y a deux sortes de développements dans la condition suprême ou radicale ; l'un simplement apparent en lui-même, et, de plus, intemporel ou purement rationnel ; l'autre simplement réel en lui-même, et, de plus, temporel, s'il sort du domaine exclusif du possible ou de la raison pure.

§ 21.

Ici se terminent les notions analytiques qu'il nous a paru convenable de reproduire ou de proposer au commencement de ce nouveau travail, pour ne pas mériter, plus tard, la formelle accusation d'impuissance, intentée par Ch. Léonhard Reinhold contre tous les précédents philosophes. Après nous les avoir montrés, les uns plus hardis, voués, par mépris de la vraisemblance, à la recherche des vérités absolues; les autres plus timides, se contentant de simples vraisemblances par désespoir d'atteindre à l'absolue vérité; mais tous retenant néanmoins le type du système dont ils sembleraient s'être ainsi dépouillés, et, par suite, les uns ou les autres, infatués soit de la prétendue visibilité de leurs intuitions absolues, soit de la prétendue découverte de l'incompréhensible et ineffable. Reinhold, cet auteur si connu pour sa droiture et sa franchise, ajoute : « Ce long et
» vain travail ne finira point, c'est-à-dire, la vérité
» des principes généraux, la vraisemblance des faits
» particuliers seront toujours méconnues et mal interpré-
» tées, tant que les diverses formes de la connaissance,
» désignées sous les noms génériques de représentation
» et de pensée, ne seront point mieux distinguées ni
» exprimées qu'elles n'ont été jusqu'à cette heure [1]. »

---

[1] « Die philosophie.... sowohl die gewisse Warheit im allgemeinen als auch die Warscheinlichkeit im Besonderen verkannt und gemissdeutet hat, und so lange verkennen und missdeuten muss, als es ihr noch nicht gelungen ist, das Denken als solches von dem Empirischdenkenden ausdrücklich zu unterscheiden, und in seinem Unterschiede durch unzweydeutige Wörter auszusprechen. »
(Das menschl. Erkenntnissvermögen, Beylage 4, S. 288.)

On ne saurait dire plus franchement que l'unique moyen d'arriver à la vraie philosophie consiste dans la perfection des idées et du langage ; et c'est parce que nous sommes entièrement de cet avis que nous avons voulu, nous-mêmes, essayer de bien décrire et définir d'avance tous les matériaux de nos études subséquentes.

Après avoir éclairci, séparé, dénommé de notre mieux toutes les notions analytiques que nous devrons employer, il s'agit, maintenant, de savoir ce que nous devons faire pour remplir notre plan, c'est-à-dire, pour arriver à connaître toute la vérité sur l'apparence et sur l'être. Mais ce que nous avons dit suffit déjà pour délimiter notre sujet, et nous tracer la voie ; car, si la position, la qualité, la puissance constituent tout l'objet du savoir, il n'y a point à chercher ailleurs d'autre objet à traiter ; la position, la qualité, la puissance, seules, appellent et doivent fixer notre attention. En conséquence, ce que nous avons à faire pour découvrir toute la vérité sur l'apparence et sur l'être, c'est de découvrir la vérité sur la position, la vérité sur la qualité, la vérité sur la puissance ; ou bien, de discerner d'abord le nombre déterminé ou indéterminé des positions actuelles ou possibles, de reconnaître ensuite leurs qualités réelles ou apparentes, et enfin de nous rendre raison de leurs actes internes ou externes. Cela fait, il ne nous restera, pour terminer notre œuvre, qu'à compléter la synthèse des idées par la synthèse des faits, en comparant, avec les données de la tradition ou de l'observation, les résultats acquis, et nous assurant, par ce moyen, de la parfaite rationalité de nos premières vues.

CHAPITRE II.

ÉTUDE ET DÉTERMINATION DE LA POSITION.

§ 22.

La position pure et simple, sur laquelle il est à peu près impossible d'élever aucun débat sérieux à cause de son caractère éminemment abstrait, problématique et général, nous l'avons, ce nous semble, assez bien définie en disant qu'elle est l'acte d'affirmation en lui-même, ou l'affirmation considérée absolument. En effet, entre tous les moyens qu'on peut imaginer pour définir clairement toutes les notions irréductibles et primitives de l'esprit, le meilleur est assurément d'en indiquer l'origine. Or, en nommant l'affirmation ou ses actes que chacun peut aisément connaître par soi-même, nous avons réellement indiqué l'origine immédiate de la position envisagée sous toutes ses faces. Donc la position pure et simple est bien telle que nous l'avons définie : l'acte d'affirmation en lui-même.

Mais nous avons reconnu que la position, comme acte d'affirmation, subit plusieurs transformations, et nommément qu'elle se divise en trois genres, composés, chacun, de deux espèces qui sont, pour le premier, l'absolu et le relatif; pour le second, le nécessaire et le contingent; pour le troisième, l'inconditionné et le conditionné. Ces trois genres sont, tous, conciliables entre eux; les espèces sont, au contraire, respectivement exclusives. Par exemple, l'absolu peut être indifféremment réputé nécessaire ou contingent, de même que le relatif; mais on ne peut dire, en aucun cas, que l'absolu soit le relatif, ni le relatif l'absolu.

Ce n'est pas à dire pour cela que jamais on ne fasse la faute de réunir les notions qui s'excluent. Cette faute, on ne la fait que trop souvent, au grand détriment du savoir, comme nous aurons occasion de le montrer en son lieu. Cependant nous conviendrons, et l'on nous accordera sans doute volontiers que la réunion infiniment variée des éléments des trois genres indiqués constitue principalement le phénomène naturel, que l'on a tous les jours sous ses yeux depuis le premier jusqu'au dernier moment de sa vie temporelle. Oserait-on dire, en effet, après avoir reconnu avec nous que la position est le thème ou le sujet commun de tout ce qu'on peut avoir à traiter dans la vie sous peine de s'installer bel et bien dans un néant absolu, que la position est autrement déterminable que suivant l'une quelconque des six manières dont nous avons prétendu qu'elle se détermine? Qu'on veuille bien alors indiquer un quatrième, un cinquième..... genre de position qui ne soit ni absolue ni relative, ni nécessaire ni contingente, ni inconditionnée ni conditionnée !... Mais c'est ce qu'on ne peut faire évidemment ; rien, au-dessus ou au-delà de ces notions, ne vient s'offrir à l'esprit.... Les trois genres de position que nous avons indiqués constituent donc, à eux seuls, tout le ressort de la position pure et simple ou le champ de son développement en tout genre.

§ 23.

Maintenant, toutes ces sortes de positions, soit genres soit espèces, peuvent-elles réellement, soit originairement, soit dans le temps, d'une manière ou d'une autre, trouver place au sein d'une seule et même position pure et simple ? Ou bien, existe-t-il originairement une ou plusieurs positions dénuées de tout développement proprement dit et réduites à la seule existence, sans détermination d'aucune sorte soit au dedans soit au dehors ? Rien ne combat de fait *à priori* la légitimité de ces deux aperçus, en ce sens que rien n'y contredit la qualité de la position pure et simple. C'est, d'abord, manifeste pour le second cas, dans lequel on n'admet, de la position, qu'elle-même. Ensuite, dans le premier cas, il en sera de même, si l'on a soin d'observer que toutes les déterminations, qu'on conçoit réellement appliquées à la position pure et simple, lui sont toujours réputées subordonnées, concordantes ou identiques, de telle sorte qu'elles n'ajoutent rien à sa nature, mais seulement la manifestent sous tous ses aspects actuels ou possibles soit au dehors soit au dedans. Car cette réflexion suffit pour montrer clairement que la position primitive, pure et simple, n'est jamais, en ce cas, enlevée, mais est au contraire toujours censée persévérante; et, par conséquent, il est permis d'affirmer que la première hypothèse est aussi parfaitement raisonnable.

Nous ne pouvons, toutefois, rester dans l'hypothèse; entre ces divers points de vue semblablement admissibles, il est urgent de choisir. Quel parti prendrons-nous? Pour nous déterminer plus aisément, nous remarquerons qu'à cet égard quatre systèmes ont été proposés : — l'un établissant à l'origine des choses une seule position absolue, nécessaire et inconditionnée dans son développement intrinsèque, mais susceptible en outre d'un développement extrinsèque entièrement dépendant d'elle pour l'existence et l'action ; — l'autre supposant à l'origine des choses une pluralité de positions non seulement absolues, nécessaires et inconditionnées en elles-mêmes, mais encore table rase, et par suite essentiellement conditionnées dans leur développement extrinsèque, composé de déterminations subordonnées, accidentelles et relatives ; — l'autre revenant à l'unité absolue, nécessaire et inconditionnée de la position primitive, mais accolant à cette position toutes les positions relatives, contingentes et conditionnées, qui sont ou que l'on conçoit actuelles ou possibles ; — un autre, enfin, qui ne dit rien, si ce n'est que l'on ne saurait intervenir, dans ce débat solennel, pour rien affirmer de bien connu et de certain. Le premier système est le système catholique ou théiste; le second est le système familier aux athées; le troisième est celui que l'on appelle universellement panthéisme; et le quatrième et dernier constitue l'empirisme sceptique.

Le premier système associe, si l'on y fait attention, la première idée de chaque genre de déterminations à la position primitive, pure et simple, qu'il affirme, seule, absolue, nécessaire et inconditionnée. Le second système résulte du simple enlèvement de la dernière qualification de la position primitive, parce qu'on y regarde comme irrationnel d'appliquer à une position quelconque la dénomination de conditionnée. Le troisième résulte de la suppression encore plus avancée de la seconde détermination, l'idée du nécessaire, que l'on dénie à son état interne pour lui substituer le fatalisme qui n'est qu'une nécessité composée. Enfin, le quatrième prend naissance dans le refus formel d'associer en aucun cas, aux positions relatives les plus diverses et les plus multipliées, la position absolue. Ainsi, la négation d'une suprême position inconditionnée en elle-même ou dans son exercice constitue proprement l'athéisme systématique ; la négation de toute position multiple, ainsi que de tout développement primitif immuable, est ce qui constitue le panthéisme; et l'empirisme sceptique consiste dans la négation de toute définition de position, ou, ce qui revient au même, dans la reconnaissance d'un développement sans sujet défini. On voit, par-là, que la place de ces divers systèmes est synthétiquement marquée d'avance dans l'ordre des idées; et, pour cela, nous pouvons dire que leur apparition est, en quelque sorte, naturelle. Mais il n'en est pas de même de tout autre système qu'on pourrait proposer, par exemple, du dualisme ; car ce dernier système est, à notre point de vue, tout-à-fait impossible. D'après nos définitions, en effet, serait-il maintenant permis de reconnaître la coexistence éternelle d'un esprit et d'une matière essentiellement opposés de nature, à la manière des anciens philosophes ? Non ; car, à nos yeux, il n'y a point, il ne peut même exister de matière. Serait-on également bien venu de renouveler maintenant l'antique doctrine des Perses et des Manichéens sur la coexistence éternelle de deux principes, l'un bon, l'autre mauvais ? Non plus ; car, à nos yeux, ou la position absolue ne comporte aucune sorte de détermination relative comme celle de bon ou de mauvais, ou, si elle en comporte quelqu'une, c'est seulement comme résultat des faits primordiaux que l'on peut être forcé par le raisonnement de préposer au développement interne nécessaire d'un être. Mais, dans ce dernier cas, il est bien manifeste que la même nécessité de développement existe pour tout être, dès qu'elle existe pour un (la nécessité, nul ne la fait, mais chacun la subit). Donc la reconnaissance de deux principes éternels, l'un bon, l'autre mauvais, est encore, dans nos principes, impossible. Toute la question se réduit donc à considérer si l'empirisme sceptique, le panthéisme, l'athéisme ont eux-mêmes plus d'apparences ou de chances de probabilité.

DE L'EMPIRISME SCEPTIQUE.

§ 24.

L'empirisme, en général, gît dans la connaissance des produits bruts, naturels ou inélaborés, de l'expérience tant interne qu'externe. Il y a un bon et un mauvais empirisme.

Le bon empirisme ou l'empirisme raisonné est celui qui n'exclut point l'élaboration des premières notions formées naturellement dans l'esprit, mais regarde au contraire ces données primitives comme principes irrécusables d'autres notions plus élevées. Le mauvais empirisme ou l'empirisme sceptique nie précisément cette faculté progressive de l'esprit, et par suite repousse systématiquement toute élaboration des idées, pour se reposer dans la simple reconnaissance des faits immédiatement ou directement observables. Par ces deux définitions, on peut déjà suffisamment se convaincre que le premier empirisme est l'indispensable condition, comme le dernier est l'absolue négation de tout véritable savoir; car, toujours, on a distingué, de l'expérience, la science qui est une création de la raison.

§ 25.

Il n'est pas sans intérêt de connaître la cause d'une pareille divergence de vues, après un accord si parfait sur le principe général. Quel est donc le motif qui peut empêcher le sceptique de tendre incessamment, comme le dogmatiste ou le critique, à s'élever au-dessus des apparences pour s'établir dans la réalité? C'est quelquefois une trop vive prédilection pour les jouissances sensibles, que l'on sait appesantir l'esprit et captiver le jugement; d'autres fois, c'est une trop superficielle considération des raisons propres à exciter l'amour des vérités surnaturelles et à développer l'intelligence. D'abord, il est incontestable que l'habitude des plaisirs sensuels n'affaiblit pas seulement le corps, mais encore atteint l'âme, qu'elle dépouille insensiblement de son activité naturelle pour la plonger dans un sommeil léthargique. C'est pour cela que la religion prescrit régulièrement l'abstention de toutes les choses superflues, et même, en certains cas, le renoncement aux plus légitimes plaisirs, à tous ceux qu'elle veut initier à la doctrine du salut et renouveler dans l'Esprit Saint; la vie chrétienne est à ce prix. *Nisi quis renatus fuerit ex aquâ et Spiritu Sancto, non potest introire in regnum Dei* [1]. Ensuite, une autre cause de l'inaptitude de l'esprit à l'élaboration des idées existe dans la précipitation avec laquelle on se décide dans les plus hautes et plus difficiles questions. De même que Pilate, après avoir fait cette demande au Sauveur : « Qu'est-ce que la vérité? » se tourna vers les Juifs, comme s'il n'eût pas eu besoin d'attendre la réponse, la plupart des hommes semblent n'avoir pas besoin d'apprendre pour savoir; toute difficulté n'est plus, dès qu'ils l'ont aperçue. Ce qu'on peut alléguer de plus favorable aux métaphysiciens de cette trempe, tels que Cabanis, Broussais, et la foule des matérialistes, c'est une excuse semblable à celle que le Sauveur fit valoir à son Père : « O Père, pardonnez-leur, car ils ne savent ce qu'ils font! *Pater, dimitte illis; non enim sciunt quid faciunt* [1]. »

Mais il est une autre raison au défaut d'activité rationnelle, qui fait, non plus le vain incrédule de cœur ou d'esprit, mais le mauvais savant, le vrai sceptique; et cette raison, c'est la peur de l'inconnu, qui semble toujours veiller devant la porte de la vérité comme un Sphinx épouvantable prêt à dévorer tous ceux qui la veulent franchir, s'ils ne l'immolent auparavant. Soit, en effet, que quelque chose nous apparaisse non seulement vraisemblable, mais encore tellement certain qu'il n'y ait pas moyen, de prime abord, de pouvoir affirmer le contraire; en est-il, pour cela, moins certain que

---

[1] Joan., 3, 5.

[1] Luc, 23, 34.

ce que nous savons est infiniment moindre que ce que nous ignorons? Et, puisqu'il en est ainsi, qu'est-ce qui nous répond que ce que nous ignorons n'est pas contraire à ce que nous savons, ou du moins n'est pas propre à nous faire changer de manière de voir? Ce n'est pas extraordinaire qu'un accroissement de connaissance amène un changement de conviction; de là, cette parole tant vantée de Bacon : « Peu de philosophie éloigne de la religion, et beaucoup de philosophie y ramène. » Nous devrons donc admettre que l'inconnu l'emporte sur le connu, et l'enlève? Ah! certes, non; telle n'est pas notre pensée. Mais il en est qui succombent à cette tentation, et deviennent ainsi la proie du Sphinx; Locke, entre autres, nous a donné cet exemple, et a subi ce destin. Si l'on veut trouver un auteur qui parle d'abord en bons termes de la spiritualité de l'âme humaine, Locke est cet auteur. Il distingue pertinemment la matière et l'esprit, en indiquant leurs propriétés respectives naturellement inconciliables entre elles. Cependant, cela dit, il se demande si Dieu ne pourrait pas revêtir la matière de la faculté de penser; et alors se rappelant que la vraie nature des choses, la substance, le noumène, l'être transcendant nous est radicalement inconnu, il n'ose plus affirmer l'inconciliabilité radicale de la matière et de la pensée, mais, humiliant sa raison devant l'inconnu, il se livre, à cet égard, à l'admiration et au doute. La vérité sur tout cela, c'est que le connu, bien loin d'être ébranlé par l'inconnu, l'enlève ou le resserre lui-même entre des limites qu'il ne saurait franchir. L'inconnu, en effet, ne s'étend pas sur toutes choses, puisqu'il est bien des choses connues; et, par conséquent, lorsqu'il est, il consiste seulement dans le défaut de quelque détermination avancée dont on sent peut-être le besoin, mais qu'on n'a pas en soi-même le moyen de connaître. Dans le cas de Locke, par exemple, où est l'inconnu? L'inconnu est dans la qualité de la substance qui nous échappe, ou peu s'en faut; mais il n'est pas dans la représentation des deux phénomènes de la matière et de la pensée, qui n'ont entre eux aucun rapport essentiel; il n'est pas non plus dans le rapport de ces deux phénomènes à la substance, comme s'ils appartenaient à sa réalité ou la constituaient, car l'inconnu s'y oppose, par la raison que, s'ils la constituaient, elle serait connue, du moins à cet égard. Mais, si ni la pensée, ni la matière ou l'étendue ne constituent la substance, y a-t-il possibilité d'allier dans la substance, à la pensée, l'étendue sans substance? La question ainsi posée porte sa solution avec soi, car rien de plus aisé que de ranger au nombre des pensées la pensée de l'étendue, qui est une représentation intelligible. L'inconnu, parce qu'il est d'un autre ordre que l'étendue et la pensée, doit pouvoir être conçu à la fois sans étendue et pensée; il n'est donc ni l'étendue ni la pensée, il est l'absolu ou le simple.

D'autres esprits professent l'empirisme sceptique par la peur de l'incertain. « En deçà ou au delà du donné, disent-ils, il n'y a point de fondement à la certitude, à la vérité, à l'être; il faut donc s'attacher exclusivement à l'observation, et ne jamais la dépasser. » Mais, certes, ce qu'ils disent là, nul véritable empiriste n'a jamais eu la pensée de le nier; car il est bien clair à tout esprit judicieux, qu'à moins de vouloir s'exposer à se mouvoir sans résultats positifs dans le vide de l'esprit, il faut s'astreindre au donné et ne jamais franchir l'observation, parce que, la franchir, ce serait la fausser, l'altérer, la détruire. Seulement, au lieu de s'attacher à l'expérience comme on voit les arbres immobiles implantés dans le sol, il faut simplement s'y poser sur ses pieds et retenir la faculté de se déplacer à son gré, c'est-à-dire, se réserver la liberté de réfléchir, de raisonner et de croire. De même que le corps ne quitte pas la terre pour n'avoir pas toujours le même site, un esprit peut se mouvoir de pensée en pensée, sans être pour cela convaincu de déserter l'observation. Du reste, est-ce que l'empiriste sceptique ne permet point à ses propres idées cette mobilité qu'à la rigueur il devrait s'interdire ? Supposé qu'il faille nécessairement s'attacher au donné, il n'a pas le droit d'y porter la main pour le plier à ses vues ; en observateur fidèle, il doit retenir toutes les notions qu'il reçoit du dehors dans le même ordre que la nature suit pour les lui inspirer. Or, tant s'en faut qu'il retienne ainsi confuses les notions que la nature excite en lui pêle-mêle. Toutes les fois que les faits d'expérience lui présentent l'occasion de noter quelques ressemblances ou différences, il ne manque pas de rapprocher ces faits, de les classer et de les combiner en espèces ou en genres. C'est ainsi qu'on divise universellement tout le développement apparent intérieur en trois degrés, que l'on appelle facultés ou puissances ; et tout le fondement des apparences externes en cinq classes de sentiment, que l'on appelle les cinq sens. Dans tous ces cas et autres semblables, l'expérience est la simple matière du traitement de l'esprit, qui débrouille, classe et combine ces données naturelles. Mais est-ce qu'il n'y a point de principes ou de règles à ces divers procédés ? Il y a certainement des principes ou des règles à tout ce qui n'est point arbitraire ; ainsi, les opérations dont nous voulons parler ont leurs principes ou leurs règles, et comme ces règles ne sont point évidemment du même ordre que les faits d'expérience auxquels elles s'ajoutent après coup, il est par-là même bien prouvé qu'il existe, au-dessus des faits d'observation, un ordre d'idées supérieures à l'expérience et ne relevant que de l'esprit, quoiqu'elles soient accidentellement redevables à l'expérience de leur origine et de leur application.

§ 26.

Après avoir découvert les faux prétextes allégués en faveur de l'empirisme sceptique ou ses causes, il nous reste à le juger dans ses œuvres. Nous réussirons à le montrer sous ce nouvel aspect avec tous ses défauts, si nous parvenons à prouver : 1° qu'il implique généralement une totale confusion des apparences réelles avec les apparences pures; 2° que les notions issues de l'expérience qu'il admet sans contrôle sont entachées de contradictions formelles; 3° que l'obligation à laquelle il se refuse, de passer de l'apparent au réel et du relatif à l'absolu, est l'unique moyen rationnel de lever ou de résoudre ces contradictions intestines des notions primitives. Or, tout cela est susceptible de preuves claires, directes et péremptoires. Et, d'abord, l'empirisme implique généralement une confusion déplorable de l'apparent et du réel, ou des apparences pures et internes avec les apparences réelles et externes. Parmi les apparences réelles et externes, nous nommerons toutes les perceptions particulières des cinq sens, telles que le blanc, le rude, l'aigre, etc.; ces perceptions sont réelles et externes, parce qu'elles se produisent au contact immédiat ou médiat des corps extérieurs. Entre les apparences pures et internes, nous nommerons les représentations telles que l'espace, la forme, le mouvement, etc. ; ces perceptions sont pures et internes, parce qu'elles ont lieu dans nous-mêmes sans objet réel correspondant au dehors (*Examen....*, §§ 24, 33, 35). Est-ce que, maintenant, l'empirisme tient compte de cette différence essentielle ? Non ; à ses yeux, ces deux sortes de représentations sont données en même temps et de la même manière ; et les corps, l'étendue, la matière, la forme, sont réputés perçus comme les sons, les saveurs, les couleurs, les odeurs. En vain, on lui objecte qu'il n'existe point d'objets réels particuliers qu'on appelle corps, étendue, matière, forme, et que ces noms expriment seulement des manières de voir se rattachant à des ensembles d'êtres et à des concours d'actes ; en vain, la nature elle-même lui donne des signes capables de le mettre sur la voie des saines conceptions, en lui remontrant à chaque pas que les corps solides ne nous apparaissent point immédiatement, puisque entre eux et nous sont toujours interposées les surfaces ; en vain, suffit-il d'un peu d'intelligence pour reconnaître que les surfaces, à leur tour, ne sont point immédiatement percevables, puisqu'elles sont des composés très-complexes d'autres notions plus simples : il ne revient point pour cela de son erreur. Fidèle à son principe qui lui interdit de raisonner l'observation, il en vient à ce point qu'il s'imagine percevoir dans l'âme des facultés distinctes, dans tous les modes relatifs des actes internes, que l'on appelle mémoire, entendement, raison...[1]. L'erreur, à notre avis, ne se-

---

[1] Fries s'exprime avec cet abandon :

« Dass es etwas solches, wie die mathematische Anschauung, die naturwissenschaftlichen Grundbegriffe, metaphysische, praktische und ästhetische Ideen, in unsrem Wissen wirklich gebe, wird niemand leugnen,

rait pas plus manifeste, si l'on prétendait qu'on peut apercevoir sensiblement des idées et toucher des fantômes.

§ 27.

En second lieu, les notions expérimentales dont l'empirisme se montre satisfait sont entachées de contradictions évidentes. Si, comme nous venons de le montrer, notre commune expérience se compose de deux sortes de représentations, les unes réelles et externes, les autres purement apparentes et internes, le premier devoir du philosophe est de les bien discerner; mais là ne se borne pas cependant son ouvrage, il faut encore qu'il les vérifie pour savoir si elles sont exemptes de contradictions et se recommandent par leur rationalité. Le doute, à cet égard, ne saurait assurément atteindre les représentations primitives qui sont produites en nous physiquement,

---

der einigermaassen in diesen Gegenden der inneren Erfahrung orientirt ist; und dass in diesen allein Wirkliche Formen unseres Wissens enthalten sind, wird jeder finden, der sich mit Aufmerksamkeit beobachten will. »

Non un empiriste, mais un dévoué partisan de l'éclectisme, Damiron, dit dans son cours de Psychologie : « Dès que nous sentons que nous sommes (remarquons cette priorité du sentiment), nous sentons que nous sommes de telle ou telle façon, avec telle ou telle qualité. Nous sentons notre être et notre manière d'être... » Mais qui jamais a senti distinctement son être et sa manière d'être ? C'est le cas de demander à l'auteur ce qu'il entend par sentir. « Sentir, dit-il, ...est pris pour connaître, concevoir, voir, faire, en un mot, l'acte d'intelligence qui exprime le *cogito*. » Ainsi l'intelligence et la sensibilité sont identiques, et tout ce qu'on connaît tombe sous le sentiment ?... (Cela n'empêche pas le même auteur de distinguer l'intelligence et la sensibilité, et de prétendre que le développement de l'intelligence précède celui de la sensibilité. Une pareille inconséquence est, à lui, pardonnable; il y a, dans l'éclectisme, tant d'erreurs inévitables !)

comme les couleurs, les saveurs...; mais on ne saurait dire la même chose de celles qui ne sont pas primitives, mais s'ajoutent postérieurement aux notions primitives, pour les représenter elles-mêmes ou les unir et former. Les notions de cette dernière sorte, en effet, peuvent n'être pas de prime abord assez élaborées et parfaites, pour devoir être acceptées telles que le laboratoire naturel psychologique les offre. Si nous n'avons pas de garantie générale contre les méprises volontaires, nous n'avons pas de raison de nous croire mieux préservés contre les méprises involontaires; la seule possibilité de nous tromper, que nous ne saurions contester, témoigne, au contraire, que nous devrions toujours craindre d'être induits en erreur, soit par défaut d'abstraction suffisante, soit par défaut d'information complète. Le progrès vers la vérité, qu'est-il en lui-même, si ce n'est au moins un développement continu du savoir, et par-là même une preuve irrécusable de notre ignorance native ? L'homme, entrant dans le monde, ne sait rien; et ce qu'il apprend, il l'apprend, pour ainsi dire, à ses dépens, car l'idée d'appliquer le raisonnement à ses idées lui vient uniquement de ses faux jugements instinctifs, qu'il sent le besoin de réparer, de prévenir ou de corriger, selon la nature des cas. Le plus souvent, il est vrai, l'ignorance est l'obstacle naturel qu'on rencontre. C'est ainsi que, du premier coup qu'on s'élève à la notion de longueur, il est possible qu'on n'atteigne point la notion de longueur infinie. Mais on peut pécher aussi, positivement, par défaut de discernement, de jugement, de raison; et ce cas n'est pas rare, car il est habituel, à certains égards, chez l'enfant, fréquent dans la jeunesse; heureux l'âge mûr et la vieillesse, s'ils n'en offraient encore plus d'un exemple ! C'est ainsi que l'on professe, à ces diverses époques de la vie, des opinions que l'on condamne en d'autres ; on change d'avis avec les années ; on dirait que l'esprit doit lui-même mûrir pour être bon, comme on le dit de cet âge dans lequel on s'inspire de pensées plus raisonnables et plus graves. Ce n'est pas tout ; une vérité que l'on apercevra quelquefois à demi, par le même défaut naturel de conséquence logique, n'apparaîtra pas tout entière. Par exemple, on sera bien assez clairvoyant pour savoir que la couleur n'appartient pas à l'essence des corps, mais on ne s'apercevra pas pour cela qu'on en doit dire autant de l'étendue et de la forme. Cette étendue de jugement (que d'autres peut-être appelleront profondeur), en vertu de laquelle on aperçoit d'un coup-d'œil toutes les conséquences d'un principe ou d'une vérité, constitue le génie, que l'on sait être rare. D'après toutes ces considérations, on n'aura donc pas de peine à croire maintenant à la possibilité de notions naturelles incomplètes, et même absurdes ou contradictoires en elles-mêmes. Au nombre des notions positivement entachées d'absurdité ou de contradiction, nous citerons les idées de chose, de matière, de moi psychologique. On connaît le caractère général de la contradiction, que Herbart a le mérite d'avoir su, le premier, faire valoir en ce cas ; il consiste en ce qu'on n'a pas plutôt fait une position, au sujet d'une notion quelconque, qu'on introduit simultanément une négation correspondante à cette position, pour composer, de cette position et de cette négation réunies, la notion présupposée ; d'où résulte une contradiction manifeste. Ce caractère se présente d'abord visiblement à l'esprit dans la conception de ce qu'on nomme chose, au point de vue vulgaire. Qu'est-ce qu'on entend, en effet, communément par chose ? C'est quelque chose comme l'eau, l'air, le bois, la vapeur, etc., c'est-à-dire, quelque chose dont on affirme une complexion d'indices, comme quand on définit l'eau une masse liquide, pesante, transparente, inodore, etc. Cette chose appelée eau, est-elle maintenant une simple somme d'indices, ou une simple cause de semblables attributs, ou bien une réalité supportant réellement, comme incarnés en elle, les indices ou attributs que nous avons signalés ? Nous écartons à dessein les deux premiers sens, parce que tel n'est pas certainement le point de vue vulgaire dont nous voulons nous occuper, et nous fixons en conséquence notre attention sur le dernier seulement. Les choses sont-elles des réalités à indices réels ? Si le mot réel est, ici, mis deux fois en usage dans le même sens, comme nous le supposons pour nous placer dans la contradiction inaperçue du vulgaire, il est clair et inniable que ce qu'on nomme chose est réellement identique aux indices réels. Mais la conception de toute chose, comme chose distincte, est essentiellement une ; et la conception des indices, comme indices, est essentiellement multiple. Donc il est essentiel à l'idée de chose que la multiplicité des positions relatives aux indices s'évanouisse et passe en unité ; et de même, dans la conception des indices, il est indispensable que l'unité de position appropriée à la chose s'efface et se transforme en multiplicité. Mais cela ne peut être compris alternativement, sans violer la position absolue soit des indices soit de la chose elle-même. Donc il faut exclusivement l'entendre en ce sens, que la chose une et les indices multiples sont purement et simplement identiques, ou bien la position et la négation entrent simultanément dans la commune représentation des choses, ce qui rend la contradiction manifeste [1]. — Le

---

[1] Nous exposons et résolvons une autre contradiction du même genre dans l'*Examen de la Rationalité....*, § 40.

même raisonnement est applicable à l'idée de matière. Qu'est-ce qu'on entend par matière ? Une réalité continue extensive, c'est-à-dire, une réalité telle qu'elle ne répond pas seulement à deux points distincts de l'espace, mais touche ou répond toujours à deux points à la fois ; puisque, s'il en était autrement, elle serait simple, en chacun de ses éléments, comme les points de l'espace occupé. Or, cette notion de la matière implique une position et une négation simultanées. Car, d'abord, les points de l'espace y sont censés n'avoir, quoique voisins, rien de commun entre eux, et par suite les parties de matière qui leur correspondent exactement doivent être conçues entièrement distinctes. Puis, la matière ne laisse point, dans ce cas, d'être toujours censée sortir des deux points contigus pour les unir ou les lier ensemble, par la raison qu'elle est et doit être toujours réputée homogène dans toutes ses parties, et par suite aussi dense entre deux points qu'en chaque point ; ce qui combat directement la distinction que nous avons admise pour y substituer une certaine confusion ou mixtion. Donc l'idée de matière renferme une position et une négation simultanées, ou bien est manifestement contradictoire et absurde. — Nous démontrerons de la même manière la contradiction signalée dans le moi psychologique. Qu'est-ce que le moi psychologique ? C'est la représentation essentiellement phénoménique et accidentelle du moi au moi, ou cette représentation par laquelle chacun se perçoit avec son âge, ses affections, son histoire, etc. Comme cette représentation présuppose le moi pris deux fois diversement, tantôt comme objet, tantôt comme sujet, on peut remplacer, dans la définition précédente, l'opposition du moi au moi par celle de sujet à objet, et définir en conséquence le moi : l'identité du sujet et de l'objet. Maintenant remarquons ce qui s'ensuit. L'idée du moi distingue d'abord entre sujet et objet; pourquoi distingue-t-elle ainsi, si ce n'est parce qu'elle n'est par essence ni sujet ni objet? Les deux idées de sujet et d'objet sont deux manifestations non seulement disparates, mais opposées ou contraires; ainsi, si l'on admet que le moi est par essence sujet, il ne peut être objet, et s'il est objet, il ne peut être sujet. Partant de là, dit-on que le moi n'est par essence ni sujet ni objet, mais peut jouer indifféremment le double rôle de sujet et d'objet: on le suppose alors neutre, ou sans déterminations subjectives et objectives, c'est-à-dire, réduit à la position simple. Mais cela se peut-il dans le cas que nous avons supposé? Non; car, dès ce moment, le moi n'existerait plus comme moi; et cependant le moi est donné, certain, immédiatement certain, et de plus perçu comme il se perçoit, ou comme sujet et objet. Donc il est réellement de l'essence du moi psychologique de repousser et d'impliquer à la fois l'identité dans la distinction et la distinction dans l'identité, c'est-à-dire, d'offrir une contradiction manifeste [1].

Ainsi, comme nous l'avons avancé, la contradiction siège au milieu des notions usuelles; et celles même qu'on aurait lieu de croire plus exactes sont atteintes d'impossibilités radicales. Pour quiconque envisage ce fait pour la première fois, le monde, auquel il avait cru jusqu'alors, doit ressembler passablement aux ré-

---

[1] Quel est l'objet de la conscience propre, appelée moi? C'est le connu. Et le sujet? C'est le connaissant. Mais le connu, c'est le connaissant...; et le connaissant, c'est le connu. Donc soit le connu, soit le connaissant n'ont point de réalité absolue, et leur mise en relation implique une actualité commune qui n'est ni sujet ni objet, mais a la puissance d'être connue et connaissant.

gions visitées dans les songes, au pays des chimères. Cependant, tout n'est point, pour cela, fabuleux, chimérique; au milieu des fausses représentations concernant le moi et le non-moi, se trouvent les éléments vrais des représentations vraies; et, si l'on veut se donner la peine d'élaborer les produits de l'expérience ou d'appliquer la réflexion aux données naturelles, on aura le bonheur d'arriver, sans trop tarder, de la contradiction qui est le point de départ de la pensée, à la vérité qui est son terme.

§ 28.

En troisième et dernier lieu, le seul moyen d'enlever les contradictions, dont sont entachées les notions usuelles ou empiriques, est de renoncer à l'empirisme sceptique, ignorant, anti-philosophique, pour en professer un autre plus éclairé, plus utile et même plus certain, l'empirisme raisonné. Qu'est-ce qui pose, en effet, les idées d'être, de cause, de réalité, d'apparence, etc., si ce n'est la raison, l'entendement, ou l'esprit? Car ces idées ne nous sont pas données distinctes dans les sensations qui nous arrivent; elles y sont au contraire confuses, et sans l'activité de l'esprit elles n'apparaîtraient point distinctement. La même raison, qui vaut maintenant, de l'aveu de l'empiriste, pour la séparation des notions usuelles, pourquoi ne vaudrait-elle pas pour leur mise en usage, et même pour toute l'appréciation de leur emploi soit actuel soit possible? On admet que la raison, s'exerçant sur le donné, peut distinguer, comparer, distribuer, classer; mais qu'est-ce faire cela, si ce n'est déterminer positions, négations, relations et ensembles, exercer, en un mot, tous les droits de la raison ? N'est-il pas aussi facile et naturel, à l'esprit, de poser ou nier, que d'opposer ou comparer ? L'acte de poser et de nier n'est-il pas, en définitive, la condition *sine quâ non* de toutes les autres opérations de l'esprit? Mais on dira : « L'opération requise pour la simple organisation du donné est moins dangereuse que celle relative à toute définition scientifique ; l'une est certaine et légitime à nos yeux, l'autre ne l'est pas. » Qu'on pense ce qu'on voudra des dangers de la réflexion appliquée au donné. Nous ferons d'abord remarquer que cela ne détruit aucunement ce que nous avons déjà dit de l'étendue des droits de la raison, quand nous avons affirmé qu'ayant en elle-même la vertu de soumettre une fois à son épreuve les produits de l'expérience tant interne qu'externe, elle a, par-là même, le droit de porter cette élaboration aussi loin que possible. Nous constaterons ensuite qu'il y a des cas où la dernière opération, si redoutée des empiristes, est aussi naturelle, aussi légitime et certaine, que cette autre opération qu'ils adoptent sans peine, et c'est toutes les fois qu'on ne peut s'y refuser nettement sans faire violence à la raison. On pose ainsi, ou l'on nie, par le même motif qui porte à distinguer et classer ; c'est-à-dire, quand la raison le veut. — Par exemple, une apparition se produit ; le fait est certain, le sentiment l'atteste. L'empiriste, alors, reconnaît l'apparition, mais s'abstient de décider s'il existe, à côté de cette apparition, une réalité à laquelle l'apparition renvoie comme à sa cause, à son suppôt, à sa raison. Nous, nous condamnons formellement cette réserve ; nous affirmons, au contraire, qu'à côté de l'apparition il existe une réalité quelconque qui la produit ou l'aperçoit, et l'explique; et nous nous croyons, en cela, plus sages, plus circonspects, plus logiciens que l'empiriste. Car, de même que la raison enseigne ouvertement qu'où il y a de la fumée il y a du feu, et que le rapport de deux à quatre est deux, elle enseigne que, si rien n'était, rien n'apparaîtrait ni ne pourrait apparaître; d'où il suit que, si quelque chose apparaît, il existe nécessairement quelque chose. C'est pourquoi nous avons pu nous croire, nous, parfaitement raisonnables, et taxer l'empiriste de procéder sans raison et de parler sans motif. Quel motif, en effet, lui prêtera-t-on pour se justifier? Il ne peut point évidemment s'appuyer de la raison, qui milite ouvertement contre lui; peut-être, seulement, l'accusera-t-il d'impuissance et de faiblesse. Mais encore au nom de qui? Ce ne peut être au nom de la raison, en ce cas où elle parle clair; son autorité se réduit, par conséquent, à lui-même; et cette excuse, s'il l'offre, est sa folie ou son crime. — Sortant de la considération d'une seule et simple apparition, envisageons maintenant une apparition composée ou complexe, telle que celle d'un astre, d'une pierre, d'un arbre.... Cette apparition présupposée n'est pas seulement donnée dans son ensemble, mais elle l'est encore dans ses détails et ses moindres parties; puisqu'il est manifeste que personne n'intervient activement dans la détermination des indices particuliers dont sa notion se compose. C'est ainsi que, soit que nous le voulions, soit que nous ne le voulions pas, l'or nous apparaît comme un corps roux, pesant, solide, etc. Un autre cas digne d'observation se manifeste, quand les déterminations, entrant dans les diverses complexions, apparaissent changeantes, comme lorsqu'on aperçoit la même eau passer successivement sous les trois états solide, liquide et gazeux. Ce changement d'indices, parce qu'il s'accomplit absolument indépendamment de notre volonté, est encore donné dans toutes ses variations. Ce n'est pas tout encore, car ici nous pouvons aller plus loin que nos sens. Dans les deux définitions de l'or et du mercure, par exemple, nous trouvons des indices communs et des indices non communs : ainsi l'or et le mercure sont simultanément corporels, métalliques, pesants ; mais l'or est solide et le mercure liquide, l'or est roux et le mercure blanc, etc. Cela ne montre-t-il pas que l'agglomération des indices constituant la représentation de l'or, comme celle des indices constituant le mercure, ou l'eau, etc., est tout-à-fait accidentelle ? C'est incontestable; puisque l'alliance des indices varie, elle est variable : ainsi la matière que l'on a dans la main, quand on manie de l'or, pourrait être ou apparaître liquide, blanche..., au lieu d'être solide, rousse... Mais, alors, d'où dépend cette agglomération fortuite d'indices en chaque cas déterminé, si nous qui l'apercevons n'en sommes point les auteurs ? « La cause immédiate de cette agglomération d'indices, diront les mauvais empiristes, nous est tout-à-fait inconnue, car nous ne connaissons que le donné, par les sens. » Et nous, nous répondons : Cette agglomération d'indices est l'effet d'une agrégation, permanente ou variable, de réalités absolues. Car une pluralité permanente ou variable d'indices renvoie nécessairement à une pluralité permanente ou variable de réalités correspondantes, par la même raison qu'une apparence simple renvoie plus généralement, comme nous l'avons démontré tout-à-l'heure, à une réalité qui lui soit analogue. — L'expérience nous offre un autre cas à signaler : nous voulons parler des variations d'ensemble des apparitions complexes, qui constituent l'univers. Le rapport extérieur entre les composés d'êtres réels tels que la terre, le soleil, la lune et tous les corps en général, n'est pas indépendant de toute cause, puisqu'il est accidentel; et d'ailleurs il est réglé par des lois, puisqu'il se reproduit toujours ou se maintient avec ordre et constance. D'où vient ce concours, non moins régulier en lui-même qu'indépendant de nous, de masses indifférentes à cette fin? « Nous ne pouvons le dire, répondront encore les mauvais empiristes; car la cause de ce grand phénomène n'est jamais tombée sous nos sens. » Et nous, nous dirons: La cause de ce phénomène est une suprême condition dont la puissance est au moins aussi grande que l'univers qu'elle contient, et dont l'action est au moins équivalente à l'effet qu'elle produit; et cela, nous le dirons encore en vertu du même principe établi précédemment: toute apparence implique l'existence d'une réalité correspondante à l'effet. — Une voix empiriste a-t-elle, cependant, le courage de s'élever pour contester ce principe: voyons ce qu'on y gagne. L'apparence, en général, n'impliquant plus de réalité correspondante, une simple apparition donne une apparence sans réalité ou un néant apparent; de même, toute apparition spéciale complexe, permanente ou variable, n'impliquant plus de réalités correspondantes multiples et diverses, les apparitions spéciales multiples et diverses donnent des ensembles variables de riens et des concours divers de ces mêmes ensembles. Mais la contradiction est, là, palpable, manifeste... Que peuvent signifier de pures apparences semblables à des images sans miroir et sans œil? Rien assurément; la pensée n'a point de prise en ces rapprochements de mots où la raison fait défaut; c'est pourquoi, bien loin de s'y fixer, il est inévitable qu'elle les réprouve comme des avortons d'une prématurée conception, capables de lui donner la mort ou du moins de l'inquiéter sans relâche. On n'aime pas plus à se reposer intellectuellement au milieu d'absurdités ou d'erreurs évidentes, qu'à se coucher, le corps nu, sur des épines et à dormir sur des pointes d'acier. De là, la nécessité de sortir de l'empirisme sceptique pour en embrasser un autre plus positif. Mais cet autre, nous l'avons discuté, quand nous avons examiné l'ensemble des notions usuelles, telles que celles de chose, de matière, de moi. Ici, la contradiction siége encore, et siége en souveraine : contradiction dans la chose, contradiction dans la matière, contradiction dans le moi. Ici, d'ailleurs, la contradiction n'est pas plus bienveillante ou plus supportable que là ; car la contradiction, c'est toujours l'erreur, toujours la pointe d'acier et l'épine aiguë pour l'esprit. Donc, il faut nécessairement, puisqu'il n'existe plus d'issue pour échapper à la contradiction, ou se résigner à y croupir en abdiquant sa raison, ou reconnaître, par-delà le relatif et l'apparent, l'existence de réalités absolues [1].

DU PANTHÉISME.

§ 29.

Le panthéisme est la doctrine dans laquelle on conçoit sommairement l'univers comme un ensemble de phéno-

---

[1] Kries est un de ces philosophes qui se plaisent à demeurer dans les superficialités de l'empirisme considéré sous ce dernier point de vue. Lorsqu'il aborde, dans sa *Critique de la Raison*, la question s'il existe

mènes ou d'apparences supporté par un seul noumène ou une seule réalité absolue.

Dans la discussion précédente sur l'empirisme sceptique, nous nous sommes exclusivement occupés de rechercher si le phénomène est ou n'est pas séparable du noumène, ou si l'apparence renvoie nécessairement à une réalité correspondante, simple à simple, et multiple à multiple. Est-ce donc que le phénomène est proprement divisible en plusieurs classes réellement distinctes? Pour répondre à cela, nous devons examiner cette question inverse à la précédente : Si le noumène est ou n'est pas séparable du phénomène, ou bien si le noumène peut ou ne peut pas exister sans se manifester. Car il est évident, à cause de l'immédiate connexion du phénomène au noumène, que, si le noumène passe essentiellement en manifestation, le phénomène doit être dit alors rigoureusement nécessaire. Si le noumène est, au contraire, conçu susceptible d'exister sans se manifester, et par suite réclame, à cette fin, l'intervention d'une autre existence quelconque qui l'excite à paraître accidentellement, le phénomène doit par-

---

un suppôt particulier au phénomène multiple ou complexe du moi, il a la franchise de dire qu'à cet égard il s'en rapporte volontiers à la commune opinion ou conception de la vie, d'après laquelle le corps et le moi ne sont qu'un. Car, d'abord, ajoute-t-il, la spéculation s'égare ici facilement ; il faut s'en méfier. « Die künstliche Speculation irrt hier leicht. » Ensuite, si l'on admettait qu'il existe une âme, suppôt des phénomènes spirituels, on aurait devant soi non seulement une vaine abstraction, mais encore un objet de très-sinistre augure, puisqu'on serait alors amené forcément aux opinions sur la transmigration des âmes. « Die Voraussetzung, meinem Gemüthe komme, unabhängig vom Körper, ein eigenes Dasseyn in der Zeit zu, ist ein unbrauchbarer, leerer Gedanke, und so gar ein sehr beschwerlicher, indem er zwingt, Meinungen über Seelenwanderung zu haben. » Ce passage est vraiment curieux. On dirait, à l'entendre, qu'il suffit de ne pas croire à l'existence d'une vie à venir, pour en anéantir la possibilité.

là même, en ce cas, être réputé contingent. Mais rien n'est plus propre à diviser le phénomène en deux classes essentiellement distinctes que l'opposition si caractéristique du contingent au nécessaire. Donc il existe réellement deux classes de phénomènes réellement distincts : les apparitions nécessaires, et les apparitions contingentes.

§ 30.

Consultons maintenant l'expérience à cet égard, et voyons d'abord s'il existe une classe de phénomènes nécessaires, réalisant la manifestation intrinsèque du nouméne panthéiste à lui-même. Ce nouméne est, avons-nous dit, unique ; c'est-à-dire, il est un seul être percevant, connaissant et voulant. Dès-lors, pour savoir s'il existe une classe plus ou moins nombreuse d'apparitions nécessaires, il suffit de nous sonder nous-mêmes et d'examiner si nous sommes conscients de quelque phénomène analogue. Or, cela n'est pas ; car ni le moi, ni l'idée, ni l'absolu, qui sont les modes les plus élevés d'apparition, ne sont nécessaires à notre être. En premier lieu, le moi n'est point une apparition nécessaire, par la raison non seulement que l'absurde ne saurait mériter cette qualification distinctive de l'être (§ 27), mais encore que cette notion est toujours acquise, souvent oubliée, et peut-être quelquefois impossible comme dans le sommeil ou certaines maladies de l'esprit. En second lieu, l'idée n'est point une apparition nécessaire, par la raison que l'idée, entendue absolument, n'a pas d'objet fixe, et que l'idée sans objet fixe et déterminé n'est, comme l'œil, qu'une puissance relative à certaines possibilités généralement sans réalisation actuelle. En troisième et dernier lieu, l'absolu n'est point une apparition nécessaire, soit parce qu'il n'est point une représentation constante de l'idée, soit parce qu'on n'arrive souvent à se le représenter qu'avec beaucoup de peine et après de sérieuses études. Ni le moi, ni l'idée, ni l'absolu ne sont donc une manifestation nécessaire de l'être; et, comme cette même conclusion peut être étendue facilement à toute autre chose qu'on pourrait assigner, nous ne ferons pas difficulté de décider qu'il n'existe point, dans la conscience humaine, de manifestation nécessaire de l'être. Remarquons que nous n'entendons pas nier, par-là, que l'absolu, l'idée, le moi ne soient toujours, lorsqu'ils sont, une certaine manifestation de la réalité; ce que nous voulons dire, c'est seulement qu'ils n'en sont point la manifestation nécessaire; et nous ne croyons pas que cette vérité soit le moins du monde attaquable. Les panthéistes doivent aussi le reconnaître, puisqu'ils renoncent universellement à invoquer l'expérience pour établir leur théorie, et qu'ils s'appliquent même à la discréditer auprès de leurs disciples pour exalter outre mesure l'autorité de l'intuition supra-sensible et de la raison pure.

§ 31.

Occupons-nous maintenant de bien déterminer la discussion qui doit suivre. Le panthéisme implique, avons-nous dit, trois choses : un être absolu nécessaire, des apparences multiples contingentes, et une certaine relation entre l'être et ses apparitions. Exprimons, par A, l'être; par $a+b+c+d+\ldots$, les apparences; par le signe $=$, leur relation présumée. La formule propre à représenter tout le système sera :

$$A = a + b + c + d + \ldots$$

L'être A est démontré par la raison, en vertu de nos raisonnements contre l'empirisme sceptique; les apparences contingentes sont données par les faits d'expérience qui sont incontestables. Le débat peut et doit s'élever, et rouler exclusivement sur le lien présupposé rattachant les apparences à l'être. Cela posé, demandons-nous qu'est l'être simple, de quelque nom transcendant qu'on l'appelle, moi, idée, absolu? L'être simple absolu, idéal, primitif, est, de l'aveu plus ou moins explicite de tous les panthéistes, l'indifférence du différent, l'identité de l'unité et de la pluralité, l'identification de l'infini et du fini, la copule du moi et du non-moi ou du sujet et de l'objet, etc. En d'autres termes, il est donc ce en quoi il n'existe plus de trace de ceci ni de cela, de l'infini ni du fini, etc.; il est le vrai simple, le pur absolu. Cependant, le multiple, le contingent, le relatif se produit ou se montre plus ou moins continûment dans son sein. D'où provient, dès-lors, ce singulier phénomène? Est-ce une chûte, ou bien une ascension de l'absolu en lui-même? C'est l'une ou l'autre, suivant la manière dont on envisage l'absolu en lui-même. Si l'on suppose originairement l'absolu privé de toute apparition, le phénomène est une ascension, un développement, une évolution, une irradiation de l'être. Si l'on suppose, au contraire, avant toutes choses, l'absolu pleinement déterminé ou doué de déterminations sans limites, le phénomène est une chûte, un enveloppement, une involution, un obscurcissement de l'être. De là, deux systèmes, et même trois systèmes opposés, si l'on admet une certaine périodicité dans les formes du phénomène. Afin de les bien étudier dans l'ensemble et les détails, nous allons :

1° en tracer succinctement les principaux caractères, 2° en discuter les preuves, 3° en vérifier l'application théorique.

§ 32.

Le système de la chûte est celui de l'élite des philosophes panthéistes. Dans ce système éminemment spiritualiste en principe, on admet l'existence d'une réalité unique, radicalement indivisible, mais cependant faillible, c'est-à-dire, susceptible d'accidents comme nous le sommes nous-mêmes, êtres mortels, tristes représentants et produits de sa dégradation. Tant que l'être absolu s'appartient ou demeure concentré en lui-même, il ne saurait présenter l'apparence d'une chûte quelconque, parce qu'il est toujours, en ce cas, naturellement bon, intelligent et heureux. Mais, quoique naturel, cet état n'est pas essentiellement permanent; il est, au contraire, fatalement corruptible, et l'être en peut sortir, quand son instinct l'y porte : il lui suffit, pour cela, d'un changement de volonté, ou d'idée. Nous ne disons pas : de sentiment ou de perception; parce que, comme la perception ne montre jamais que ce qui est, il est vraiment impossible de prétendre que l'être, s'il ne se multiplie point d'une certaine manière, perçoive jamais autre chose que lui-même, quelle que soit la variation des aspects sous lesquels il peut chercher à se saisir par les sens. Ainsi, la source de la limitation, de l'illusion, de l'erreur ou du vice, dans le système panthéiste, n'est pas dans l'acte immédiat de perception; il est seulement ou dans la volonté ou dans l'intelligence divine, et voici comment on peut inger plausible l'un ou l'autre de ces deux sentiments. Le sentiment, d'après lequel la limitation est introduite en l'absolu par un changement de tendance, a pour lui cette remarque : qu'un changement de volonté se présente souvent en nous comme la source d'un renouvellement plus ou moins radical de goûts, de désirs, de passion et d'amour; de sorte qu'alors, ce qu'on aimait auparavant, on l'abhorre, et, ce qu'on n'aimait pas, on commence à l'aimer; c'est pourquoi l'on contracte insensiblement une manière de voir tout opposée, à mesure que l'idée, s'obscurcissant, nous accoutume à juger faussement des objets, et que le sentiment, partageant cette erreur, s'impressionne gratuitement d'apparences trompeuses. L'autre sentiment, d'après lequel on rejette sur l'entendement les limitations apparentes de l'être, se fonde principalement sur ce que l'entendement brise effectivement tous les objets de perception, en y distinguant des aperçus divers comme ceux de substance et de mode, de relatif et d'absolu, etc.; d'où il résulte que, si l'être est une fois supposé susceptible d'idée, il ne répugne point en apparence de le supposer se posant d'abord comme moi et non-moi, ou comme être et idée, ou comme esprit et nature, puis se divisant et se limitant encore de quelque autre manière, et enfin parcourant de cette sorte tous les degrés possibles de classification naturelle. — Le système de l'ascension, plus familier aux esprits animés de tendance au matérialisme, consiste à reconnaître une matière première, indivise et informe, mais cependant vivante ou douée de la faculté d'un développement spontané infini. En vertu de cette force essentielle à sa nature, l'être absolu s'élabore dans le temps, se transforme dans l'espace, et traverse ou subit ainsi successivement tous les états de culture composant l'échelle des êtres, depuis le minerai jusqu'à Dieu. Une image de ce développement intrinsèque de la matière première se présente à nous dans le développement propre de l'organisation animale, que nous voyons sortir d'un germe imperceptible et s'élever pourtant à des degrés considérables de grandeur et de force. On conclut de là, par analogie d'abord et puis rigoureusement par système, que l'univers, dans son ensemble, est lui-même un grand animal doué d'une vie propre, naturelle et divine.

Ces deux systèmes, comme on voit, ont un point commun, mais inverse. Leur point commun, c'est qu'ils impliquent, l'un et l'autre, l'existence de la **fulguration instinctive** ou fatale de l'être sous toutes les transformations du devenir. Toutefois, cette fulguration est, dans les deux systèmes, comprise inversement; car, dans un cas, c'est une fulguration de ténèbres ou d'ombres qu'on admet, tandis qu'on évoque, dans l'autre, une fulguration continue de clartés ou de teintes plus ou moins apparentes. Dès-lors, pour peu qu'on consente, dans l'un et l'autre système, à reconnaître l'existence d'un mouvement en arrière comme on admet celle d'un mouvement en avant dans les fulgurations de l'être, on voit évidemment qu'ils se concilient et se confondent. De là, un troisième système panthéiste où l'être est supposé passer périodiquement des ténèbres aux clartés et des clartés aux ténèbres, comme on voit une corde aller et venir autour de l'axe d'oscillation contenant ses deux bouts.

§ 33.

Toutes les variétés du grand système panthéiste étant

connues, occupons-nous maintenant d'en discuter la rationalité. Peut-être, de prime abord, aurons-nous de la peine à nous en faire une idée; car on ne saurait nier qu'il ne combatte ouvertement l'expérience et la raison naturelle, instinctive, de l'homme. Comment, en effet, s'il n'existait qu'un seul être, cet être, au lieu d'être tout-à-fait concentré en lui-même, se trouverait-il investi de cet appareil colossal d'existences diverses que nous appelons l'univers? Un homme enfermé dans sa chambre ne doit, ne peut avoir le même spectacle qu'il aurait, s'il allait se promener par les champs; et si tout cependant se passe de la sorte, c'est-à-dire, s'il parcourt des distances, s'il saute des ruisseaux, s'il voit des arbres, de la verdure, si le vent ralentit ou précipite sa marche, il ne peut sans absurdité se croire encore dans sa chambre, mais il doit au contraire s'avouer qu'il en est sorti pour parcourir la campagne. Or, nous sommes, nous, par rapport au monde en général, dans le même cas que cet homme relativement à l'extérieur de sa chambre. Car, de bonne foi, que faudrait-il ajouter à ce que nous éprouvons pour nous croire au milieu d'une multitude de vraies réalités, si cette multitude de réalités existait réellement? Tel qu'il est, le spectacle est complet et se suffit à lui-même; il n'a jamais été de vérité plus claire. Donc le panthéisme est, par-là même, convaincu d'absurdité manifeste, parce qu'il est la négation de ce qu'il est, de fait, impossible de révoquer en doute. Aussi, nous n'avons pas l'appréhension qu'il puisse jamais devenir populaire sous sa forme essentielle; et les panthéistes sentent trop bien eux-mêmes les inconvénients de leur doctrine, pour tendre à l'inculquer directement; ils ont besoin, pour cela, de renverser auparavant les notions de l'esprit, en appelant des sentiments instinctifs aux intuitions de la raison.

Tous les motifs, sur lesquels les panthéistes étayent leur monstrueuse doctrine, découlent d'une seule et même source que nous tenons à signaler dès le début pour fixer nos idées; et cette source est la confusion, toujours renouvelée, de l'abstrait et du concret. — « L'absolu est un, dit-on; donc l'être est un. » L'absolu est un, sans doute; mais, si l'absolu n'est pas l'être, l'unité de l'absolu ne prouve pas l'unité de l'être. Or, l'absolu n'est pas l'être. En effet, l'existence d'un être simple n'exclut point, par elle-même, l'existence d'un autre être simple. Donc deux êtres simples peuvent être conçus exister à la fois, sans que leur existence simultanée provoque la moindre contradiction dans l'esprit. Mais chaque être simple est réputé absolu. Donc aucun être simple n'est, par lui-même ou exclusivement, l'absolu; ou bien l'absolu est tout être simple. Dès-lors, qu'est, plus particulièrement, l'absolu en lui-même? Il est une abstraction, une idée, une considération se rattachant à l'être, pour en exclure tout ce qui serait contraire à l'unité, sans pourtant en indiquer la nature. Mais une abstraction, une idée ne sont pas l'être. Donc l'absolu n'est pas l'être. — Hégel insiste : « L'on ne saurait concevoir l'être sans l'idée, ni l'idée sans l'être. Donc l'être est identique à l'idée. » L'idée peut être envisagée de deux manières, psychologiquement ou logiquement : dans le premier cas, elle est concrète; dans le dernier, abstraite. Quand l'idée est entendue psychologiquement, elle n'est pas concevable sans l'être; parce que, dès qu'on parle, en ce sens, de l'idée, l'on implique effectivement l'être dont elle est une relation ou un mode. Mais l'idée prise dans son acception purement représentative, objective, logique, n'est pas pour cela moins séparable de l'être; car l'idée, dans cette acception, est la négation actuelle, possible, ou du moins hypothétique, de la réalité. C'est, en effet, une representation dans laquelle, au lieu de considérer la réalité de la chose en question, on cesse expressément d'en envisager la position absolue, pour s'occuper exclusivement d'en saisir le caractère idéal ou possible, comme si elle n'existait pas réellement. Or, comme les mots le font sonner d'eux-mêmes, l'idée prise en ce sens n'implique aucunement l'existence objective de la réalité correspondante. Donc l'idée n'est pas la même chose que l'être. — « Il est cependant possible, dit Hégel, d'admettre l'identité de l'être et de l'idée. Donc on peut affirmer : l'idée c'est l'être. » Nous avons décidé cette question, lorsque nous avons démontré (§ 11) qu'il est seulement possible d'admettre que ces deux idées se précèdent, ou se suivent, ou s'allient d'une certaine manière, sans pouvoir se confondre dans une identité, puisque, rigoureusement parlant, elles s'excluent; et nous maintenons ici ce que nous avons dit. En effet, il est clair que dans l'être, comme être, l'on ne voit pas de trace de l'idée; et dans l'idée, comme idée, ou dans l'idée logique, l'on ne trouve pas l'être. Par exemple, de ce que l'on conçoit une montagne d'or, il ne s'ensuit aucunement qu'une telle montagne existe; il s'ensuit seulement qu'elle est possible, si tant est que son idée soit bien rationnelle. Mais une possibilité d'alliance d'idées est-elle une démonstration de leur identité? Nul n'oserait le dire. Donc il n'est pas démontré que l'idée soit identique à l'être. — Hégel insiste toujours, et dit : « La relation entre l'être et l'idée, dans l'idée de Dieu, n'implique aucun moyen-terme, aucune condition; cette relation est immédiate. C'est la relation de soi-même à soi-même. Donc l'être et l'idée sont identiques. » Il n'y a pas, dans l'idée de Dieu, de moyen-terme, de condition externe entre l'être et l'idée : soit. Mais il y a toujours, dans ce cas, un moyen-terme, une condition interne entre l'être et l'idée; et ce moyen-terme, cette condition interne, c'est la perception qui précède et engendre l'idée. En effet, nous avons précédemment reconnu (§ 10) que l'idée n'intervient psychologiquement qu'après la perception, pour la représenter en s'en distinguant et en la distinguant aussi de la réalité. Auquel cas, elle est sans aucun doute, elle-même, relative à la réalité; mais cela se fait toujours médiatement, ou moyennant la perception dont elle est le produit naturel. Du reste, en ce même cas essentiellement psychologique, l'idée ne peut pas plus être identifiée à l'être, que la perception elle-même; car l'être est absolu, et l'idée, comme la perception, sont relatives. Donc l'être et l'idée ne sont point purement identiques. — « Enfin, dit Hégel, l'être n'est point une détermination intrinsèque ou réelle des choses (Inhaltsbestimmung); je l'accorde à Kant. Mais, dès-lors, n'est-il pas manifeste que l'idée n'a pas besoin de se l'ajouter pour l'avoir, et qu'il lui suffit, dans ce cas, de perdre le caractère subjectif qui la détermine et restreint, du moins en apparence, pour redevenir ou rester purement et simplement idée? Donc l'être et l'idée sont absolument identiques. » Le caractère subjectif de l'idée n'est pas ce qui en fait le défaut, ou lui ôte l'apparence de l'être; car l'idée subjective que j'ai, moi, par exemple, d'une montagne d'or, est subjectivement, en elle-même, tout entière ou complète, soit que cette montagne existe, soit qu'elle n'existe pas. Ce qui renferme ou suppose la négation avec soi, c'est le caractère objectif de l'idée, par la raison que ce caractère implique formellement abstraction de l'existence réelle pour substituer à la réalité l'hypothèse. Voilà donc le défaut qu'il s'agit de faire disparaître : il est dans l'idée logique. Et que fait Hégel ? Il le nie dans l'idée logique où il est, ou, du moins, il ne fait pas mention de ce cas, seul important ici; et il l'affirme, il le proclame dans l'idée psychologique où il n'est point. Sa démonstration est donc nulle.

Nous passons sous silence toutes les autres raisons que cet auteur peut ajouter à l'appui de sa thèse, comme lorsqu'il dit que l'être sans l'idée correspondante, ou l'idée sans l'être correspondant, seraient une chose non vraie, une non-vérité. Car il est clair qu'il n'existe aucune fausse négation ou position dans l'être et dans l'idée, bien qu'on pose l'idée (logique) sans l'être, et l'être sans l'idée (psychologique). Ainsi, l'idée d'une montagne d'or est vraie dans son espèce, ou comme possibilité, bien que cette montagne ne soit pas; et l'idée des êtres contingents est encore vraie, dans sa nature, ou comme réalité, bien que ces êtres n'arrivent pas toujours à la réelle représentation de l'idée. Ce que nous avons dit nous paraît suffisant pour révéler le génie subtil et profond de Hégel, et constater en même temps son impuissance.

§ 34.

Nous avons jusqu'ici répondu aux attaques de nos adversaires ; nous devons les attaquer à notre tour. De l'aveu de tout panthéiste intelligent, de l'aveu explicite de Hégel, A, par lui-même ou dans son état natif, antéromondain, primordial, ne contient aucun des prédicats, positifs ou négatifs, constituant son état naturel ou mondain; il est simplement lui : A. De leur côté, a, b, c, d..., n'ont pas d'existence propre ; ce sont des formes diverses par lesquelles A, passant en existence déterminée, développe sa vie ; ce sont par conséquent des déterminations quelconques, positives ou négatives, lumineuses ou ténébreuses, de A ; et leur ensemble est : $a+b+c+d+\ldots$ Cela posé, qu'est A ? Il est, manifestement, ou la simple possibilité de $a+b+c+d+\ldots$, ou la matière de $a+b+c+d+\ldots$ — Admettons, en premier lieu, que A est la simple possibilité de $a+b+c+d+\ldots$ Dès-lors, A est le possible, et $a+b+c+d+\ldots$ sont le réel. Dès-lors encore, A n'est plus une réalité absolue, mais une simple unité formelle, idéale, abstraite, comme celle de forêt, d'armée, etc. ; et $a+b+c+d+\ldots$ sont des réalités concrètes ou des unités distinctes et réelles. Mais, dans ce cas le système est détruit. Donc cette première hypothèse doit être rejetée. — Admettons, en second lieu, que A est la matière de $a+b+c+d+\ldots$, et regardons en conséquence $a+b+c+d+\ldots$ comme de simples modes ou formes de A. Dans ce cas, il faut encore admettre, d'abord, que A contient la raison **entière ou absolue** des formes contingentes diverses, appelées a, b, c, d...., sous le double rapport de leur diversité de nature et de leur diversité d'apparition ; et puis (comme toute raison absolue d'effets divers contingents, pour être adéquate à ces mêmes effets, doit contenir, en acte ou en puissance, autant de différences absolues qu'il y a d'actes absolus contingents, actuels ou possibles), que A contient des différences absolues, possibles ou actuelles, correspondantes à tous les effets contingents, multiples et divers, $a+b+c+d+\ldots$. Mais nos adversaires refusent ouvertement d'admettre en A des différences absolues simplement possibles, parce que, l'admettre, serait tomber dans le cas de la création qu'ils ne veulent pas reconnaître ; ils sont donc contraints de s'en tenir à l'hypothèse de différences absolues, actuelles, essentielles en A. Donc A, l'être, contient toujours essentiellement, actuellement en lui-même, dès avant toutes choses, des déterminations contingentes, multiples et diverses, correspondantes à $a+b+c+d+\ldots$ Mais, dès-lors, A n'est plus radicalement simple ; $a+b+c+d+\ldots$ sont passés en A ; et nous retrouvons devant nous la formule du cas précédent, simplement renversée : $a+b+c+d+\ldots = A$, dans laquelle A n'est forcément qu'une pure abstraction. La conclusion doit donc encore être la même ; et ainsi il est démontré que le panthéisme n'est qu'un perpétuel jeu de mots, résultant de la confusion arbitraire de l'unité abstraite avec la totalité des existences concrètes.

§ 35.

Il n'est pas sans importance, avant de terminer la discussion sur la rationalité du panthéisme, de revenir sur une concession que nous avons faite, en passant (§ 32), relativement à l'influence possible de la volonté ou de l'idée sur la perception. Il existe assurément une certaine influence de la volonté ou de l'idée sur la perception. L'idée, par exemple, influe sur la manière d'ordonner la perception ; car c'est elle-même, proprement, qui la distribue et la range en séries. De même, la volonté a, sous ce rapport, une influence que l'on ne saurait méconnaître ; car c'est elle qui détermine la valeur des relations, et en fait ou constitue le mérite. Mais, de ce que la volonté et l'idée exercent sur la perception une certaine influence, il ne s'ensuit aucunement que la perception soit à leur discrétion absolue. Car, si l'idée règle la perception, elle ne la produit pas; et si la volonté la détermine moralement, elle ne la fait pas; au contraire, la perception, la première, excite la volonté et engendre l'idée. En somme, si la perception fait défaut, la volonté et l'idée ne sont qu'un produit vague et superficiel de l'esprit : la volonté, une tendance sans but; et l'idée, une représentation sans objet. Maintenant, la différence entre ces deux cas, l'un d'une existence ou d'une position chimérique, l'autre d'une existence ou d'une position réelle, est-elle, de fait, bien difficile à discerner ? Moi, par exemple, qui suis renfermé dans ma chambre, assis sur ma chaise, situé en face de ma fenêtre....., je puis, en imagination, me représenter errant dans la campagne, à la chasse de quelque bête fauve : est-ce que cette représentation artificielle sera capable de m'empêcher de me sentir ou de m'apercevoir renfermé dans ma chambre, assis sur ma chaise, situé en face de ma fenêtre? Moi encore, qui suis renfermé dans ma chambre, assis sur ma chaise, situé devant ma fenêtre..., je puis, par ma liberté, déterminer un changement instantané dans ma volonté, et jusqu'à un certain point dans mes goûts : est-ce que ce changement certain de la volonté effectuera par lui-même un renouvellement entier ou absolu de perception, quoique je reste toujours renfermé dans ma chambre, assis sur ma chaise, et situé en face de ma fenêtre... ? Nullement. Cependant, pour revenir à notre point de départ, ou faire à notre sujet l'application de cette réflexion, il est essentiel, dans la doctrine panthéiste, d'admettre expressément un assujettissement complet ou radical de la perception à la volonté ou à l'idée; car le changement du phénomène intérieur, comme nous l'avons précédemment reconnu (§ 32), ne peut provenir que de là; et ce changement, comme l'expérience l'atteste, comprend les sentiments les plus disparates et les plus opposés, tels que la douleur et le plaisir.... Donc cette doctrine est absurde [1].

---

[1] De même que Fries s'est, parfois, montré peu délicat sur la forme comme sur le fond, Fichte, Schelling, Hégel, ont aussi paru méconnaître, en certaines rencontres, leur responsabilité d'auteurs et leur dignité de philosophes.
Après avoir posé l'identité du sujet et de l'objet comme l'essence ou la réalité du moi, Fichte n'oublie pas de se demander s'il est réellement possible de penser cette identité comme son moi. Alors il voit bien que non, par la raison que penser le moi, c'est déjà distinguer le sujet et l'objet que cette identité suppose indiscernables, au moins sous ce rapport. Cependant cette vue ne lui inspire aucun soupçon sur la validité de son idée; au contraire, il insiste sur sa définition plus que jamais, jusqu'à dire : Cela est, parce que cela est. « Tu » n'es aucun des deux, parce que tu es l'autre; tu n'es pas généralement dou- » ble, mais absolument simple; et cet inconcevable, tu l'es, simple- » ment parce que tu l'es. »—« Du bist keins von beyden, weil du das Andre bist; du bist überhaupt nicht zweyerley, sondern absolut einerley; und dieses undenkbare Eine bist Du, schlechthin weil Du es bist. »
Schelling reconnaît, d'abord, que les deux idées d'infini et de fini, non seulement répugnent à s'unir, mais en sont incapables. Mais le phénomène est là, et le phénomène les lui montre en relation constante. « S'il en est ainsi, » dit-il alors, il faut certainement qu'une nécessité primordiale et absolue » opère cet effet. »—« Das Unendliche kann nun nicht zu dem Endlichen, das Endliche nicht zu jenem hinzukommen. Beyde müssen also durch eine gewisse ursprüngliche und absolute Nothwendigkeit vereinigt seyn, wenn sie überhaupt als verbunden erscheinen. » Une telle nécessité, qui fait ce qui ne se peut pas, où donc apparaît-elle? Schelling n'est pas en peine de répondre. Elle est dans l'unité, d'abord; puis, dans l'amour; puis, dans la pesanteur...., elle est partout; elle est le monde entier. Aussi ajoute-t-il avec raison : Il serait bien à craindre que la copule ne devînt pluralité, si ce n'est que, dans l'unité, et encore dans chaque chose, est le tout. « Unmöglich wäre es auch, dass das Band in dem Vielen das Eine wäre, d. h., selbst nicht vieles würde, wäre es nicht wieder in dieser seiner Einheit in der Vielheit, und eben deshalb auch im Einzelnen das Ganze. » La voyez-vous maintenant la merveilleuse copule?
Représentons-nous toutes les erreurs et toutes les vérités comme deux files d'anneaux verticalement suspendues devant nous. Fichte et Schelling ont eu le malheur de les parcourir comme nous tous en général, êtres faillibles, en enfilant un anneau tantôt à droite tantôt à gauche, et sont ainsi restés naturels soit dans la vérité soit dans l'erreur. Hégel agit tout autrement : il prend à gauche toutes les erreurs, et en fait des vérités ; il prend à droite toutes les vérités, mais pour en faire des erreurs ; et son œuvre est, en somme, par cette raison, la crème du sophisme. Par exemple, Fichte confond l'ordre du monde avec Dieu. C'est un crime ! Aussi Hégel s'empresse de reconnaître un Dieu parfaitement doué de la conscience de lui-même. « Gott ist nur Gott, insofern er sich selber weiss. » Schelling ne fait, en définitive, de sa merveil-

§ 36.

Passons maintenant à notre troisième point, qui est la vérification des principes panthéistes, par leur confrontation avec l'expérience. Après avoir démontré, de concert avec les panthéistes, contre les empiristes sceptiques, la nécessité de reconnaître, à côté du relatif et de l'apparent, l'existence de l'absolu et du réel, nous avons dû nous retourner contre les panthéistes eux-mêmes, et démontrer par la raison que cette nécessité n'est pas une, mais multiple, soit parce qu'ils ne démontrent pas qu'elle est une, soit parce qu'il est impossible de supposer qu'elle l'est. Maintenant, il s'agit d'établir, par les faits, la même vérité. Déjà nous avons bien incidemment touché cette question, mais elle mérite

---

fausse copule qu'une négation de la pluralité ; selon Hégel, la copule, le lien entre l'infini et le fini, ou l'idée, est la réalité, est Dieu même. « Gott in seiner Lebendigkeit und Wirklichkeit, und die Welt in ihrem Grunde und Wesen, sind sonach eines und dasselbe. » Ensuite nous regardons, nous, comme une vérité, que la répulsion est simplement un acte apparent de séparation entre deux ou plusieurs termes de relation. Il n'en est pas ainsi, dit Hégel ; elle est la position de plusieurs uns par l'un. « Repulsion des Eins, das ist : Setzen vieler Eins. » Nous croyons, nous, que, lorsqu'une chose se change en une autre, nous avons — ou bien nous avons eu — deux choses différentes. Pas du tout, reprend Hégel, ces deux choses n'ont qu'une détermination commune et identique : celle d'être, chacune, autre. « Das, in welches es übergeht, ist ganz dasselbe, was dasjenige, welches übergeht ; beide haben keine weitere Bestimmung, als nur die eine und gleiche, ein Anderes zu seyn. » Peut-être encore nous avons la faiblesse de croire que l'existence (finie) peut bien, à sa limite, être recouverte de la négation comme d'une enveloppe, mais que, dans son giron, en elle-même, elle est entièrement positive. Erreur ! erreur ! s'écrie Hégel ; l'existence est la combinaison, bien plus, l'unité de l'être et du néant. « Das Daseyn ist die Einheit des Seyn und des Nichts. » Herbart fait remarquer, à ce propos, qu'en voyant ainsi le néant, immiscé à l'être, lui courir moëlle et os, il a bien peur que bientôt il n'en reste plus rien. Nous sommes du même sentiment.

d'être plus amplement développée. Nous disons que, si les conséquences naturelles, logiques, nécessaires, du principe panthéiste concordent avec les faits d'expérience, ce système pourrait être, sous ce rapport, admissible, et qu'au contraire, si la concordance est impossible à prouver, il est souverainement faux. Est-ce qu'on oserait, par hasard, nous contester cette proposition? Les systèmes sont composés en vue de l'application qu'on se propose d'en faire; ôtez-leur ce résultat, ils ne sont bons à rien. Ainsi, le principe panthéiste posé, s'il s'ensuit, par exemple, d'abord, qu'il n'y a pas d'obligations morales, et que la vie de l'homme soit précisément toujours occupée de semblables obligations; s'il s'ensuit également que l'homme existe sans besoins, et qu'il soit au contraire toujours assiégé de besoins irrésistibles; s'il s'ensuit encore que le monde doit être un ensemble complet de relations, et qu'il ne représente inversement qu'un ensemble de faits sans liaison naturelle quelconque; alors le principe panthéiste ne correspond pas au phénomène, aux faits; il est faux. Or, il en est ainsi. — C'est, d'abord, un premier fait ianiable que l'existence d'obligations morales. Car nous avons, tous, le sentiment d'une obligation rigoureuse, purement interne, en vertu de laquelle nous nous croyons tenus de faire certaines actions et de nous en interdire d'autres, non seulement dans notre intérêt propre, mais dans l'intérêt d'autres êtres supposés existants; et l'ensemble de ces diverses obligations spéciales est ce qu'on nomme la morale. Or, ce fait est-il rationnel, dans le système panthéiste? Non. Il l'est si peu que Spinosa combat ouvertement, comme des préjugés funestes au genre humain, les idées de bien et de mal, de mérite et de démérite, de vertu et de vice, de beauté et de laideur, et ramène le tout à des relations de puissance. Hégel parle sans doute en meilleurs termes de la moralité, mais au fond il l'apprécie assez peu pour la mesurer à l'aune de la perfection en tout genre; ce qui l'amène au culte du génie ou des génies comme Christ, Goëthe, Napoléon, à peu près sans distinction d'honneur et de mérite. Comment, du reste, en serait-il autrement? Sans une pluralité d'êtres, il ne peut y avoir de relations d'être à être; sans relations d'être à être, il n'y a pas d'obligations; et sans obligations, il n'y a pas de morale. En ce cas, la morale est le rêve des rêves, l'illusion des illusions. Marcher au développement simultané de toutes ses tendances, telle est la vocation exclusive de l'homme et l'unique moyen d'arriver à la parfaite quiétude de l'âme, au repos éternel. — Après l'âme, vient le corps. C'est un autre fait incontestable que l'homme n'a pas seulement le sentiment de ses devoirs, mais qu'il a de plus le sentiment de ses besoins, par exemple, du besoin de manger, ou de boire, ou de dormir, etc. Est-ce que ce dernier sentiment ne serait pas encore un préjugé? Nul panthéiste, cette fois, ne l'affirme, mais certainement à tort; c'est une inconséquence. Comment, en effet, si l'être est un, pourrait-il se sentir un besoin? Qu'est-ce qui lui pèse, qu'est-ce qui l'attire, s'il est à la fois un et tout? Ou bien, faut-il admettre qu'il est, par exemple, capable de rassasier avec des aliments fantastiques une apparence de faim, avec une ombre de boisson une illusion de soif?... On n'ose appeler rêve, illusion, la faim, la soif, conformément au principe; donc le principe est faux. — Après le corps et l'âme, vient le monde en général; or, ici, nous retrouvons la même opposition entre les faits et le système. Puisque l'être est un et a tout, on ne saurait dire qu'il rencontre des limites au développement de son activité naturellement infinie ; son développement doit être constant, régulier, uniforme, ou du moins uniformément progressif, et sans sauts ni ruptures. Or, ce qu'on voit, c'est précisément le contraire. Par exemple, le nombre des couleurs, des métaux, des planètes... n'apparaît déterminé par aucune limite absolue ; car ce nombre est tantôt, approximativement, ou sept, ou douze, ou quarante... ; tantôt pair ou impair ; tantôt premier ou multiple d'un autre. D'ailleurs, on remarque dans la construction des êtres une preuve irrécusable de l'absence de toute loi rigoureuse ou de toute vraie nécessité ; nous voulons parler de l'inégalité de structure non seulement de race en race, mais dans la même race ; ainsi l'on voit des hommes grands et des hommes petits, des hommes gros et des hommes minces ; cette première différence se poursuit dans les traits de la face, la couleur de la peau, le tempérament, le caractère, l'esprit ; en définitive, on ne trouverait pas dans le monde entier deux hommes semblables, deux animaux semblables, deux arbres semblables, deux pierres semblables ; la variation est partout, quelquefois marquée par des nuances imperceptibles, quelquefois par des abîmes. Considérons la terre ; voilà du plein. Mais n'est-elle pas suspendue dans le vide ? Et quel vide que celui qui s'étend d'une planète à l'autre ? L'imagination même a peine à le franchir ; la moindre unité, qui sert de mesure à sa grandeur, suffit pour nous confondre. Considérons la surface de la terre : voilà la végétation et la vie. Mais creusons un peu : plus de végétation ni de vie, rien que du solide ou du liquide. Elevons-nous d'un pied : plus de végétation ni de vie, mais du gazeux, de l'air, de la vapeur. Considérons les entrailles de la terre : est-ce que nous en trouvons les couches rangées les unes sur les autres d'après une loi remarquable de densité respective? Est-ce que nous trouvons les métaux rangés, dans les intervalles, suivant leur ordre de mérite ou leur poids spécifique? Quelle immense distance ne sépare-t-elle pas l'ancienne terre d'Ophir et la Californie! Et l'Inde, pourquoi se trouve-t-elle la patrie fortunée des diamants et des perles? Et la terre entière, pourquoi se trouve-t-elle comme divisée en deux parts : terre en deçà de l'équateur, mer au delà?... Ce n'est pas tout; nous n'avons pas encore parlé de l'antagonisme des forces. Voici les planètes qui se roulent dans l'espace dans un sens, et les comètes en un autre : les unes mettant à parcourir leurs orbites plusieurs années; les autres, à peine quelques mois. Sur la terre, la vie et la mort se disputent incessamment l'empire des choses animées ; les choses inanimées sont livrées à la merci du mouvement et du repos. Quand le temps d'une révolution est fini, la suivante commence, pour offrir la même scène avec un changement entier de personnages, avec des costumes divers, et des résultats opposés. Jadis peut-être la mer couvrait nos champs, et d'autres terres étaient arides. Alors il n'y avait pas encore, peut-être, d'être organisé vivant dans l'univers : pas un homme, pas un animal, pas une plante... Et depuis, quelle rénovation! Et un jour aussi, dans l'avenir, quelle catastrophe! Evidemment des changements aussi profonds, comme des proportions aussi arbitraires, ne sont point l'effet d'une cause uniforme, régulière et constante. Cela tient du hasard, ou plutôt d'une cause intelligente et libre qui, pour se démontrer intelligente et sage, fonde l'ordre sur le désordre, de même que, pour se démontrer libre et bonne, elle amène, par les maux, au bonheur; cela tient, en un mot, à un système d'êtres en relation d'activité. Car le principe panthéiste, dans sa loi générale, primitive et constante, n'a pas de raison pour tous ces faits particuliers que nous venons d'énumérer; tous ces faits le combattent, le repoussent, l'annullent, et, par cela même, établissent le principe contraire de la pluralité de l'absolu ou de l'être [1].

DE L'ATHÉISME.

§ 37.

On dispute depuis long-temps, dans les écoles, pour savoir s'il existe de véritables athées. Nous ne croyons pas que l'athéisme, envisagé comme l'absolue négation de la Divinité, soit le moins du monde probable et possible. Aussi, ne voulant imputer à personne une semblable erreur malgré des apparences contraires, nous nous servirons en cette rencontre, pour exprimer notre pensée, d'un mot inusité; et nous nommerons simple-

---

[1] L'habitude de confondre l'unité et la pluralité avec le moi et le non-moi détermine souvent une certaine répugnance à passer de l'unité à la pluralité, parce qu'on se croit tout naturellement plus près du moi que du non-moi, et que par suite l'on se juge plus à portée de l'unité que de la pluralité, ce qui est faux. Car le moi n'est pas le réel, nous l'avons prouvé (§ 30); et le non-moi, comme non-moi, ne saurait l'être davantage. Le réel, proprement dit, est absolu, et il n'est ni plus ni moins absolu, qu'il nous soit propre ou étranger. D'ailleurs, qu'il nous soit propre ou étranger, c'est toujours la représentation ou la raison qui le pose; et comme l'acte de position se trouve encore, dans les deux cas, absolument identique, on ne peut dire justement qu'il soit, en un cas, plus répugnant qu'en l'autre.

ment athéistes tous ceux dont la doctrine consiste à rapporter le phénomène en général à une pluralité de réalités sans condition ou d'existences sans cause.

Avant d'entrer en discussion sur ce point, nous devons commencer par nous orienter. Le premier adversaire que nous avons rencontré sur nos pas, l'empirisme sceptique, reconnaissait le relatif et l'apparent, mais niait l'absolu et le réel : il a dû se retirer devant l'impossibilité manifeste de concevoir des relations ou des apparences actuelles sans actualité relative ou apparente, c'est-à-dire, le complexe ou le composé sans le simple. Le panthéisme s'est alors présenté, maintenant la réalité de l'absolu, mais n'en voulant reconnaître qu'un seul : il a dû reculer également devant l'impossibilité de concevoir une actualité une et simple avec des actualités multiples et variables, c'est-à-dire, le nécessaire et le contingent immédiatement confondus ou mêlés. L'athéisme, en ce moment, entre en lice à son tour, admettant une pluralité d'êtres absolus, mais soutenant que tous ces êtres réels sont radicalement indépendants entr'eux et n'impliquent l'existence d'aucun être éminent dans et par lequel ils seraient tous réalisés. Ce nouvel et dernier adversaire devra-t-il encore se retirer devant une impossibilité manifeste? Nous espérons démontrer que la raison ne milite pas avec moins de force contre son système, que contre les deux autres; parce que, sommé de comprendre et d'exposer rationnellement l'alliance de l'actuel et du possible, il n'en pourra venir à bout, sans faire violence à ses principes ou sans tomber dans l'absurde. Afin de procéder à cette nouvelle démonstration avec ordre et clarté, 1º nous chercherons à reconnaître les principales variations du système athéiste; 2º nous discuterons les raisons que l'on apporte à son appui; 3º enfin, nous examinerons les graves conséquences qui s'ensuivent dans l'appréciation des phénomènes.

§ 38.

Les philosophes athéistes sont divisés en deux partis bien distincts : les Atômistes, et les Monadistes. — Les Atômistes, dont Epicure est le chef plus ou moins avoué, sont ceux qui reconnaissent à la matière des principes réels, mais aussi matériels, c'est-à-dire, étendus, qu'ils appellent atômes. Ces principes sont les natures élémentaires, et le monde est, par conséquent, essentiellement matériel. Pour rendre raison de la réunion des principes matériels en agrégats ou en corps, il suffit à ces philosophes d'ajouter à cette première supposition, relative à la matérialité des atômes, une autre supposition emportant la préexistence de la forme. Mettant de suite en pratique cette idée lumineuse, ils admettent des atômes non seulement matériels, mais encore doués de configurations particulières, par exemple, les uns crochus, les autres ronds, les autres allongés, etc. ; et, moyennant cette supposition, ils expliquent parfaitement alors l'existence de tous les corps plus ou moins solides ou fluides. Ce n'est pas tout, pourtant ; il faut encore indiquer la raison de la rencontre et du mouvement des atômes. Ils lèvent cette dernière difficulté par une troisième hypothèse, c'est-à-dire, en supposant aux atômes un mouvement perpétuel qui les met sans cesse, mais fortuitement, en relation ; c'est pourquoi le dernier mot du système est soit la nécessité, soit le hasard, ou plutôt un mélange des deux. Le monde va de lui-même, et est sans lois, sans dessein et sans but. — Les Monadistes athéistes, dont le chef est

Herbart, philosophe éminemment remarquable par ses travaux psychologiques, reconnaissent sans doute à la matière des principes réels, comme les précédents; mais ils veulent que ces principes soient inétendus ou simples, et, pour les bien caractériser, ils les appellent **monades**. Les monades, par elles-mêmes, ne constituent point le phénomène de la matérialité, mais elles sont censées susceptibles de s'arranger en agrégats a c t i f s, permanents ou variables; et c'est de l'ordre et de l'enchaînement de ces ensembles infiniment variés, que dépendent les notions de l'espace, du mouvement et du temps; la représentation de la matérialité se produit ensuite d'elle-même, par l'application spontanée de l'être à ces mêmes notions réputées objectivement positives. En supposant la simple possibilité des ensembles, on laisse, du reste, au fait le soin de confirmer l'hypothèse; et le fait, à cet égard, il faut en convenir, parle clair. Nous dirons la même chose de la supposition par laquelle les mêmes philosophes admettent que les monades ne varient pas seulement de force ou d'intensité, mais diffèrent encore de qualité; la différence des phénomènes ou des effets établit péremptoirement la différence des noumènes ou des causes. Ainsi, déjà, tout se trouve expliqué : l'étendue, les corps et leurs différences de propriétés ou de formes; reste seulement à découvrir la raison de l'ensemble, variable ou permanent, mais essentiellement accidentel, des monades. Là-dessus, les Monadistes ont garde de se jeter dans l'absurde supposition des Atomistes attribuant tous les événements à un mouvement essentiel aux atomes; mais, profitant de cette observation que le mouvement est en même temps et purement phénoménique et purement contingent, ils imaginent de concevoir toutes les monades fortuitement saisies, à l'origine des choses, de positions respectives différentes, soit mobiles soit stables, et de cette manière ils croient expliquer, à la fois naturellement et rationnellement, toutes choses. La fin, le dernier mot du système monadiste est, cependant, réductible à la conclusion du système atomiste perfectionné : le mouvement et le hasard sont les auteurs du phénomène. — Si l'on distingue, dans le système atomiste, le double point de vue réel et formel, on trouvera qu'il n'est véritablement réaliste pur, qu'en raison des principes indivisibles de la matérialité qu'il veut bien reconnaître ; car, pour tout le reste, il appartient à la classe des empiristes sceptiques. C'est ainsi qu'il admet, sans aucune élaboration préalable, toutes les notions expérimentales de matière, d'étendue, de mouvement…, dans leur première signification objective ; c'est ainsi qu'il confond dans une seule et même classe les phénomènes spirituels et corporels, et, par suite, identifie l'âme au corps. Le défaut évident de méthode, la gratuité des assertions les plus graves et le caractère manifestement empirique de ce système nous dispensent donc d'entrer particulièrement en discussion avec lui. D'ailleurs, comme nous l'avons reconnu tout-à-l'heure, sa conclusion est la même que celle du système monadiste, qui la représente seulement plus plausible. Ainsi, l'objet de la discussion entre les athéistes et nous se réduit définitivement à savoir si le mouvement et le hasard suffisent à rendre raison du phénomène.

§ 39.

Fixons d'abord l'état de la question : puisque nous avons été, jusqu'à ce moment, toujours d'accord avec les Monadistes, c'est-à-dire, puisque nous sommes Monadistes nous-mêmes, nous n'avons pas de peine à le faire. Les deux données générales, incontestées des deux parts, sont : une pluralité d'êtres absolus multiples et divers, mais radicalement indépendants entre eux, et la rencontre actuelle de ces êtres en un système constant de relations contingentes.—Qu'est-ce qui nous donne la première vérité ? C'est la raison, victorieuse des empiristes sceptiques et des panthéistes ; ou plutôt, c'est l'expérience élaborée par la raison. Que sont, en effet, à nos yeux, des êtres absolus ? Ce sont des positions absolues, c'est-à-dire des positions telles qu'elles sont complètes et simples : complètes, c'est-à-dire, non imparfaites, mais finies ; simples, c'est-à-dire, non composées ou formelles, mais réelles, définitives, premières. Or, des positions ainsi entendues, simples et complètes, sont manifestement des positions respectivement indépendantes ; des positions libres de toute complication, connexion ou relation externe ; des positions, enfin, subsistant arrondies et concentrées, pour ainsi dire, en elles-mêmes, sinon comme nécessaires, du moins comme absolues, et par conséquent incapables d'ouvrir jamais leur sein aux incessantes variations du phénomène. La raison, basée sur l'expérience, nous donne donc infailliblement la première notion ou l'idée des vraies réalités. Qu'est-ce qui nous donne ensuite la notion des réalités apparentes, ou nous garantit l'ensemble actuel contingent des êtres absolus ? C'est l'expérience ou l'observation elle-même et seule. Ici, nous n'avons pas besoin de raisonnements : ouvrir les yeux et voir ce qui se passe, c'est déjà se convaincre pleinement que les êtres absolus, loin d'être livrés exclusivement à eux-mêmes, dépendent, pour leur manifestation et leurs actes, d'une foule de relations sans cesse interrompues et renaissantes qui les lient à la nature entière. — Etres absolus sans relations primitives, êtres absolus postérieurement saisis de relations contingentes : voilà donc les deux termes d'où nous devons partir. Représentons par non-A le premier terme, et par A le dernier ; il s'agira de découvrir par le raisonnement s'il existe un moyen naturel, sans pervertir l'idée des êtres absolus compris sommairement en non-A, de convertir non-A en A, ou bien si, par le défaut d'un tel moyen, l'athéiste ne se trouve pas, au contraire, toujours inévitablement réduit à poser : non-A=A.

§ 40.

Remarquons, avant d'aller plus loin, que la simple somme des êtres élémentaires absolus a, b, c, d..., ne suffit pas pour offrir l'explication désirée. En effet, il a été déjà précédemment démontré, contre les panthéistes, qu'un seul être absolu ne peut contenir en lui-même la raison du phénomène actuel. Mais s'il n'est au pouvoir d'aucun être absolu, pris à part, de contenir la raison du phénomène, cela ne saurait, par-là même, être plus au pouvoir de la simple somme des êtres absolus; car une somme, en tant que somme, ne contient rien de plus ni rien de moins que les unités qu'elle embrasse. Donc la simple somme des êtres absolus ne suffit pas pour expliquer la production du phénomène ou résoudre le problème indiqué.

§ 41.

Il n'est pas davantage possible de trouver la solution

de ce problème dans l'hypothèse d'appétits ou de tendances réelles, inclinant en chaque instant, les unes vers les autres, les réalités existantes, et déterminant par conséquent, entre elles, un commencement d'attraction capable de s'agrandir ensuite d'elle-même par l'effet de l'agglomération des éléments. Car, d'abord, cette hypothèse de tendances réelles primitives est tout-à-fait impossible dans le système des Monadistes, que nous avons adopté. Herbart dit de l'ontologie : « Il lui incombe deux choses : premièrement, de montrer que le devenir (Geschehen) n'enlève pas l'être; secondement, qu'il lui est accidentel [1]. » Ensuite, quand ces tendances auraient lieu, il ne s'ensuivrait rien, il ne pourrait absolument rien s'ensuivre au dehors ; car « le devenir ne dépasse pas l'être, » dit Herbart [2]. Dans ce cas, on aurait seulement l'avantage ou le désavantage de revenir au premier sentiment de Leibnitz, qui, comme on sait, sans reconnaître aux monades aucune espèce de possibilité de communication entre le dehors et le dedans, ne laissait pas de leur attribuer la faculté de représenter fidèlement l'univers ou d'être le théâtre d'appétits et de tendances intérieures réelles ; et, par conséquent, la solution de notre problème resterait, comme elle reste encore, à trouver.

§ 42.

Mais voici que nos adversaires actuels croient l'avoir

---

[1] « Erstlich muss sie zeigen, das Geschehen hebe das Seyn nicht auf. Zweytens, es sey ihm zufällig. » (Allg. metaph., 1, § 138.)

[2] « Das Wirkliche Geschehen kann nicht losgerissen vom realen gleichsam in der Luft hängen; vielmehr in ihm geschieht es. »
(Allg. metaph., 1, § 72.)

découverte dans un mouvement primordial des monades. Ils raisonnent ainsi : « Tous les évènements réels reposent sur les mouvements ou les déplacements des monades, des natures premières. Car, les monades étant isolées, rien ne se produit ou n'arrive ; bien plus, si on les suppose infiniment éloignées, rien n'arrive ni ne peut arriver. «« Des éléments, infiniment éloignés les uns des autres, ne se rencontreraient jamais [1]. »» D'un autre côté, lorsque les monades sont réunies ensemble, elles sentent tout ce qu'elles peuvent sentir, à la fois, et par conséquent représentent, toutes, ce qu'elles représentent, sans variation d'aucune sorte ou bien sans succession. «« Le temps ne coule point dans l'immuable [2]. »» Donc tous les évènements réels sont réellement dépendants du mouvement ou du déplacement respectif des monades, ou bien le mouvement est l'indispensable condition [3] de tout le devenir réel. — Mais le mouvement lui-même est-il ou n'est-il pas sans une nouvelle condition ? Le mouvement (ainsi répondent-ils à cette question) peut être conditionné ; il peut aussi ne l'être pas. Le mouvement, d'abord, peut être conditionné par les forces motrices ; c'est là même ce qui arrive dans la plupart des cas. Le mouvement d'une machine à vapeur, par exemple, est conditionné par le développement de la vapeur ; et le mouvement du corps humain est conditionné par la volonté. Cependant, le mouvement

---

[1] « Wass erst in unendlicher Zeit geschehen kann, niemals geschieht. »
(Allg. metaph., 2, § 300.)

[2] « Wo kein Wechsel, da ist keine Zeit. »
(Allg. metaph., 2, § 301.)

[3] « Unerlässliche Bedingung. »

peut encore être non-conditionné, c'est-à-dire, le mouvement, généralement ou toujours, ne présuppose pas de condition; car il est, par lui-même, un état des êtres aussi naturel, aussi facile à comprendre, que le repos peut l'être. Les objets réels, en effet, ont-ils une prédilection particulière quelconque, pour le mouvement, ou le repos? Nullement. Le mouvement, en survenant, n'apporte aux êtres absolument rien de réel; et le repos, survenant à son tour, ne les dépouille absolument de rien. Les êtres, dans l'un et l'autre cas, sont toujours ce qu'ils sont, ni plus, ni moins; et, par conséquent, ils restent tout-à-fait étrangers à l'un et l'autre évènement, qui, pour lors, les concerne véritablement en apparence, sans les intéresser réellement. Par conséquent, enfin, puisqu'il est ainsi possible de concevoir les êtres en plusieurs situations respectives contraires sans en altérer le moins du monde l'essence, on peut de même les supposer, dès l'origine, saisis d'un mouvement quelconque; ou bien le mouvement, en lui-même, peut être conditionné comme ne l'être pas. »

Le vice de ce raisonnement fort abstrait ne peut être brièvement démontré. Pour l'établir aussi clairement que possible, nous y distinguerons, outre la conclusion, deux parties principales : l'hypothèse et la preuve. L'hypothèse est : qu'on peut concevoir le mouvement divisé en deux classes, l'une conditionnée, l'autre non conditionnée. La preuve est : que les monades sont tout-à-fait indépendantes de leurs placements respectifs, et que les placements le sont à leur tour des monades; de sorte que, si ces deux ordres de considération sont quelquefois unis, ils ne le sont jamais que fortuitement, et par-là même sont essentiellement séparables. Or, hypothèse, preuve, tout, ici, est absurde.

§ 43.

Premièrement, l'hypothèse, comme hypothèse, est absurde, en droit et en fait. — Elle est, d'abord, absurde en droit. Nous pourrions démontrer immédiatement ce premier point, en faisant remarquer, qu'en y reconnaissant la contingence de toute espèce de mouvement, et en y limitant, à certaines espèces seulement, la conditionnalité, l'on restreint par-là même, à certains cas particuliers de contingence, le principe général de la causalité ; et comme il est cependant manifeste qu'un principe général n'est général, n'est principe de certitude absolue, qu'à la condition absolue de se suffire à lui-même ou de répondre également à tous les cas de même espèce, nous aurions ainsi trouvé l'occasion de révéler pleinement, en la confrontant avec un principe certain, le vice radical de l'hypothèse actuelle. Mais, au lieu d'insister là-dessus, nous aimons mieux porter notre attention ailleurs. Pour cela, nous ferons remarquer que, dans cette hypothèse, on considère deux fois le mouvement, savoir, une première fois, sans la détermination actuelle de conditionnalité, une autre fois, avec cette même détermination actuelle ; et, cette distinction faite, on oppose alors, l'un à l'autre, le mouvement conditionné et le mouvement inconditionné, sous l'idée générale du mouvement, comme s'ils en étaient deux espèces. Or, cela n'est pas rationnel. Il est, sans doute, vrai que le mouvement, considéré d'une manière abstraite, peut contenir sous lui d'autres idées envisagées comme espèces ; mais cette opération de l'esprit est nécessairement soumise à des règles précises ; et si ces règles ne sont pas observées, comme dans le cas actuel, il est inévitable qu'on erre. Qu'est le mouvement en lui-même? C'est une idée générique, comme, par exemple, l'idée d'homme en général. Cette dernière idée, l'idée d'homme en général, parce qu'elle doit convenir également à tous les êtres humains, Pierre, Paul, etc., est vraiment une idée générale, susceptible de comprendre sous elle des espèces ou des individualités, par détermination. Cependant cette même idée d'homme en général, comme l'idée du mouvement, n'est pas une unité réelle, comme celle de monade; elle est seulement une vraie unité formelle, abstraite ou idéale, c'està-dire une idée une comme représentant une seule composition donnée, par exemple, celle d'une âme et d'un corps. Si par conséquent l'on vient à parler, après cela, des espèces ou des individualités qu'elle embrasse, comme du Français et de l'Anglais, de Pierre et de Paul, ce serait une très-grande et très-grossière faute de ne pas la faire entrer tout entière, avec ses éléments constitutifs, dans l'idée des espèces ou des individualités elles-mêmes; parce qu'il est de l'essence des idées générales de convenir également et constamment à toutes leurs inferiorités de même ordre. De plus, il est incontestable qu'on ne peut jamais affirmer d'une idée générale, comme genre, des caractères issus d'autres points de vue contingents. Par exemple, s'il s'agissait de définir l'idée générale d'image, et qu'au lieu de la diviser en sujet et objet on la divisât en images faites et non faites, la division, n'atteignant plus sa fin, serait horriblement mauvaise. Est-ce qu'en effet il est de l'essence des images, d'être faites ou non faites? Non; leur essence est simplement d'être images; et, quant à cette division fautive qu'on indique, nous dirons qu'une fois faites, elles n'ont plus besoin de rien. Mais ce n'est pas à dire pour cela qu'elles n'ont pas besoin d'être faites ; au contraire. Naturellement on dira que, n'étant pas faites, elles ont besoin d'être faites, pour être. Maintenant, l'application, au mouvement, de cette dernière considération ainsi que de la précédente, est facile. Par exemple, on peut admettre que le mouvement, une fois conditionné, n'a plus, à l'avenir, besoin de condition. Mais, de ce qu'il est inconditionné en lui-même, dans la durée son essence, dans la succession intelligible ou réelle qui le constitue, s'ensuit-il qu'il n'a pas besoin d'être conditionné dans son origine, à sa source, ou qu'il n'a pas d'origine, de source? On conviendra que non ; car ce sont là deux questions bien distinctes. En conséquence, résumant les deux considérations que nous venons d'offrir, nous posons ce principe. Une division est nulle : 1° quand on attribue à l'essence d'une chose ce qui n'est au plus qu'un accident (ainsi, la division de l'homme en général serait nulle, si l'on attribuait, à son tout, les variations de sa taille dans les différents âges); 2° quand, portant sur les accidents, elle ne prend pas toujours l'idée générale dans le même sens, ou ne l'envisage pas du même point de vue (ainsi, la division de l'idée d'homme en général serait nulle, si, dans sa définition, on passait arbitrairement de la grandeur du corps à la grandeur de l'âme, et *vice versâ*). Or, nos adversaires tombent, ici, dans ces deux fautes à la fois; nous le pourrons facilement reconnaître. D'abord, il est certain que la question de la conditionnalité ne concerne aucunement l'essence ou la qualité du mouvement, mais seulement, exclusivement, sa position ou son acte de réalisation. Car, manifestement, il n'y a pas d'espèce ou de variété de mouvement, lent ou rapide, curviligne ou rectiligne, etc., qui ne soit susceptible de production ou d'origine ; de même, inversement, quelle que soit sa condition ou sa cause, tout mouvement, une fois constitué ou émis, est capable de se maintenir de lui-même, ou sans condition, dans sa durée. Or, lorsque deux idées sont ainsi faites qu'elles ne peuvent aucunement s'identifier l'une avec l'autre, ni par conséquent se suppléer, mais se répondent entre elles, au contraire, comme suite et commencement, droite et gauche, haut et bas, on a devant soi deux idées absolument distinctes, opposées et relatives. Donc il est réellement impossible de réduire à l'idée de mouvement l'idée de condition ou d'origine. Que font cependant nos adversaires, dans ce que nous avons appelé leur hypothèse ? N'admettent-ils pas une durée sans origine, en reconnaissant un mouvement sans condition, et par-là même ne donnent-ils pas à l'idée de mouvement ou de durée la faculté de tenir lieu de condition et d'origine ? Cela est incontestable. Donc ils tombent dans le premier inconvénient que nous avons signalé, celui de confondre avec l'essence ce qui ne constitue qu'un accident. Ensuite, il est encore vrai de dire que leur division n'embrasse pas l'idée générale dans le même sens dans les deux cas, ou bien qu'ils ont réellement deux idées devant eux, lorsqu'ils croient n'en avoir qu'une. Car le mouvement inconditionné dont ils parlent, puisqu'il est sans origine réelle ou supposée, est bien certainement le mouvement en lui-même, en sa tenue, dans son cours ; au contraire, le mouvement conditionné qu'ils ne refusent pas de reconnaître, c'est le mouvement considéré dans son origine, sa production ou sa cause. Donc ils n'envisagent pas le mouvement sous le même aspect dans les deux cas; et c'est pour cela seul qu'ils déclarent quelquefois incompatibles le mouvement et la conditionnalité, qui se supposent au contraire toujours. Donc leur division ou leur hypothèse est, de tout point, nulle en droit. — De plus, elle est aussi nulle en fait. En effet, comme il a déjà été dit, le mouvement non conditionné, s'il existait, serait un mouvement non seulement primordial, mais encore sans principe, sans origine, ou éternel. Or, n'est-il pas de l'essence d'une chose infinie de cette qualité, c'est-à-dire, infinie en développement, de ne pouvoir jamais être supposée réalisée ou réellement appliquée en son entier, de quelque manière que ce soit? Est-ce qu'il est possible de concevoir rationnellement qu'un mobile, partant d'un point infiniment distant d'un autre point, atteigne jamais ce dernier point en un moment donné? « Tout évènement impliquant une condition infinie, dit Herbart, n'arrive point. » Comme c'est là cependant, à notre avis, le cas de l'hypothèse, nous pouvons donc conclure qu'elle est en fait, comme en droit, tout-à-fait impossible.

§ 44.

L'hypothèse renversée, tout le système bâti sur ce fondement doit nécessairement s'écrouler. Il n'est point sans intérêt, toutefois, de savoir si la preuve dont on se sert pour l'étayer aurait plus de valeur; examinons ce qu'il en faut penser; ou plutôt, disons ce que nous en pensons. Nous la jugeons, nous, nulle ou par défaut ou par excès. C'est-à-dire : ou elle ne prouve rien, ou elle prouve trop.

Considérons-la, d'abord, dans le premier sens. On y prétend que le mouvement n'est rien de réel affectant les objets, mais une simple forme de l'observation interne; qu'il est indifférent aux êtres de se trouver soit en un lieu, soit en un autre; qu'ainsi toutes les positions leur sont absolument égales, et par conséquent, enfin, que le mouvement leur est aussi naturel que le repos. Eh bien! cela est vrai; nous l'admettons, et nous apprenons tout particulièrement cette proposition fondamentale ici : le mouvement est une simple forme de l'observation interne. Il est vrai, comme nous l'avons déjà dit, que le mouvement n'est qu'une unité formelle exprimant un ensemble fictif, comme provenant de la conjonction de deux déterminations toujours données du dehors : la direction et la vitesse. (La direction est toujours réellement donnée, puisque la désignation des lieux, que traverse ou doit traverser le mobile, n'est pas en nous arbitraire; et de même la vitesse est toujours donnée, puisqu'il n'est pas généralement en notre pouvoir de faire varier le moins du monde la grandeur intensive du mouvement libre prise pour unité.) Mais, bien que les éléments du mouvement ne soient point arbitraires ou soient toujours donnés du dehors, il suffit de considérer que leur rencontre n'a lieu que dans l'âme et pour l'âme, pour concevoir en même temps que la représentation qui s'en fait, et par-là même l'observation qui la suit, est purement interne. La direction elle-même, du reste, qu'est-elle, quoique donnée du dehors, si ce n'est une somme de lieux intelligibles à parcourir? Et la vitesse, quoique donnée du dehors, qu'est-elle encore, si ce n'est une grandeur intensive de même nature en son tout qu'en son unité propre? Tous les éléments constitutifs du mouvement étant intelligibles, il est dès-lors tout naturel d'admettre que le mouvement, leur unité formelle, est lui-même un simple phénomène d'observation interne, une simple perception du possible en fait d'événements externes et réels, ou bien encore la simple succession du possible, s'il est permis de s'exprimer de la sorte.

Un être en mouvement, d'après cela, c'est simplement un être essentiellement placé ou replacé, par circonstance ou autrement, tant pour lui que pour les autres, sur le cadre d'activité ou d'efficacité possible, c'est-à-dire, hors du ressort de l'actuel et dans le ressort de tous les événements possibles qu'il conditionne successivement par ses déplacements virtuels. Et, parce qu'il est impossible que l'ordre de ces déplacements intelligibles de puissance ne soit pas parfaitement d'accord avec la représentation bien ordonnée du phénomène interne, il arrive de là que, si un être quelconque, doué d'aperception, veut, un certain moment, détourner les yeux d'un objet qu'il perçoit, pour s'occuper d'autre chose, il doit le retrouver, en reportant bientôt après les yeux sur le mobile, non à la place où il l'aura laissé, mais à la place qui lui revient justement dans les calculs de la pensée, et d'après les lois du mouvement, qui sont bien certainement subjectives en elles-mêmes, mais ne laissent pas pour cela de déterminer très-rigoureusement la marche et la disposition variable des possibilités. Ces explications préalables données et reconnues, nous demanderons aux adversaires, s'ils croient que la nature essentielle du mouvement varie dans les deux cas opposés du mouvement conditionné et du mouvement non conditionné; ou s'ils croient, au contraire, qu'en ces deux cas elle reste la même? Certes, il n'y a pas à balancer ici; ce que nous venons de dire est la description de ce qui constitue proprement le mouvement ou la définition de son essence, et l'on ne peut sans absurdité supposer de mouvement auquel ces mêmes notions ne soient rigoureusement applicables, parce qu'il n'y a pas de mouvement sans direction ni vitesse. Mais le mouvement, ainsi défini, considéré par conséquent en lui-même, est susceptible de conditionnalité; nos adversaires avouent eux-mêmes que la plupart des mouvements sont conditionnés. Donc on ne peut aucunement déduire, de la simple notion du mouvement, l'inconditionnalité du mouvement en aucun cas. Donc, comme l'hypothèse, la preuve est entièrement nulle de fait.

Mais, en droit, peut-être, elle sera meilleure? Nullement; car, envisagée sous ce nouvel aspect, elle pèche par excès, ou prouve trop, et par conséquent ne prouve rien. Ce qu'il s'agit de démontrer, c'est que le mouvement n'a pas besoin de condition; et, pour le faire voir, on dit qu'il n'est rien de réel en lui-même, qu'il est indépendant des objets en mouvement, et que tout ce qu'on saisit au dehors à cet égard est apparence pure. Soit, que le mouvement ne soit rien de réel, et, pour cela, n'ait pas besoin de condition. Dès-lors, c'est-à-dire, si le mouvement est assez peu de chose pour ne pouvoir être produit, il ne peut rien produire; le néant ne produit point. Mais, si le mouvement ne produit rien, n'amène rien, il n'explique rien; l'hypothèse d'un mouvement primitif est une nullité complète. Donc la raison de nos adversaires dépasse le but qu'ils se proposent d'atteindre, ou ne prouve pas, en droit, ce qu'ils veulent prouver. Donc la preuve, comme l'hypothèse, est, de tout point, nulle, impossible ou absurde.

§ 45.

Cette étrange prétention, par laquelle nos adversaires semblent vouloir réduire absolument à rien le mouvement, nous fournit une favorable occasion de présenter une preuve directe, irréfragable, de la fausseté du système athéiste. — Admettons ce que nos adversaires prônent tant : que le mouvement en lui-même n'est absolument rien, que les êtres qui s'en trouvent saisis n'en soupçonnent pas seulement l'existence, et qu'ils représenteraient aussi bien (si le cas échéait!) tout autre mouvement que celui qu'on leur prête, parce que finalement, par eux-mêmes, ils n'en représentent aucun, et que celui qu'on leur prête ne leur appartient pas. Cependant, on ne saurait dire que celui qu'on leur prête, on le leur prête arbitrairement, de pure fantaisie. Donc, au moins, la représentation actuelle de ce mouvement apparent est donnée. Mais donnée d'où ? Du dehors ? Non ; nous venons de supposer qu'au dehors il n'y a rien qui la fonde. Du dedans ? Pas davantage ; nous avons reconnu qu'elle est, là, de provenance externe. « Elle vient du dehors, » diront alors nos adversaires, parlant ainsi du mouvement objectif que nous savons rester toujours comme l'expression idéale du possible successif. Mais une simple expression ne produit rien, une idée objective est sans efficacité réelle, une pure apparence abstraite est sans vie et sans force. Alors donc, de deux choses, l'une : ou le mouvement n'est rien du tout dans les êtres, ou il est une tendance efficace. Charybde ! Scylla ! Choisissez... Vous ne pouvez ?... Eh bien ! nous allons nous décider, usant de votre propre méthode. Dans le premier membre du dilemme, il n'y a rien à changer ; nous le laissons, pour nous tourner vers le second, et dire : Si la tendance au mouvement n'existe pas dans tous les êtres, elle peut exister, au moins, éminemment dans un ; et cette tendance, éminente, efficace, nous l'appelons Volonté. Ainsi le problème est résolu, et la condition du mouvement est prouvée, trouvée, nommée.

La nécessité d'une condition, ou d'une tendance éminente de toutes les tendances, apparaîtra clairement, si l'on daigne encore considérer qu'un être en mouvement reste toujours aussi bien en repos, en lui-même, que s'il ne se déplaçait pas du tout. Cependant il est clair que, pendant son trajet, le cercle des possibilités qu'il conditionne se déplace, ou se retire d'une part et s'avance de l'autre. Est-ce que ce développement, cette marche, ou cette retraite, cet enveloppement du possible, essentiellement étrangers au mobile, n'ont pas d'autre suppôt que lui-même, ou du moins une autre cause ? C'est absolument nécessaire. Car, considérons bien ce que sont des êtres encore non ensemble, comme les veut le système athéiste ? Ce sont des êtres que, non un vide simplement apparent, mais un vrai vide, un vrai néant sépare ; puisque a, par exemple, est non-b, non-c...; et b est non-a, non-c...; et c est non-a, non-b... De tels êtres, assurément, n'ont absolument rien de commun, et sont comme infiniment distants l'un de l'autre, en ce sens que leur séparation réelle équivaut à un éloignement infini. Ne pouvant nier le vide intermédiaire, les athéistes chargent alors le mouvement d'établir les communications d'être à être. Supposons le commissionnaire valide; par quelle voie les fera-t-il passer ? Par le vide ? Mais le vide ne porte point, il sépare, au lieu d'unir. Par le néant ? Mais le néant engloutit, au lieu d'ouvrir passage ; son empire est la mort. Dès-lors, chaque être est comme un monde fermé, un monde inaccessible ; et tout espoir de communication d'être à être est à jamais perdu. Nous connaissons, nous, cependant une voie que l'athéiste ignore; la voici. Les communications d'être à être sont établies moyennant leur concentration universelle dans une puissance suprême que nous comparerons à l'âme. L'âme, comme on sait, est le théâtre d'une multitude innombrable de représentations. Toutes ces représentations sont à l'âme comme des actes multiples à la puissance; elles sont en elle, et la revêtent, chacune, d'une forme. Mais ces formes sont nombreuses et variables; elles tendent par conséquent à se limiter l'une l'autre, ou à s'influencer. Comment en viendront-elles à bout? Par l'âme, leur suppôt, leur centre, leur foyer; car c'est là, dans l'âme, qu'elles se rencontrent sans se confondre, et se séparent sans se perdre à jamais, parce que la même force qui les y unit ou sépare, les y conserve toujours unies ou séparées, jusqu'au moment opportun de les remettre en scène sous d'autres conditions. Ainsi, maintenant, des êtres absolus. Contingents, mais absolus, ces êtres n'ont point sans doute de suppôt, ou bien ils n'en ont pas d'autre qu'eux-mêmes; mais la condition suprême leur reste toujours comme leur foyer ou leur centre commun; et, lorsqu'il s'agit ensuite d'expliquer leurs rapports mutuels, il est aussi peu possible de faire abstraction de ce terme moyen, que de concevoir une concentration de rayons sans foyer, ou l'exercice de la pensée sans âme.

§ 46.

De même que nous avons terminé la réfutation du panthéisme par l'exposition du fait, inexplicable en ce système, d'une multiplicité de phénomènes sans connexion et sans ordre intrinsèques, ne pourrions-nous, en dernier lieu, combattre avantageusement l'athéisme par la considération d'un autre fait impliquant rigoureusement l'existence d'une volonté supérieure à tous les êtres et régissant les êtres avec une puissance sans bornes ? Nous le pouvons en constatant, d'une part, l'harmonie générale du monde, et, d'autre part, les conséquences pratiques du système athéiste. Ce dernier système est, peut-être, en apparence, moins hostile, que le système panthéiste, à l'activité, à la liberté et à la moralité de l'homme; mais il ne lui est pas, pour cela, plus positivement favorable; car si, d'une part, il le soustrait au Destin, d'autre part, il l'abandonne au Hasard; et le Hasard, de quoi est-il capable ? Des ensembles ou des mouvements fortuits ne peuvent amener que d'autres ensembles et d'autres mouvements également fortuits. Il ne peut y avoir d'ordre et de suite, où le Hasard préside. De bonne foi, que deviendrait un char lancé sans conducteur ? Il périrait sans doute. Eh bien ! par la même raison que le Hasard détruit l'ordre où il le trouve, il ne saurait le produire où il ne le trouve pas; et si quelquefois, par un de ses caprices singuliers, il laissait accidentellement un peu d'ordre apparaître, ce serait pour aussi peu de temps que ce phénomène est plus rare. Ainsi nous pouvons avancer sans aucune hésitation que, dans le système athéiste, le désordre serait la règle, et l'ordre, l'exception. Maintenant, le monde est-il réellement constitué de cette sorte ? Tant s'en faut. Il y a bien, dans les basses régions de la nature, un désordre assez général, dont on retrouve encore des traces dans les régions plus élevées. Mais, comme l'a dit un poète qu'on a surnommé le poète de la raison : « Souvent un beau désordre est un effet de l'art. » Ce désordre apparent, il le fallait pour renverser le panthéisme, cet odieux système de la fatalité; mais, parce qu'il fallait aussi maintenir la vraie foi, il n'y a pas un désordre dans les régions inférieures, qui ne trouve, dans les régions supérieures, sa justification, et la région la plus haute est même entièrement exempte de ces imperfections relatives. Jetons un moment les yeux, pour nous en convaincre, sur les trois règnes distincts de la matière, de la vie, et de la liberté. Partout, dans ces trois règnes, l'existence d'une suprême condition est attestée par les lois qu'elle impose, les fins qu'elle révèle, et les faits qu'elle opère. Est-ce que, d'abord, on découvre, en aucun lieu du monde, la trace d'événements sans loi ? Non, c'est impossible; car, de l'aveu de tous les physiciens, le plus petit grain de sable qui pèse sur la terre entre certainement dans le même système de force que les énormes sphères des cieux ; et la même force, qui retient dans chaque sphère les corps particuliers qu'elle voiture dans l'espace, est encore celle qui empêche les sphères elles-mêmes de suivre la tangente à leurs courbes. L'attraction change de forme ou d'apparence selon les distances et les masses; cependant elle ne laisse rien isolé nulle part; et l'on peut dire que, par elle, l'espace est, pour ainsi dire, annullé, car elle atteint d'un bout du monde à l'autre; et, par elle, les corps les plus éloignés s'influencent aussi régulièrement que s'ils étaient unis. Après le phénomène des ensembles réguliers des êtres, nous ferons remarquer le phénomène non moins frappant du mouvement perpétuel par lequel sont accomplies, sans perturbations irrégulières, les révolutions mensuelles, annuelles ou quotidiennes des divers corps célestes. N'y a-t-il rien qui, dès l'origine des choses, ait tellement combiné les masses et les distances entre elles, que les écarts accidentels, provenant de l'inégalité variable des distances et des masses, puissent servir à fonder la stabilité de l'univers, au lieu de l'ébranler? N'y a-t-il rien surtout qui, dès l'origine des choses, ait tellement incliné les unes sur les autres les orbites des planètes, qu'elles aient pu se trouver, à peu de chose près, toutes, comprises dans le plan de l'équateur solaire? On voudrait en vain s'imaginer que tout cela procède du hasard; jamais une pareille persuasion ne prendra racine dans l'âme. L'harmonie des cieux, aperçue seulement à l'œil nu, frappe trop vivement l'homme quel qu'il soit, l'homme civilisé, l'homme sauvage, pour qu'il soit libre à la réflexion de caresser cette chimère. La multitude innombrable des astres, c'est comme une armée rangée en bataille, et s'avançant toujours d'un même pas, dans le même ordre, les rangs serrés, les mouvements précis... Et cependant nul maitre, comme un général à la tête de ses troupes, ne présiderait à cette marche si régulière et si belle? Mais ce n'est pas le lieu de nous arrêter sur cette conséquence; bornons-nous à constater l'existence de la loi de la gravitation universelle, et passons à l'inspection du règne de la vie. La merveille que nous venons de célébrer, ici, ne paraîtra qu'une ébauche; car les merveilles du second règne l'emportent infiniment sur celles du premier. Nous parlions de lois manifestes aux yeux, il s'agit maintenant de voir les pensées même de la cause universelle revêtues d'une forme sensible. Cette forme, c'est l'organisme et ses parties. Quand, par exemple, l'anatomiste décrit les parties externes ou internes de l'oreille, ne parle-t-il pas forcément de ces parties, à la façon d'un horloger qui décrirait la composition de ses montres? Cette pièce, dirait un horloger, est le ressort; celle-là le détend, celle-ci le fixe; cette autre en fait tourner une autre qui frappe, etc. De même, dit l'anatomiste, voyez l'ouverture de l'oreille arrondie en forme d'entonnoir;

voyez le tuyau conducteur du son ; voyez le tympan, voyez le marteau, voyez le petit système d'osselets portant au nerf acoustique les vibrations sonores.... Ainsi l'oreille est, seule, une machine entière. Mais il en est de même de l'œil et de chaque notable partie de l'organisme, du cœur, de l'estomac, des mains, des pieds... Niera-t-on, maintenant, que l'oreille est faite pour entendre, l'œil pour voir, l'estomac pour digérer, les mains pour saisir ou s'appuyer, les pieds pour porter et marcher... ? Se trouvera-t-il un seul homme capable de soutenir cette proposition : Le cœur n'a pas été fait pour distribuer le sang, ni les veines pour lui servir de canal? Nous ne le pensons pas. Car, comme nous l'avons dit, l'idée tombe ici sous les sens, elle est concrète, elle est visible comme la beauté corporelle; elle apparaît comme, dans les idées, l'évidence. La finalité est une vérité d'inspection. Ce n'est pas tout; dans le règne de la liberté se trouve un signe plus élevé, quoique plus rare, d'une suprême condition. « Quand ses merveilles deviennent viles par la coutume, dit Saint Augustin, Dieu en produit de nouvelles. » Les merveilles, destinées à frapper extraordinairement les hommes que le spectacle habituel de la nature a rendus, par leur faute, insensibles, sont les miracles. Dans les miracles se trouve la signification des deux considérations précédentes, sur la loi et la finalité. Le miracle suppose la loi, la force de la poser, la force de la renverser; le miracle implique, de plus, la volonté de rapporter au plus grand bien des êtres l'usage extraordinaire de la toute-puissance. C'est pourquoi le miracle n'est pas seulement une œuvre de puissance, mais encore une œuvre de sagesse. Dans la finalité, les lois sont asservies aux fins; et, dans le miracle, elles sont renversées pour les fins. Mais les premières fins sont des fins naturelles, et les dernières sont des fins surnaturelles. Tout homme, témoin d'un miracle, se sent par-là même aussi le spectateur ou le témoin d'une manifestation particulière de la volonté souveraine ; et, pour lors, il se sent invinciblement porté à croire, parce qu'en présence d'un tel acte exclusivement réservé à la cause des causes, il ne peut contester ni l'autorité ni l'intention.

L'athéiste n'est ni sceptique ni idéaliste ; ainsi, s'il existe un miracle incontestable, une loi naturelle certaine, une fin manifeste dans l'organisme humain, il ne se rejettera pas, pour les nier, sur cette frivole raison, que tout ce qui nous apparaît est forme subjective interne [1]. Le commun assentiment de tous les hommes à juger égale-

---

[1] Le système de Kant sur la Téléologie repose sur cette présupposition que les formes des êtres leur sont, tout entières, prêtées du dedans, ou par l'âme ; d'où il suit qu'aux yeux du philosophe critique la finalité, qui se manifeste dans les objets extérieurs, et surtout dans les natures organiques, ne prouve point leur réelle production originaire dans un but déterminé, mais seulement la nécessité subjective de se les représenter ainsi produits. Mais cette assertion ne peut se soutenir un moment ; car il est clair que les formes des objets, comme ces mots l'indiquent assez d'eux-mêmes, ne sont point arbitraires mais données, c'est-à-dire, d'origine objective. En effet, si nous représentons ou percevons, en diverses rencontres, une tête ou un pied, une main ou un fruit, un animal ou un végétal, cela ne dépend aucunement de nous ; et, comme ce qui ne dépend aucunement de nous a nécessairement sa raison au dehors, la seule existence de ces formes démontre d'autant mieux l'existence ou l'intelligence de leur cause, que la loi de la finalité s'y produit davantage. C'est ainsi que l'on se sent universellement forcé d'attribuer à un ou à plusieurs poëtes, non au hasard, l'ILIADE ou l'ODYSSÉE ; et quand Herbart traite durement, à ce propos, l'auteur de la Philosophie critique, on voudra bien avouer qu'il ne lui fait point injustice. Il serait seulement à souhaiter que Herbart eût mieux su, lui-même, discerner la vérité sur ce point. Car, évidemment, le hasard n'est rien de fait, ni de faisant ou d'efficace ; c'est pourquoi cet auteur n'a pu légitimement se baser sur cette vaine idée pour éviter de comprendre, dans la question des formes finales accidentelles, la première origine ou la radicale conditionnalité des mêmes formes, dont la contingence prouve qu'elles ont une cause, et la finalité — qu'elles ont une cause intelligente.

ment des mêmes choses, et l'impossibilité où nous sommes de rien changer, pour le fait, à notre manière primitive de voir, constitue la certitude objective ou réelle du fait, en tous les cas dont nous venons de parler; ou l'on est réduit à nier toute science, toute réalité objective, et l'athéisme ne va pas jusque-là. Il avoue les faits; il s'élève seulement contre les conséquences que nous en déduisons, parce qu'il ne croit pas trop accorder au hasard, en lui attribuant la plus grande partie des merveilles que nous avons décrites. Quelle probabilité y a-t-il donc que le hasard soit l'auteur de la loi de la gravitation, des formes organiques et même des miracles? On conçoit qu'il est impossible de soumettre au calcul ces trois éléments dans leur ensemble; considérons-les à part; et, d'abord, ne prenons pas même la loi de la gravitation en elle-même, arrêtons-nous sur un seul fait particulier qu'elle implique : le fait du parallélisme des orbites planétaires avec le plan de l'équateur solaire. Laplace dit à ce sujet, dans son Essai philosophique sur les probabilités : « Il y a plus de quatre mille milliards à parier contre un que cette disposition n'est pas l'effet du hasard. » S'il y a quatre mille milliards, et plus, à parier contre un pour l'existence d'une cause, à l'exclusion du hasard, dans la considération d'un seul fait, que penser maintenant de l'ensemble de tous les faits qui constituent notre organisme, ou l'univers entier? La démonstration déduite du fait de la finalité, nécessairement composée de produits de milliards par des milliards, doit approcher à grands pas de la certitude absolue, sa limite, au moyen de tant de merveilles accumulées sans relâche. Cependant, de peur qu'on hésite encore, le miracle vient ajouter, à la force démonstrative de ces faits homogènes, sa propre valeur de fait hétérogène, bizarre, singulier, et cependant harmonique à tous les autres faits ; et, par-là, soit l'existence, soit l'intervention d'une cause universelle et souveraine, se trouve irréfragablement démontrée [1].

§ 47.

Maintenant, un être simple peut-il être, par lui-même, centre et foyer de tous les évènements et de tous les ensembles des êtres, s'il n'est en même temps l'expresse condition de leur existence ou leur cause ? Non, puisqu'autrement il serait comme l'un d'eux, c'est-à-dire, sans puissance et sans activité radicales. Donc, en même temps que Dieu est la suprême condition des ensembles et des évènements, il est encore la suprême condition de toutes les existences.

---

[1] Dans l'*Examen de la Rationalité de la Doctrine Catholique*, nous avons démontré (§ 90) que le miracle, à lui seul, est une preuve absolue de l'existence ou de l'intervention de Dieu. Si, lorsqu'il s'est agi, en même lieu, de discerner entre les faux miracles et les vrais, nous avons fait appel aux idées morales, c'est-à-dire, à la loi de la finalité, cette autorisation relative du miracle par la finalité n'affaiblit aucunement la force démonstrative du miracle en lui-même. Car, dans la question du discernement des miracles, on ne se demande pas précisément si le miracle prouve, mais seulement s'il est ; et dans ce cas, pour ne pas se méprendre sur le fait, on a d'autant plus raison d'en appeler à la finalité, qu'on est plus assuré que Dieu n'en ferait pas, si rien ne le portait à en faire.

DU THÉISME.

§ 48.

Nous venons de conclure, en termes équivalents : La condition suprême est l'être créateur.

Cette conclusion, dans laquelle le **principe de causalité**, sous le nom de **création**, trouve sa complète application, est bien amenée ou logiquement déduite; nul philosophe, en effet, ne conteste la légitimité du procédé par lequel nous arrivons à résoudre le grand problème de la coexistence de l'infini et du fini, d'une manière si caractéristique et si nette. Cependant on n'accueille pas, pour cela, cette même conclusion plus favorablement; on la juge, au contraire, absurde, horrible, digne de tous les anathèmes de la philosophie, telle, en un mot, qu'il vaut infiniment mieux être athéiste, panthéiste, empiriste, que partisan de cet abominable dogme.

A qui la faute, si la pensée s'arrête à la rencontre du dogme de la création comme devant un sombre abîme? Est-ce au dogme lui-même à répondre ici de l'échec que la raison subit, ou plutôt la responsabilité de cet échec retombe-t-elle tout entière sur le philosophe dont le zèle ou les forces ne sont point à la hauteur de sa tâche?

Si le dogme est positivement incompréhensible, ou irrationnel, la faute est au dogme qui ne supporte pas l'examen de la raison. Si le dogme est seulement incompris, ou obscur, la faute est au philosophe pusillanime ou impuissant. Examinons, d'abord, le premier cas : le dogme de la création est-il positivement incompréhensible, irrationnel, absurde?

§ 49.

Les monadistes le prétendent. Herbart dit : « Si l'être pouvait alternativement être et n'être pas, les intervalles de non-être constitueraient des périodes successives d'être dont l'une n'aurait rien de commun avec l'autre, et l'on ne pourrait pas distinguer, dans ce cas, l'être identique à lui-même dont la position serait simplement réitérée, d'un autre être tout-à-fait homogène au premier qui serait posé pour la première fois à sa place. Ou bien, nonobstant les intervalles de non-être, on considérerait le même être comme embrassant également tous les temps, et, par conséquent, comme composé d'être et de non-être. Mais, dans le premier cas, on aurait plusieurs êtres, au lieu d'un ; ce qui combat notre hypothèse. Dans le second cas, on poserait le non-être dans l'être ; ce qui est contradictoire. Donc on ne peut rationnellement soutenir que le même être puisse être et n'être pas alternativement. »

Dans cette objection, Herbart se sert habilement des deux idées d'**identité permanente** et d'**existence intermittente**, pour les opposer l'une à l'autre et montrer qu'elles s'enlèvent ; son argument est, cependant, très-faible. Nous n'aurions besoin, pour le renverser, que de renoncer à la reconnaissance d'une pluralité d'êtres réels homogènes ; on voit, en effet, du premier coup, que la force du premier membre s'évanouit alors immédiatement, puisqu'alors on est parfaitement en mesure de concevoir l'identité d'une même position plusieurs fois réalisée. Mais nous ne voulons pas renoncer à la possibilité de reconnaître une pluralité de positions homogènes, et, pour cela, nous modifions notre réponse. La force de l'argument consiste en ce que, dans l'alternation de l'être et du non-être, la même chose absolument est censée constituer la permanence et souffrir l'interruption. Or, il n'en est pas ainsi; car il y a deux choses qu'il importe, ici, de distinguer soigneusement : la possibilité, et l'actualité de position. La possibilité fait la permanence, et l'actualité souffre l'interruption. D'abord, la possibilité, seule, constitue la permanence d'identité; parce qu'elle est toujours intelligiblement présupposée au réel contingent, comme son type invariable. Ensuite, l'actualité, seule, souffre l'interruption; parce qu'évidemment, dans le cas en discussion, l'enlèvement tombe sur l'actuel, et non sur le possible qui demeure toujours identique à lui-même. Mais, si l'intermittence ne tombe point sur le possible, elle ne rompt pas l'identité et ne multiplie point, par conséquent, l'être réel. De même, si la permanence ne tombe point sur l'actuel, elle ne saurait s'étendre jusqu'au non-actuel et, par conséquent, renfermer le non-être dans l'être. Donc aucune des contradictions, qu'on s'efforce de constater dans le dogme de la création, n'est réelle ou fondée. Donc ce dogme est parfaitement rationnel.

Drobisch ne conteste point l'intrinsèque rationalité de l'idée d'un être-principe; il y trouve pourtant une insurmontable difficulté, qu'il exprime à peu près en ces termes [1] : « Tout premier principe (Urgrund) est contradictoire, s'il a besoin d'être égal à l'effet qui s'en-

---

[1] Au sujet de l'être-principe, Drobisch distingue entre le réel et le formel, et, pour arriver à justifier le dernier, il concède expressément l'intrinsèque rationalité du premier. « In dieser Hinsicht hat man zu bemerken; dass der Begriff eines einfachen seyenden Urgrundes nicht

suit, pour le contenir, avant de le produire, et de lui être **inégal**, pour s'en distinguer, après l'avoir produit. Or, tel est précisément le cas de l'être simple, principe d'existences différentes de lui. Donc, quoique bonne en elle-même, l'idée d'un semblable principe renferme, dans l'application, une contradiction formelle. »

Nous avons ailleurs (*Examen...*, § 18) réfuté cette objection, et fait même, pour exemple, application de notre réponse à un cas fort pratique, relatif à la production du devenir réel (*wirkliches Geschehen*) dans l'absolu réel. De même qu'il n'y a nulle comparaison à établir entre le relatif et l'absolu, il n'y en a pas davantage entre le contingent et le nécessaire; et, par conséquent, l'être simple, admis par nous comme premier principe d'existences différentes de lui, n'est pas tel qu'il doive être égal à ces existences, pour les contenir, avant de les produire, et inégal, pour s'en distinguer, après leur production. Car il ne les contient jamais proprement en lui-même, ou, s'il les contient d'une certaine manière, il les contient toujours également soit avant soit après leur production. Il est vrai qu'avant leur production, il les contient particulièrement comme possibles, et qu'après, il les contient comme actuelles; mais le passage du possible à l'actuel ne change point évidemment leur qualité ou leur nature; et, par conséquent, on peut dire en ce sens qu'il les contient également soit avant soit après. Ensuite, on peut et l'on doit dire encore qu'il ne les contient pas proprement en lui-même; comme

---

an sich, sondern nur insofern widersprechend gefunden wurde, als aus dem einfachen, folglich unveränderlichen, ein von ihm verschiedenes Daseyn hervorgehen sollte. »

(*Grundlehren der Rel. phil.*, S. 113.)

lui étant assimilées. Car, lorsqu'elles ne sont que possibles, il ne les contient que comme cause, éminemment, c'est-à-dire, en puissance; et, lorsqu'elles sont actuelles, il ne les contient que comme centre ou lieu, formellement, c'est-à-dire, en acte. Or, dans le premier cas où elles ne sont pas encore, on ne peut dire qu'elles lui soient essentiellement appropriées; et, dans le dernier où elles s'en distinguent, on ne peut évidemment le dire davantage. Donc on ne peut dire en général que l'être simple contienne, plus en un cas que dans l'autre, les existences différentes de lui dont il est le principe. Donc la contradiction qu'on oppose au dogme catholique, à cet égard, est sans aucun fondement.

Il n'est pas néanmoins impossible qu'une certaine obscurité ne règne encore sur ces objections et ces réponses, car, tant que nous n'avons pas traité de la qualité et de la puissance, on n'aperçoit peut-être pas tous les points de vue secondaires dont la reconnaissance serait indispensable à la clarté des idées. Toujours est-il dès à présent manifeste que, si la création répugne encore, ce n'est plus parce qu'elle est positivement incompréhensible, mais seulement parce qu'elle est incomprise. Or, cette raison est-elle le moins du monde acceptable?

§ 50.

Supposé qu'elle fût acceptable dans des cas sans importance, comme on conçoit qu'il en existe de tels en physique ou en morale, nous soutenons, d'abord, qu'elle ne saurait aucunement l'être ici, parce qu'il s'agit ici de la question la plus grave, pour l'homme et pour la société, qui puisse jamais être agitée. La plus grave de toutes les questions pour l'homme et pour l'humanité, c'est, en effet, cette question dont la double solution, positive ou négative, entraînerait un changement complet de fin et de conduite. Or, telle est précisément la question de la création. Car Dieu est-il une fois positivement reconnu comme l'être créateur ? Il s'ensuit immédiatement, qu'en retour de l'acte volontaire par lequel le créateur fait don à la créature de l'existence et de tous les biens subséquents, la créature est réciproquement tenue de faire hommage au créateur de tous ces biens et même de son être ; ce qui revient à dire que, dans ce système, le créateur est souverainement a d o r a b l e pour l'homme, et l'homme est l'a d o r a t e u r - n é du créateur. Dans le système athéiste, au contraire, il n'y a plus de créateur ni de créature ; il n'y a plus, par conséquent, de principe de relations absolues, essentielles ; tous les êtres sont égaux ; et nul n'est adorable, comme nul n'est adorateur-né de l'autre. Ainsi toutes les relations changent en un instant de caractère, suivant qu'on résout d'une manière ou d'une autre le grand problème de la coexistence des êtres ; et le dogme de la création est toujours le critérium éminent, positif ou négatif, des droits et des devoirs, ainsi que des religions vraies ou fausses qui peuvent exister sur la terre. Mais, alors, quel homme oserait prendre sur soi de décider de la vérité ou de la fausseté de ce dogme, — peut-être la base essentielle de tous les devoirs de l'homme et de la société, — peut-être la vérité nécessaire à l'accomplissement des destinées universelles, — simplement parce qu'il ne le comprend pas ou parce qu'il n'est pas encore assez instruit pour le saisir à fond, quand d'ailleurs l'Eglise se présente entourée de preuves extrinsèques dans le but avoué de fonder la croyance à ce dogme, avant le moment d'en avoir acquis une notion plus distincte ? Assurément, s'il se trouvait un homme assez hardi pour se décider, en pareil cas, contrairement à tous les signes externes de la vérité ou de l'erreur, simplement parce qu'il est ignorant, il ne céderait point en imprudence à quiconque se permettrait d'administrer un remède sans savoir s'il est ou n'est pas propre à empoisonner un malade, et mériterait, pour cette action, d'être traité non plus en ignorant, mais en coupable. Donc, en raison de son extrême importance, le dogme de la création ne peut être rejeté, simplement parce qu'il est incompris.

Serait-il encore sans importance ? nous soutiendrions qu'il ne serait pas, non plus, rationnel de le traiter légèrement ; d'abord, parce qu'il est impossible d'assigner une raison quelconque propre à justifier un procédé si peu philosophique ; puis, parce que, dans ce que l'on juge quelquefois minutieux, se trouve ou peut se trouver le germe des plus grandes vérités ou des plus utiles découvertes. Dès qu'on ne comprend pas une question, le devoir est toujours d'attendre que la lumière se fasse, avant de prononcer. Il n'est pas rare que l'humilité et la patience servent mieux le savoir, que la présomption et l'audace ; car, comme la sagesse, l'intelligence s'acquiert avec le temps ; et rien n'est plus fécond, d'ordinaire, que les aperçus en quelque sorte inspirés du hasard dont le génie sait faire usage, parce que le génie ne tente point la vérité, mais l'éprouve ou l'attend. C'est dans cette humble attente d'un bon moment de lumière que nous nous plaçons nous-mêmes, pour arriver insensiblement à l'entière résolution du dogme de la création généralement si décrié parmi les philosophes. Nous sommes heureux de pouvoir, en terminant ce chapitre, constater le succès de toutes nos études antérieures par cet aveu formel de Drobisch applicable à notre définition de Dieu, qui les résume toutes, et les confirme en même temps :

« L'idée d'un premier principe simple et réel n'est point contradictoire en soi. »

« Der Begriff eines einfachen seyenden Urgrundes nicht an sich....., widersprechend gefunden wurde. »

CHAPITRE III.

◆

ÉTUDE ET DÉTERMINATION DE LA QUALITÉ.

---

§ 51.

Après avoir formellement déclaré (§ 6, et *Examen....*, § 31) que la qualité positive des êtres est transcendante ou sort du rang des vérités communes et expérimentales, nous aurions assurément l'air de tomber en contradiction avec nous-mêmes en entreprenant ici de la déterminer, si nous ne commencions par nous expliquer ouvertement sur les limites du savoir, que nous pouvons atteindre sans espérer de les franchir. Pour cela, nous distinguerons deux manières de connaître, l'une par les sens, l'autre par la raison. Les sens nous font connaître les apparences externes ou les qualités dites concrètes, telles que le rouge, le bleu, le jaune...; par la raison, nous connaissons certaines apparences internes ou abstractions analogues aux qualités concrètes, telles que la couleur, le son, la saveur.... S'il en était des qualités réelles ou absolues comme des qualités physiques que nous venons de voir deux fois perçues, une première fois par les sens, une autre fois par la raison, elles se présenteraient aussi deux fois à notre esprit, ou nous seraient deux fois connues ; et, chaque mode de reconnaissance servant alors de complément à l'autre, nous en aurions par-là même une connaissance entière ou absolue. Mais il n'en est pas ainsi ; les qualités réelles ne tombent pas distinctement sous les sens, et, sous ce rapport, elles sont supra-sensibles ou transcendantes. Ce n'est pas à dire, pourtant, qu'elles soient aussi, par ce seul fait, suprarationnelles ; car, de même que la raison saisit l'abstrait, il est possible encore qu'elle soit apte à saisir à sa façon le réel ou à le représenter ; du moins rien, *à priori*, ne nous oblige à penser le contraire. Donc, en même temps que les qualités réelles sont transcendantes pour les sens, elles peuvent ne l'être pas pour la raison ; et par conséquent il n'y a ni témérité ni présomption à tenter d'en déterminer la nature. Si la vue des qualités réelles est le privilège de la vie à venir, le devoir de la vie présente est peut-être de les dégager de plus en plus, par l'idée, du voile sensible qui les couvre et les soustrait à nos regards.

§ 52.

Supposons la possibilité de discerner, par l'idée, les qualités réelles : il y aura dès-lors deux sortes d'abstractions, les unes purement apparentes, telles que les notions générales de couleur, de saveur...; les autres non apparentes au moins distinctement, telles que les qualités réelles. La différence entre la non-apparence et l'apparence n'est pas, cependant, ce qui caractérise essentiellement ces deux sortes d'abstractions; car il est possible que les unes cessent un jour d'apparaître, et qu'alors les autres apparaissent à leur tour. Leur différence essentielle consiste en ce que les unes n'ont pas de réalité objective, et que les autres, au contraire, présupposent toujours et nécessairement, au dehors, un objet correspondant qu'elles désignent et représentent. Sous ce rapport, plus une abstraction paraît pleine en soi, plus elle est réellement vide de contenu (inhaltsleer); et plus elle paraît vide de contenu, plus elle en renferme ou suppose en son objet (inhaltsvoll). L'idée de couleur, par exemple, ne s'offre à peu près jamais à la pensée sans quelque réveil plus ou moins prononcé des sentiments de bleu, de blanc, de rouge..., ou bien encore sans quelque mélange plus ou moins percevable d'étendue et de forme; néanmoins, elle n'en est pas plus positive pour cela, car la relation est toujours foncièrement sa nature. L'idée de l'être absolu, au contraire, ne présente rien de semblable; car, pour qu'elle s'offre réellement à l'esprit, il est précisément nécessaire qu'on renonce à toute représentation de qualités apparentes distinctes, ainsi que d'étendue et de forme, c'est-à-dire, qu'on fasse table rase de toutes choses d'origine ou de nature relative, pour se reposer dans la notion de l'affirmation pure et simple : cependant elle n'en est pas moins riche en soi, car ce dépouillement même est ce qui conditionne l'identité objective de l'être et de l'idée. Sans craindre, ainsi, d'appauvrir les qualités réelles, et dans le légitime espoir de les découvrir encore plus aisément, nous pouvons et devous même nous les représenter, de prime abord, comme des négations entières, complètes, absolues de toutes sortes de relations nécessaires ou contingentes ; la négation absolue de cette première négation absolue de toutes relations primitives ou dérivées devra nous révéler ensuite la vraie position absolue, servant de support à toutes les espèces de déterminations relatives, sans être jamais pourtant identique à aucune, — moins une certaine qualité qu'il s'agit de reconnaître, si tant est qu'il soit réellement possible de connaître, par l'idée, l'intime qualité des êtres absolus.

§ 55.

Cette intime qualité des êtres absolus, dont la négation est au moins impossible en idée, puisqu'on ne saurait la nier sans la présupposer, est l'activité. Trois sortes d'erreurs ont cours, à cet égard, parmi les philosophes. Les uns sont ou paraissent convaincus que la qualité transcendante des Êtres est également inaccessible à la raison et aux sens; et par suite, en leur déniant toutes les qualités connues, ils leur dénient aussi l'activité. Les autres ne dénient pas absolument l'activité aux êtres ; mais ils nient que toute activité soit essentiellement acte, et par suite ils réduisent l'être à la simple puissance sans acte. D'autres, enfin, consentent à rapporter l'être à l'acte, mais néanmoins refusent absolument de reconnaître à l'acte le caractère de puissance, et par suite anéantissent d'un seul coup toute la possibilité du devenir réel ou apparent (Geschehen und Werden). Comme les philosophes ne se sont jamais, peut-être, sérieusement occupés de mettre particulièrement en lumidre la question qui nous occupe, leurs diverses doctrines à cet égard sont assez vagues pour que nous ne puissions les classer en trois grandes catégories répondant aux trois erreurs indiquées. Nous dirons cependant que la dernière erreur paraît avoir été la doctrine véritable de l'école éléatique, que l'on sait avoir strictement nié toute possibilité du changement. La seconde erreur est assez visiblement le caractère dominant de tous les systèmes qui, depuis Aristote, distinguent réellement l'activité de la réalité, mais néanmoins reconnaissent à la réalité la possibilité de devenir accidentellement active. Enfin, la première erreur reste en partage à tous ceux qui, comme Locke, professent un pyrrhonisme absolu sur la nature de la vraie qualité. Le monadisme moderne, loin d'être exempt de ces erreurs, les recueille et professe toutes les trois ensemble, comme nous le verrons en son lieu.

Déjà nous avons appris par l'analyse (§ 6) que, comme la position se divise en trois genres composés chacun de deux espèces, la qualité se divise également en trois genres subdivisés, chacun, en deux espèces, qui sont, pour le premier genre, le réel et l'apparent; pour le second, l'actuel et le possible; pour le troisième et dernier, l'extensif et l'intensif. Ces trois genres et ces six espèces étant des déterminations de l'être — ou de l'activité, — doivent lui être, au moins sous différents rapports, universellement applicables; et, parce qu'ils en sont toutes les déterminations possibles sous le rapport de la qualité, ils délimitent par eux-mêmes le problème que nous avons présentement à résoudre, de la manière la plus simple. D'après cela, qu'avons-nous à faire, en effet, si ce n'est à rechercher si ces genres et ces espèces sont exclusivement propres à caractériser l'activité comme le seul être possible ? ou, pour revenir aux trois erreurs que nous avons signalées, si ces erreurs ne proviennent pas de ce qu'on dénie précisément à l'activité l'un quelconque de ces genres ou l'une quelconque de ces espèces, exclusivement propres à révéler la qualité de l'être ? Quoiqu'il en soit du fond de la doctrine, il est évident de prime abord que les trois erreurs signalées se suivent dans le même ordre que les trois genres constituant la qualité ; car elles consistent justement dans la négation d'une espèce en chaque genre successif ; la première erreur, par exemple, est celle qui dénie à l'activité la réalité ; la seconde est celle qui lui dénie l'actualité ; et la dernière, enfin, est celle qui lui dénie l'extension ou la puissance. L'ordre dans lequel nous devons procéder à la recherche de la vraie qualité nous est donc, par-là même, exactement tracé d'avance ; ainsi nous traiterons successivement de ces trois assertions de plus en plus avancées de l'erreur, et pour cela nous nous appliquerons à démontrer dans le même ordre que l'activité est 1° réelle, 2° actuelle, 3° extensive.

DE LA RÉALITÉ.

§ 54.

La réalité, que nous nous proposons d'identifier à la qualité réelle ou à l'activité, est, en général, l'objet de l'absolue position, l'être en lui-même. A parler strictement, comme nous ne tarderons pas à l'expliquer, la réalité se distingue de l'absolue position ; mais néanmoins elle en est positivement inséparable, et jamais la pensée ne peut envisager la position comme absolue, sans se rapporter en même temps à son objet toujours implicitement compris dans toute position de cette espèce, et sans s'étendre par-là même jusqu'à la réalité. La raison de cette complication réciproque d'aspects, entre la position et la qualité, se trouve dans la parfaite simplicité de l'être absolu ou réel ; d'où il résulte, en effet, que, si l'on distingue en lui des aperçus divers, tels que la position, la qualité, la puissance, ces divers aperçus ne le multiplient ni ne le divisent aucunement, mais expriment seulement ce qu'il est en lui-même, en se servant l'un à l'autre de matière, de condition ou d'appui. De même donc que la position implique toujours la qualité dans tous les cas où le discours semble exclusivement concerner la position, la qualité doit réciproquement toujours impliquer la position, alors même qu'on ne se propose pas d'envisager distinctement cette dernière; car la vraie qualité, ou la qualité réelle, n'inclut pas moins la position, que la position, la vraie position ou la position absolue, n'inclut la qualité. Ainsi, dans ce chapitre, bien que nous ne nous occupions en apparence que d'étudier la qualité a b s t r a i t e, notre pensée se portera jusque sur la qualité c o n c r è t e, seule réelle ou absolue. Il est vrai qu'à cause de l'abstraction de l'idée, nous n'obtiendrons de cette sorte qu'une vue particulière de l'être : mais l'idée, comme idée, ne sera pas, pour cela, moins valable ; elle sera réellement la représentation vraie, naturelle, authentique de l'objet de la position, puisqu'elle le comprendra parfaitement, ou tout entier, sous ce rapport ; et, par cette raison, elle sera même objectivement identique à l'objet de l'absolue position, c'est-à-dire, à la réalité.

Le procédé, par lequel nous prétendons arriver à la

découverte des réalités supra-sensibles, est exactement inverse à celui par lequel on arrive à la reconnaissance des réalités apparentes. Car, dans le ressort de l'apparence, on part de la perception; et puis on s'élève, par la raison, de la perception des choses apparentes à leur représentation par l'idée. Dans le ressort du réel, au contraire, le point de départ est, pour nous, en l'idée; et c'est seulement quand nous sommes prédisposés à la perception par l'idée, que nous pouvons espérer d'arriver un jour à l'immédiate perception des vraies réalités. Mais, comme ce n'est pas le rapport d'ordre ou de succession, entre la perception et l'idée, qui constitue proprement le rapport, au réel, soit de la perception soit de l'idée, l'inversion signalée dans le cas actuel ne prouve rien contre la valeur objective de l'idée par laquelle nous nous proposons de saisir ou de déterminer positivement le réel. On ne saurait rien conclure de même, contre ce procédé, de l'emploi de l'abstraction qu'il implique, puisque c'est justement de l'heureuse issue de cette opération que nous pouvons nous promettre de parvenir à la représentation du réel dégagé de toutes les relations du sentiment. Donc il n'y a point, en définitive, de vice intrinsèque au procédé que nous mettons en œuvre; et, si nous pouvons parvenir à démontrer, en quelque chose de connu, l'absence de toute relation, nous pourrons à bon droit nous rendre le témoignage que nous avons trouvé la vraie réalité.

§ 55.

Mais est-ce qu'il est possible de saisir et de distinguer véritablement, par l'idée, l'absolu, le simple, ou, autrement, le réel? Les monadistes le nient formellement. Après avoir opposé le donné, considéré comme apparence réelle, à l'être qui lui sert de suppôt, Herbart distingue immédiatement, dans la science de l'être en général, une double connaissance : la connaissance qu'il est, et la connaissance quel il est ; et pour lors, admettant l'une et rejetant l'autre, il conclut que le ressort de l'être ou l'objet de la position en général embrasse deux idées subordonnées, celle de l'être et celle de la qualité, l'une connue, l'autre inconnue ; et la qualité est l'inconnue [1]. La qualité n'est pas seulement inconnue comparativement à l'être : Herbart a soin, au même endroit, d'opposer à la qualité réelle la qualité des choses apparentes ; et, tandis qu'il regarde celle-ci comme bien et dûment connue et donnée, il déclare au contraire positivement inconnue la qualité réelle, dont on ne peut dire quelle elle est [2]. Pour faire bien comprendre qu'il entend parler d'une entière impossibilité de connaître les qualités réelles, il dit ailleurs : « Nous ne connaissons aucunes qualités ; et, ce qu'on regarde comme tel, ce n'en est point... Toutes les prétendues qualités s'écoulent en relations [3]. » Mais, s'il en est ainsi, qu'est-ce que nous pouvons nous représenter ou concevoir existant sous l'absolue position ? « Ce qui nous reste, dit Herbart, après le départ ou le renvoi du donné reconnu non réel, c'est

---

[1] (2 Met., § 200.) « Das Unbekannte ist die Qualität. »

[2] « Man wisse nicht, was es sey. »

[3] « Wir erkennen gar keine Qualitäten ; und was man dafür hält, das sind keine Qualitäten. » Et un peu auparavant : « Alle vermeinten Qualitäten auf Relationen hinauslaufen. » (2 Met., § 328.)

seulement la **forme**; car, le **contenu**, nous ne pouvons plus l'atteindre, il est perdu pour toujours. C'est le sens de cette proposition : Nous ne connaissons point les choses en elles-mêmes ; proposition que le dogmatisme peut chercher à renverser, mais qu'il ne renversera jamais, quelques efforts qu'il fasse à cette fin [1]. » Du reste, nous pouvons nous consoler aisément de cette inévitable ignorance ; car « l'intime connaissance des qualités réelles et du devenir réel, ajoute-t-il, ne nous est ni nécessaire, ni utile, ni le moins du monde opportune. Nous vivons dans des relations, et tous nos besoins sont exclusivement renfermés dans cet ordre de choses. Le métaphysicien seul est homme à s'apercevoir que le réel réside bien loin au delà de notre cercle ordinaire d'idées [2]. »

Nous pouvons indiquer en peu de mots la raison de ce dogmatisme négatif de l'école monadiste. Il est fondé sur cette double observation : que toute connaissance doit venir de la perception ou de l'idée, et que ni la perception ni l'idée ne sont propres, à ce qu'on prétend, à révéler le réel. D'abord, la perception ne le peut manifester. Car la perception en général consiste dans les actes ou les états internes relatifs de chaque être en lui-même. Mais des actes ou des états internes relatifs, s'ils se représentent positivement eux-mêmes, ne peuvent représenter également l'externe et l'absolu qui leur sont nécessairement étrangers. Donc la perception ne peut manifester le

---

[1] (2 Met., § 328.) « Bleibt von der absoluten Setzung nichts als die Form übrig; einen Inhalt kann sie nicht wieder erlangen ; sie hat ihn auf immer verloren. »

[2] (2 Met., § 328.) « Wir leben einmal in Relationen, und bedürfen nichts weiter. »

réel. Ensuite, l'idée ne le saurait manifester davantage. Car, ce qui nous reste après le départ ou le renvoi du donné ou du perçu reconnu non réel, c'est la pure forme. Mais la forme, en tant que forme, ne peut pas plus évidemment nous donner la connaissance du réel, que la perception qui en est la matière. Donc ni l'idée ni la perception ne sont propres à révéler le réel ; et l'intime connaissance des qualités est, par suite, absolument et à jamais impossible.

Nous conviendrons que ni la perception seule ni l'idée seule ne sont propres à nous révéler la qualité de l'être. Mais l'idée appliquée à la perception ou bien la perception élaborée par l'idée ne pourraient-elles nous aider à la saisir d'une certaine manière ? Il nous semble que l'école monadiste se relâche un peu, sur ce point, de son exclusivisme absolu. Car, admettant le principe que l'apparence et la réalité se correspondent entièrement, « autant d'apparence, autant d'indication d'être [1], » elle en conclut, en raisonnant sur la perception et ses données, d'abord, que la qualité de l'être est simple ; puis, qu'elle est multiple ; de plus, qu'elle est, conformément au principe, diverse ou ressemblante selon l'occurrence des cas. Elle n'ajoute point finalement qu'elle est active ; de peur sans doute de violer les droits de l'inconnu qu'elle suppose. Cependant, nous n'oserions dire qu'en affirmant soit la diversité soit la ressemblance du réel, elle en respecte scrupuleusement le secret ; parce que, déclarer cette double circonstance, c'est déjà, jusqu'à un certain point, en déterminer la nature. Est-ce qu'on pourrait affirmer, en effet, que les êtres sont

---

[1] « Wie viel Schein, so viel Hindeutung auf Seyn. »

semblables ou dissemblables, si l'on n'en avait préalablement quelque idée? Certains chimistes ont, comme on sait, prétendu qu'il n'existe qu'une seule matière homogène et multiple, l'hydrogène, dont ils composent, moyennant certaines variations de forme ou, si l'on veut, d'action, tous les objets apparents; les monadistes, au contraire, maintiennent la différence essentielle des qualités élémentaires, et veulent que des effets divers dénotent une diversité de causes. Si jamais la qualité de l'être a paru mise en question, c'est assurément dans ce débat relatif à la détermination du principe des choses; et, puisque les monadistes ne refusent pas d'y prendre part, ils ne doivent pas alors être bien convaincus qu'après le renvoi du donné, toute notre science se réduit à la simple connaissance de formes absolument vides de contenu; car, si nous n'avions réellement qu'une simple connaissance de formes, non seulement toutes les opinions relatives aux qualités réelles ne pourraient pas plus être combattues que prouvées, mais encore elles ne seraient pas susceptibles d'être seulement proposées, elles n'auraient aucun sens, et, comme Kant, nous devrions toujours, à leur égard, nous tenir dans l'ignorance ou le doute. Les monadistes, toutefois, se gardent bien d'imiter cette réserve; ils s'élèvent fortement contre l'opinion des chimistes dont nous avons parlé, et, pour la renverser, ils s'appliquent à faire voir que, dans cette opinion, la diversité du phénomène serait inexplicable ou n'aurait pas de raison. Les formes, en effet, ne sont d'abord rien de réel; ensuite, disent-ils, les actes ne sont point distincts des natures ou sont les natures elles-mêmes en acte; ainsi les différences perçues ne proviennent de rien, ou elles proviennent des actes; et les actes, à leur tour, par leur différence, représentent la diversité des natures élémentaires. Nous n'avons, pour le moment, rien à opposer à ce raisonnement ; nous voudrions seulement le compléter en nous demandant si, tandis qu'on déclare les actes réels conformes aux qualités réelles, il ne nous serait pas permis de dire inversement que les qualités réelles sont conformes aux actes? Cette question, tout étrange qu'on la juge peut-être au premier aperçu, ne s'écarte pas beaucoup du point en discussion, et ne nous transporte point sur un terrain inconnu. D'ailleurs, elle n'est pas nouvelle ; Leibnitz semble avoir long-temps avant nous, quoique avec peu de distinction et de clarté, reconnu, comme une vérité, la relation essentielle entre l'être et l'activité que nous nous proposons d'examiner, puisqu'il ne distingue point entre les qualités et les actes dans le même moment qu'il entreprend de dire ce qu'ils sont. « Les qualités et actions internes d'une monade, dit-il, ne peuvent être autre chose que ses perceptions et ses appétitions, c'est-à-dire, ses tendances d'une perception à l'autre [1]. » Nous citons ce passage, non pour en adopter le contenu, mais pour montrer, avec l'appui d'un aussi grand philosophe, que la question mise par nous en avant mérite d'être prise sérieusement en considération ou bien n'est point *à priori* dénuée de toute vraisemblance.

§ 56.

Du reste, est-il possible de comprendre que l'idée, comme le veulent les monadistes, montre à nu les formes

---

[1] Leibn. op., ed. Dutens, vol. 2, pag. 32.

intelligibles, sans qu'elle découvre en même temps l'intime qualité des vraies réalités, et représente ainsi tout à la fois, réalités et formes, comme deux mondes distincts et opposés, l'un pure forme, l'autre pure réalité? Nous ne le pensons pas; nous croyons au contraire que, par le même procédé, l'idée ne peut pas seulement, mais doit révéler simultanément, avec une égale plénitude proportionnelle, les réalités et les formes. Qu'est-ce, en effet, que distinguer la réalité de la forme ou la forme de la réalité, si ce n'est séparer, intelligiblement, ce qui, de fait, est toujours réuni et doit l'être? — si ce n'est convertir fictivement l'absolu en relatif, par un acte dans lequel on regarde toutefois l'absolu comme persévérant? — si ce n'est enfin balancer dans sa pensée la double conception de l'absolu et du relatif, de manière à les faire ressortir ou briller l'une par l'autre?... Mais ce n'est pas tout; reprenons la considération des deux sortes d'abstractions mentionnées précédemment (§ 52), et la vérité se manifestera pleinement sur ce point. Des deux sortes d'abstractions déjà mentionnées, l'une est relative à l'apparent, et l'autre est relative au réel. Nous citerons, pour exemple de la première, l'idée de l'humanité, dont l'objet est purement formel ou non réel; et, pour exemple de la seconde, l'idée de l'activité, dont l'objet est pour le moins réel, comme événement interne (wirkliches Geschehen), si ce n'est comme pur être. Or, à l'égard de ces deux sortes d'abstractions, il existe une observation qui, bien développée, nous paraît parfaitement mettre sur la voie de comprendre le procédé rationnel par lequel on arrive à se représenter simultanément, en deux parties distinctes, le réel et le formel. L'abstraction de la première sorte, ou l'abstraction relative à l'apparent, si l'on y fait attention, est celle qui grandit formellement en raison directe des principes composants ou des qualités apparentes élémentaires, qu'on lui conçoit subordonnées. Par exemple, toutes les couleurs élémentaires, telles que le bleu, le vert, le rouge, etc., engendrent l'idée spéciale de couleur; et toutes les espèces des qualités apparentes, telles que la couleur, le son, la saveur, etc., engendrent, à leur tour, l'idée générale d'apparence. Or, l'apparence est une forme d'un degré supérieur à celui de la couleur, de même que la couleur est une forme d'un degré supérieur à celui de chacune des couleurs élémentaires ou composantes. A partir de ces dernières sortes de formes, il y a donc des formes du premier, du second et du troisième degré; et les formes du troisième degré sont naturellement les plus formelles, les plus vides, ou les plus éloignées de la réalité proprement dite ou absolue. Au contraire, l'abstraction relative au réel est celle qui grandit réellement en raison directe des qualités composantes qu'elle laisse en arrière. Par exemple, l'abstraction du phénomène purement apparent met à découvert le devenir réel, plus réel (en un sens) que le phénomène purement apparent, objectivement nul; et l'abstraction du devenir réel met, à son tour, en évidence le pur être manifestement supérieur, en être, au devenir réel relativement vrai, mais nul absolument. Il y a donc, ou bien nous pouvons dès à présent distinguer autant de degrés de réalités que de formes, c'est-à-dire, des réalités du premier, du second et du troisième degré; et les réalités du troisième degré sont naturellement les plus réelles, les plus pleines ou les plus éloignées de la forme. Cela posé, remarquons l'ordre successif originaire de la hiérarchie formelle ou réelle. Dans la hiérarchie formelle, le multiple émet, en apparence ou formellement, le simple. Ainsi, de la représentation de plusieurs indices élémentaires de même qualité sort la représentation spéciale de chaque qualité, comme la couleur, la saveur…; et de la somme des représentations spéciales sort la représentation générale d'apparence. Dans la hiérarchie du réel, au contraire, le simple ém et réellement le multiple. Ainsi, c'est l'absolu qui émet le relatif le plus prochain ; et ce relatif émet, à son tour, le relatif plus éloigné qui naguère commençait la série du réel. Puisque la série du formel n'admet qu'une émission apparente, nous n'avons pas à nous occuper d'y chercher la raison vraie des apparitions successives ; et cette raison vraie, positive et radicale se trouve alors dans la série du réel, soit en chaque terme, soit en un seul, source et principe des autres. Mais cette raison ne peut se trouver également, ou la même, en chaque terme de la hiérarchie du réel; car ces termes se présupposent du premier au dernier ; et par conséquent, si le premier exprime la pure apparence ou l'apparence sans sujet ni objet, il ne le fait pas sans le secours du second qui lui en fournit la matière dans la double apparition de sujet et d'objet ; et si le second représente de même cette double apparence, dont la réunion constitue le concret, il ne le fait pas non plus sans le secours du dernier qui peut seul expliquer, par sa nature, cette double apparence. Donc il est de l'essence du dernier terme de résumer en lui seul, comme principe des actes à lui subordonnés, la puissance de faire ou d'agir; et de plus, parce qu'il n'est pas possible d'émettre en relation, en chaque relation comme en toutes ensemble, une habitude ou propriété qu'on n'a point en principe, nous devons ajouter qu'il contient activement, quoique seulement en principe, toutes les activités à lui subordonnées et possibles. Ainsi, la hiérarchie des réalités n'est proprement qu'une hiérarchie d'activités ; et la réalité absolue se confond, réellement, avec l'activité absolue. Maintenant, cette réalité absolue que nous concevons au foyer et à l'origine de toute somme d'activités d'ordre moins élevé, si nous la considérons absolument, n'est en elle-même, manifestement, ni sujet ni objet ; elle est une simple activité absolue, sans déterminations. Par le premier acte possible qu'elle réalise, ou par son premier exercice, elle se pose comme sujet et objet. Par l'acte subséquent qui répond, dans ce cas, au troisième ordre du réel, elle se pose à la fois, d'un côté, comme sujet-objet, et d'un autre côté, comme n'étant ni l'un ni l'autre ; c'est-à-dire, elle oppose alors l'absolu et le relatif, l'un à l'autre. Mais qu'est-ce qu'opposer ainsi l'absolu et le relatif, l'un à l'autre, si ce n'est confronter le pur apparent et le pur être ? Donc, dans le second acte possible du réel, ou l'idée, le réel représente très-distinctement et simultanément la pure forme et le pur être, ou le formel et le réel ; ce qu'il fallait prouver.

§ 57.

Pour démontrer le double résultat inverse de l'abstraction appliquée au donné, nous venons de toucher, en passant, à bien des points qui demanderaient sans doute encore des développements très-étendus, par exemple, à la sortie du relatif—de l'absolu, question sur laquelle nous n'avons pu nous expliquer clairement ; mais tous ces points seront éclaircis plus tard. Maintenant, nous allons nous occuper de celui pour lequel nous sommes entrés dans les considérations qui précèdent, parce qu'elles nous semblaient être un commode acheminement à sa démonstration, c'est-à-dire, de l'identité de la qualité réelle et de l'activité. Voici sommairement, à ce sujet, notre argument : La qualité est le réel ; le réel est l'activité ; donc la qualité est l'activité.

§ 58.

Nous prouvons, d'abord, notre majeure : La qualité est le réel.

En effet, ou le pur être, la vraie réalité se distingue, comme étant son **objet**, de l'absolue position envisagée comme image ou représentation du réel, ou l'absolue position n'est pas image et représentation du réel, mais la réalité même. Or, on ne peut dire que l'absolue position ne soit pas une image ou une représentation du réel. Car elle est manifestement, d'après une observation parfaitement exacte (§ 22), une idée générale propre à déterminer la reconnaissance de toute espèce de choses, sans d'avance en exclure ni impliquer aucune. Or, l'essence de toute idée générale est d'être éminemment image ou représentation (§ 56). Donc l'absolue position, en elle-même, est et n'est qu'image ou représentation du réel. D'ailleurs, s'il était vrai que l'absolue position fût la réalité même, elle ne pourrait jamais remplir la fonction d'attribut, puisque toute conception relative, même à son égard, serait, dans ce cas, tout-à-fait impossible ; ainsi, l'on ne pourrait pas seulement dire : L'être ou la réalité est. Mais il est de fait, au contraire, que l'absolue position se plie à rendre ou à représenter toutes les choses possibles. Donc elle n'est pas la réalité même, ou bien la réalité se distingue, comme étant son objet, de l'absolue position [1].

---

1 « Er Selbst aber, der Begriff (des Seyns), steht allerdings in noth-

Maintenant, l'objet de l'absolue position est ce qu'on nomme absolument et simplement qualité. Car l'objet de l'absolue position, ou ce dont l'être est le prédicat, est nécessairement un sujet tellement déterminé par lui-même, qu'il ne peut aucunement servir de prédicat. Or, tout sujet, ainsi déterminé, est justement ce qu'on nomme, intelligiblement, qualité ou détermination proprement dite ou absolue. Donc l'objet de l'absolue position est la qualité.

Mais si, d'une part, l'objet de l'absolue position, seul, est le réel; si, d'autre part, cet objet est la qualité, il est alors bien certain que la qualité est le réel. Donc notre majeure est certaine : la qualité est le réel.

§ 59.

Nous espérons démontrer avec la même clarté notre mineure : Le réel est l'activité.

En effet, le réel est l'activité, si, bien que la réalité et l'activité soient intelligiblement discernables, il est absolument impossible de les concevoir séparées réellement ou de fait. Or, il est absolument impossible de concevoir séparées, ou bien de distinguer, dans le ressort du réel, l'activité et la réalité. D'abord, on ne peut concevoir l'activité sans la réalité. Car, que serait une activité sans réalité? Un agent sans être. Mais cela est absurde. Donc l'activité, sans la réalité, ne peut se concevoir. Ensuite, il est également impossible de concevoir la réalité sans

---

wendiger Beziehung mit irgend einem Was.—... ist weder Eins noch Vieles, sondern eine Art zu setzen. »

(Herbarts-Hauptpuncte der Met., S. 25.)

l'activité. Car la réalité, sans l'activité, serait une qualité essentiellement inerte ou inactive ; et cette qualité inerte ou inactive, parce qu'elle serait le réel, serait en même temps l'objet fixe de l'absolue position. Mais, dans ce cas, il est clair que l'activité ne pourrait jamais advenir à la réalité ; soit, parce que la qualité du réel serait alors radicalement exclusive de l'activité qui ne saurait lui convenir pas même comme forme, par la raison que cette forme, de sa nature, interne, devrait, en intervenant, la dépouiller de l'inertie qui la caractérise ; soit, parce que l'activité ne pourrait encore alors lui venir aucunement du dehors, par la raison que l'activité n'aurait, dans cette hypothèse, de réalité nulle part, et qu'il est manifeste que la réalité seule doit pouvoir influer sur la réalité. Donc, autant il est impossible de concevoir l'activité sans la réalité, autant il est impossible de concevoir la réalité sans l'activité. Donc la réalité et l'activité sont positivement identiques.

A l'appui de ce premier raisonnement, nous ajouterons le suivant qui ne nous semble pas moins péremptoire. L'activité est identique à l'être, s'il est impossible de lui prêter soit une matière soit un suppôt autres qu'elle, c'est-à-dire, si elle n'a proprement ni matière ni suppôt. Or, l'activité n'a point de matière ni de suppôt autres qu'elle, ou bien elle est sans matière et suppôt. 1° Elle n'a pas de matière. En effet, supposer une matière à l'activité, c'est lui supposer un objet sur lequel elle s'exerce en le formant ou façonnant à sa guise. Or, on ne peut absolument rien supposer de semblable. Car un tel objet, parce qu'il serait tout naturellement son contraire en qualité, serait inerte, et par-là même comme non-existant pour elle, un vrai néant, un pur vide, une non-résistance absolue. Mais, avec ces conditions, il est vraiment impossible de concevoir que l'activité pût jamais le percevoir ou le saisir. Donc l'activité n'a point, d'abord, de matière. 2º Elle n'a point, également, de suppôt. Car prêter un suppôt à l'activité, c'est admettre un suppôt ayant moins de qualité ou de vertu que sa forme, comme étant redevable, à sa forme, de son efficacité naturelle. Mais cela est absurde, puisque tout devenir dans l'être doit être toujours inévitablement conçu comme un néant devant lui. Donc l'activité n'a point de suppôt, comme elle n'a point de matière ; ou bien l'activité est, à elle-même, et matière et suppôt. Donc l'activité est identique à la réalité.

Une telle affirmation, nous l'avouerons, doit grandement surprendre non seulement ceux qui sont accoutumés à juger de la réalité par le volume ou la masse, mais encore ceux qui, parvenus à se représenter les êtres comme des qualités simples ou des monades, ont besoin, s'ils ne veulent voir cette idée s'évanouir soudainement, de les regarder comme saturées intérieurement d'un repos absolu. Les premiers cèdent, en cela, trop ouvertement aux plus vieux et plus grossiers préjugés de tout esprit sans culture, pour que nous nous arrêtions à les désabuser ; mais nous dirons aux derniers, qui peut-être s'en croient entièrement exempts, qu'ils prêtent encore l'oreille aux mêmes préjugés, quand ils requièrent, pour leurs monades, autre chose ou plus que l'activité même. En effet, dans les deux cas, c'est toujours la difficulté de dégager l'idée de la réalité de toute considération accessoire, — qui jette ou retient dans la fausse opinion qu'on s'en fait. Si les premiers, par exemple, font consister le réel dans l'étendue concrète, l'épaisseur et la masse, c'est parce qu'ils ont de la peine à regarder comme autre chose qu'un vrai néant, un pur vide, une limite, — une infiniment petite chose telle que la monade, point sans dimensions et sans parties. De même, si les derniers recourent à l'invention d'une certaine qualité transcendante autre que l'activité, c'est parce qu'ils ont de la peine à regarder comme réel quelque chose d'aussi souple, d'aussi élastique, et par conséquent d'aussi peu positif en apparence que l'activité. La qualité réelle ou le réel est, ainsi, trop exiguë, selon les uns, si elle n'est matérielle; elle est trop souple ou trop vague, selon les autres, si elle n'est d'un autre genre que l'activité. Pourquoi donc cette dépendance où l'on suppose la qualité réelle, de ce qui n'est pas réel, mais simplement apparent? Est-ce qu'on oublie que la qualité réelle est la condition, non le suppôt purement passif de toute sorte de déterminations accessoires? Il y a faute à identifier le réel à l'apparent, parce qu'on confond alors toutes les notions de l'esprit; il y a faute également à les complètement isoler, parce qu'on ferme alors toutes les portes à la possibilité du devenir; et la preuve qu'au fond le même genre d'idée doit constituer l'être ou le devenir, l'absolu et le relatif, c'est l'unité de dénomination générique en usage en ces deux cas. De même, en effet, qu'on dit position absolue ou relative, on dit ou l'on peut dire encore réalité absolue ou relative; et comme on avoue que la clef du relatif est l'activité, bien entendu l'activité relative, on a droit par-là même, ce nous semble, d'admettre que, seule encore, l'activité suffit à constituer l'absolu. Supposé que l'activité ne soit pas le réel: serait-il réellement possible de regarder, en aucun cas, le devenir comme réel? Non sans doute; ce qui fait la réalité du devenir, c'est l'activité. Mais si l'activité n'est pas l'être absolu, le réel, elle ne peut communiquer l'être, et tout le devenir se réduit à une pure apparence.

De là, ce double écueil si redouté du critique : ou le devenir n'est rien, ou il est l'être. Pour quiconque méconnaît l'identité de l'être et de l'activité, le devenir réel n'est rien absolument, parce que l'activité n'est plus, dans ce système, qu'une trompeuse illusion, suivant l'affirmation des éléates. On ne saurait dire pourtant que le devenir soit généralement l'être absolu ou réel, puisque tout ce que nous en connaissons porte évidemment l'empreinte de l'incomplet et du fini. Donc le devenir n'est ni l'être radical absolu, ni le néant absolu, mais quelque chose d'intermédiaire entre les deux, c'est-à-dire, un être par rapport au néant, un néant par rapport à l'être ; c'est, dit Herbart, une réalité d'une autre espèce que l'absolue réalité [1]. Soit ! mais c'est là notre propre doctrine, avec cette seule explication ou réserve, que cette réalité d'ordre inférieur prouve une hiérarchie de réalités, et que le seul moyen de concevoir une telle hiérarchie de réalités est d'admettre une hiérarchie d'activités, c'est-à-dire, l'identité de l'être et de l'activité. Car, sans cette identité, l'on ne saurait jamais, quoiqu'on tente, passer de l'être au devenir, ni repasser du devenir à l'être.

La difficulté d'allier l'être au devenir n'est pas la seule à combattre l'opinion des monadistes sur la réalité; nous pouvons ajouter que, dans cette opinion, il n'est pas seulement possible de réputer simple, positive et immuable la réalité absolue, bien qu'il soit incontestable

---

[1] « Gerade so soll man das wirkliche Geschehen nicht addiren zum Realen. Denn beydes ist völlig ungleichartig. Die Wirklichkeit des Geschehens giebt einen Begriff für sich; und die Arten dieser Wirklichkeit können unter einander verglichen werden. Aber für das Seyn ist sie schlechthin nichts. » (Allg. Met., § 91.)

que tels doivent être ses caractères essentiels. En effet, la réalité absolue n'est plus généralement une ou simple, si sa notion implique une pluralité de prédicats connus ou inconnus; elle n'est plus toute positive, si, parmi ces divers prédicats, il existe une détermination essentiellement négative; elle n'est plus immuable, si le changement l'atteint alors infailliblement d'une manière quelconque. Or, dans l'opinion des monadistes modernes qui différencient l'être et l'activité, l'idée du réel implique une pluralité de prédicats; cette idée contient au moins une détermination négative; de plus, la réalité absolue serait sujette au changement. D'abord, l'idée de la réalité absolue implique, dans cette opinion, une pluralité de prédicats; car elle se compose alors rigoureusement de deux déterminations au moins, l'une inconnue que l'on suppose, et l'autre connue que l'on ajoute par la pensée à la première et qui s'appelle inactivité. Ensuite, dans cette opinion, la notion du réel contient au moins une détermination négative, car l'inactivité dont on y revêt par hypothèse la réalité première, ou l'inconnu, n'est pas autre chose, en elle-même, qu'une négation pure et simple. Enfin, dans la même opinion, on ne peut échapper à la difficulté du changement; car, comme il est manifeste que le changement, s'il arrive, a plutôt lieu dans la réalité que dans le vide, il faut alors admettre que l'être soumis au changement perd de sa raideur ou de sa qualité naturelle, pour apparaître sous une forme ou une qualité nouvelle et différente; d'où il suit qu'il est soumis au changement dans sa nature intime. Ainsi, dans l'opinion des monadistes modernes, la réalité absolue ne serait plus susceptible d'être réputée simple, positive et immuable. Mais cette conséquence est absurde. Donc cette opinion l'est aussi; ou bien, l'être et l'activité sont positivement identiques.

Revenons maintenant sur une raison que nous avons déjà fait valoir, mais qui n'a pas reçu tout le développement convenable ; nous voulons parler de l'impossibilité d'expliquer le phénomène du devenir réel ou de l'activité relative, autrement qu'en lui présupposant une activité primitive absolue. Si l'activité pure et simple n'est point en effet le réel, mais une simple manifestation accidentelle du réel, l'activité sort originairement ou provient d'êtres de nature inactive. Mais comment concevoir rationnellement la sortie de l'actif, de l'inactif ; et celle du positif, du négatif ? Herbart croit, nous l'avons vu (§ 42), résoudre suffisamment ce mystère par sa théorie sur l'origine formelle des changements qu'il explique par l'hypothèse d'un mouvement primitif ; auquel cas il réduit toute l'activité réelle à une apparition de l'être à l'être, quand chaque être, attaqué dans sa qualité par des êtres de qualité contraire, résiste victorieusement à la pression qu'il éprouve, et, de cette manière, se c o n s e r v e, s e m a i n t i e n t ou s u b s i s t e en lui-même (sich erhalten, bestehen). Mais se conserver, se maintenir, n'est-ce pas s e u l e m e n t a p p a r a î t r e, et non point d e v e n i r actif ?... Se conserver, se maintenir, n'est-ce pas s e u l e m e n t e x e r c e r, et non point a c q u é r i r l'activité ?... La théorie générale de nos adversaires est donc bien plus favorable que contraire à notre doctrine sur l'être ; et, pour renverser définitivement leur manière de voir, nous n'avons qu'à nous assurer de son désaccord avec cette même théorie générale. Or, autant notre doctrine est conforme à cette théorie, autant celle de nos adversaires y répugne, quoiqu'ils disent et affirment. Car l'essence de toute activité relative consiste, d'après cette théorie, dans une parfaite correspondance simultanée entre l'action et la réaction, de telle sorte qu'en raison l'action précède toujours, et la réaction s'ajoute, alors, par le fait même de l'action. Mais des éléments naturellement inactifs ou inertes, comme ceux que nos adversaires conçoivent, ne sont aucunement propres à présenter un pareil phénomène. Car, dans leur hypothèse, il faut que deux éléments se donnent absolument l'un à l'autre l'activité pour en être capables. Or, aucun n'est supposé l'avoir. Donc ils sont par-là même, chacun, hors d'état de la donner. « Est-ce donc, nous dira-t-on, qu'en supposant deux ou plusieurs réalités différentes en ensemble, on ne peut attribuer à cet ensemble l'origine de leurs activités respectives ? » Rien n'empêche d'attribuer à cet ensemble l'origine de leurs activités respectives, si les monades composant cet ensemble sont déjà des activités absolues; sinon, nous ne voyons point qu'aucune activité puisse s'ensuivre; sous ce rapport, les monades, à la simplicité près, nous semblent entièrement comparables aux atômes matériels d'Epicure et de Lucrèce. De l'aveu de leurs inventeurs, les atômes matériels ne produisent, par leur combinaison, que des variations de mouvements et de formes externes; et cela est si vrai qu'on ne fait pas difficulté de comprendre, au nombre de ces mouvements et de ces formes, la pensée elle-même à qui l'on refuse un sujet ou suppôt spécial. De même, si des monades essentiellement inactives ou inertes sont propres à quelque chose, c'est seulement à constituer des combinaisons d'ensemble, des combinaisons de positions et de changements de positions, c'est-à-dire, des mouvements et des formes; parce que, les rassembler, c'est les prendre telles qu'elles sont, avec leur inertie, et par conséquent sans résultats spéciaux. L'idée d'ensemble est, par elle-même, inféconde avec des êtres sans vertu; car des qualités absolues radicalement inactives, accumulées en quelque nombre que ce soit, ne sont et ne peuvent être jamais qu'une somme d'inactivités radicales et permanentes, d'où il est aussi absurde de vouloir faire dériver l'activité, que de songer à poser en équation cette non-identité manifeste : non-A=A.

§ 60.

Il nous reste à prouver maintenant la conclusion. Dans ce que nous avons dit (§§ 58 et 59), nous avons envisagé la réalité sous deux points de vue divers : une fois, sous le nom de qualité, comme t e r m e de l'absolue position ; une autre fois, comme p r i n c i p e de l'absolue position, sous le nom d'activité. Il semblerait, d'après cela, que nous n'avons point envisagé la réalité en elle-même, mais sommes restés dans le vague des considérations relatives ; cependant nous avons également désigné, dans les deux cas, sa nature réelle ou fait abstraction du relatif. Car l'absolue position à son terme, c'est, après la négation de l'apparence, la position du réel sans relation d'aucune sorte ; l'absolue position à son principe, c'est, avant la position de l'apparence, la reconnaissance du réel indépendamment de toute considération relative ; d'ailleurs, l'absolue position à son terme et l'absolue position à son principe ne constituent point deux ressorts distincts de la réalité, mais désignent ou expriment une seule et même chose dans laquelle ces deux points de vue se croisent, se rencontrent ou coïncident parfaitement comme en un point commun, centre et foyer de relations, quoique très-absolu en position et qualité. Donc la qualité réelle et l'activité sont, au sens que nous avons exprimé, c'est-à-dire, l'une comme terme et l'autre comme principe de l'absolue position, réellement ou positivement identiques.

DE L'ACTUALITÉ.

§ 64.

L'activité, prise abstractivement ou considérée comme une simple expression d'acte, aurait sans doute trait à la réalité, mais elle s'en distinguerait encore comme on en distingue le relatif et l'apparent, c'est-à-dire, en formant avec elle une nouvelle opposition qui serait celle du possible à l'actuel. Afin d'écarter toute indétermination propre à dénaturer la qualité réelle, il importe alors extrêmement de désigner parfaitement son essence, en indiquant la différence spécifique par laquelle elle doit, comme objet de l'absolue position, se distinguer de toute sorte d'apparence réelle ou d'activité relative.

Le moyen le plus propre à cet égard est l'exclusion de toute immédiate considération du possible et la reconnaissance de l'activité comme véritable et pur acte. Il est vrai que, sur ce point, comme sur le précédent, nous nous trouvons en contradiction avec les nouveaux monadistes que nous savons nier l'identité de l'être et de l'activité, pour placer l'inconnu au principe des choses; mais, à l'embarras avec lequel nous les verrons déduire le phénomène connu, de cette nature inconnue qu'ils admettent aveuglément, nous n'aurons pas de peine à constater leur erreur. Comme, en effet, l'inconnu n'explique rien par lui-même, ils avouent implicitement que l'être dévoile un peu, par ses effets, ce qu'il est. Herbart s'exprime assez ouvertement à cet égard, pour nous donner parfaitement à entendre que, dans sa pensée, le mot qualité est synonyme de celui de puissance, et le mot activité, synonyme de celui de fonction. En effet, exposant sa théorie du devenir réel ou apparent, qu'il fait dériver des ensembles ou non-ensembles des êtres, il admet que les qualités réelles ont trait, quoique d'une manière absolument indéterminée, aux phénomènes ou aux actes de perturbation ou de conservation respectives des êtres. « Si les qualités réelles, dit-il équivalemment ou à peu près, manifestent certaines apparences en ensemble réel, c'est parce qu'évidemment, en ensemble imaginaire ou fictif, elles étaient déjà susceptibles de ces mêmes manifestations en ces mêmes rencontres. Il est vrai que ces aptitudes diverses n'étaient pas encore alors distinctement réelles, mais elles l'étaient indubitablement en puissance; et, par conséquent, on peut dire que les qualités réelles renferment intelligiblement et implicitement autant de facultés ou de puissances, qu'elles sont aptes à subir ou à manifester de phénomènes ou d'actes déterminés de perturbation et de conservation [1]. Supposons, mainte-

---

[1] « Kann sich jedes Wesen auf unendlich vielerley Art als Kraft äussern; es hat aber gar keine Kraft, am wenigsten eine Mehrheit von Kräften. Will man ihm Vermögen zuschreiben, welche weiter nichts bedeuten werden als die, in den möglichen zufälligen Ansichten gegründete, Möglichkeit, so und anders gestört zu werden : so hat es deren unendlich viele. » (Hauptpuncte der Met., S. 43.)

nant, une de ces perturbations possibles quelconques, s'exerçant réellement entre deux êtres : chacun d'eux reçoit autant de perturbation qu'il en donne. Mais ce qu'il en donne, parce qu'il lui est et demeure étranger, ne peut être au plus envisagé que comme une expression actuelle de la manifestation de sa puissance externe, purement négative, et par conséquent non réelle. Donc ce qu'il en reçoit, ou ce qui dérive immédiatement de l'ensemble en chaque être, est ce qui constitue le réel; et comme il est clair d'une part que le devenir réel est toujours une fonction de la puissance qui se nomme activité, comme il est certain d'autre part que ce qui se passe alors en chaque être est une simple lutte plus ou moins vivement et longuement soutenue contre la destruction dont il était menacé, le devenir réel, ou, ce qui revient au même, l'activité interne consiste par conséquent dans la simple tendance de l'être à revenir incessamment, de l'état de commotion et de trouble, à l'état normal de lumière et de sérénité[1]. » Dans cette explication sur l'origine et l'essence de l'activité, on admet donc deux choses; d'abord, qu'elle est originairement une simple possibilité contenue dans l'idée des qualités

---

[1] Nous trouvons la preuve manifeste que Herbart considère l'activité comme une pure relation interne ou externe, et la confond avec la tendance, l'effort ou la force, dans les paroles suivantes rapprochées de la citation précédente : « Leibnizens Aufmerksamkeit auf die kleinen Vorstellungen.... verräth das Auge des Metaphysikers, dem es nicht genügt, nur das anzuschauen, was auf dem Vorhange der Wahrnehmung zu sehen ist, sondern der hinter den Vorhang blickt, und dort—nicht etwan erdichtete Seelenvermögen, sondern die wahren Kräfte aufsucht, aus denen die sämmtliche Thätigkeit des Gemüths erklärt werden muss. »

(Psych. als Wissenschaft, B. 1, § 18.)

réelles envisagées comme puissances ; puis, qu'elle est en elle-même une simple tendance exclusivement produite dans les rencontres des êtres et des représentations. Deux affirmations, deux erreurs ; car l'activité n'est très-certainement, selon nous, ni puissance, ni tendance, mais simple et pur acte.

§ 62.

En premier lieu, la qualité réelle, ou plutôt l'activité que nous lui savons identique, n'est point puissance, mais acte. En effet, il en est ainsi, si nous démontrons : 1° que toute la réalité de l'activité consiste uniquement ou exclusivement dans la puissance ou l'acte ; 2° qu'il est absolument impossible d'identifier la puissance à l'activité sans lui attribuer, simultanément et par présupposition, l'acte.

Or, 1° l'activité est uniquement ou exclusivement puissance ou acte. En effet, il est clair que l'activité, parce qu'elle est identique à la réalité, doit être, comme elle, susceptible d'être envisagée sous le double point de vue de l'absolu et du relatif, ou distinguée en absolue et relative. Qu'est-ce donc que l'activité absolue ou relative? L'activité relative est d'abord manifestement celle qui a lieu, s'exerce ou s'accomplit, en se portant d'un principe ou d'un sujet quelconques vers un terme ou un objet préexistants ou du moins préconçus. Dès-lors, comme il est nécessaire et suffisant, pour passer en général du relatif à l'absolu, de dégager la position pure et simple de toute considération incidente propre à recouvrir et déguiser son unité naturelle, il est pareillement nécessaire et suffisant, pour dévoiler l'activité absolue, de faire simultanément abstraction de toutes les considérations accessoires propres à rendre l'activité, d'absolue, relative. Éloignons donc par la pensée, de l'activité, toutes les conceptions particulières de principe ou de terme, ainsi que de sujet et d'objet, qu'il est possible d'en abstraire. Qu'y a-t-il, que reste-t-il en toute activité s'exerçant, s'accomplissant, se manifestant en temps et lieux convenables, après cette épuration préliminaire. Au bout de cette épuration, ce qui reste à l'activité, ce qui, par conséquent, la constitue ou la caractérise essentiellement, c'est le s'accomplir, le s'exercer, le se manifester ou s'appliquer; c'est l'exercice, l'emploi, la fonction; c'est, en un mot, le simple et pur acte. L'acte est donc ce qui constitue l'activité absolue, comme l'application déterminée ou la détermination de cet acte est ce qui constitue l'activité relative. Maintenant, comment s'appelle l'aptitude d'un acte absolu d'activité à correspondre, par ses déterminations successives possibles, à tous les cas particuliers d'application qu'on lui conçoit ou peut concevoir subordonnés dans leur ensemble? Cette aptitude est ce qu'on appelle puissance; et comme la puissance embrasse rigoureusement, d'après cette définition, tous les cas particuliers d'application possible de l'acte présupposé primitif, rien n'empêche dès-lors de la considérer comme la représentation générale, ou d'ensemble, de tous les cas d'application, et de l'opposer (en cette qualité de représentation de tous les cas du relatif) à l'absolu leur limite ou leur terme, non moins que leur principe ou suppôt; d'où il suit, qu'il existe entre la puissance et l'acte la même opposition qu'entre le relatif et l'absolu. Mais il est certainement impossible de concevoir, entre le relatif et l'absolu, l'existence d'un troisième ou moyen terme propre à diversifier ou dénaturer l'opposition ; nulle opposition n'étant mieux tranchée que celle-là, pareille à celle du simple au composé. Donc il est également certain que toute la réalité de l'activité se trouve uniquement ou exclusivement comprise entre la puissance ou l'acte.

2° Il est impossible de supposer de fait, en une activité quelconque, la puissance absolument antérieure à l'acte. Car, supposer, en une activité déterminée quelconque, la puissance avant l'acte, c'est justement, d'après ce que nous venons de dire immédiatement, préposer le relatif à l'absolu ou poser de simples possibilités de relations, sans principe et sans terme, ou sans sujet ni objet. Or, cela est manifestement impossible. Donc la puissance présuppose, de fait et toujours, indispensablement l'acte. Donc, pour revenir à notre première proposition plus générale, l'activité, par elle-même ou radicalement, n'est pas puissance, mais acte.

En second lieu, la qualité réelle ou l'activité, par elle-même ou radicalement, n'est point tendance, mais acte. En effet, il est déjà démontré que l'acte est l'élément constitutif absolu de l'activité ; et, si nous parvenons en outre à démontrer ici que la tendance n'est point acte ou du moins acte absolu, mais est au contraire une simple application relative de l'acte ainsi envisagé, il sera par-là même bien clair qu'elle n'est point absolument identique, dans toute la généralité du mot, à l'activité même. Or, la tendance n'est point acte ou du moins acte absolu, mais est au contraire une simple application relative de l'acte. En effet, toute tendance, comme son nom l'indique, est une tension, un effort, une sorte de jet continu, en un mot, une forme variable d'application d'acte que l'on désigne encore d'ordinaire par la dénomination plus abstraite d'intensité. Or, si l'on peut dire que tendre soit agir, on ne peut dire inversement qu'agir soit, distinctement, tendre. Car, dans l'intuition ou la contemplation, par exemple, on agit certainement pour voir; mais le voir n'est pas encore, distinctement, tendre, puisque l'idée de tendance distincte, s'il s'agissait de l'appliquer à ce cas, présupposerait l'acte relatif de vision **non accompli**, ou bien encore **non appliqué**. Donc il y a réellement, entre la tendance et l'acte, l'incontestable différence du relatif à l'absolu; et, parce qu'il est souverainement impossible de réduire l'absolu et le relatif l'un en l'autre, il est également et conséquemment vrai de dire que l'activité n'est point, en elle-même et par première conception, tendance, mais simple et pur acte.

§ 63.

Après ces preuves si naturelles et si claires, nous nous croyons le droit de pouvoir, sans présomption, relever et retourner contre les nouveaux monadistes une déclaration de leur chef, dans laquelle Herbart, n'attaquant en apparence que le moi, mais critiquant en réalité tout essai de désignation du réel, dit : « Vouloir, détermination propre, **activité pure**, tout cela divise et corrompt le moi (l'être), et ne peut d'ailleurs être amené qu'au moyen de la plus manifeste confusion des idées[1]. » Ce reproche, en effet, ce n'est pas nous qui le méritons, c'est Herbart lui-même; car c'est lui qui confond les idées

---

[1] « Wäre es auch ein Wollen, ein Selbstbestimmen, eine reale Thätigkeit, u. d. gl. welches alles das Ich spaltet und verunreinigt; vollends aus Ihm selber, sich nur durch die offenbarste Verwechselung der Begriffe erzwingen lässt. »   (Hauptpuncte der Met., S. 75.)

et pour lors corrompt la notion du réel ; c'est lui qui pose des principes d'après lesquels tout devenir est à jamais impossible, ou bien n'est amené qu'à l'aide d'une contradiction manifeste. D'abord, Herbart confond et corrompt les idées, parce qu'il mêle ensemble, dans la notion du réel, l'impuissance et la puissance. « L'être, dit-il une première fois, a la puissance de se manifester, » puisqu'il se manifeste. « Cependant, ajoute-t-il incontinent, il n'a point de force, c'est-à-dire, de puissance, » puisque, dans les principes de l'auteur, toute puissance se déduit de la force[1]. Ainsi, voilà bien, d'une part, l'être présupposé réellement revêtu de puissance, et, moyennant cela, conçu susceptible de manifestation ; d'autre part, on affirme qu'il est radicalement dépourvu de puissance, et que rien, en lui, ne le prédétermine au possible. Supposons qu'il soit difficile de décider laquelle de ces deux assertions est la vraie ; il ne sera point pour cela difficile de voir qu'elles ne peuvent être simultanément affirmées, sans tomber dans une contradiction évidente. Puis, il est également impossible d'arriver sans contradiction, dans les principes des monadistes modernes, du pur être au devenir réel. Car, la puissance ne désignant pas autre chose, en ce cas, qu'une simple somme de possibilités, il faut alors, pour qu'elle se produise ou passe à l'acte, que l'être présupposé puissant soit excité par une cause étrangère, et, grâce à cette excitation, devienne cause à son tour ; d'où il suit que toute puissance, dans ce système, réclame l'intervention d'une autre puissance distincte antérieurement déterminée à se manifester comme cause, et cela, sans doute, par l'effet d'une autre

---

[1] Revoir et comparer ici les deux notes du § 61.

puissance également rendue, d'inactive, active, à l'aide d'une nouvelle puissance qui serait excitée par une autre, et ainsi de suite à l'infini. Mais une pareille déduction de l'infini répugne ouvertement. Donc, comme nous l'avons prétendu, la doctrine de nos adversaires assume précisément sur elle tout le blâme par eux déversé sur la nôtre.

§ 64.

Herbart était cependant en si bonne voie de découvrir la vérité sur la nature de l'être, qu'il y a lieu d'être singulièrement surpris de son erreur à cet égard. Entre autres occasions de la discerner clairement, nous signalerons celle dans laquelle, après avoir parfaitement démontré le caractère purement relatif du moi psychologique, il lui vient tout-à-coup à la pensée de faire observer que toutes ses relations multipliées auraient besoin d'un **point de connexion** fixe et déterminé. « Le moi, dit-il, ne se connaît que comme **connaissant soi**, c'est-à-dire, en remplaçant le soi par sa valeur, que comme **connaissant le connaissant soi**, ou, indéfiniment, comme **connaissant le — connaissant le — connaissant le —** etc., sans qu'il soit possible d'atteindre jamais le dernier terme de cette série, de quelque côté qu'on l'envisage.... Dans ce cas, ajoute-t-il en additionnant ces diverses positions successives du moi, la position de la position de la position... est comparable à une file d'hommes dont chacun regarde l'autre ; donc la position de la position comme **sienne a besoin d'un point de connexion.** » Eh ! sans doute ; rien n'urge plus, dans ce cas, que la nécessité de relier toutes ces positions successives à quelque chose d'absolu qui les explique, les unisse et les fonde. Mais Herbart ne remarque point, pour le moment, cette solution immédiate et urgente; pressé, pour ainsi dire, d'en finir avec ce point de connexion qui lui est venu comme une simple fantaisie dans l'esprit, il le relègue aussitôt au rang des mêmes vanités que le moi dont il nie à bon droit l'absolue position, en déclarant « que le point de connexion est toujours seulement présupposé, mais ne peut être indiqué nulle part, par la raison qu'il ne peut aucunement être identique avec l'absolue position; serait-il un vouloir, une détermination propre, une activité pure... [1] » Nous ne nierons point certainement que l'absolue position et l'activité ne puissent être absolument distinguées, comme on peut distinguer la qualité, de l'être; mais cela n'empêche pas de dire que l'activité fait l'absolue position, d'une part, et la termine, de l'autre; d'où il suit qu'elle en constitue très-positivement et simultanément le principe et l'objet, et, par conséquent encore, seule, l'explique, l'applique et la fonde. Et vraiment, si l'absolu ne se trouve pas impliqué dans toutes ces conditions, nous ne voyons plus le moyen de le placer nulle part; ou bien, le méconnaître là, c'est mériter de ne jamais l'apercevoir ailleurs.

§ 65.

Du reste, puisque Herbart affirme, ici, si résolument

---

[1] « Die Setzung der Setzung der Setzung... gleicht einer Reihe von Menschen, deren jeder den Andern ansieht; also, das Setzen Seines Setzens bedarf eines Anknüpfungspunctes: — der immer nur vorausgesetzt wird, ohne irgend angegeben werden zu können, weil es durchaus nicht mit der Setzung identisch werden kann (wäre es auch ein Wollen, ein Selbstbestimmen, eine reale Thätigkeit...) »   (Hauptp., S. 75.)

l'impossibilité d'appliquer à l'activité pure l'absolue position, vérifions ce point de vue pour la dernière fois. Nous avons déjà dit (§ 58) que l'objet de l'absolue position, ou la qualité réelle, ne doit jamais proprement servir de prédicat ; et l'on est par-là même autorisé à prétendre que, seul, il en peut recevoir. Dès-lors, pour reconnaître si l'activité réelle ou plutôt le simple et pur acte est capable d'absolue position, il est nécessaire et suffisant d'examiner si ces deux caractères lui conviennent ou ne lui conviennent point, c'est-à-dire, si l'acte ne peut servir de prédicat, et si seul il en peut recevoir. Or, l'acte ne peut servir de prédicat, et de plus, seul, il en peut recevoir. En effet, il est à peu près évident que l'acte est l'unique principe de tous les événements qui dérivent de lui comme étant ses effets, et l'unique moyen de les opérer comme émanant de puissances par lui seul déterminées à être causes. Tout le monde le sait : pas d'événement réalisé sans acte, pas d'application de puissance possible sans acte. Donc l'acte fait la cause et constitue l'effet. Donc, en définitive, tout répond ou se rattache à l'acte comme à son principe ou son objet, et, par cette raison, le détermine ou lui tient lieu de prédicat ; mais lui n'en peut servir inversement à rien, car il ne se rattache ou ne répond à rien. Ainsi que Herbart le dit quelque part, avec assez de justesse : « Après l'absolue position, la porte est fermée sur la réalité, et rien ne peut pénétrer jusque dans son enceinte ; seulement l'accès en doit être libre et permis au devenir réel, son enveloppe ou sa surface externe [1]. » Donc l'acte, seul, ne peut servir de prédicat, tandis qu'il en peut recevoir.

---

[1] Allg. Met., § 72.

Donc l'acte est, comme nous l'avons avancé, la vraie détermination du réel ou le véritable objet de l'absolue position.

DE L'EXTENSION.

§ 66.

Le devenir réel, disions-nous tout-à-l'heure de concert avec Herbart, ne doit point pénétrer jusqu'au sein de la réalité; mais il ne saurait non plus être porté en l'air ou manquer de support; et, dès-lors, il doit se trouver entre le réel et le non-réel, ou l'être et le néant, comme une position mixte ou intermédiaire. Mais cela se comprend-il? Nous conviendrons que de prime abord cela paraît un grand mystère, sinon une contradiction flagrante. Afin de bien éclaircir les idées à cet égard, nous devons, ici, prendre immédiatement en considération la troisième et dernière détermination de l'objet de l'absolue position, que nous avons dit (§ 53) être l'extension.

Nous entendons par extension, non cette étendue intelligible qui correspond à l'espace sensible et constitue la possibilité de toutes les représentations d'ensemble et de situation, mais ce que, dans le style de l'école, on a coutume d'appeler extension pour l'opposer à la compréhension, ou ce qui constitue le genre par rapport à l'espèce, et l'espèce par rapport aux natures élémentaires. Si cette sorte d'extension correspond véritablement à l'acte ou à la réalité, elle emporte ou signifie la possibilité du réel dans et par le réel; et pour lors le réel présupposé premier ou principal est, à bon droit, dit puissance, puisqu'il est l'indispensable condition du réel accessoire ou secondaire qui, passivement ou spontanément, résulte de l'exercice contingent de l'acte radical. La question est donc présentement de savoir s'il existe, dans ou par l'acte absolu ou réel, un champ prédéterminé d'exercice ou d'action contingente qui lui permette de se modifier en se déterminant, ou bien si tout acte absolu ou réel est tellement indéterminé dans son emploi qu'il admette ou comporte en lui-même un ensemble d'actes accidentels et variés, dont chacun soit à son égard comme l'espèce est au genre, et l'élément à l'espèce.

Traitons d'abord de la simple possibilité d'actes accidentels subordonnés à l'acte radical présupposé absolu ou réel. Tout acte absolu ou réel est un, simple et positif en lui-même (§ 59); ce n'est pas à dire pour cela que l'acte relatif ne le soit pas de même, en son espèce; mais si, par la pensée, l'on met en regard de plusieurs actes relatifs ou, plus simplement encore, purement accidentels, un acte absolu nécessaire, ou simplement absolu, qui les conditionne ou les supporte, on conviendra qu'en regard de la pluralité des actes relatifs, ou non relatifs, mais contingents, l'acte absolu nécessaire, ou simplement absolu, mérite toujours d'être particulièrement signalé comme un, simple et positif en lui-même. Maintenant, si tout acte absolu ou réel est un, simple et positif en lui-même, il l'est comme absolu ou réel, c'est-à-dire, comme objet de l'absolue position; il ne l'est point selon sa qualité réelle, abstraction faite de l'absolue position; car, ainsi séparée de l'absolue position, sa qualité tombe, pour ainsi parler, sous le glaive de l'esprit qui n'a plus besoin alors de respecter son unité, pourvu qu'il reste fidèle à la loi de la totalité. Par exemple, soit un carré donné ; si nous le divisons par une diagonale en deux triangles, nous en altérerons par cette opération la figure ou l'accident, mais nous en respecterons toujours l'étendue ou l'essence. Ainsi donc, des qualités considérées seulement en puissance ou abstractivement envisagées : sans en altérer aucunement l'essence, on se les peut fictivement représenter comme formées d'un nombre indéterminé d'actes accidentels subordonnés, dont la totalité serait absolument égale à leur unité radicale. Mais qu'est-ce que concevoir, en face d'une unité radicale, une totalité d'actes accidentels, si ce n'est poser implicitement, en présence d'une actualité quelconque, une pluralité quelconque de possibilités que l'on conçoit, comme possibles, subordonnées à l'actuel ? Donc il est rationnellement permis de concevoir, en regard de l'acte réel, un, simple et positif en lui-même, un nombre indéterminé d'actes non réels mais possibles, dont chacun est à l'absolu comme la différentielle à l'intégrale, ou la fraction à l'unité.

§ 67.

Contre la vérité que nous venons d'établir, nul ne peut légitimement élever le moindre doute ; l'idéalité du possible est inniable comme la réalité de l'actuel, et, par sa totalité, l'une équivaut parfaitement à l'unité de l'autre. « Une intelligence eût-elle l'avantage de penser sa qualité, dit Herbart, elle pourrait, par-là même, se donner une multiplicité de déterminations idéales, ou imaginer. Mais il faudrait que cette multiplicité, pour être une image de l'être, fût susceptible de concentration dans une seule et même représentation [1]. » La divergence entre les monadistes modernes et nous commence au sujet de la vérité subséquente, ou de la relation à établir entre la simple possibilité et la puissance réelle. Herbart n'admet point de corrélation nécessaire entre la simple possibilité et la puissance réelle, qu'il paraît manifestement ramener à la force ; et, tandis qu'il concède en idée la distinction du possible, il nie formellement, sous le nom de force, la réalité de la puissance. Car il dit : « Un être peut se manifester d'une infinité de manières comme force, mais il est absolument sans force. Veut-on cependant lui attribuer une puissance, qui ne saurait signifier rien de plus que la possibilité, fondée sur la possibilité des vues accidentelles, d'être attaqué diversement : il en existe, de telles, une multitude infinie (§ 64). » Ce passage montre d'abord que Herbart ramène la puissance à la force, puisqu'il y substitue précisément le mot de puissance à celui de force, pour l'opposer à la possibilité. Mais de plus il prouve clairement ce qu'il nous importe particulièrement d'établir, savoir, que Herbart, simultanément, reconnaît l'existence du possible et nie la réalité de la puissance réelle. Eh bien ! si nous osons présentement nous exprimer avec une entière liberté sur toute la doctrine de ce célèbre savant, cette dernière assertion est une erreur ; et cette erreur, qui fait le fond de son système, est ce qui le rend très-légitimement suspect à tout esprit vraiment judicieux, et, malgré ses

---

[1] « Möchte eine Intelligenz dasselbe denken, — das Bild, oder das blosse was, dürfte sie immerhin durch eine Mehrheit von Begriffen sich bestimmen. Wiederum aber dürfte diese Mehrheit, um ein wahres Bild des Wesens zu ergeben, der Vereinigung in Einen Gedanken nicht unzugänglich seyn. »   (Hauptpuncte, S. 28.)

mérites, le voue à une stérilité radicale. D'abord, cette dernière assertion est une erreur; car, exprimée en peu de mots, très-simplement, elle consiste à dire : le possible est, et la puissance n'est point. Mais qui ne sent dans ce peu de mots une erreur, et une erreur manifeste? Est-ce qu'évidemment les deux idées de possible et de puissance ne s'impliquent pas l'une l'autre? Est-ce qu'il est même possible de les concevoir intelligiblement isolées? Non ; la puissance engendre nécessairement la possibilité comme le père engendre le fils, et la possibilité représente la puissance comme le fils représente le père ; et, si l'on peut intelligiblement distinguer ces deux choses, il est tout-à-fait impossible de ne pas les rapporter l'une à l'autre; car la possibilité ne peut avoir d'autre raison que la puissance, ni la puissance d'autre terme que la possibilité. Donc, puisque puissance et possibilité sont, l'une principe, et l'autre terme d'un rapport identique, elles s'impliquent réellement entre elles ; ou bien, si le possible est, la puissance est, et si la puissance est, le possible est : l'un comme puissance, l'autre comme possible, ou l'un comme principe, l'autre comme terme obligé de relation. En second lieu, partant de cette erreur, Herbart se trouve, avec tout son esprit, radicalement condamné à l'impuissance d'expliquer rationnellement le fait incontestable du devenir réel. Car comment, dans son système, le devenir réel serait-il? Les qualités réelles, d'après la théorie de l'auteur, ne connaissent ni opposition ni différence; et ce qu'on appelle en elles opposition ou différence, en est seulement une vue accidentelle ou n'existe, n'est percevable et réel qu'en représentation, en idée [1]. Dès-lors, pour que leur opposition ou diffé-

---

1 « Das rein positive, einfache Was der Wesen weiss von keiner Ver-

rence intelligible puisse réellement apparaître, il faut qu'il suffise pour cela d'une simple manifestation et confrontation en représentation ou en idée, puisque, hors de la représentation ou de l'idée, toutes les différences ou oppositions ne sont rien. Mais le simple rapprochement des qualités en représentation ou idée ne donne lieu, comme Herbart en convient formellement, qu'à l'idée de la possibilité du devenir réel [1]. Donc, en excluant, des êtres, la puissance, Herbart se met dans une impossibilité absolue d'expliquer le devenir réel, et, malgré lui, se trouve alors entraîné dans la négation absolue des éléates disant : L'être est être (*esti to einai*).

§ 68.

Du reste, afin qu'on ne nous accuse pas de fausser volontairement ou involontairement, par ignorance ou prévention, l'opinion de l'auteur sur ce point essentiel, nous allons le montrer en contradiction flagrante avec lui-même ; et de là l'on jugera par soi-même si nous avons tort ou raison d'affirmer que sa doctrine est incompréhensible ou absurde. Certainement, le meilleur signe de l'irrationalité d'un système est dans la démonstration que son auteur n'a pu clairement s'expliquer, ni par conséquent se comprendre. Or, il nous apparaît que Herbart

---

neinung. Dadurch werden wir auf die zufälligen Ansichten getrieben. »
(Hauptpuncte, S. 39.)

1 « Wiewohl im blossen zusammendenken zweyer bestimmter Wesen, der Gedanke ihrer Störung hervorgehen möchte : so läst doch dieser Gedanke die Störung oder Nicht-Störung selbst ganz unentschieden. »
(*Hauptp.*, S. 41.)

n'a jamais pu clairement s'expliquer ni se comprendre au sujet du possible, par la raison qu'à cet égard il dit tantôt oui et tantôt non, selon les circonstances. Il reconnaît la réalité du possible dans ce passage déjà cité plusieurs fois : « Chaque être **peut** se manifester d'une
» infinité de manières comme force ; mais il n'a aucune
» force, encore moins une multitude de forces. Veut-on
» cependant lui attribuer des **puissances** qui ne peu-
» vent alors avoir d'autre valeur que celle d'exprimer la
» possibilité d'être diversement attaqué selon l'ordre des
» vues accidentelles **possibles** : il en a, de telles, une
» multitude infinie [1]. » Il nie, au contraire, toute possibilité relative au réel, dans ce nouveau passage non moins formel que le précédent : « Quelqu'un dira peut-
» être qu'il ne faut point attribuer, à A sans B, la
» force active, mais seulement la simple faculté, c'est-
» à-dire, la simple possibilité d'agir à l'approche de B.
» Mais une nouvelle contradiction sort de là. Demandons-nous : Quel est A ? On répondra : A est tel
» qu'il n'agit point, mais **peut** agir sur B. Ici l'être
» est défini par le simple pouvoir dont l'être est absent ;
» et ainsi l'être est défini par le non-être [2]. » Voici donc, d'une part, toute vue du possible, toute considération d'application interdite concernant le réel ; d'autre part, voilà cette possibilité reconnue rationnelle dans

---

[1] Voir au § 61.

[2] « At fortasse dicet aliquis, τῷ A sine B non tribuendam esse vim activam, sed meram facultatem, id est, meram possibilitatem agendi tum, cum forte accedat B. Immo nova inde oritur contradictio. Quæramus, quale sit A ? Respondebitur : A est tale, ut non agat, sed possit agere in B. Hic τὸ Esse definitur per simplex Posse, à quo abest τὸ Esse, atque ita τὸ Esse definitur per non Esse. »   (Theoriæ de Attractione..., § 11.)

la définition des vues accidentelles possibles. Est-ce qu'il n'y a pas ici le oui, d'un côté, et le non, de l'autre ?... De deux choses, l'une : ou les vues accidentelles s'appliquent au réel, ou elles ne s'y appliquent point. Si elles s'y appliquent, sa notion complète implique celle de puissance ; si elles ne s'y appliquent point, il n'y a point de possibilité. Mais on affirme simultanément qu'elles conviennent et ne conviennent pas au réel. Donc on présume simultanément que la possibilité n'implique point la puissance, et que la puissance ne présuppose point la possibilité ?.... De quelque côté que nous tournions et retournions la pensée de l'auteur, nous ne voyons, ainsi, de tout côté qu'une nuit profonde, ou l'absence la plus complète de conséquence et de raison ; et là se trouve, comme nous avons dit, le vice originel de la philosophie monadiste, que mille autres avantages ne répareront point.

§ 69.

Puisque Herbart n'a pu se décider lui-même entre la négation et l'affirmation de la puissance réelle, l'argument, sur lequel il s'appuie pour interdire d'appliquer cette considération à la réalité, ne doit pas être, par lui-même, entièrement décisif ; mais considérons-le encore de plus près, et nous le trouverons radicalement nul. En effet, quelle raison Herbart donne-t-il de cette interdiction ? « Si vous faites entrer la considération de la puissance dans l'être, dit-il, vous ne le posez pas absolument, mais relativement ; vous annullez donc l'absolue position ! » Non, nous ne l'annullons point, parce que, si nous appliquons à l'être la notion de puissance, nous la faisons dériver en lui, non du dehors, mais du dedans. Herbart s'imagine toujours que la puissance d'(relation au dehors; et comme il n'est pas effectivement rationnel d'admettre deux positions réciproquement dépendantes, et par conséquent relatives, au rang de l'absolue position, il a le droit de repousser tout semblable empiétement de la relation dans la réalité. Mais tel n'est pas assurément le point de vue que nous considérons. Le point de vue de l'auteur, nous ne le proscrivons pas entièrement ; car il existe une relation incontestable de la réalité au dehors; mais cette relation, étant purement contingente, ne souille ni n'altère l'absolue position ; on peut par conséquent l'admettre en cette qualité sans inconvénient. Mais, outre cette relation du réel au dehors, il est une autre relation du réel qui préexiste à toute contingence : c'est la relation du réel à lui-même; c'est la puissance qui dérive de la qualité, par la seule raison qu'elle est, et par la seule considération de ce qu'elle est pour soi. Herbart reconnaît expressément qu'un être, présupposé doué de l'actuelle représentation des qualités, devrait être, par-là même, conçu capable de les représenter de plusieurs sortes (§ 66); d'où il suit, puisque l'acte est le réel, que toute activité représentée peut et doit être, elle aussi, censée capable de donner lieu, par elle-même, à plusieurs sortes d'activités subordonnées à sa nature propre dont le caractère éminent n'est point perverti pour cela, mais se trouve seulement nouvellement représenté ou figuré, dans la somme des activités contingentes, comme un objet l'est nécessairement dans sa figure ou son image. Mais, selon cette manière de voir, il est bien clair et bien certain que l'être se prête par lui-même à la notion de puissance, ou qu'on n'a besoin, pour le considérer comme puissance, que d'avoir égard à sa propre existence, indépendamment de tout ce qui peut encore exister réellement hors de lui. Donc l'idée de puissance n'est point essentiellement apte à fausser ou altérer l'absolue position; et, quoiqu'on distingue dans l'être la possibilité et la puissance, on ne sort pas de la considération de l'absolu. Donc l'application de l'idée de puissance au réel n'est nullement irrationnelle en elle-même.

§ 70.

L'application de l'idée de puissance au réel n'est pas seulement exacte et rationnelle en elle-même; elle est encore un bon moyen d'arriver à concevoir l'existence du devenir contingent, dont l'origine doit toujours être, pour Herbart, un fait inexplicable. En effet, parce qu'il regarde la puissance, non comme l'apanage de chaque être, mais comme le résultat du concours de deux ou plusieurs êtres, il doit attribuer la diversité des qualités apparentes à la diversité des qualités réelles réunies en ensemble, et, de plus, supposer que chaque être est redevable, à l'ensemble, de la représentation particulière et distincte de toutes les qualités apparentes. Or, cela peut et doit être vrai, quant à l'acte de représentation; mais il est tout-à-fait impossible de l'admettre, concernant la puissance. Car comment attribuer à l'Un la représentation du Multiple, sans lui présupposer une aptitude native à se manifester diversement selon la diversité des excitations qu'il subit? On ne niera point que ce qui perçoit les impressions données, c'est, exclusivement et par devers soi, chaque être intérieurement attentif à saisir ce qui se passe en lui; et, comme chaque être est toujours identique à lui-même, chaque être doit par conséquent être apte à percevoir diversement les phénomènes divers ; ou bien, en raison de son unité naturelle, il devrait toujours représenter, aux variations d'intensité près, le même phénomène. Supposons, par exemple, devant nous, une cloche. Cette cloche, nous pouvons la frapper diversement avec un marteau soit de fer soit de bois. Frappée d'abord avec le marteau de fer, elle rendra un certain son. Puis, frappée avec le marteau de bois, elle résonnera de nouveau ; mais, parce que la puissance sonore de la cloche est, qualitativement, supposée non moins une et indivisible que la cloche, la nouvelle vibration, à l'intensité près, ne différera point de la première, et nous aurons ainsi toujours le même son. De même, si les qualités réelles n'étaient point douées d'une puissance représentative extensive, elles ne représenteraient point des qualités apparentes diverses, et tout le phénomène serait éternellement de même qualité. — Au contraire, en attribuant aux qualités réelles une extension naturelle ou une puissance radicale extensive, on commence à s'expliquer assez bien l'origine et la nature du devenir contingent. Son principe est l'activité transcendante qui, d'une manière ou d'une autre, peu nous importe encore, l'émet incidemment comme un fragment infiniment petit de sa puissance toujours néanmoins indivise. Sa nature est par conséquent aussi l'activité ; mais c'est une activité subordonnée à l'activité transcendante, comme le contingent au nécessaire, et comme l'espèce au genre. On conçoit, d'ailleurs, que deux sortes d'activités soient ainsi subordonnées, que, comme l'extension diminue chez l'inférieure, la compréhension croisse du même coup ; il suffit, pour cela, de réfléchir mûrement sur la relation d'activité qui rattache — ou sépare — l'indéterminé et le déterminé, l'illimité et le limité. Il n'y a pas moyen de ne pas regarder tout acte déterminé ou limité, comme plus compréhensif et moins extensif que ne le serait un acte respectivement indéterminé ou illimité. Par exemple, l'acte par lequel on se représente pensant est moins compréhensif et plus extensif que celui par lequel on se représente pensant à telle ou telle chose; et, inversement, ce dernier acte est moins extensif et plus compréhensif que le premier. Mais, s'il est possible de concevoir, en combinant ensemble le développement de compréhension et le rétrécissement d'extension, une hiérarchie ou subordination d'actes vraiment réels, n'est-il pas bien manifeste, pour lors, qu'un monde réel en peut surgir? Là se trouve, en effet, réuni ce qu'il faut et ce qui suffit pour cela, savoir : l'actualité d'activité et la subordination d'exercice. Car, de ces deux choses, l'une fournit à la fois le déterminant et l'indéterminé, l'autre peut fournir le déterminé ou le possible. Donc, au lieu que, dans le système des nouveaux monadistes où l'on nie l'extension des qualités réelles ou des actes primitifs, il n'y a pas moyen de s'expliquer le devenir contingent, on entrevoit très-positivement, au contraire, dans le système catholique, le moyen de s'en rendre raison, en appliquant aux êtres la notion de puissance ou d'extension; et par conséquent cette application est, en fait comme en droit, parfaitement raisonnable.

§ 71.

Nous ne voulons pas quitter le sujet actuel, sans examiner deux nouveaux passages où Herbart nous paraît encore se contredire ouvertement. Dans le premier, en même temps qu'il identifie les représentations avec l'acti-

vité, Herbart les distingue l'une de l'autre, à peu près en ces termes : « Les conservations-propres de l'âme et
» les représentations sont une seule et même chose, en-
» visagée seulement sous différents rapports, comme on
» dirait les logarithmes et les puissances exponentielles.
» Le mot représentation désigne le phénomène tel que
» la conscience nous l'offre ; au contraire, le mot con-
» servation-propre exprime l'acte réel, auteur immédiat
» du phénomène. Cet acte réel ne tombe point sous la
» conscience, parce qu'il est l'activité même qui fait la
» conscience possible (?). Ainsi, conservation-propre et
» représentation sont entre elles comme faire et deve-
» nir [1]. » Evidemment, Herbart prépose, là, l'activité
—ou la force (§ 61) — à la représentation comme au phénomène auquel elle se termine ; maintenant, en voici un autre où il paraît dire ouvertement le contraire. « Les
» représentations mêmes sont les forces de l'âme. Elles
» ne sont point de simples images, vaine ombre du réel,
» mais l'actuel faire et devenir, par lequel l'âme conserve
» son être droit, et sans lequel elle cesserait d'être ce
» qu'elle est [2]. » Pour concilier ces deux passages, on

---

1 « ..... Selbsterhaltungen der Seele, und Vorstellungen, völlig Eins und dasselbe sind, nur in verschiedenen Beziehungen ; ungefähr so wie Logarithmen und Potenz-Exponenten.

» Durch das Wort Vorstellungen deuten wir zunächst auf das Phänomen, sofern es sich im Bewustseyn antreffen lässt : hingegen der Ausdruck Selbsterhaltung der Seele, bedeutet den realen Actus, der unmittelbar das Phänomen hervorbringt. Dieser reale Actus ist nicht Gegenstand des Bewstseyns, denn er ist die Thätigkeit selbst, welche das Bewustseyn möglich macht. So gehören Selbsterhaltung der Seele und Vorstellung zusammen wie Thun und Geschehen. »
(Psych., B. 1, § 98.)

2 « ..... Die Vorstellungen selbst sind die Kräfte der Seele. Vorstellungen sind nicht etwan blosse Bilder, ein nichtiger Widerschein des Seyen-

pourrait dire alors que, dans le premier, l'auteur prend le mot représentation dans son sens abstrait, dans sa signification objective, et que, dans le dernier, il la considère comme une fonction nullement séparable de l'activité son principe. Mais cela ne suffit point. Car, pour peu qu'on réfléchisse sur l'ensemble et la tournure de la dernière citation, on reconnaît que Herbart entrevoyait et avouait la nécessité de faire dépendre, dans une certaine limite au moins, l'activité des représentations, et par conséquent de préposer les représentations à l'activité. Quoi de plus formel que ces paroles : « Les représentations sont les forces de l'âme ? » Maintenant, cette activité, qui dépend des représentations, ne peut être absolument identique à l'activité « qui est aux représentations comme le faire au devenir. » L'activité « qui est aux représentations comme le faire au devenir » est, sans doute, bien nommée de ce nom : Activité, puisque l'acte est toujours la seule et vraie raison du possible. Mais cette autre activité, qui dépend des représentations et leur mérite ainsi la dénomination « de vraies forces de l'âme, » est, dès-lors, très-mal nommée de ce nom, puisqu'elle est plutôt passivité qu'activité. Néanmoins, passons là-dessus, et demandons si cette dernière activité se trouve — ou ne se trouve pas — identique aux représentations ? Mais il est clair qu'elle ne leur est point identique. Car les représentations envisagées séparément, c'est-à-dire, comme pures représentations, sont déjà des activités ; Herbart le reconnaît [1]. Cependant, elles ne sont pas

---

den, sondern sie sind das wirkliche Thun und Geschehen, vermöge dessen die Seele ihr Wesen aufrecht hält, und ohne welches sie aufhören würde zu seyn was sie ist. » (Psych., B. 1, § 18.)

[1] « Selbsterhaltungen der Seele und Vorstellungen völlig eins und dasselbe sind. » (Psych., B. 1, § 98.)

encore des forces ; c'est encore Herbart qui le dit [1]. Donc, il advient aux représentations une certaine activité, qui n'est plus représentation, mais est purement et simplement force. Donc les représentations ne sont point toutes les forces de l'âme.

§ 72.

Et que sont, alors, ces nouvelles forces de l'âme qui ne sont plus des représentations ? Nous n'avons pas l'intention de nous expliquer ici trop longuement à ce sujet ; le moment viendra plus tard. Nous dirons seulement que ces sortes de forces sont le principe d'une variété de phénomènes internes, non moins nombreux et non moins intéressants que les représentations. Souvent il arrive, par exemple, que les représentations, réunies, se séparent, ou, séparées, se réunissent, afin d'atteindre ou de permettre d'atteindre un but ultérieur. Alors, soumises ou assujetties, comme une matière inerte, à ces forces qu'elles ont pu déterminer mais ne constituent point, les représentations, au lieu de se comporter comme des forces actuelles, subissent une loi d'autant plus inflexible pour elles qu'elles auront plus immédiatement et fortement contribué à la produire. Sous ce rapport, les représentations impérieusement régies par la volonté ressemblent soit aux ondulations de la mer, soit aux masses de nuées que le vent soulève ou transporte où il lui plaît. On ne peut dire que la nuée soit une force actuelle, parce qu'elle

---

[1] « Die Vorstellungen, einzeln genommen, sind keinesweges Kräfte, aber sie werden es vermöge ihres Gegensatzes unter einander. »
(Psych., B. 1, § 34.)

se déplace, ni que le flot en soit une autre, parce qu'il bat rudement l'immobile rocher : au contraire, ces accidents sont une preuve que la force actuelle se joue plutôt en eux qu'elle n'y réside essentiellement ; et quand, par conséquent, nous voyons de pareils accidents se renouveler parmi les représentations, nous ne pouvons également, sans grandement nous méprendre, voir dans ces mêmes représentations toutes les forces de l'âme.

CHAPITRE IV.

ÉTUDE ET DÉTERMINATION DE LA PUISSANCE.

§ 73.

Il s'agit présentement de savoir ce que c'est qu'activité, acte, puissance. Pour cela, nous serons, peut-être, réduits encore à nous représenter le réel sous une forme complexe, multiple et diverse, d'évolutions ou d'involutions, c'est-à-dire, de positions relatives ou — absolues, nécessaires ou — contingentes, mais, en ces derniers cas, libres et volontaires. Mais, de même que nous avons déjà jugé rationnel de voir le positif dans l'actuel, nous pouvons raisonnablement admettre la possibilité de nous représenter l'actuel sous le multiple; car autre chose est l'être, et autre chose la manière de le concevoir ou de se le représenter. L'essentiel est seulement, en cette circonstance, d'être bien attentif à ne pas laisser l'unité de la position absolue primitive se briser et disparaître au milieu des positions accessoires multiples sous lesquelles on peut avoir à la reconnaître actuelle ou active.

Dans cette nouvelle partie de notre investigation synthétique, nous ne pouvons attendre aucune lumière, aucune aide, des systèmes anti-catholiques émis jusqu'à ce jour; et la raison en est claire : la plupart des philosophes n'ont jamais bien nettement envisagé l'activité comme constituant la qualité réelle; et ceux qui, comme Fichte, l'ont admise à ce titre, l'ont admise tellement surchargée de devenir radical qu'ils n'ont abouti — comme ils ne devaient infailliblement aboutir — qu'au panthéisme le plus strict et le plus rigoureux, au panthéisme idéaliste. D'ailleurs, on concevra sans peine l'absence complète d'idées tant soit peu propres à nous éclairer dans nos recherches actuelles, dans des systèmes analogues à celui des monadistes modernes, où l'on dit le pour et le contre au sujet de l'activité, sans s'apercevoir seulement de la contradiction. Par exemple, Herbart nie la création ou la réalisation de l'être par l'être; et cependant l'activité, dans son système, provient de création, puisqu'elle y résulte exclusivement du concours ou de la relation des divers êtres dont aucun ne la possède en propre. Car, dès qu'on admet une chose faite absolument, on implique formellement la création qui consiste précisément en cette absolue position du non-actuel ou du possible. Si donc, parmi les systèmes anti-catholiques, ceux qui s'écartent le moins de la vérité ne laissent pas de tomber aussi clairement dans l'absurde, nous sommes bien en droit de prétendre qu'il serait à peu près entièrement superflu, maintenant, d'en prendre spécialement aucun en considération.

Revenons, en conséquence, au premier objet de notre discussion. Il s'agit d'étudier la nature de la puissance à son origine, en son cours et en son terme de développement. De là, la possibilité de considérer l'acte ou le réel sous trois points de vue spéciaux : celui de sa traduction possible en exercice, ou du possible en général ; celui de son application actuelle en effets, ou du devenir réel ou apparent ; et enfin celui des relations actuelles ou possibles entre l'acte et ses divers effets. Nous sommes ainsi conduits pour la puissance, comme nous l'avons été pour la position et pour la qualité, à distinguer trois genres de puissance subdivisés, chacun, en deux espèces, qui sont, pour le premier, la puissance explicite ou implicite ; pour le second, la puissance incréée ou créée ; pour le dernier, la puissance personnelle ou impersonnelle (§ 49). Ces diverses espèces de puissance sont susceptibles de se combiner diversement entre elles ; et notre tâche, désormais, sera de déterminer en vertu de quelles conditions elles se posent, se suivent ou se combinent.

DU POSSIBLE.

§ 74.

Le possible absolu ou la possibilité simple, dont nous avons déjà parlé bien des fois sans avoir occasion d'en déterminer complètement la nature, est la somme des non-actualités relatives ou absolues dont se compose, quand il a lieu, l'exercice irréductible et primitif de l'acte absolu ou réel.

L'absolu et le relatif, nous le savons déjà (§ 62), sont le contrepied l'un de l'autre; on ne peut les identifier, mais on peut néanmoins les associer. D'abord, on ne peut les identifier, puisque la pensée les distingue, et que l'un présuppose l'autre, et non inversement. Ensuite, on peut néanmoins les associer; car, que faire de l'absolu, si l'on ne le regarde comme le fondement du relatif; et comment concevoir le relatif, si l'on ne le regarde comme un écoulement de l'absolu ? Evidemment, l'absolu et le relatif se rapportent ainsi radicalement l'un à l'autre ; et, pour lors, la seule chose importante ou essentielle à faire à cet égard, c'est de chercher à découvrir avant tout en quelles conditions l'absolu peut et doit, ou peut et ne doit point, de lui-même, devenir relatif ou se poser en relations, et donner lieu, par ce moyen, à de nouvelles déterminations absolues.

§ 75.

Supposons, d'abord, afin de nous orienter plus commodément par l'hypothèse, supposons l'acte absolu ou réel propre à devenir, par lui-même, d'absolu relatif. Dans ce cas, son point de départ, comme son point d'application, c'est seulement lui-même ; puisqu'alors il ne faut point songer à d'autres êtres, et qu'en lui seul, après l'application à lui-même de sa propre activité, nous ne voyons plus rien à quoi son exercice puisse se rapporter. Et, dès-lors, à moins de le réduire à n'agir point du tout, ou, ce qui revient au même, à n'être point, il faut dire que l'acte absolu ne cesse d'agir sur lui-même soit pour manifester ce qui est, soit pour faire être ce qui n'est pas encore.

En disant ici que l'acte agit pour manifester ce qui est, nous n'entendons pas rentrer dans l'opinion de ceux qui distinguent l'acte de la réalité ; nous voulons dire seulement qu'alors, autant il est vrai de dire qu'il est, autant il est vrai de dire qu'il agit. Car, si nous ne sommes pas d'avis d'identifier l'absolu et le relatif, nous ne laissons pas de les réputer radicalement alliables; parce qu'il ne répugne point de croire ou d'admettre qu'une même chose puisse être absolue sous un aspect et relative sous un autre, lorsque d'ailleurs il est, comme nous l'avons supposé, dans sa nature absolue d'impliquer cette transition ou ce passage de l'absolu au relatif. De même, lorsque nous disons que l'acte agit pour faire être ce qui n'est pas encore, nous n'entendons pas dire qu'il se donne ou acquiert en cette circonstance une nouvelle puissance ou bien une manière d'être qu'il n'aurait pas eue auparavant, nous voulons dire seulement qu'il se donne une **actualité** qui lui manquait ; et, à moins de le réduire à l'immutabilité la plus complète, on doit convenir que la production de ces sortes d'actualités contingentes répugne moins *à priori,* qu'on aurait pu le croire.

Maintenant, en comparant les deux cas que nous venons d'exposer, on doit reconnaître entre eux une différence essentielle. En effet, dans le premier cas où nous supposons l'acte absolu passant en relations internes par sa propre vertu, son exercice est et doit être constant, continu, essentiel ou **immanent par nature** [1] ; et par conséquent, autant il est alors vrai de

---

[1] Un disciple de Herbart ne peut contester la rationalité de cette idée. « Dans la perturbation et conservation-propre des êtres, dit cet auteur, il

dire de l'absolu, qu'il est, autant il est vrai de dire de ses relations, qu'elles sont, ou bien ses relations sont absolues au même degré que lui-même. Dans le second cas, au contraire, l'exercice de l'acte radical et surtout son effet se trouvent par eux-mêmes essentiellement distincts de sa manière d'être habituelle ou immanente, et ne surviennent en lui qu'incidemment; ils ne le constituent point; et par conséquent, s'il est vrai de dire qu'il les contient dans sa puissance, il doit être permis d'ajouter qu'il ne les contient ainsi que comme possibles et non comme actuels, car leur actualité se trouve respectivement temporelle. De cette différence entre l'exercice immanent ou temporel de l'acte résulte maintenant la distinction que nous signalions au début de ce chapitre entre la puissance explicite et la puissance implicite. La puissance explicite est celle par laquelle sont désignées ou exprimées les relations intrinsèques et réelles de l'acte absolu à lui-même, ou celle dont l'exercice révèle son essence absolue. La puissance implicite, au contraire, est celle qui désigne ou exprime la simple possibilité d'effets distincts de leur principe, ou celle qui, devenant d'implicite explicite, aurait pour résultat d'introduire au sein de l'acte radical des actualités étrangères à son essence.

Dans le cas où l'on considère à la fois les deux puissances implicite et explicite en l'acte absolu ou réel, le premier rôle revient incontestablement à la puissance

---

ne faut point imaginer de succession... Une éternité intemporelle est rationnelle tant pour une combinaison chimique que pour ses éléments. » — « An Succession ist bey der Störung und Selbsterhaltung gar nicht zu denken... Zeitlose Ewigkeit ist für eine chemische Verbindung eben so denkbar, als für ihre Elemente. » (Hauptpuncte, S. 43.)

explicite. Car la puissance implicite est, par elle-même, sans efficacité positive; ou bien, si elle exerce une certaine influence, ce n'est qu'à la faveur de la puissance explicite dans la réalité de laquelle elle se trouve éminemment ou implicitement renfermée. Mais une puissance qui n'exerce qu'une influence médiate, au moyen d'une autre puissance dont elle dépend absolument, est certainement, sinon en possibilité, du moins en actualité, dénuée de toute efficacité positive sur l'état antécédent constitutif de l'acte absolu en lui-même. Donc la puissance implicite est réellement et radicalement subordonnée à la puissance explicite; et le premier rôle revient à cette dernière dans l'explication de toutes les déterminations accidentelles de la puissance implicite. Ainsi, la puissance explicite s'offre la première à notre investigation comme résumant d'abord en elle-même toute la puissance réelle ou actuelle.

§ 76.

En commençant nos recherches sur la puissance explicite, nous remarquerons que les puissances explicite et implicite sont entre elles comme l'actuel et le possible, puisque les explicites sont toujours actuelles, et les implicites, originairement non actuelles mais possibles. Or, de combien de manières peut-on préposer ou postposer, l'un à l'autre, l'actuel ou le possible? De deux manières seulement; suivant que l'on présuppose l'actuel au possible, ou le possible à l'actuel. Comme ces deux sortes de pré-positions ou de post-positions sont en général, par elles-mêmes, également rationnelles ou concevables, rien n'empêche, où l'on pose l'actuel, de préposer le possible, et, où l'on pose le possible, de préposer l'actuel; c'est-à-dire, de faire au moins l'essai d'intervertir arbitrairement les positions, en préposant dans le même cas tantôt le possible à l'actuel, tantôt l'actuel au possible. Essayons-nous donc, d'abord, de préposer l'actuel au possible? Nous le pouvons faire très-librement; car il est très-rationnel de donner au non-actuel mais possible, pour **précédent** ou pour **raison**, l'actuel, suivant ce principe universellement reçu : *Ab actu ad posse valet consecutio*. Ainsi, si l'on suppose un être en puissance ou en état de percevoir, on peut parfaitement admettre qu'il se trouve antérieurement en actualité de perception; et de là vient même ce nouveau principe non moins connu que le premier : *Possibili posito in actu, nihil sequitur absurdi*. Essayons-nous également de préposer le possible à l'actuel? Nous le pouvons encore dans la plupart des cas, c'est-à-dire, dans tous les cas moins un; et le cas exceptionnel, que nous voulons signaler, est celui de l'origine des choses. En effet, hors ce dernier cas, il est toujours permis de donner le possible non seulement pour **raison**, mais encore pour **précédent**, à l'actuel, puisque l'actuel est alors supposé radicalement conditionné par le temps. Au contraire, dans le cas où l'on se pose au point de vue de la première origine des choses, on ne doit plus pouvoir préposer le possible à l'actuel; ou le possible, que l'on prépose alors à l'actuel, est purement rationnel, représentatif, **imaginaire**, c'est-à-dire, possible en spéculation ou en idée, mais impossible en pratique ou de fait. Une opinion contraire amènerait au sentiment de Spinosa, formellement repoussé par le simple bon sens, qui ne croit point à la réalisation du possible par lui-même. *Nemo potest esse sui causa*.

§ 77.

Est-ce donc qu'il y aurait, nous demandera-t-on, deux classes de possibilités, ou deux sortes de possibles ? Oui, il y a deux sortes de possibles : le possible de représentation ou d'idée, et le possible d'actualité ou de fait.

La possibilité de représentation ou d'idée est celle par laquelle, à la suite d'un fait donné ou perçu, se produit l'acte de représentation correspondant à ce fait et le retraçant à l'esprit. En effet, on ne peut avoir l'idée d'aucune actualité qui ne précède en général ; mais toute actualité qui précède peut être intérieurement représentée. D'abord, on ne peut avoir l'idée d'actualités qui n'auraient jamais eu lieu, ni ne se rapporteraient par elles-mêmes à d'autres faits antérieurs. Car toute représentation est originairement image d'objets donnés ou perçus ; et, de même qu'il n'y a point d'image sans objet, il ne peut y avoir par conséquent de représentation sans acte antérieur de perception : un acte de représentation sans perception antécédente, outre qu'il n'aurait pas de raison d'exister, serait encore, comme ne représentant rien d'actuel, une nullité complète ou une vraie **contradiction**. Tout fait de perception ou toute perception actuelle est, au contraire, propre à faire naître à sa suite l'acte de représentation ; car, à peine un fait est-il perçu ou posé, qu'il y a lieu d'apercevoir ou de poser de nouveau la relation ou détermination qu'il engendre, et même, si l'occasion s'en présente, de remonter à sa cause. Ainsi, tout être capable de perception est aussi, le cas échéant, capable de représentation ; mais la perception passe toujours avant la représentation, conformément à ce principe, si long-temps obscurément débattu : *Nihil est in intellectu, quod non priùs fuerit in sensu.*

La possibilité d'actualité ou de fait est celle par laquelle la représentation est toujours aussi rigoureusement présupposée pour la réalisation d'un fait postérieur de perception, que l'acte de perception est lui-même rigoureusement présupposé pour l'acte primitif de représentation. En effet, dès qu'un acte quelconque ne résulte ou provient nécessairement ni de l'acte radical de perception ni de l'acte immédiatement subséquent de représentation, c'est-à-dire, dès qu'un acte est purement contingent ou simplement possible, il ne présuppose pas seulement avant lui l'acte de volonté seul propre à le produire, il réclame encore l'acte de représentation sans lequel il n'y a point de volonté possible. De là, cet autre principe : *Nihil volitum, quod non præcognitum,* que nous compléterons en ajoutant, dans le cas actuel, le suivant : *Nihil (exclusâ necessitate) factum, quod non volitum.* Moyennant la reconnaissance de cette troisième détermination de l'acte par la volonté, ou plutôt l'aspiration son principe, jointe au fait et à l'idée, nous avons ainsi, réunies maintenant sous notre main, toutes les conditions nécessaires et suffisantes du devenir réel, c'est-à-dire, toutes les relations explicites conditionnant l'apparition de toutes les actualités implicitement renfermées dans la puissance de l'être; et ces trois relations explicites sont au nombre de trois : la perception, la représentation, l'aspiration.

§ 78.

Nous sommes encore loin, toutefois, de voir poindre

l'origine explicite des actualités implicites ; pour la découvrir clairement, nous ne devons pas abandonner de sitôt la considération des actualités explicites, mais au contraire nous appliquer à les mieux caractériser que nous n'avons déjà fait.

Que sont ou peuvent être en elles-mêmes les trois actualités ou relations explicites que nous savons se dérouler successivement en l'acte absolu ou réel ? Elles sont Lui percevant sans perçu, représentant sans représenté, et aspirant sans aspiré ; ou bien, en lui, le perçu et le percevant, le représenté et le représentant, l'aspiré et l'aspirant sont entièrement identiques, indiscernables ; et, par suite, il n'y a pas lieu d'opposer, en ce cas, son effet à chaque acte relatif, puisque la seule chose qui soit est l'acte même dépouillé de toute détermination incidente.

Fries a reconnu la distinction fondamentale que nous nous proposons maintenant d'établir, entre les relations nécessaires internes et leur application accidentelle externe : « Le rapport de la cause à l'effet dans l'ipséité
» active, dit-il [1], est la seule chose tout immédiate de

---

1 « Das Verhältniss von Ursach und Wirkung in dem thätigen Ich ist das einzige ganz unmittelbare seiner Art, dem kein anderes in unserer Erkenntniss gleich kommt. Das Wesentliche des Lebens bestehet in einem Handeln ohne Behandeltes, einer Thätigkeit nur in sich selbst, durch die Nichts wird, als nur die Handlung selbst; wie dies z. B. im Vorstellen und Erkennen der Fall ist. Alle äusseren Bewirkungen bestehen darin, dass eine Ursach den Zustand eines andern Dinges verändert; dass die Accidenzen eines Körpers durch die Kräfte verändert werden. Wenn z. B. ein Körper die Bewegung eines andern verändert, so ist nicht nur das Anziehen des Ziehenden, sondern noch veränderte Bewegung des Angezogenen vorhanden. Bey der unmittelbaren inneren lebendigen Thätigkeit des Vorstellens giebt es hingegen kein solches Behandeltes, sondern nur Handlung rein für sich. »   (Metaph., S. 397.)

» son espèce, qui n'a point sa pareille dans notre ordre
» de connaissances. L'essentiel de la vie consiste dans
» un agir sans un agi, dans une activité seulement sur
» soi-même, par laquelle rien ne devient si ce n'est
» l'agir même, comme c'est le cas, par exemple, dans
» la représentation et la connaissance. Toutes les actions
» extérieures consistent en ce qu'une cause change l'état
» d'une autre chose, en ce que les accidents des corps
» sont changés par les forces. Si, par exemple, un corps
» change le mouvement d'un autre corps, il n'y a pas
» seulement alors attraction de l'attractif, mais encore
» mouvement modifié de l'attiré. Au contraire, dans
» l'immédiate, vivante, interne activité de la représen-
» tation, il n'y a point d'agi de cette sorte, mais seu-
» lement action pure pour soi. »

Herbart conteste la valeur absolue de ce dernier exemple, en ce qu'il renvoie à une pure apparence sans réalité d'aucune sorte ; mais il ne s'élève point de prime abord contre l'idée, il s'applique, au contraire, à faire voir qu'elle trouve son application immédiate dans l'acte de conservation-propre, qu'il appelle, comme nous l'avons déjà fait observer (§ 74), représentation, mais qui est aussi perception. D'après cela, l'on pourrait croire qu'il entre franchement dans la pensée de reconnaître un agir sans agi ; néanmoins, il s'en faut bien, car, lorsque l'occasion se présente d'en faire explicitement l'application à la réalité, il s'y refuse nettement. C'est au sujet de la distinction radicale admise par Fries entre la pure conscience propre : Que je suis, et le sens intime : Quel je suis, qu'il exprime son dissentiment et sa réprobation en ces termes : « Qu'est et que signifie la
» position sans un posé ? Et comment la conscience pro-
» pre et le sens intime, ces deux chimères, entreraient-

» ils en union, si primitivement ils étaient en disjonc-
» tion ? » Nous n'avons pas maintenant à répondre à
cette question sur la manière dont se produisent et s'u-
nissent les différentes vues de la réalité ; il nous incombe
et il nous suffit de constater leur distinction ; et, sous
ce rapport, nous croyons être entièrement dans le vrai,
quand nous isolons absolument l'acte de ses effets. Considérons, en effet, particulièrement la perception. Puisque l'acte de perception est radical et, de plus, antérieur
à toute espèce de représentation (§ 77), ce même acte,
pris isolément ou abstractivement, est la première relation immédiate, absolue, de l'acte absolu à lui-même.
Il n'est pas seulement une impression, un sentiment ; il
est la première impression, le premier sentiment ; par
conséquent, la première reconnaissance de l'acte comme
acte, par conséquent encore, en son espèce, un acte pur
et sans mélange. Or, en cela, point d'agi, évidemment ;
c'est-à-dire, rien qui se distingue de l'acte et s'oppose
réellement à lui comme passif, négatif, limitant ; c'est
bien toujours l'acte absolu et infini, simple au dedans et
indéterminé au dehors. La première relation interne ou
l'acte de perception est donc réellement un posant sans
posé ; il est la pure conscience propre de la réalité.

De même, la seconde relation interne consiste dans un
représentant sans représenté. En effet, par la première
relation, l'acte absolu se trouve une fois déterminé intérieurement comme posant ou percevant simplement,
bien qu'il doive être conçu, absolument, sans relations d'aucune sorte. Parce que la première relation est
permanente, il doit donc, après cette première relation,
se percevoir, pour ainsi dire, deux fois : une fois, sans
la première relation ; une autre fois, avec elle ; et, par
suite, comparant ces deux manières d'être, il doit ajou-

ter à la perception de Lui comme posant ou percevant, la perception de Lui comme posé ou perçu, c'est-à-dire, la perception de l'acte absolu, sans relations d'aucune sorte. Le nouvel acte, objectivement considéré, n'est qu'une abstraction, une idée ; mais, pris subjectivement, il ne laisse pas d'être encore positif ou réel ; il participe à l'actualité de l'acte de perception, en même temps qu'il représente imaginairement sa possibilité ; et, ainsi, bien qu'il n'ait point d'objectif réellement distinct, c'est-à-dire, bien qu'il n'ait point de représenté, il est représentant. Donc la seconde relation interne consiste réellement, comme nous l'avons prétendu, dans un représentant sans représenté.

Maintenant, nous ne devons plus être surpris de trouver la même absence du contingent dans la troisième relation : l'aspiration. En effet, pour que ce dernier acte comprît en lui-même, à la fois, un aspiré et un aspirant réels, il faudrait qu'il fût possible de distinguer, de l'acte respectivement absolu d'aspiration, une chose quelconque qui s'ensuivît comme son effet proprement dit, ou devînt avec et par lui. Or, cela n'est pas possible dans le cas que nous avons supposé. Car, à ne considérer que le phénomène intérieur d'aspiration qui se produit à la suite des deux actes précurseurs de perception et de représentation, quand l'acte absolu, contenu d'une part par la perception et d'autre part par la représentation, n'a plus d'autre rôle à jouer que celui de fluer, pour ainsi dire, entre les deux, comme une simple et commune tendance, il n'y a point, alors, évidemment d'effet réellement distinct de l'acte respectivement absolu d'aspiration ; et par conséquent il n'y a point d'aspiré non aspirant ; ou bien, comme nous l'avons prétendu, tout, dans l'acte d'aspiration, est aspirant sans aspiré.

Herbart, que nous avons vu méconnaître et nier la notion de purs actes, fait, au sujet de l'aspiration, une concession importante; car il y reconnaît, sans peut-être s'en douter, la vérité de tout ce que nous avons maintenant intérêt de prouver. « Une activité, dit-il expressément[1], qui se maintient, pendant que le seul effet qu'elle serait apte à produire est empêché par quelque cause étrangère, ne peut être autrement désignée que sous le nom de tendance. » Cette cause étrangère, dont parle ici le célèbre philosophe, n'est point quelque chose qui n'appartienne aucunement à l'activité; ce ne peut être que quelque détermination contingente propre à la borner dans ses applications, mais non en elle-même. Dès-lors, et l'on ne fait aucune difficulté de l'avouer, il ne répugne point d'admettre un acte aspirant sans aspiré. Comment, dès-lors, serait-il plus répugnant d'admettre un acte représentant sans représenté, un acte percevant sans perçu? Tout perçu, tout représenté, tout aspiré pur et simple serait chose étrangère à l'activité présupposée capable d'entrer en immédiate relation avec elle-même ; et, comme on ne peut raisonnablement admettre en elle, originairement, rien de tel, il s'ensuit qu'elle doit consister en pures relations intrinsèques, essentiellement actives, ou non moins pures, non moins simples, non moins respectivement absolues que l'acte pur, simple et absolu en lui-même.

---

[1] « Eine Thätigkeit, welche fortdauert, während ihr Effect, den sie vermöge ihrer Eigenthümlichkeit hervorbringen würde, durch etwas fremdes zurükgehalten wird, eine solche kann man nur mit dem Namen eines Strebens bezeichnen. » (Psychol., B. 1, S. 148, § 30.)

§ 79.

Il peut être utile à l'éclaircissement de nos idées de comparer ces conclusions avec l'observation de ce qui se passe en nous; car, en voyant combien nos actes internes sont compliqués d'éléments hétérogènes, il est inévitable que nous saisissions mieux le caractère intrinsèque des actes relatifs explicites dont nous venons de démontrer l'infinie pureté. Rentrant donc en nous-mêmes, et considérant d'abord tout spécialement l'acte de perception, nous trouvons que notre être ne tombe point immédiatement sous son action, puisqu'il ne perçoit son essence ni par la vue, ni par le tact, ni par l'ouïe, etc.; et que, s'il ne laisse pas cependant de se saisir d'une certaine manière, c'est toujours à la faveur ou par l'adjonction indispensable de sentiments accidentels ou étrangers. Par exemple, nous nous percevons toujours à l'aide du tact, ou de la vue, ou de l'ouïe, ou de l'odorat, ou du goût, qui sont cinq déterminations multiples et variables de la conscience propre; et, comme le nombre des modifications que ces cinq déterminations plus prochaines admettent est à peu près infini, plus nous chercherions à nous trouver par leur moyen, plus nous nous éloignerions de la vraie connaissance de notre propre nature. S'il est donc vrai de dire, d'une part, que l'acte absolu qui nous constitue se trouve essentiellement compris dans toutes ces déterminations multiples et variables, il est encore vrai de dire qu'il y apparaît seulement surchargé de déterminations contingentes; d'où il suit qu'il n'est ni ne peut être p u r.

La même chose a lieu pour l'acte de représentation.

Dans l'*Examen de la Rationalité de la Doctrine catholique* (§ 96, page 346), nous avons dit comment cet acte se produit en nous par le moyen du langage, lorsque, percevant l'expression sensible mais représentative des choses, nous nous élevons au discernement de toutes les images abstraites ou purement intelligibles, telles que celles d'homme, de moi psychologique, etc. Or, pour ne pas parler en détail de toutes les autres images, qu'est-ce que le moi psychologique ? N'est-il pas une notion évidemment mélangée de notions étrangères, où le non-moi tient autant ou plus de place que le moi ? Si moi, par exemple, qui écris ces lignes, je cherche à me saisir, je me saisis en effet; mais pour cela je tiens compte du lieu de ma naissance, de mes différents séjours, de mes emplois successifs, de ma position actuelle. Qu'est tout cela cependant pour la réalité du moi ? Rien du tout; car je puis sans absurdité supposer que mon âme, au lieu d'être entrée dans mon corps, se fût trouvée dans le corps d'un Sauvage, eût jusqu'à cette heure habité les vastes contrées de l'Amérique ou de la Tartarie, et finalement dût ainsi se reconnaître à de tout autres caractères qu'à ses caractères actuels. Tous ces caractères actuels, qu'en masse elle s'attribue comme signes et propriétés de son moi, ne sont donc que des caractères accidentels et étrangers pour le moi métaphysique ou le vrai moi; ou bien, le moi métaphysique n'est jamais représenté, si ce n'est par abstraction, purement et simplement tel qu'il est en lui-même.

Nous disons cette fois : Si ce n'est par abstraction, parce qu'en effet, en niant de nous toute détermination accidentelle relative, et maintenant l'absolue position, nous pouvons, d'une certaine manière exclusivement figurée, nous représenter réellement; de là, le moi métaphysique. La foi nous fait espérer de pouvoir parvenir un jour, d'une certaine manière, à l'immédiate perception de notre propre essence dépouillée de déterminations contingentes ; mais, en cette vie, ce serait présomption de l'espérer. Toutefois, de même que nous pouvons nous élever, d'une manière négative, à la représentation de notre moi métaphysique, nous pouvons indéfiniment nous approcher du degré le plus parfait d'aspiration pure et simple, moyennant notre constante application à détruire en nous les tendances inutiles et parasites qui naturellement viennent s'implanter dans le moi. Car, tant que nous nous trouvons percevant, par les sens, ou représentant, par les idées, des objets déterminés ou spéciaux, comment ne serions-nous pas diversement affectés, et comme divisés en inclinations multiples et variables, tantôt recherchant une chose, tantôt la quittant pour en vouloir une autre, plutôt mûs par conséquent que mouvant, ou plutôt aspirés qu'aspirant ? A moins que la grâce de Dieu ne délivre l'homme de cette incessante inconstance par la participation aux idées éternelles, en vain il rêverait donc sur la terre un état de bonheur et de paix. Parce que son aspiration ne serait alors jamais libre mais resterait compliquée de relations étrangères, il serait, comme parle l'Evangile, esclave des sens, esclave de la richesse, esclave de ses propres penchants ou du péché ; et plus il persévèrerait dans cet état, plus il démontrerait par tous ses actes la vérité de cette proposition : que nul homme, même l'enfant d'un jour, n'est exempt de souillure intérieure.

§ 80.

Ainsi, les choses ont lieu tout autrement en nous-mêmes, qu'en l'être que nous avons supposé passer de lui-même en relations explicites. Chez l'homme actuel, les trois actes de perception, de représentation et d'aspiration sont toujours incarnés à des déterminations contingentes sans lesquelles peut-être ils ne seraient pas même possibles. Chez l'être, au contraire, que nous avons supposé doué d'un développement spontané, la perception, la représentation, l'aspiration sont essentiellement dégagées de toutes déterminations analogues; ce qui nous porte à dire qu'elles subsistent sans déterminations d'aucune sorte; ou bien, que la perception est sans perçu; la représentation, sans représenté; et l'aspiration, sans aspiré. Car, de ces choses, il n'y reste ou subsiste que l'acte. Et, comme tout acte sans effet ne saurait être mieux caractérisé que par le nom de puissance, nous ne craindrons point, en définitive, d'ajouter que les trois actes explicites, internes et relatifs, sont trois puissances absolues de percevoir, de représenter et d'aspirer. D'ailleurs, comme ces trois puissances sont inversement susceptibles d'être envisagées comme trois actes positifs et réels, indépendamment de tout effet extérieur qu'elles excluent d'elles-mêmes, rien n'empêche de dire aussi qu'elles sont trois actualités proprement dites; et par conséquent de conclure qu'en elles et par elles se trouve bien et dûment réalisée l'identité de l'actuel et du possible, ou cette union dans laquelle le possible est l'actuel, et l'actuel est le possible (§ 17).

En partant, maintenant, de cette première notion caractéristique des puissances explicites, il est aisé de se faire une première notion suffisamment claire des puissances implicites. Les puissances implicites sont des actes par lesquels l'acte absolu ou réel, respectivement radical, ne passe point en immédiate et nécessaire manifestation de lui-même, mais seulement manifeste ou réalise en lui-même, sans s'y assujettir, toutes les déterminations contingentes dont il peut et veut être l'auteur. En effet, parce qu'elles doivent différer essentiellement des puissances explicites, les puissances implicites sont d'une telle nature qu'on n'y peut reconnaître l'identité du percevant et du perçu, du représentant et du représenté, de l'aspirant et de l'aspiré, ou, plus simplement, de l'actuel et du possible. Mais des puissances ainsi constituées, que ni percevant ni perçu, ni représentant ni représenté, ni aspirant ni aspiré ne sont respectivement identiques, ne sauraient être reconnues essentielles ou identiques à l'acte absolu leur principe ou leur condition radicale, puisqu'il est d'ailleurs démontré que ce même acte absolu radical implique essentiellement ou par lui-même l'identité parfaite de nature entre le percevant et le perçu, le représentant et le représenté, l'aspirant et l'aspiré. Donc les puissances implicites sont des puissances radicalement conditionnées, ou de simples actualités contingentes, en l'acte absolu ou réel, primitif.

Ces mots : actualités contingentes, doivent nous suggérer l'idée d'un nouveau sujet de comparaison entre les puissances explicites et implicites, qui vient s'offrir à nous ; nous voulons parler du devenir. Cette nouvelle considération, très-importante en elle-même, va donc être immédiatement l'objet de nos recherches.

DU DEVENIR.

§ 81.

En distinguant précédemment (§ 77) deux sortes de

possibilités, l'une de fait, l'autre d'idée, nous avons par-là même implicitement distingué deux sortes de devenir, l'un abstrait ou purement apparent, l'autre concret ou réel. Car le possible d'idée, ou cette sorte de possible qui consiste dans le simple devenir de la représentation à la suite d'un premier acte de perception qui l'excite à paraître, comment le désigner autrement que par le nom de devenir apparent, alors qu'en dehors ou indépendamment de l'idée, il n'a rien de réel qui lui serve d'objet et le rende sensible ? Tel est, par exemple, le cas du mouvement. Une fois que la représentation du mouvement se trouve déterminée par le fait, l'idée demeure fidèle à le représenter dans son espèce ou qualité, quoiqu'il n'ait point de réalité proprement dite, correspondante au dehors ; et pour lors, tout le devenir, s'il est réel, se trouve, en cette qualité, concentré dans l'idée ; le dehors n'en peut revendiquer que l'apparence. Au contraire, le possible de fait, ou cette sorte de possible qui survient, au sein de l'acte absolu radical, comme une nouvelle activité contingente essentiellement conditionnée par la connaissance et par la volonté, nous l'appelons réel ; parce que, si, s u b j e c t i v e m e n t parlant, cette actualité contingente n'a pas plus de réalité que la représentation et doit même infiniment céder, sous ce rapport, à la représentation et à l'aspiration réunies, elle ne laisse pas de se comporter, o b j e c t i v e m e n t, comme une vraie réalité spécifique semblable — sinon égale — à la somme des trois actes internes relatifs, et par cela même de mériter la dénomination du réel. Comparativement à la réalité première et générale, cette réalité de devenir est sans doute une pure similitude, une ombre ou une image sans vie et sans force : néanmoins, parce qu'il est vrai de dire qu'elle Est en elle-même, ou qu'elle est susceptible de position objective, elle doit participer au nom comme elle participe à la chose, ou porter accidentellement cette désignation de réel qu'essentiellement ou nécessairement elle ne saurait réclamer. Les choses les plus disparates d'ailleurs tombent ainsi souvent, sans inconvénient, sous les mêmes déterminations génériques, pourvu qu'on n'oublie point de sous-entendre alors mentalement les différences spécifiques propres à les faire convenablement distinguer.

Outre cette première distinction du devenir en apparent et réel, on en assigne une autre tirée de sa division en **immanent ou incident**. Le devenir immanent est celui par lequel l'acte absolu se pose ou subsiste en actualités explicites sans variations intrinsèques. Le devenir incident est celui par lequel l'acte absolu réalise ou subit certaines actualités accidentelles ou étrangères à son essence. Par exemple, que deux actes absolus, non unis antérieurement, s'unissent un moment pour se séparer aussitôt et demeurer indéfiniment séparés : l'union momentanée de ces deux actes est un acte de devenir incident. Si l'on supposait que ces deux actes absolus demeurent unis un temps indéfini, ou bien se trouvent unis de toute éternité, l'union serait un acte de devenir immanent pour tout le temps de sa durée.

§ 82.

L'essence du devenir immanent est l'absence de toute succession intrinsèque ou la simplicité d'application. Le devenir immanent est, ainsi, de deux sortes : ou absolu, ou relatif. Tout acte absolu qui s'applique sans variation, en même temps qu'un autre acte, à côté de lui ou en lui, survient et disparaît, est un acte de devenir respectivement immanent. Ce n'est pas à dire cependant qu'il soit déjà, pour cela seul, proprement immanent par lui-même, ou absolument immanent. Le seul acte immanent par lui-même est l'acte essentiellement simple en tout sens; car cet acte est nécessairement intemporel ou éternel.

Herbart, qui semble d'abord poser comme nous la définition de l'immanence, n'en fait pas néanmoins la même application à l'acte absolu nécessaire dont il n'a point eu le bonheur de discerner auparavant la simplicité d'exercice intrinsèque. Le fait de l'immanence est, aussi, la seule chose dont il paraisse s'occuper, non pour chercher à l'expliquer, mais seulement pour l'observer et le poser; car, comme nous l'avons dit ailleurs, il ne croit point avoir besoin de raison, pour passer du possible à l'actuel (§ 42). C'est ainsi qu'il n'hésite pas à se représenter comme rationnelle l'éternelle durée soit des natures élémentaires soit de leurs combinaisons; et, lorsqu'il entreprend d'expliquer la formation du monde, il la fait, sans scrupule, également dépendre d'une construction où, par hypothèse, l'éternité ne se distingue point de l'immanence. « Tous les êtres, dit-il, peuvent être supposés primitivement dispersés ou réunis; car il leur est, à tous, accidentel d'être ou de n'être point en relation. Les veut-on d'abord, en conséquence, supposer tous isolés ou épars : c'est là une hypothèse extrême tout-à-fait improbable; car quelle vraisemblance y a-t-il que, d'un si grand nombre d'êtres, il n'y en ait point eu, primitivement, deux ou plusieurs réunis, et par conséquent respectivement saisis d'un devenir sans origine ou éternel ? Les veut-on, au contraire, supposer tous en état d'union primitive ou de réaction mutuelle éternelle : cette hypothèse a de nouveau contre elle sa très-haute invraisemblance intrinsèque, mais surtout, à cause de la totale exclusion du mouvement qu'elle implique, l'impossibilité radicale de rendre alors raison du devenir incident que l'expérience, pourtant, contraint de reconnaître. Afin d'échapper à ces deux inconvénients à la fois, il est, dans cette alternative, naturel d'embrasser une hypothèse moyenne entre ces deux extrêmes, c'est-à-dire, d'admettre originairement une partie des êtres réunie, et une autre partie dispersée et saisie de mouvements divers. En ce cas, le devenir incident aura sa raison dans la rencontre des masses déjà constituées, par les êtres en mouvement; les masses déjà constituées, au contraire, représenteront entre elles des variétés de devenir immanent proportionnelles à leurs éléments respectifs; et, par ce moyen, l'état présent du monde ne résultera pas seulement d'un mouvement primitif, mais encore d'une éternelle disposition des choses préposant temporellement le devenir immanent à l'incident. »

Nous ne pouvons, évidemment, entrer dans une manière de voir infiniment peu rationnelle à nos yeux. La croyant cependant propre à faire provisoirement entrevoir la légitimité de l'hypothèse par laquelle nous avons supposé l'être absolu radical passant de lui-même en relations explicites, nous en prendrons acte en ce moment comme d'un argument *ad hominem* sans réplique contre les nouveaux monadistes. En effet, parce qu'il ne répugne point d'admettre, en aucun temps, deux ou plusieurs êtres en état d'ensemble relatif, ou de devenir immanent, les nouveaux monadistes se croient en droit d'étendre cette immanence à tous les temps à la fois, et de concilier, pour ainsi parler, de cette sorte le devenir avec l'éternité. Or, lorsque nous avons supposé le développement intrinsèque d'un être en phases ou relations explicites internos, nous n'avons pas fait autre chose, à ne considérer que le fait en question, qu'étendre à tous les temps un fait de devenir immanent, concevable ou possible en tout temps. D'abord, il est certain que le fait de la conscience propre est un acte de devenir immanent ; car il est tel, qu'il s'accomplit et se continue de lui-même sans le concours incessant de rien d'extérieur. Ensuite, ce fait est naturellement indépendant de tout temps déterminé ; puisqu'il serait impossible d'assigner un seul instant de la durée dans lequel un être réel ne pût réaliser cet acte de conscience propre. Donc, — s'il est bien vrai de dire, comme on le prétend, qu'on puisse indifféremment, et même par simple hypothèse, affirmer ou nier l'éternité, de l'immanence, — par la même raison qu'on se croit le droit d'attribuer la formation de l'univers au fait immanent d'un devenir externe primitif, nous avons aussi le droit de la faire dépendre de l'actualité continue d'un devenir interne originaire ; c'est pourquoi nos adversaires se trouvent alors battus avec leurs propres armes, ou leur hypothèse se retourne contre eux. Qu'après cela Drobisch vienne donc, par exemple, nous dire : « La sortie de l'être absolu de son repos éternel, ou de son indétermination absolue, ne se conçoit point. » Nous lui répondrons : Concevez-vous mieux vous-même la sortie des premiers êtres de leur repos relatif, ou leur mise en état de devenir relatif immanent ? Entre la négation ou la reconnaissance d'un devenir réel originaire, vous n'avez, *à priori,* nulle raison positive de vous déterminer ; c'est-à-dire, vous n'avez de motif rationnel ni d'en nier le fait, ni d'en prouver la vérité. Que faites-vous alors ? Dans l'incertitude où vous êtes concernant la substitution primitive du possible à l'actuel ou de l'actuel au possible, vous prenez le parti de consacrer la souveraineté du fait, ou de vous déterminer en raisonnant uniquement d'après l'expérience. Or, quand nous admettons, nous catholiques, le passage spontané du réel radical en relations primitives internes, nous faisons tout justement la même chose; où notre raison hésite et flotte, nous acceptons la décision du fait; et vous devez ainsi finalement reconnaître que, souvent, résoudre à votre manière les questions fondamentales, c'est seulement les déplacer dans la forme, pour se retrouver ailleurs avec des solutions foncièrement identiques (§ 76).

§ 83.

Bien qu'à leur point de vue les nouveaux monadistes ne doivent point convenablement apprécier la distinction d'un double devenir immanent, l'un relatif, l'autre absolu, nous pouvons raisonnablement supposer qu'ils ne manqueront pas d'imaginer une disparité notable entre leur solution et la nôtre, ou de trouver que le devenir immanent, introduit par nous au sein de l'être, ne comporte point, comme le leur, l'éternité. « Votre devenir immanent identique à l'acte de conscience propre, répliquera Drobisch, présuppose, d'abord, l'instrument indispensable du jugement, ou la parole; de plus, ce que présuppose à son tour la parole, ou l'acte de perception externe; enfin, ce que présuppose également l'acte de perception externe, ou l'ensemble de deux ou plusieurs êtres : il présuppose donc trois choses accidentelles, conditionnées et relatives. Mais, où trois choses ainsi conditionnées, accidentelles et relatives se trouvent réunies et précèdent, si l'acte de conscience propre est possible, il ne survient jamais qu'accidentellement, et par conséquent est radicalement incapable de correspondre à tous les cas possibles ou d'égaler la puissance de l'acte absolu, c'est-à-dire, est respectivement réduit à la qualité de devenir incident. Donc, dans la solution catholique, le devenir ne comporte point l'alliance de l'éternité à l'immanence. » — Nous laisserons un moment sans réponse cette objection assez plausible, pour diriger immédiatement notre attention sur la doctrine des monadistes modernes, et considérer si par hasard elle n'y prêterait pas elle-même le flanc d'une manière très-nette. Que faut-il pour concevoir le devenir immanent admis par eux, à l'origine des choses, comme précédant le devenir incident ? Il faut, pour le concevoir, trois choses encore, et pareillement trois choses de nature accidentelle, conditionnée, relative, et surtout externe ; savoir : une pluralité d'êtres distincts, une opposition de qualités, et une relation d'activité. Sans une pluralité d'êtres, en effet, pas de devenir externe ; c'est évident. Mais la pluralité des êtres ne suffit pas ; il faut encore une opposition de qualités. L'opposition des qualités n'est pas même suffisante ; il faut encore la réunion de ces êtres ou de ces qualités en un seul et même groupe. Dès-lors, suivant les principes des nouveaux monadistes, le devenir, que des inégalités de durée, seules, distinguent en immanent ou incident, provient radicalement d'origine accidentelle et relative externe. De même que la force d'un être est, en ce cas, réputée résider originairement, non dans l'être puissant, mais dans l'être qui l'excite [1], le deve-

---

[1] « Das Zusammen verdankt jedes Wesen dem andern, mit ihm darin begriffenen. Insofern sind die Accidenzen des einen, zuzuschreiben dem andern, als einer Kraft. » (Hauptpuncte, S. 38.)

nir réside originairement, non dans l'être qui le subit ou supporte, mais dans celui qui le provoque. Entre chaque être en relation et le devenir que l'on conçoit produit en lui, l'on doit toujours concevoir qu'un tiers être intervient comme occasion et condition du devenir dans l'être. Mais il résulte manifestement de ces diverses observations, que le devenir n'est pas pur ou radicalement continu, mais jaillit, survient, est fait ou effet contingent, et par conséquent se distingue essentiellement de l'activité qui le détermine ou supporte, ou n'égale point le fait à la puissance, l'actuel au possible. Donc, puisque le devenir des nouveaux monadistes est essentiellement contingent, et, comme tel, n'égale point le fait à la puissance, l'actuel au possible, il est par-là même incapable de présenter une durée infinie ou éternelle en son cours; et, soit qu'on remonte aux temps antérieurs, soit qu'on étende indéfiniment la série actuelle des faits, on est rationnellement contraint de faire rentrer le devenir immanent dans l'incident. — Au contraire, dans notre manière de voir si faussement envisagée par les nouveaux monadistes, à cause de l'habitude où ils sont de niveler tous les êtres en puissance, l'éternité s'ajoute très-naturellement à l'immanence; ou bien, sans faire la moindre violence aux idées, on conçoit l'existence d'un devenir immanent absolu, ou éternel. Car il n'est aucunement besoin, en ce cas, ainsi qu'ils le supposent, de concevoir un ensemble de deux ou plusieurs êtres; il suffit d'admettre l'ensemble infiniment restreint d'un être avec lui-même. Un être, pour être absolument présent à lui-même, n'a nul besoin d'intermédiaire ni réel ni formel; de plus, il n'est pas nécessaire d'imaginer à son action une direction quelconque vers le dehors ou même le dedans : alors, où est le point de départ, là est le terme : où est le moyen, là est l'objet ; nous avons exprimé l'absence de toutes ces conditions accidentelles, en appropriant à ce cas l'identité de l'actuel et du possible, ou du percevant et du perçu. Mais, dans une semblable hypothèse, il est maintenant bien évident que l'acte relatif, quoiqu'il se distingue, sous un rapport, de l'acte absolu, ne laisse pas, sous un autre rapport, de se confondre manifestement avec lui, par exemple, en extention et en durée ; d'où il suit que, si l'éternité convient à l'un, elle convient par-là même très-rigoureusement à l'autre. Donc, dans notre explication rationnelle du devenir immanent à l'origine des choses, l'éternité vient très-heureusement s'associer à l'immanence.

§ 84.

Nous n'avons pas songé à démontrer que, dans cette même explication, nous n'avons encore aucune peine à réunir ensemble le devenir et l'immanence ; réparons actuellement cet oubli. Reconnaître un acte absolu radical passant naturellement en manifestation de lui-même, c'est, équivalemment, admettre une action dont l'objet n'est point de f a i r e ou de c r é e r, mais seulement de m a n i f e s t e r ou, inversement, de p e r c e v o i r. Mais une action d'une telle nature n'a rien qui la limite, ni rien qui l'empêche d'égaler le fait à la puissance ; car elle ne présuppose que l'existence en l'activité qui se déploie, pour avoir lieu dans toute l'étendue de son ressort. Donc le premier acte relatif de l'acte absolu radical est naturellement alliable à l'acte absolu pour toute l'étendue de sa durée, ou naturellement immanent ; et cet acte, que nous venons de dire identique à l'acte de perception, est le premier acte de conscience propre. Le second et le troisième actes de conscience propre sont aussi naturellement tant immanents que devenant; car aucun de ces deux actes ne consiste encore à faire ou à créer; mais l'un, l'acte de représentation, consiste simplement à percevoir le premier acte relatif comme le premier acte relatif perçoit l'absolu, et l'autre, l'acte d'aspiration, consiste à réunir les deux actes antécédents relatifs en un seul et même mode de manifestation nécessairement et de tout temps contemporain à leur propre existence, puisqu'il exprime leur propre puissance relative essentielle. Nulle difficulté, par conséquent, d'associer, en l'acte pur absolu, le devenir à l'immanence. Dans tout le développement interne de l'acte radical, l'essentiel est de n'y voir rien de fait ou de créé, mais seulement de manifesté ou de perçu; car il ne contient réellement rien d'incident. En lui, ce serait une grossière farte d'imaginer l'existence d'une détermination quelconque s'ajoutant du dehors au dedans, ou survenant même au dedans comme multiplication, augmentation ou limitation d'activité ou de puissance. Tel qu'il est essentiellement et par lui-même, l'acte pur absolu, percevant, représentant, aspirant, est intrinsèquement doué de perception, mais sans distinction; de représentation, mais sans mémoire; d'aspiration, mais sans besoin ni manque. Sans durée, sans étendue, sans mouvement comme sans désirs, il est éternel, infini, vivant et bienheureux. C'est-à-dire : il est simultanément lumière éclatante au dedans et ténèbres profondes au dehors; connaissance radicale de toutes choses, et complète ignorance de toute contingence; vie réelle et mort apparente; en un mot et pour ainsi parler, Tout et Rien. D'abord, tout, parce qu'il circonscrit tout; et, puis, rien, parce qu'aucun incident ne survient, en lui, pour entrecouper ou différencier l'intime relation ou propre présence de l'acte pur à lui-même.

§ 85.

Voyons, maintenant, en quoi consiste le devenir immanent relatif.

Puisque le devenir immanent absolu consiste dans l'éternelle émission, en l'acte pur radical, des trois puissances explicites internes, nous pouvons essayer de diriger spécialement notre attention sur leur ordre successif d'émission, et tâcher, par ce moyen, d'en saisir le rejaillissement naturel subséquent ou l'effet accidentel externe. Le premier acte de conscience propre est, dans l'ordre originaire, le fait nécessaire et primordial de perception physique, fait qui n'admet aucune sorte de distinction entre l'agissant et l'agi, le percevant et le perçu ; d'où résulte alors la première relation, celle d'identité. Le second acte de conscience propre est le produit ou l'image engendrée du précédent, quand, élaborant le premier fait, l'acte absolu s'en distingue, et, de cette sorte, introduit en lui-même une nouvelle relation, celle de l'identité dans la distinction ou de la distinction dans l'identité. Le troisième acte de conscience propre est le mouvement interne par lequel l'acte absolu, s'harmonisant avec l'esprit des deux actes antérieurs, imprime à leur opposition la même forme de manifestation ou d'apparence ; d'où résulte une troisième relation, celle de l'union dans l'opposition ou de l'opposition dans l'union. Au bout de ces trois relations qui constituent et complètent son état nécessaire, l'acte absolu n'est pas encore, cependant, au bout de sa puissance. Nous avons remarqué (§ 78) que le caractère essentiel de la troisième relation est celui d'un flux éternellement coexistant aux deux premiers actes de conscience propre, respectivement comparables à deux points immobiles. Fluant, ainsi, librement mais sans effet, à l'instar d'un courant infini, l'activité radicale est donc encore disponible, et, par suite, capable de s'appliquer de nouveau, c'est-à-dire, d'entrer nouvellement en relation. Le dernier acte essentiel de conscience propre sert, au reste, de type à la quatrième apparition, comme à toutes celles qu'on peut imaginer ensuite. De même, en effet, qu'on conçoit les deux premiers actes nécessaires de conscience propre entrer en opposition relative, et, de cette manière, offrir au troisième acte occasion d'apparaître; ainsi, l'on conçoit les trois premiers actes nécessaires de conscience propre s'opposer à la fois, et, de cette manière, amener sur le théâtre de la conscience éternelle autant d'actes nouveaux de conscience propre, qu'on suppose d'actes d'opposition accomplis. Car, lorsqu'un fait pareil d'opposition ternaire, d'activité totale, a lieu réellement, n'est-ce pas un nouveau phénomène, contingent si l'on veut, qui se produit dans l'acte radical? Il faut donc que cette fois, comme l'avant-dernière fois, l'acte radical, obéissant à l'esprit de la nouvelle union, émette une nouvelle émanation contingente d'activité réelle, c'est-à-dire, réalise une actualité nouvelle, passivement émise comme l'aspiration, mais cependant d'une nature infiniment moins parfaite qu'elle, puisque elle est à l'aspiration comme le contingent au nécessaire. Cette actualité, passivement émise accidentellement, est maintenant susceptible de permanence ou de durée; mais, par rapport à l'acte radical, cette durée, qui commence et peut finir, n'est qu'un instant. Ainsi, si, par rapport à d'autres actualités implicitement contenues en elle et respectivement moins durables, elle mérite le nom de devenir immanent relatif; par rapport à l'acte radical, elle constitue purement et simplement le devenir incident absolu. En effet, le devenir incident est, avons-nous dit (§ 84), celui par lequel l'acte absolu réalise ou subit certaines actualités accidentelles ou étrangères à son essence. Or, le devenir immanent relatif est bien réellement produit accidentellement par l'acte radical immuable en sa constitution intime. Donc, dans l'acte radical, le réel devenir immanent relatif ou le réel devenir incident sont absolument identiques.

§ 86.

Après avoir découvert la similitude d'origine entre l'actualité contingente et l'aspiration primitive en l'acte radical, c'est le cas de rechercher la similitude de nature que l'on peut imaginer entre cette même actualité contingente et l'acte primitif de représentation. Nous commencerons par remarquer, à cet égard, qu'en représentant l'acte unique de perception qui le précède rationnellement, l'acte primitif de représentation n'a point évidemment fini son rôle ; car, outre cette première représentation du réel dont il émane, il lui reste à représenter une infinité d'actes ultérieurement réalisables ou possibles. Il est vrai qu'il existe alors une très-grande différence entre la représentation de la perception réelle antérieure et la représentation de toutes les perceptions possibles ultérieures : la première envisage un acte accompli ou réel, non la dernière. Néanmoins, ces deux sortes de représentations conviennent au même acte réel qui doit représenter le premier acte relatif, non seulement dans son actualité, mais encore dans sa puissance; et par conséquent le rôle de l'acte de représentation s'étend au-delà de la représentation du premier acte de perception, pour embrasser en sa représentation tous les actes possibles de perception contingente. Nous avons déjà parlé (§ 66) de ces sortes de représentations imaginaires ou purement abstraites, que l'on exprime d'ordinaire par la dénomination de vues accidentelles; mais nous n'avons pas indiqué le moment où ces sortes de vues doivent se présenter. Ce moment est celui qui suit immédiatement l'apparition de l'aspiration dans la conscience de l'acte radical. A peine, en effet, l'activité radicale est-elle devenue disponible à la fin du troisième acte, que l'acte précédemment émis et naturellement permanent de représentation doit rentrer immédiatement, à sa manière, en fonction, et discerner ou représenter, en même temps que la disponibilité de l'activité radicale, tous les actes possibles de perception contingente. Alors, de même que le premier acte de perception conditionne absolument l'acte primitif de représentation, ce même acte primitif de représentation conditionne absolument, à son tour, tous les actes possibles de perception contingente en apercevant leur possibilité; ce qui range tout spécialement ces actes sous ses lois (§ 81). Alors encore, de même que l'acte de représentation, parce qu'il est essentiellement conditionné par l'acte de perception, est dit empreint de sa figure ou portant son image, tous les actes de perception contingente, médiatement conditionnés par le premier acte de perception, doivent être, à leur tour, réputés tout particulièrement semblables à l'acte de représentation. Ainsi nous pouvons, en définitive, établir que le rapport de toute actualité contingente à l'acte primitif de représentation est celui du conditionné au conditionnant, ou celui de la copie au modèle.

§ 87.

Le rapport entre les actualités contingentes et l'acte primitif de perception est plus profond et plus difficile à saisir. Lorsque l'activité radicale, non contente de représenter imaginairement ou abstractivement tous les actes possibles de perception contingente, émet réellement, par la combinaison volontaire des trois actes explicites originaires, une actualité contingente quelconque, elle n'a plus évidemment, en ce cas, sa plénitude d'exercice éternel, mais s'applique exclusivement d'après la représentation ou l'idée. Pour lors, l'acte primitif de représentation est comme un glaive à deux tranchants, qui (parce qu'il est impossible, à cause de l'immédiate relation du premier acte de perception à l'activité radicale, de toucher à l'une sans apporter le devenir dans l'autre,) n'attaque pas seulement l'unité du premier acte de perception, mais pénètre jusqu'au sein de l'activité radicale pour y opérer réellement la division qu'il médite ou contient en puissance. Mais le premier acte de perception se trouve, par lui-même ou essentiellement, immuable, et doit, par cette raison, résister efficacement à l'attaque dirigée contre lui par l'acte primitif de représentation. Sous ce rapport, l'entier effet intenté par cet acte n'est donc pas réellement atteint. Cependant son attaque ne reste pas, pour cela, sans résultat; car la docilité qu'il ne rencontre point dans l'acte primordial de perception, il la rencontre dans l'activité radicale, dans l'acte absolu primitif dont l'exercice, bien loin d'être épuisé par ses premières opérations essentielles, y trouve le moyen de fournir une nouvelle carrière indéfinie d'opérations contingentes. Ce moyen général est l'antagonisme accidentel des deux actes de perception et de représentation. L'attaque énergique de l'un et la résistance ou la conservation-propre non moins énergique ou réelle de l'autre déterminent, produisent ou constituent, au sein de l'activité radicale, une très-positive situation contingente, sans précédent aucun parmi les opérations intrinsèques; une situation nouvelle et, réellement ou de fait, inconnue auparavant; en un mot, une nouvelle activité. On ne saurait, d'abord, nier la nouveauté de la situation, et, par suite, la réalité de l'acte correspondant à ce cas, dans une nature présupposée essentiellement active; car nous y voyons l'acte absolu radical entrer en relation avec lui-même sous d'autres conditions qu'au moment du premier acte de perception; et d'ailleurs, au lieu que la première relation éternelle de l'acte absolu radical à lui-même est nécessairement fixe, la nouvelle situation est essentiellement variable; d'où résulte la possibilité d'une multiplication indéfinie d'activités contingentes. Mais l'apparition distincte d'activités contingentes au sein de l'activité radicale n'est pas la seule chose à remarquer; ce qu'il importe, surtout, de reconnaître, c'est le fondement de cette distinction, ou le caractère respectif des deux activités nécessaires et contingentes. Ces deux activités diffèrent essentiellement, en ce qu'originairement l'une est Acte sans effet, et l'autre Effet sans acte, c'est-à-dire, en ce qu'elles sont l'une à l'autre comme le percevant et le perçu. Le caractère essentiellement percevant du premier acte de perception, nous le connaissons déjà (§ 78). Nous nous convaincrons, de même, que le caractère inverse convient aux actes de perception contingente, si nous remarquons d'où vient aux activités la possibilité de se connaître ou de se percevoir : elle leur vient des relations. Toute connaissance, toute perception implique, en effet, relation ; relation immédiate ou médiate, interne ou externe, peu nous importe encore, mais toujours relation ; nul ne peut contester ce principe. Mais les actes de perception contingente, à l'exception de la simple relation entre cause et effet, n'ont plus rien, originairement, qui les rattache à rien, pas plus à l'activité radicale, qu'entre eux, ni encore à eux-mêmes (chez les êtres contingents, tout paraît, manifestement, devoir être également contingent). Donc, parce qu'ils sont originairement sans relations d'aucune sorte, les actes absolus contingents sont dépourvus de toute perception propre actuelle ; d'où il suit que leur rapport avec le premier acte de perception n'est pas seulement celui de l'autre au même, mais encore celui du perçu au percevant ou de l'Effet à l'Acte.

§ 88.

Il nous reste encore à trouver un dernier rapport des activités contingentes à l'activité radicale : ce rapport est celui de l'entier isolement, de la complète séparation des activités contingentes, dans l'acte absolu radical, ou le rapport d'absolu à absolu. En effet, ce qui constitue l'absolu, c'est la position simple ; et ce qui constitue le relatif, c'est la position à deux termes. Dès qu'une chose n'a pas de point de connexion, c'est-à-dire, de position commune avec une autre, elle est, comme

Herbart le reconnait [1], respectivement absolue ; et si l'on suppose qu'elle est sans point de connexion avec aucune autre chose, elle est absolument absolue. Au contraire, par cela même qu'une chose se trouve comprise avec une autre dans une seule et même position à deux vues différentes, elle est essentiellement non absolue, mais relative ou relativement envisagée. Ainsi, l'essence de l'absolu consiste, d'abord, dans la simplicité de position ; puis, dans l'exemption d'un point de connexion ou d'une communauté de position quelconque avec une autre chose. Or, tant les activités contingentes que l'activité radicale sont-elles respectivement absolues ? Nous ne nous arrêterons pas à démontrer ici le caractère absolu de l'acte radical ; il est établi depuis long-temps, et la question n'est pas là. Maintenant il est question, principalement, de savoir si l'absoluité ne fait pas défaut aux activités contingentes. Mais, d'abord, après avoir reconnu précédemment (§ 87) qu'elles se distinguent essentiellement de l'activité radicale, comme le contingent du nécessaire, nous n'avons pas de peine à voir que la position qui leur convient est simple en elle-même, puisqu'elles expriment ou réalisent, chacune, une relation spéciale et primitive des trois actes explicites internes. Ensuite, il apparaîtra, de même, clairement qu'elles ne sont pas susceptibles d'entrer, avec l'activité radicale, dans une seule et même position ou conception actuelle

---

[1] Quelques lignes après le passage cité (§ 64), Herbart dit : « Jede der höheren Setzungen, wenn sie gerade zu aus der unerschöpflichen Quelle der Ichheit genommen wird, ist ein Zusatz zu den vorhergehenden, von welchem man, dass er Eins sey mit den letztern, vergeblich versichert, sobald diese für allein gedacht werden können. Viele absolute Acte — würden Jeder für sich Seyn ; — wenn überall eine absolute That seyn könnte. — »

ou réelle, si l'on réfléchit que le seul lien ou point de connexion reconnaissable entre elles est celui de puissance, lequel est essentiellement non actuel, mais idéal, et par conséquent, n'est point, sous ce rapport, réel. Les activités contingentes sont donc exemptes de connexion réelle, et simples; elles sont donc absolues, ou bien leur rapport avec l'acte absolu radical est celui d'absolu à absolu; ce qu'il fallait prouver.

Herbart, dont nous invoquions tout récemment le témoignage en faveur de notre définition des actes absolus, n'en admet pas sans doute, avec nous, la possibilité; mais on doit remarquer avec quel laisser-aller il s'exprime en cette circonstance : « Plusieurs actes absolus, dit-il, seraient chacun pour soi, si généralement un acte absolu pouvait être. » La raison fondamentale de cette négation indirecte des actes absolus, il faut la chercher dans le noyau de sa doctrine ou dans le fond de son système. Il y a, comme on le sait maintenant, cette différence essentielle entre la doctrine de Herbart et la nôtre, qu'il prétend la nature de l'être tout-à-fait inconnue, et que nous prétendons, au contraire, indiquer cette nature dans l'acte ou dans l'activité. De là vient qu'il nie conséquemment la possibilité des actes absolus, tandis que nous devons, au contraire, conséquemment la défendre et la faire valoir. Supposons un moment, avec lui, que la nature de l'être ne soit pas l'activité : l'activité devient, en ce cas, une chose essentiellement relative; et les actes individuels, qui la composent, n'étant point identiques à l'être ou perdant la position primitive ou la position absolue, sont réduits à la qualité de simples accidents; d'où il suit que les actes les plus particuliers, seulement, sont concrets ou réels, et que les actes généraux comme ceux de perception, de représentation, d'aspiration, sont purement idéaux ou abstraits. Au contraire, identifions-nous l'être et l'activité? L'acte est un, apparaît triple, ou produit tout, suivant les diverses manières de l'envisager, absolument ou relativement. Pris absolument dès avant tout devenir, il est un en nature, mais encore il n'est rien de déterminé, si ce n'est l'Un et l'Objectif de l'idée. Pris alors relativement, sans se dénaturer, il prend un autre aspect à nos yeux; car, dès ce moment, il est censé manifester sa puissance nécessaire, présupposée latente. Par la première relation, en effet, dont il se trouve saisi, il apparaît percevant; d'où il suit que la première relation lui révèle, par la perception, le sentiment de lui-même, ce qui veut dire que le sentiment et la perception tiennent ou appartiennent à la première relation. En ajoutant une autre relation à la première, nous le trouvons saisi de représentation, ou démêlant, par l'idée, la simple perception, de l'acte concret qu'elle implique avec soi. Aurait-il cette représentation, ou l'idée, sans la seconde relation que nous avons supposée? Non sans doute; la représentation ou l'idée tiennent donc ou appartiennent à la seconde relation. Nous pourrions faire la même observation par rapport à l'aspiration, et montrer que l'acte absolu radical serait sans affections, si l'aspiration ne lui donnait ses affections; mais nous n'en avons pas besoin; et ce que nous avons déjà dit suffit pour nous autoriser à conclure que les trois actes explicites, dont se compose le devenir ou l'exercice interne de l'acte absolu radical, sont, entre eux ou respectivement, absolument distincts ou absolument positifs. Mais, si des actes aussi connexes que les actes internes relatifs peuvent être réputés respectivement absolus, combien plus y a-t-il lieu de réputer absolument absolus des actes aussi disproportionnés et aussi nécessairement irréductibles que l'acte absolu radical et les produits actuels contingents de son activité, lorsqu'ils sont, l'un immanent, les autres incidents; l'un éternel, les autres temporels; l'un infini, les autres finis? Entre des actes aussi positivement étrangers, il n'y a point évidemment de point de connexion actuellement possible, puisque une distance infinie les sépare; et, dès-lors, nous avons raison de les diviser en deux classes d'absolus, renfermant dans l'une l'absolu nécessaire, et dans l'autre les absolus contingents.

§ 89.

En nous voyant ainsi combattre, en apparence au profit du pur idéalisme, la doctrine du plus dévoué soutien du réalisme, on nous soupçonnera peut-être, avec une certaine raison, d'être anti-réalistes : ce soupçon, nous devons le repousser, car il est réellement injuste. Nous ne sommes point idéalistes. Mais nous ne tenons pas, pour cela, beaucoup à la dénomination de réalistes, bien que nous le soyons de fait; et si l'on juge que cette dénomination ne nous convient pas parfaitement, nous la laisserons volontiers pour prendre celle d'Actualistes. Nous ferons seulement remarquer en cette circonstance, qu'autant on nous juge éloignés du réalisme pur, parce que nous ramenons la réalité à l'actualité, autant on nous doit trouver éloignés du pur idéalisme, en nous voyant ramener l'idéalité à l'actualité. En quoi consiste en effet le vrai, le pur idéalisme? Il consiste, pour nous exprimer ici sans ambages, dans la reconnaissance d'une entité quelconque (moi, absolu, peu importe), laquelle, unique en sa réalité, possède une activité non créatrice, c'est-à-dire, une simple force de conception d'où sortent, absolument comme des ombres, toutes les choses apparentes, dont l'une évoque l'autre. Hégel s'énonce fort clairement au sujet de ce passage continu d'une chose en une autre, auquel nous ramenons l'idéalisme : « Ce qui dans le fait existe, dit-il, ou ce qui est actuel, c'est qu'une chose devient autre, et que généralement l'autre devient l'autre. » L'identification de l'être à l'acte muable, au changement, est aussi clairement professée : « Le quelque chose, ajoute Hégel, est, par sa qualité, d'abord fini, puis variable, de sorte que la mutabilité convient à son essence. » D'après cela, le phénomène n'est plus difficile à définir ; voici ce qu'il est : « Une chose devient autre ; mais cette autre est aussi une chose ; donc elle-même devient autre ; et ainsi de suite, à l'infini[1]. » On aura l'idée la plus juste d'une pareille doctrine, si l'on s'imagine qu'elle est purement et simplement, en philosophie, le renouvellement et l'application de l'ancien préjugé des alchimistes que l'on sait avoir long-temps nourri l'espoir de parvenir à transmuter les substances métalliques. Tel est, en effet, son dogme fondamental : les puissances ou les activités sont transmutables entre elles, comme si, l'activité radicale ou la puissance radicale ne cessant pas d'être une et la même,

---

[1] « Was in der That vorhanden ist, ist, dass Etwas zu Anderem, und das Andere überhaupt zu Anderem wird. »

« Etwas ist, durch seine Qualität, erstlich endlich, und zweytens veränderlich, so dass die Veränderlichkeit seinem Seyn angehört. »

« Etwas wird ein Anderes ; aber das Andere ist selbst Etwas, also ist es gleichfalls ein Anderes, und so fort ins unendliche. »

(Hegelsencyklopädie, §§ 93-95.)

les actes composant son exercice variaient de nature ou se changeaient l'un en l'autre ; l'acte réel qui correspond, par exemple, à ce qu'on nomme feu, devenant tour-à-tour réellement eau, vapeur, glace, marbre, bois, et tout ce que l'on voudra. Or, il est très-clair, ce nous semble, par ce simple exposé, que notre manière de voir diffère infiniment d'une doctrine si peu rationnelle, si repoussante même au premier aperçu. Car, autant et plus encore que nous croyons à l'intransmutabilité des métaux, nous croyons à l'intransmutabilité des actes ; et nous sommes très-fermement de cet avis : que non seulement, une fois posé, tout acte est invariablement déterminé comme actuel, mais encore qu'avant d'être posé, tout acte est encore invariablement déterminé comme possible ; et que, s'il est possible de concevoir le changement du possible en actuel, et inversement le changement de l'actuel en possible, il n'est, au contraire, aucunement possible de concevoir le changement d'un possible en un autre possible ni celui d'un actuel en un autre actuel. Car, aller jusqu'à prétendre, avec Hégel, qu'une puissance et une activité peuvent se transmuter en d'autres puissances et d'autres activités par un changement aussi complet, c'est, en raison de la confusion prétendue des différences réelles, ne plus savoir réellement ce que l'on dit ou veut dire, tandis que, dans notre sentiment, aucune contradiction semblable ne s'offre à la pensée. Il est vrai que nous-mêmes devons un moment hésiter et trembler devant la grande difficulté de concilier la multiplicité d'exercice avec l'unité d'une position radicale essentiellement simple ; mais cette difficulté n'est pas néanmoins insoluble, et la solution que nous en avons donnée paraîtra, nous l'espérons, très-véritable, si l'on daigne prendre en sérieuse considération la différence essentielle qui sépare la doctrine des purs idéalistes et la nôtre : **Les idéalistes croient à la transmutabilité des puissances en d'autres puissances, ou des actes en d'autres actes; nous croyons seulement à la transmutabilité des puissances en actes ou des actes en puissances.** Nous sommes en effet convaincus, non seulement que, dans l'acte absolu radical, par suite de l'identité de l'actuel et du possible, le possible implique toujours l'actuel comme l'actuel présuppose toujours le possible, mais encore que, dans les actes absolus contingents, il en est encore de même, au temps près; de sorte que le possible et l'actuel, quoique essentiellement exclusifs l'un de l'autre en idée, se correspondent toujours intemporellement, ou temporellement, c'est-à-dire, se précèdent et se suivent, ou bien encore alternent incessamment, soit en raison, soit de fait. Sans doute, on nous demandera de préciser ici la raison de cette différence temporelle d'exercice entre l'acte absolu radical et les actes absolus contingents; nous le pouvons faire, en faisant remarquer qu'elle dépend exclusivement de la nature des actes absolus ainsi constitués, que l'Un emporte relation avec soi, non les Autres. Le premier acte absolu, par exemple, ou l'acte absolu radical, parce qu'il est originairement unique, n'a pas d'abord de relation actuellement distincte de lui-même à percevoir ou saisir; il est donc n é c e s s a i r e qu'il constitue lui-même la première relation, ou porte essentiellement la première relation actuelle, inhérente à son être. L'apparition de cette première relation déterminant à sa puissance une route nouvelle, l'acte absolu radical doit alors n é c e s s a i r e m e n t entrer dans une nouvelle relation exprimant le changement intrinsèque d'état; de là provient le second acte de relation interne, acte qui n'est point une résurrection du premier ni sa mort, mais son image engendrée. Sans ressusciter ni détruire les deux actes antérieurs, le troisième acte de relation survient de même à son tour pour constituer, dans l'acte absolu radical, une nouvelle activité relative essentiellement prédéterminée dès le principe de la première relation, et par conséquent aussi nécessaire ou immuable. On conçoit donc les trois actes internes de l'acte absolu radical se précéder ou se suivre rationnellement, ou ne les conçoit jamais se transmuter l'un en l'autre ; la même remarque s'applique, maintenant, aux actes absolus contingents que l'acte absolu radical produit et réalise, parce qu'il est et demeure identique à lui-même, et nullement parce qu'il passe et périt. La raison de ces actes, il la contient éternellement en lui-même, comme il contient la raison de ses actes explicites internes ; seulement l'effet n'en est pas éternel, parce que, relativement aux actes absolus contingents, il n'y a point identité réelle entre la puissance interne absolue de l'acte radical et ses effets contingents. Dans notre doctrine, tout se lie donc parfaitement, et nous pouvons dire en vérité qu'elle apparaît manifestement rationnelle sous quelque aspect qu'on l'envisage. Quand les idéalistes viennent, au contraire, nous dire que le changement s'étend jusque sur les actes ou les puissances en soi, qui, de première inspection, peut se sentir disposé à les croire ? Enseigner que les actes, les puissances, ou les vraies réalités passent ou se transmutent l'une en l'autre, c'est leur dénier à toutes une vérité distinctive, une réalité spécifique quelconque ; c'est encore les identifier, comme Hégel en convient : « Ce en quoi une chose se change, dit-il, est tout-à-fait la même chose que ce qui change; les deux choses n'ont point d'autre détermination que cette seule et même détermination : Être Autre[1]. » Mais, si deux choses sont absolument identiques en qualité, quel moyen reste-t-il de les distinguer ? Nous n'en voyons pas d'autre qu'une différence réelle de perception ou de vue dans le sujet percevant ou représentant ; c'est-à-dire, les différences des choses sont dans le regard ou l'intelligence du moi, de l'absolu, de l'activité radicale. Mais alors il existe, au moins dans cette entité permanente, des différences actuelles de perception ou de vue, correspondantes à toutes les choses perçues ou représentées, et ces différences ne sont point transmutables, puisqu'elles prêtent leurs différences spécifiques aux choses apparentes. Ou bien, il faut encore dire que les différences subjectives de perception et de vue ne constituent point de devenir réel ou de vraies différences, et proviennent par conséquent, elles-mêmes, de plus loin, ou tiennent à des différences plus profondément situées dans l'entité primitive ; ce qui renvoie, comme on voit, la solution du problème à l'infini, ou plutôt le laisse sans solution.

Maintenant, si les actes absolus admettent une certaine multiplicité d'exercice, et si, d'ailleurs, en comparant les réalités obtenues par l'exercice des deux sortes d'activité nécessaire et contingente, on reconnaît que les unes sont acte non fait ou acte sans effet, les autres acte fait ou effet, on ne doit plus trouver étrange que nous appelions les premières **incréées**, et les dernières **créées**; car ces deux mots sont alors les plus propres et même les seuls propres à exprimer leur qualité réelle ou naturelle.

---

[1] « Das, in welches es übergeht, ist ganz dasselbe, was dasjenige, welches übergeht ; beide haben keine weitere Bestimmung, als nur die eine und gleiche, ein Anderes zu seyn. »

L'antiquité de ces deux termes démontre, d'ailleurs, que les hommes ont depuis long-temps reconnu la nécessité d'avouer la distinction des deux idées que leur introduction dans le langage commun présuppose.

Parce qu'envisagés dans leur ensemble, les actes absolus contingents constituent une somme de puissance contingente en ses effets, spécialement appropriée à l'activité radicale, ils lui donnent, avec l'aide ou le concours de sa propre puissance éternellement efficace et interne, l'aspect d'une double puissance, dont l'une serait comme le d r o i t, et l'autre comme le r e v e r s de sa nature ou de sa qualité ; mais nous ne voulons pas trop insister sur cette comparaison en un sujet si relevé. Ici, plus que partout ailleurs, il convient de déclarer que t o u t e c o m p a r a i s o n c l o c h e. Naturellement plus hardi que nous, Proudhon a dit, de tout acte absolu contingent, qu'il est une i m a g e r e n v e r s é e de l'activité radicale ; ce langage est souverainement inexact. Car l'image renversée de l'activité radicale, c'est la totalité des actes absolus, a c t u e l s e t p o s s i b l e s (§ 66). Les actes absolus individuels en sont l'image d i r e c t e ; mais c'est une image infiniment affaiblie, l'image d'une image (§ 86).

DE LA RELATION.

§ 90.

Nous exposons sous le titre de Relation les dernières considérations synthétiques qu'il nous reste à présenter, parce que, de tous les points de vue d'où peut dépendre la discussion actuelle, la relation nous paraît le plus propre à nous suggérer l'idée des actes réels, extensifs ou potentiels, appelés communément personnels.

On peut distinguer plusieurs espèces d'actes; mais tous les actes, de quelque espèce qu'ils soient, sont, individuellement, simples ou incomplexes, parce qu'il n'y a point de complexion réelle sans éléments réels, ni d'éléments réels sans actes composants et par-là même simples. Toutefois, les actes, quoique simples, peuvent être, de différentes manières, du dehors ou du dedans, rapprochés, comparés et déterminés par eux-mêmes, ou entre eux; et de là viennent ces points de vue spéciaux que l'on nomme relations. La relation, prise abstractivement ou distinguée des actes qui peuvent y donner lieu ou l'exprimer, est donc un point de vue spécial d'actes réels envisagés, tout à la fois, ensemble et séparément.

En partant de cette définition, nous pouvons commencer à comprendre comment des actes, également simples d'ailleurs, sont dits les uns absolus, les autres relatifs. Les actes sont nommés absolus, quand ils peuvent être et sont réellement considérés en eux-mêmes ou sans aspects spéciaux. Ils sont nommés relatifs, quand c'est sous la forme d'un de ces points de vue spéciaux qu'ils s'offrent à l'esprit. Si ces derniers actes ont, sous eux, des variétés particulières d'actes subordonnés, ils sont, à leur égard, réputés respectivement absolus; mais les premiers actes, qui s'en distinguent essentiellement, doivent alors être nommés absolument absolus.

Cependant, dans cette première conception des actes absolus et relatifs, nous ne les distinguons pas encore assez; car rien ne nous dit formellement si ces deux sortes d'actes sont susceptibles de position distincte, ni, supposé qu'ils soient distincts, quelle sorte de position leur convient à chacun. Pour reconnaître à ce sujet la vérité, faisons attention à leur différence spécifique. Les actes absolus sont ceux qui vont seuls et, par position, ne se rattachent à rien : ils sont donc des positions absolument distinctes ou réelles. Les actes relatifs sont ceux qui se rattachent toujours à quelque chose pour le déterminer ou le spécifier d'une manière quelconque : ils sont donc, par eux-mêmes, des positions relativement distinctes ou apparentes. Or, au lieu qu'il est essentiel aux positions absolument distinctes d'être séparées, le caractère propre des positions qui ne sont que relativement distinctes est d'être réunies. Donc les actes absolus sont ceux qui n'ont de point de connexion, — de point commun, — de relation essentielle à rien; et les actes relatifs sont ceux qui présupposent toujours un point de connexion dans lequel ils trouvent soit leur objet soit leur principe.

Ce que nous venons de dire convient aux actes de relation tant interne qu'externe; mais, comme, dans les cas de relation externe, le point de connexion est ou peut être externe, il apparaît alors plus généralement comme cause ou centre de devenir, que comme objet ou principe. Du reste, telle est l'idée de la différence que nous concevons entre les relations internes ou externes. La relation est interne, quand le point de connexion est au moins identique à l'un des deux actes comparés, en même temps que propre ou commun à l'autre; comme lorsqu'on compare un acte réel à lui-même en ses divers états, par exemple, l'activité et la perception. Elle est, au contraire, externe, quand le point de connexion n'est indispensablement identique à aucun, mais peut être étranger à tous deux ; comme lorsqu'on compare deux actes absolus contingents, ou deux actes absolus l'un cause et l'autre effet; auxquels cas, le point de connexion est effectivement soit dans l'intelligence qui compare soit dans la volonté contingente et purement formelle de l'Etre créateur. Dans les cas de relation externe, les deux termes de relation peuvent donc être simultanément absolus; il n'en est pas ainsi dans les cas de relation interne.

§ 94.

Connaissant le résultat de la double application de la relation aux actes (ce qui transforme d'abord les actes absolus en relatifs, et puis divise les actes relatifs en externes et internes), essayons maintenant de découvrir le résultat de la distinction entre la relation et les actes, en étudiant séparément les relations et les actes dans lesquels elles gisent.

Les relations, envisagées en dehors des actes relatifs qu'elles impliquent, sont en général de simples points de vue pris entre deux termes distincts de fait ou de raison. Naturellement on conçoit que les termes, dont il s'agit ici, sont des actes qui n'existent parfois qu'à l'état de représentation et d'apparence, et, pour ainsi parler, des faits sans actes; telle est la distinction de sujet et d'objet dans la perception où cette distinction intelligible est tout imaginaire. Sous ce rapport, on les pourrait définir: les diverses circonstances dans lesquelles les actes relatifs doivent ou peuvent avoir lieu. Nous limitons d'ailleurs à deux termes le nombre des éléments idéaux de toute relation, parce qu'en quelque nombre que soient les relations, leurs termes respectifs doivent toujours être pris un à un ou par paire. Supposons, en effet, qu'ils soient multiples ou plus de deux : la relation immédiate et directe sera non de chacun à tous, mais de chacun à chacun ou d'un à un, pour pouvoir ensuite revenir ou rejaillir de l'un à l'autre. Ainsi, primitivement, élémentairement, toute relation est d'un à un, ou, pour mieux dire, simple.

Envisagée dans ses espèces ou ses applications, la relation est **physique, intellectuelle ou morale**. — La relation physique est celle qui consiste dans la présence réelle, la rencontre, la coïncidence ou le contact (d'absolu à absolu) de deux actes entre eux ou d'un seul acte à lui-même. Tel est le cas de toute **sensation** ou apparence sensible. — La relation intellectuelle est celle qui consiste dans la distinction, la **séparation**, la divergence ou l'éloignement de deux actes absolument opposés, comme deux absolus, l'absolu et le relatif, ou deux relatifs respectivement absolus. Tel est le cas de toute **idée** ou apparence abstraite. — La relation morale est celle qui consiste dans l'harmonie, le concours ou la commune application des deux relations précédentes (la physique et l'intellectuelle) à une même fin. Tel est le cas de toute tendance ou détermination **volontaire**.

Les actes relatifs (externes ou) internes sont ceux par lesquels les relations physiques, intellectuelles et morales sont (opérées ou) perçues, représentées et aspirées.

Ces actes sont réels et simples. D'abord, ils sont réels, puisqu'ils expriment, chacun, une opération réellement distincte, quoique parfois non absolue, des actes absolus. Ensuite, ils sont simples, quoique les relations, auxquelles ils correspondent, contiennent ou soient toujours supposées contenir double terme ; parce que, comme il a déjà été dit, les relations primitives à double terme ne laissent pas d'être simples. Mais, de plus, les actes internes relatifs ont, chacun, un caractère spécial originaire que nous devons remarquer.

L'acte de perception est **donné**, l'acte de représentation est **produit**, et l'acte d'aspiration est **dérivé**. — D'abord, l'acte de perception est donné ; car la relation qu'il exprime est celle de présence physique, laquelle, comme fait primitif, se suffit évidemment à soi-même. De là vient que les vérités de fait sont les plus apparentes et les plus inniables ; nul homme de bon sens ne doute de ce qu'il éprouve. — Ensuite, l'acte de représentation est produit, c'est-à-dire, spécialement émis à l'image du précédent acte de perception ; car non seulement il en provient, mais encore il en reproduit tout le contenu moins l'acte. — Enfin, l'acte d'aspiration est dérivé des deux actes antérieurs de perception et de représentation, ou bien moitié donné moitié produit ; car il procède à la fois de leur union et de leur opposition, et, par cette raison, se trouve être leur commun représentant et produit.

§ 92.

Les **actes** et les **relations** internes échangent entre eux leurs caractères respectifs. De même qu'on dit, par exemple, relations physiques, intellectuelles et morales, on dit et l'on peut dire actes physiques, intellectuels et moraux ; et encore, de même qu'on dit actes donnés, produits et dérivés, on dit et l'on peut dire aussi relations données, produites et dérivées. Cet échange de dénominations entre les relations et les actes résulte de ce que les relations ne sont rien de réel sans les actes, ou, pour mieux dire, de ce que les actes réalisent ou constituent la vérité des relations. Sans les actes, en effet, les relations seraient de simples possibilités, des non-actualités, des non-êtres ; et si l'exactitude du langage ne permet pas de dire que les actes font les relations, on peut et l'on doit même dire, pour s'exprimer avec justesse, qu'ils les constituent ou les sont, dès qu'on commence à les envisager comme réelles.

On pourrait se laisser aller à penser que, parce que la puissance absolue change d'aspect en émettant les actes de relation successifs, elle se restreint alors ou devient moindre en proportion des actes apparus ; d'où il résulterait, non seulement qu'à la fin de son développement interne elle cesserait d'agir, parce que sa puissance expirerait sans retour, mais encore que le premier acte relatif n'aurait point la plénitude de l'acte absolu, ni le second acte relatif la plénitude du premier, etc. Nous combattrons ici cette erreur fondamentale, en faisant observer, d'abord, qu'à chaque moment de son évolution interne, l'acte absolu procède avec une irrésistible nécessité qui le contraint d'agir avec la même force sans distinction de moments ; et puis, que, ne se développant jamais sous le même aspect en deux moments distincts, l'acte absolu ne peut, dans aucun cas, arriver, épuisé, de la relation qui précède, à la relation qui doit suivre, mais doit être, au contraire, toujours prêt ou puissant à agir comme si déjà nul emploi de son activité n'avait eu lieu réellement. Pourquoi l'acte absolu, du moins l'acte absolu radical, se développe-t-il en effet, si ce n'est parce qu'une nécessité non seulement conditionnelle, mais absolue, le pousse à se manifester ? Mais cette nécessité primitive, telle elle est au premier acte relatif, telle elle est encore au second, telle au troisième... Donc l'acte absolu radical doit être également puissant à tous les moments de son développement intrinsèque. Pourquoi, d'ailleurs, sa puissance éprouverait-elle du déclin ? Parce que, délivré, par la réalisation d'une première partie de son évolution, d'une partie du besoin qui l'aurait contraint d'évoluer, l'acte absolu radical se trouverait moins pressé du premier moment au second, moins pressé du second moment au troisième?.. Mais une pareille considération n'est aucunement applicable au cas qui nous occupe ; car le premier, le second et le troisième actes relatifs ne sont aucunement homogènes. Le premier, par exemple, n'est point une partie du second, ni le second n'est une partie du troisième; ces trois actes sont émis à part, et (bien qu'ils n'aient qu'un même point de connexion), parce qu'ils sont simples et hétérogènes, ne peuvent en aucune façon se confondre. Donc la réalisation de l'un n'ôte ni n'ajoute rien, par elle-même, à la réalisation de l'autre ; et, s'il faut que l'acte absolu parcoure les trois moments distincts de son évolution, il doit alors les parcourir tous avec la même force qu'un seul, et chacun d'eux spécialement avec la même force que tous. Il n'est donc pas vrai de dire que la puissance s'amoindrit, à mesure qu'elle se développe ; au contraire, elle est permanente et immuable.

Nous venons de reconnaître l'hétérogénéité naturelle des trois actes internes ; ce qui signifie que le premier acte relatif est perception, et non représentation ; que le second est représentation, et non perception... Pourquoi donc le second acte ne perçoit-il pas comme il représente? Parce que la perception qu'il implique est déjà réalisée. Succédant à la perception, il survient alors simplement pour l'employer, et, sans perdre le temps à répéter ce qui est fait, il passe à ce qui reste à faire des applications internes de l'acte radical ; car les trois actes internes ne sont, chacun, qu'une de ses applications nécessaires. C'est pourquoi l'on ne peut dire que l'un a moins de puissance que l'autre : à ce qu'il est, chacun joint l'avoir des deux autres, au même degré que l'acte radical. L'acte de perception, par exemple, est simplement perception, mais il a de plus la représentation et l'aspiration, parce que l'acte absolu, qui tout d'abord se pose en lui, peut et doit être dit avoir la perception, la représentation et l'aspiration, sans être exclusivement ni l'une ni l'autre de ces trois opérations relatives.

De là résulte maintenant une grave conséquence que nous indiquerons bientôt. Nous disons que les trois actes internes, comme actuellement ou essentiellement distincts, sont, chacun, un acte à part, et que cependant, par appropriation de puissance, chacun jouit des deux autres. Ce n'est pas à dire pour cela, comme on peut aisément l'observer, que la distinction essentielle, admise dans un cas, disparaisse dans l'autre ; c'est simplement établir entre trois choses distinctes, respectivement absolues, une communication absolue de tout ce qu'elles sont. Ainsi les relations ne se multiplient ou réitèrent point dans l'acte absolu radical, comme elles le font chez les actes absolus contingents ; elles s'entremêlent seulement ; et par leur rencontre mutuelle à partir de la première, elles donnent lieu, de cette manière, à une simple variation d'exercice proportionnelle au nombre des actes de relation successivement apparus. Par exemple, la première relation ou la relation physique est nécessairement une, puisqu'elle est celle d'un seul être à lui-même avant tout devenir ; de même, la relation intellectuelle et la relation morale sont originairement unes ou simples. Mais cette simplicité des relations primitives n'empêche pas d'admettre que les trois actes internes, à fur et à mesure de leur apparition, contractent entr'eux, dans l'acte absolu radical, des engagements où les fonctions varient proportionnellement à leur nombre. Le premier acte, par exemple, ne constitue par lui-même, forcément, qu'**une seule** relation, puisqu'une seule relation physique est encore possible. Au contraire, le second acte implique par lui-même, en sa simplicité, **deux** relations intellectuelles diverses, puisqu'il représente deux relations déjà réalisées ; et, de même, le troisième acte constitue, dans l'acte absolu radical, non une ni deux mais **trois** relations morales à la fois, puisqu'en même temps qu'il vient donner à l'acte radical son complément, il ne peut manquer de communiquer à chacun des deux actes antérieurs le complément d'activité qu'il apporte avec soi. D'où il résulte en définitive, comme nous avons promis de le montrer, que les trois actes internes, d'ailleurs parfaitement distincts et par-là même essentiellement indépendants, ne laissent pas de pouvoir se correspondre et se correspondent même effectivement comme **trois puissances, respectivement absolues, de percevoir, de représenter, ou d'aspirer absolument.**

§ 93.

Il nous reste à considérer la part que prend, à cette suprême puissance, tout acte absolu contingent. Pour nous la représenter exactement, nous allons reprendre la considération de cette vérité précédemment établie (§ 87), que les actes absolus contingents sont, par eux-mêmes ou par le seul fait de leur institution, des actes agis — non agissant, posés — non posant, perçus — non percevant.

Il suit, en effet, de cette idée, que les actes absolus contingents sont originairement sans exercice propre, sans relation interne, ou sans puissance immédiate sur soi ; ce qui ne veut pas dire qu'ils sont absolument sans puissance, mais seulement qu'en eux le relatif n'accompagne point nécessairement l'absolu. Dès-lors, pour commencer à percevoir, ou à s'apercevoir (il n'y a point de perception réelle possible, sans aperception propre [1]), ils ont besoin d'être excités par un agent ou une cause quelconque. Cette cause peut être l'acte absolu radical, ou un autre acte absolu contingent. Ne prenons point en considération l'acte absolu radical, qui serait pour nous l'infini ; supposons un autre acte absolu contingent ou fini, propre à cette fin. Cet acte absolu contingent, mis en immédiate présence avec le nôtre, par exemple, et le touchant intimement, y déterminera naturellement, s'ils sont contraires, par son opposition, une sorte de déchirement intérieur plus ou moins violent. Pour lors, notre être résistera sans doute à cette attaque, ou n'y succombera point ; mais cela ne l'empêchera pas de se sentir comme divisé en deux parts et opposé à lui-même ; et c'est dans ce retour sur lui-même qu'il réalisera le premier acte de relation interne que nous avons appelé perception. Le second acte lui advient, quand, s'élevant au-dessus du simple fait de perception physique, il commence à s'apercevoir qu'en un certain moment il perçoit quelque chose, par exemple, un mur, et par conséquent réunit deux perceptions, celle du mur et celle de la première perception propre, en une seule qu'on appelle représentation. Si nous supposons, après cela, d'une part,

---

1 Cette vérité sera postérieurement démontrée (§ 100).

que la première perception ne cesse point, et, d'autre part, que la représentation se maintient également : alors nous devons éprouver que notre activité flotte d'abord incertaine entre deux directions opposées, mais bientôt se choisit déterminément la route intermédiaire par laquelle elle tend vers sa fin, c'est-à-dire, aspire. Ce dernier moment est, dans le cas que nous avons supposé, le plus haut terme du développement interne de notre être. Voulons-nous obtenir l'idée d'un développement plus considérable ? Nous devrons alors supposer que nous percevons de nouveau plusieurs fois ; car la seule source possible de l'agrandissement actuel de notre conscience est la multiplication réitérée des actes de perception physique. Cette multiplication conditionne l'avénement de la forme qui constitue, comme on sait, le champ de la représentation ; et c'est la seule intensité de l'opposition entre la matière et la forme de la connaissance qui peut déterminer une remarquable manifestation d'aspiration ou de force. Toutefois, quel que soit le nombre des actes réels de perception, parce que jamais nombre ne peut devenir réellement infini, le nombre des actes—ou l'actualité—de perception ne sera point, en nous, adéquate à la puissance de perception ; et par conséquent, ni l'actualité de représentation n'égalera la puissance de représentation, ni l'actualité d'aspiration n'égalera la puissance d'aspiration. Donc jamais, par la seule voie que nous venons d'indiquer, nous ne pouvons percevoir, représenter, aspirer, comme perçoit, représente et aspire l'acte absolu radical, chez lequel percevant et perçu, représentant et représenté, aspirant et aspiré sont absolument identiques. Cependant, nous pouvons, par cette même voie, nous approcher indéfiniment, comme une courbe de son asymptote, de ce terme divin certainement accessible en lui-même, non par nos propres forces, mais avec l'aide de Dieu.

§ 94.

Donnons maintenant nos conclusions.

D'après toutes nos précédentes observations, la puissance personnelle est celle qui, par la combinaison des trois actes internes, est absolument libre d'agir par elle-même.

Or, il est certain, d'abord, que, dans l'acte absolu radical, les trois actes internes sont trois puissances respectivement absolues de percevoir, de représenter, et d'aspirer ou d'agir ; puis, que, chez les actes absolus contingents, aucun de ces actes n'égale la puissance de l'acte absolu, ni ne peut par conséquent s'approprier radicalement les deux autres actes relatifs, d'ailleurs incomplets en eux-mêmes.

Donc les actes internes sont personnels dans l'acte absolu radical, et impersonnels dans les actes absolus contingents.

CHAPITRE V.

APPLICATION DE LA SYNTHÈSE.

§ 95.

Nous pouvons appliquer à tout ce que nous avons établi jusqu'ici ce mot célèbre : Ce qui est écrit, est écrit. *Quod scripsi, scripsi.* Car, si nous y croyons fermement, c'est-à-dire, si nous sommes réellement pénétrés de la force des preuves par lesquelles nous nous le sommes démontré, nous ne pouvons plus songer à détourner notre pensée vers de nouveaux points de vue fondamentaux, plus séduisants ou plus commodes en apparence ; et, dès-lors, tout ce que nous avons précédemment établi doit être absolument regardé, désormais, comme sacramentel. Cependant il nous importe, il est même indispensable de nous appliquer encore à la considération des différentes notions que nous avons successivement étudiées, soit pour les rassembler en un corps et n'en faire qu'un ensemble parfaitement rationnel de doctrine, soit pour y reconnaître l'explication ou le principe de tous les faits d'observation, et même l'équivalent ou l'image de l'univers entier. A cette fin, nous allons donc, d'abord, les réunir ou les combiner de nouveau, et puis nous appliquer à résoudre par ce moyen les problèmes les plus importants de notre commune expérience ; d'où nous concluerons, si cette opération réussit, que notre système est la fidèle représentation de l'Être ou de la Vérité.

Il nous est d'autant plus nécessaire de passer sommairement en revue nos principales assertions, qu'il nous reste à résoudre, sur la nature des actes absolus contingents, une difficulté seule capable d'empêcher radicalement notre adhésion définitive au système, si nous ne parvenions à la détruire. On se rappelle sans doute que nous avons établi cette différence entre les actes absolus : l'un, l'acte absolu radical, nous l'avons présenté comme passant, essentiellement ou de lui-même, en développement de relations intrinsèques ; les autres, ou les actes absolus contingents, nous les avons réduits au rôle d'un développement contingent de relations internes. Là-dessus, nous nous demandons maintenant d'où peut venir une semblable différence ? Est-ce que, par hasard, la nature de l'être n'est pas toujours la même ? Et si l'être est l'activité, si l'activité, dans un cas, implique essentiellement l'acte, pourquoi ne l'impliquerait-elle pas dans tous les autres cas ? Est-il rationnel de supposer et d'admettre des actes réels sans application réelle, ou des activités sans emploi ? Cette difficulté, comme on voit, nous rejette dans les considérations les plus générales sur la nature de l'être ; et si nous tenons à la résoudre, comme si nous voulons également achever l'exposition de nos idées, nous ne pouvons éviter de porter une dernière fois nos regards sur nos définitions les plus fondamentales.

§ 96.

Nous ne songeons pas, d'abord, à contester ce que nous avons dit de la nature de l'être en général : Il est l'acte ; et nous voulons que cette définition demeure consacrée. Nous ferons la même observation au sujet de l'idée de l'être nécessaire ou de Dieu : Il est l'acte inconditionné dans son exercice intérieur, parce que cet exercice, nullement incident mais immanent, nullement effectué mais naturel, consiste dans la simple et pure représentation de cet acte à lui-même. Cependant, nous nous empresserons ici de faire remarquer qu'en cela nous ne prétendons pas confondre le relatif et l'absolu, mais seulement les reconnaître nécessairement l'un en l'autre. Car nous ne déduisons pas le relatif de la notion générale de l'être qui ne demande par elle-même qu'une simple position absolue d'acte réel, sans relations d'aucune sorte, mais seulement de la position exceptionnelle ou de la qualité tout spécialement propre à l'acte absolu radical, dans lequel le premier acte relatif ne peut jamais manquer d'être tout d'abord et explicitement renfermé ou compris, comme n'étant pas autre chose que l'immédiate présentation de lui-même à lui-même. Mais, l'existence du premier acte relatif en Dieu se laissant ainsi reconnaître rationnellement, il n'y a plus de peine à concevoir l'intervention et l'ordre des autres actes postérieurs de relation. Donc l'idée de Dieu, comme d'un acte absolu radical subsistant en trois actes internes relatifs ou bien en trois personnes réelles et distinctes, demeure également consacrée.

L'essence des actes absolus contingents ne peut maintenant être déclarée de même qualité que l'essence divine, puisqu'ils émanent d'elle accidentellement ; néanmoins, nous les avons reconnus similairement comparables ou semblables, et, par cette raison, nous les avons qualifiés d'êtres réellement absolus. Cette définition doit demeurer encore. Où commence alors la différence entre l'acte absolu radical et les actes absolus contingents? La position étant la même, elle commence à la qualité, c'est-à-dire, à la nature des activités respectives.

§ 97.

Nous pouvons signaler par un seul mot bien connu la nature originaire ou éternelle de ces êtres contingents, qui, d'abord, sont possibles, et non réels ; qui, puis, deviennent réels, et pourtant, par leur devenir, n'ajoutent rien à la contenance essentielle de l'acte créateur ; qui, par conséquent, multiplient et ne multiplient point, ou divisent et ne divisent point, du même coup, sa nature immuable ; de ces êtres, en un mot, qui semblent offrir indubitablement à tout homme, qui commence à discuter la rationalité de ses idées, une contradiction manifeste : ce mot est celui de Réceptivité.

Qu'est-ce, en effet, que la réceptivité? N'est-elle point quelque chose d'opposé à l'activité comme le possible à l'actuel? c'est-à-dire : une pure possibilité d'acte, ou une activité non actuelle? Cela nous paraît incontestable ; et tous ceux qui la définissent la possibilité d'être différemment modifié, c'est-à-dire, dans notre style, d'être mis en divers états d'activité réelle, donnent leur assentiment à notre idée. Mais ce n'est pas tout ; nous venons d'envisager objectivement la réceptivité, envisageons-la maintenant du côté subjectif. Ainsi considérée, n'est-elle pas une puissance radicale en tout acte absolument positif ou réel ? Tout acte absolument positif ou réel n'est-il pas nécessairement conçu comme une matière à incidents possibles, ou le sujet du devenir ? Ce nouveau point de vue ne nous paraît pas moins certain que le premier, et tous ceux qui croient à la possibilité ne peuvent encore le révoquer en doute. Donc, puisque la réceptivité s'identifie, d'une part, au possible comme au non-actuel, et, d'autre part, ne se distingue point de l'acte absolu comme puissance, elle est bien ce qu'il nous faut pour exprimer la nature originaire ou éternelle des êtres contingents; et, si nous nous la représentons particulièrement en Dieu, nous ne retrouvons pas seulement en elle l'idée de la simple puissance, nous pouvons encore y reconnaître, selon une double manière de l'envisager avec ou sans emploi, la distinction ailleurs [1] signalée de deux sortes de puissances, l'une non appliquée, mais alors non moins infinie que simple, l'autre appliquée, mais alors non moins variée que multiple en effets contingents.

Bien que l'idée d'une puissance non essentiellement réduite en acte, comme la réceptivité que nous supposons appartenir de tout temps à l'acte absolu radical, nous semble claire, nous voulons essayer de la rendre encore, s'il est possible, plus claire, par une comparaison. Notre âme

---

[1] *Examen de la Rationalité....*, § 47.

ou notre moi métaphysique est un acte absolu ; et, puisque l'âme nous apparaît naturellement susceptible d'un nombre indéfini de déterminations contingentes, il n'est pas manifestement dans la nature des actes absolus d'être fermés au devenir. Pour fixer nos idées, ne considérons point toute la masse des phénomènes dont l'âme est susceptible, et bornons-nous, par exemple, dans l'ordre des couleurs, aux sept couleurs particulières que nous supposerons ici, pour la perfection de notre exemple, simples et primitives. Si l'âme n'avait, de ces couleurs élémentaires, que la simple représentation idéale, que saurait-elle ? Elle saurait une suite de différences spécifiques d'une seule et même idée, et spécialement, dans le cas actuel, une gradation numérique de vibrations lumineuses ; de sorte que les représentations spéciales n'auraient jamais plus de réalité que la représentation générale. Supposons-nous, au contraire, l'âme en acte de perception physique, c'est-à-dire, réellement percevant, en certains temps, les sept couleurs du spectre ? Alors ces sept couleurs sont pour elle sept actes subjectifs et objectifs qui lui représentent son extension dans l'ordre de la vision, et, sinon toute son extension possible, du moins toute son extension réelle. Entre la perception et la représentation, il y a donc cette notable différence qu'en représentation les sensations sont de simples nuances distinctes d'une seule et même idée, tandis qu'en perception elles sont de vrais actes distincts dont la somme actuelle constitue l'extension actuelle de l'application d'une réalité à elle-même. De même, maintenant, en Dieu, l'on peut distinguer intelligiblement une réceptivité générale, encore indéfinie, non moins qu'infinie, dans ses modes possibles de manifestation, c'est-à-dire, dont les déterminations possibles, infiniment nombreuses, sont encore fondues les unes dans les autres, ou ne peuvent encore être distinguées qu'en idée. Lorsque Dieu, par un acte transcendant de spontanéité ou de liberté, veut rendre manifestes quelques-unes de ces déterminations contingentes, il est alors nécessaire qu'il agisse ou perçoive réellement. Mais nous avons reconnu tout-à-l'heure, en parlant de l'âme, que les perceptions sont de vrais actes distincts; et, d'ailleurs, il est manifeste que les actes de Dieu, lorsqu'ils arrivent par un acte transcendant de spontanéité, sont nécessairement des actes absolus. Donc il est définitivement très-possible et très-rationnel d'attribuer à l'Etre divin la réceptivité, c'est-à-dire, une puissance non essentiellement réduite en acte, et dont les actes survenant sont des effets essentiellement distincts et différents d'elle-même.

§ 98.

Que font donc, ou que sont en eux-mêmes ces actes absolus contingents provenant de l'action libre de Dieu sur sa propre réceptivité radicale? Nous l'avons dit, mais nous allons maintenant le répéter sans mystère : ce sont des actes positifs où la perception, la représentation et l'aspiration sont impliquées ou contenues comme puissances, ou inversement comme possibles, mais nullement comme actuelles.

Deux ou trois mots empruntés à la langue de Hégel vont révéler clairement ici toute notre pensée. Nous distinguons les actes absolus en général, en actes pour soi [1] et actes non pour soi.

---

[1] Fürsichseyn.

Les actes absolus **pour soi** sont ceux chez lesquels il y a relation intrinsèque de l'acte à lui-même. Tels sont ceux qui se perçoivent, se représentent ou s'aspirent eux-mêmes d'une manière quelconque; et de ce nombre est essentiellement l'acte absolu radical, qui ne peut jamais se distraire, ni s'oublier, ni se haïr.

Les actes absolus **non pour soi** sont ceux chez lesquels il n'y a point de relation intrinsèque de l'acte à lui-même. Tels sont ceux qui ne sont point, à leur propre égard, en exercice actuel de perception, de représentation, d'aspiration; et, généralement, tous les actes absolus contingents, dans le premier moment de leur réalisation ou de leur existence.

§ 99.

Bien des auteurs ont remarqué le phénomène singulier, ou, pour mieux dire, ont eu l'idée des actes **non pour soi**; mais nous n'en connaissons aucun qui en ait fait usage; sous ce rapport, le malentendu est général. Leibnitz, par exemple, a positivement reconnu la possibilité d'actes **non pour soi**; car il dit : « Il est bon de faire distinction entre la perception qui est l'état **intérieur** de la monade représentant les choses externes, et l'aperception qui est la conscience ou la connaissance réflexive de cet état **intérieur**, laquelle n'est point donnée à toutes les âmes, ni toujours à la même âme [1]. » Mais, néanmoins, il ne remonte pas

---

[1] *Principes de la Nature et de la Grâce.* (Leibnitz Op., ed. Dutens, tom. II.)

plus haut que ce simple phénomène dont il est très-probable, dès-lors, qu'il n'a pas saisi la portée. Herbart, qui n'a pas manqué de remarquer le passage de Leibnitz que nous venons de citer, a voulu profiter de la distinction introduite entre la perception et l'aperception pour proposer son hypothèse sur l'origine de la réflexion ou de la conscience, hypothèse dans laquelle il admet qu'aucune perception particulière, il est vrai, n'a la conscience de soi, mais que, lorsqu'elles se rencontrent dans l'âme, l'acte par lequel les plus fortes s'assujettissent les plus faibles, et surtout celui par lequel les grandes masses de perceptions s'emparent des perceptions isolées, est propre à produire le phénomène de la conscience ou de la réflexion. Contre cette hypothèse, nous n'avons qu'un mot à dire : Si nulle perception, en soi, n'a conscience de soi, comment des masses de perceptions auraient-elles la conscience de soi ?... On ne peut faire sortir un nombre positif d'un nombre quelconque de quantités négatives. Donc, ce qui représente ou bien a conscience, ce n'est ni une perception, ni une masse de perceptions; c'est l'acte absolu lui-même, seul et tout entier. Laissons toutefois de côté ces considérations historiques, qui nous détourneraient de notre sujet, et bornons-nous à constater, pour le moment, que la plupart des auteurs sont d'accord sur ce point : qu'il existe ou que l'on conçoit des actes absolus tels qu'ils n'ont point conscience d'eux-mêmes, et sont comme non avenus pour soi, sans relation avec soi. C'est ainsi que nous nous représentons involontairement ou naturellement l'état des enfants venus à peine en ce monde, ou se trouvant encore dans le sein de leurs mères, et, si nous voulons remonter encore plus haut, l'état des êtres à peine sortis des mains du Créateur; car tous ces êtres, effets contingents de la puissance divine, ne peuvent être, comme absolus, conçus, dès leur réalisation, en état d'action et de réaction mutuelles, ni même de relation avec soi, puisque nous ne nous reconnaissons point, actuellement, de relation nécessaire avec nous.

Les actes positifs ou réels dans lesquels la perception, la représentation et l'aspiration se trouvent impliquées ou contenues comme puissances, ou inversement comme possibles, mais nullement comme actuelles, sont des actes absolus d'attention. Pour établir cette proposition, nous avons trois choses à démontrer : 1° que les actes absolus d'attention impliquent ou présupposent la perception, la représentation et l'aspiration comme puissances ; 2° qu'ils les impliquent ou présupposent également et postérieurement comme possibles ; 3° enfin, qu'ils ne les contiennent pas, du moins toujours, comme actuelles. Or, — 1° Les actes absolus d'attention impliquent ou présupposent toujours la perception, la représentation et l'aspiration comme puissances ; parce qu'on ne conçoit pas autrement leur possibilité. Un être qui ne percevrait point, ne représenterait point, n'aspirerait point, comment serait-il attentif ? Evidemment, rien ne le porterait à cet acte, il en serait par lui-même incapable ; et par conséquent cet acte serait alors tout-à-fait impossible. D'ailleurs, on conçoit parfaitement qu'un être doué de perception, de représentation et d'aspiration actuelles, puisse être ou devenir réellement attentif ; car, un tel être ayant déjà tout ce qu'il faut pour être libre ou pleinement maître de soi-même, rien ne saurait l'empêcher d'user, au moins intérieurement, de sa plénitude d'action ; de s'appliquer, comme il l'entend ; en un mot, d'être ou de devenir attentif. Dieu, par exemple, est dans ce cas. Eternellement doué de perception, de représentation et d'aspiration actuelles, il peut dès-lors se donner pleinement, au moment et au degré voulus, l'attention qu'il désire. Supposons-le se posant, de cette sorte, accidentellement actif : puisque hors de lui rien n'existe pour servir de matière ou d'objet à son activité, nous devons admettre qu'alors, en même temps qu'il applique à cet acte sa perception, sa représentation et son aspiration radicales, il en dirige et concentre l'action vers le néant ou le vide, comme si le néant ou le vide étaient réels ou pleins. Le néant ou le vide, toutefois, ne sont ni réels ni pleins. Dire que Dieu dirige vers eux son action contingente, c'est donc affirmer seulement qu'il agit, c'est-à-dire, perçoit, représente et aspire accidentellement dans le néant ou le vide, dans l'espace ou le temps; c'est prétendre que, indépendamment de leur application éternelle à son être parfait, sa perception, sa représentation et son aspiration reçoivent une détermination contingente où il n'entre, objectivement, rien de perçu, rien de représenté, rien d'aspiré; c'est, en définitive, admettre qu'en agissant accidentellement, la perception, la représentation et l'aspiration s'enlèvent, l'une à l'autre, dans la nature divine, leurs caractères respectifs, pour ne laisser paraître en commun que leur propriété commune, absolument dépouillée de toute propriété radicale ou divine : l'attention. L'attention n'est-elle pas, en effet, un caractère propre à la perception, propre à la représentation, propre à l'aspiration? Donc l'attention est aussi le caractère commun de ces trois puissances explicites; de plus, s'il s'agit d'actes distincts et contingents, elle en est l'effet immédiat et primitif. D'où il suit que les actes externes et contingents de l'acte absolu radical ou de Dieu sont des actes, absolument, très-déterminés, mais, relativement, très-indéterminés, d'attention.

2° Les actes absolus d'attention impliquent ou présupposent, après eux, comme possibles les actes de perception, de représentation, d'aspiration. En effet, un acte absolu d'attention, comment ne pas le supposer capable de déterminations relatives ? De quoi servirait l'attention, s'il n'était permis de la concevoir appliquée, selon les circonstances, tantôt à un objet, tantôt à une idée, tantôt à un devoir ?... D'ailleurs, rien de plus facile que de la concevoir en fonction : elle est une puissance par elle-même indépendante de toute application. Il n'y a point, par exemple, d'acte de perception sans objet, ni d'acte de représentation sans idée, ni d'acte d'aspiration sans motif; mais un acte réel d'attention se conçoit sans objet, sans idée, sans motif intrinsèque à cet acte lui-même, car il est essentiellement applicable à tout et convient à tout, sans rien exclure ni inclure; d'où il suit qu'elle est simultanément acte absolu et puissance absolue.

3° Les actes d'attention ne contiennent pas, du moins toujours, c'est-à-dire, quand ils sont absolus, les actes relatifs de perception, de représentation et d'aspiration comme actuels; ou bien, les actes absolus d'attention sont originairement des actes non pour soi. La raison de cette dernière proposition, nous venons de la donner, en disant que les actes absolus d'attention sont entièrement indéterminés en application, ou sont sans objet spécial. S'il leur faut, en effet, cette indépendance ou cette flexibilité pour être applicables, on ne les peut supposer originairement doués de propriétés contraires ou d'une détermination relative quelconque, capable de les détourner radicalement de leur fonction spéciale. D'ailleurs, cette élévation originaire, que nous leur attribuons au-dessus de toute détermination relative, suit manifestement de l'idée que nous nous sommes faite des actes absolus contingents avant leur réalisation. Dans ce moment antéro-mondain, ne les avons-nous pas conçus comme tous contenus dans la réceptivité générale de l'acte absolu radical, et par conséquent comme de futures réceptivités contingentes, distinctes? Donc l'exemption originaire de toute relation est réellement le propre caractère des actes absolus d'attention, ou bien les actes absolus d'attention sont originairement des actes **non pour soi**.

§ 100.

Les actes **pour soi** sont les actes à conscience.

Si la conscience était une chose aussi simple et facile qu'elle peut le paraître au premier aperçu, tous les philosophes auraient dû s'entendre à cet égard, et nous donner, en commun, une définition de la conscience très-nette et très-précise. Or, bien loin de là; rien de plus embrouillé, de plus obscur, de plus contraire et de plus faux que toutes leurs définitions. La plupart ont confondu la conscience avec la réflexion, et la réflexion avec la représentation. Certains ont identifié la conscience à la distinction et à la mémoire. D'autres en ont fait une vue particulière du moi. D'autres enfin en ont fait le moi même. Nous ne voulons point, du reste, poser ces diverses assertions, sans les appuyer de quelques preuves; écoutons-les parler.

Leibnitz a dit dans le passage déjà cité (§ 99) : « Il est bon de faire distinction entre la perception..... et l'aperception, qui est la conscience ou la connaissance réflexive de cet état intérieur... » Or, évidemment, pour quiconque nous a suivis jusqu'ici, le mot aperception, ainsi entendu, exprime la même chose que ce que nous avons, nous, appelé représentation. Il n'y a donc point, d'après Leibnitz, conscience perceptive des choses externes, mais seulement conscience aperceptive ou réflexive ; et toutes les choses, dont nous avons conscience, sont de pures idées !!...

Locke n'échappe point à la même illusion. Car l'aperception, à laquelle il ramène encore la notion de la conscience, est, dit-il quelque part, un acte de l'esprit sur ses opérations internes et un exercice de son entendement [1]... Or, tout acte de l'esprit, tout exercice de l'entendement sur les représentations, c'est ce qu'on nomme généralement réflexion. Donc Locke, comme Leibnitz, ramène la notion de la conscience à celle de la représentation ou de la réflexion. Il est vrai que Locke a soin de distinguer entre les opérations internes passives ou actives, et semble attribuer principalement les premières à la perception, et les dernières à la réflexion ; mais, qu'importe ? Il n'a point saisi clairement la nature de la conscience ni de la perception, lorsqu'il leur suppose tant soit peu le besoin de la réflexion pour subsister, sans considérer si la réflexion elle-même serait possible sans elles.

Wolf va plus loin. Etre conscient, c'est, d'après lui, se souvenir et distinguer. Car, « si nous pensons à quelque chose, dit-il, nous retenons alors une pensée pendant un certain temps, et nous la distinguons, pour ainsi dire, d'elle-même, à travers les parties du temps que nous ne distinguons peut-être encore qu'indistinctement l'une de

---

[1] « Consciousness is the perception of what passes in a man's mind. »

l'autre [1]. » Contre cet auteur, dont on trouvera sans doute le langage fort peu d'accord avec lui-même, nous répéterons l'observation que nous avons déjà faite contre Herbart (§ 99). Si l'âme n'a conscience des choses que par la distinction et la mémoire, comment se fait-il qu'elle ait la conscience de chaque chose en soi ? Il nous semble toujours, en effet, manifeste que, pour pouvoir différencier deux objets, il faut auparavant les connaître tous deux, et que, si par hasard on arrive simultanément à les connaître, la connaissance des deux implique toujours la reconnaissance de chacun.

Toutefois, Kant dépasse Wolf. « La conscience, dit Kant, est proprement la représentation qu'une autre représentation est en moi [2]. » Il y a manifestement, dans ce peu de mots, cercle vicieux, et rechute dans les fautes des précédents auteurs. Mais, peut-être, nous n'en pénétrons pas encore toute la signification. « On ne peut absolument, ajoute Kant, définir ce qu'il faut entendre par représentation ; car, pour dire ce qu'est représentation, il faudrait se servir de représentation, et ainsi de suite. » Ainsi, si nous voulons pénétrer dans le sens de l'auteur par la définition de la représentation, nous n'y pouvons réussir. A défaut de ce moyen, nous pouvons toutefois encore nous enquérir, sinon de la nature réelle,

---

1 « Wenn wir etwas gedenken : so behalten wir einen Gedanken durch eine merkliche Zeit, und unterscheiden ihn gleichsam von sich selbst durch die Theile der Zeit, die wir ob zwar nur undeutlich von einander unterscheiden. Wir halten ihn gegen ihn selbst, und erkennen, dass er noch derselbe ist ; und auf solche weise bedenken wir zugleich, dass wir ihn forthin gehabt. Und also bringet das Gedächtniss, und das Ueberdenken das Bewusstseyn hervor. »

2 « Eigentlich ist das Bewusstseyn eine Vorstellung dass eine andere Vorstellung in mir ist, und die Bedingung aller Erkenntniss überhaupt. »

du moins de la condition d'union des représentations entre elles; et, là-dessus, nous trouvons le langage de Kant tout-à-fait explicite. Il reconnaît, en effet, que toutes les représentations tombent sous ce que nous appelons conscience, parce qu'elles se rattachent, toutes, à une seule et même représentation, le m o i, qu'il surnomme, par cette raison, le véhicule des idées. Nous ne pouvons entrer dans cette manière de voir, à cause, comme nous l'avons déjà dit, du cercle vicieux qu'elle renferme. Car, de l'aveu de l'auteur, les diverses représentations dont se compose le fait de conscience ont besoin d'être liées entre elles. Mais le moi n'est-il pas une représentation comme une autre? C'est incontestable. Donc il a lui-même besoin d'être lié, ou n'est pas le lien essentiel, le principe et la raison de la conscience.

L'erreur de Kant mène droit au Fichtéisme, c'est-à-dire, au système modèle de tous les genres de panthéisme : il suffit, pour cela, de ramener tous les phénomènes de conscience au moi considéré, non plus comme lien, mais comme principe ou substance. Fichte, saisissant cette idée, la propose et la soutient en ces termes : « Toute
» conscience possible présuppose une conscience i m m é-
» d i a t e, dans laquelle subjectif et objectif ne sont qu'un.
» Cette conscience immédiate est une i n t u i t i o n dans
» laquelle le m o i se pose nécessairement lui-même, et
» par suite est le subjectif et l'objectif dans l'un... L'idée,
» ou la pensée, du moi, consiste dans l'action du moi
» même sur soi, et, inversement, une telle action sur
» soi-même donne une pensée du moi, et point d'autre
» pensée [1]. » Nous ne nous arrêterons point sur la ré-

---

1 « Alles mögliche Bewusstseyn setzt ein unmittelbares Bewusstseyn

futation de cette opinion extrême, parce qu'il est, selon nous, manifeste que le moi, notre moi métaphysique du moins, celui que Fichte devait avoir en vue, n'est ni médiatement ni immédiatement perçu; nous ferons seulement observer que, par son excès même, l'opinion fichtéenne se rapproche infiniment plus de la vérité que toute autre. Si nous voulions la ramener à notre sentiment, nous n'aurions, en effet, qu'à y changer quelques mots, ainsi qu'il suit : « Toute conscience possible présuppose une conscience immédiate, dans laquelle actuel et possible ne sont qu'un. Cette conscience immédiate est (comparable à) une intuition, dans laquelle l'acte se perçoit nécessairement (ou accidentellement) lui-même, et par suite est l'actuel et le possible dans l'un... La conscience, ou la relation, de l'acte, consiste dans une application de l'acte même à soi, et inversement, une telle application à soi-même donne une conscience de l'acte, en trois moments distincts. »

D'après ce qui précède, on n'a pas de peine à comprendre notre définition de la conscience : Elle est la relation de l'acte absolu à lui-même.

De même que nous avons distingué trois relations internes, nous devons distinguer trois sortes ou trois variétés de conscience, qui se traduisent par les mêmes actes internes : la perception, la représentation, l'aspiration. Nous allons parler, de nouveau, de chacun de ces actes

---

voraus, in welchem Subjectives und Objectives schlechthin Eines sind. Dieses unmittelbare Bewusstseyn ist eine Anschauung, in der das Ich sich selbst nothwendig setzt, und sonach das Subjective und das Objective in Einem ist... Der Begriff, oder das Denken, des Ichs, bestehet in dem Auf sich handeln des Ichs selbst, und umgekehrt, ein solches Handeln auf sich selbst giebt ein Denken des Ichs, und schlechthin kein anders Denken. »

envisagés comme actes de conscience chez les êtres accidentels.

1° Pour se faire une idée nette du premier acte de conscience, il faut bien concevoir la différence qui sépare la perception externe de la perception interne. La perception externe est essentiellement n é g a t i v e ; la perception interne, au contraire, est essentiellement p o s i t i v e, ou bien toute perception positive est essentiellement relation i n t e r n e. Supposons, en effet, qu'un objet quelconque, par exemple, un élément de lumière, vienne frapper notre sens : le contact de cet objet excitera naturellement dans notre âme une sensation déterminée qui sera la perception d'une couleur spéciale ; et, par suite, l'élément de lumière sera la cause efficace ou réelle de la sensation que nous aurons éprouvée, puisqu'il nous faudra toujours lui rapporter cette sensation, comme à sa source. Mais il sera toujours vrai de dire, pourtant, qu'il en est seulement la cause n é g a t i v e. Car il est à remarquer que notre âme ne passe à la représentation spéciale alors effectuée, qu'en se conservant ou résistant intérieurement à la pression ou à l'attaque de l'élément lumineux ; de sorte que l'impression, résultant de cette opposition ou de cette lutte entre l'âme et l'élément de lumière, n'est point, pour ce qui regarde l'âme, dans l'élément de lumière, mais seulement et exclusivement dans l'âme. C'est-à-dire : l'âme seule ressent, sent ou perçoit l'acte p o s i t i f qu'elle exerce dans tout ensemble externe d'être à être.

Nous demandons-nous, maintenant, en quoi consiste cette première relation positive d'un acte absolu à lui-même ? Nous le pouvons facilement entrevoir, en nous rappelant que les actes absolus contingents sont des actes absolus d'attention originairement dépourvus d'application relative. Car, d'après ce qui vient d'être dit, toute application relative positive n'est possible qu'entre un être et lui-même, lui percevant et lui perçu. Si l'être ou l'acte absolu se trouve, d'une part, exempt mais capable de positions relatives ; si, d'autre part, le premier acte de devenir réel consiste en relations de cette sorte, il faut admettre que, dans la sensation physique, l'acte absolu se divise, non absolument, mais relativement en deux, c'est-à-dire, qu'il applique son action en deux sens opposés : l'un d'attaque, l'autre de résistance ; l'un d'action, l'autre de passion ; l'un positif, l'autre négatif. Pris dans le premier sens, l'être réel a toujours l'attention éveillée et dirigée en avant contre tout acte avenant. Mais quel est le premier et dernier acte réel qu'il rencontre, partout et toujours, en ne sortant pas de lui-même, sur sa ligne ou sa route ? C'est, avons-nous dit, sa propre oppression sous laquelle il gémit, et dont incessamment il cherche à se délivrer. Dès-lors, il est inévitable que, si, se saisir, se heurter contre soi, signifie, pour tout être déjà présupposé capable d'attention, s'apercevoir, un être, qui serait dans la position que nous venons de décrire, doit clairement s'apercevoir ; car, par sa passion d'une part, et par son action de l'autre, il offre positivement matière à deux rôles distincts, savoir, au double rôle de sujet et d'objet ; d'où il ne suit pas cependant, encore, qu'il se représente deux fois ou se distingue comme tel, mais seulement qu'en se percevant il agit comme tel.

Dans les sensations physiques, les êtres sont, les uns pour les autres, comme de simples miroirs dans lesquels chaque être à part voit ou contemple, non les autres êtres qui sont seulement causes à son égard, mais soi-même ; parce que, selon la raison que nous avons déjà fait valoir, le positif de chaque perception étant toujours interne, il est clair qu'il ne peut être quelque chose d'absolu (deux absolus ne peuvent être compris dans une seule et même position), mais est, au contraire, purement relatif. Mais quelque chose de relatif a-t-il une réalité propre? Non certes; le relatif est l'absolu spécialement déterminé, ou modifié. Donc, dans les relations physiques provenant du dehors à l'occasion d'une excitation spéciale comme dans le cas que nous avons supposé, l'être percevant ne se perçoit point lui-même purement et simplement, mais lui-même déguisé, travesti, modifié ou revêtu d'une sorte de faux-visage ou de masque. Et de là vient que d'abord il a de la peine à se reconnaître sous ce vêtement d'emprunt, et que toujours, au lieu de se l'attribuer de préférence, il est prêt à l'abandonner très-volontiers aux objets du dehors. Réflexion faite, il est bien pourtant contraint finalement de le prendre et de le retenir pour son compte; car rien ne peut être en la conscience d'un être qui ne lui appartienne en vérité.

2° Il est aisé de conclure, de ce qui précède, qu'aucune qualité sensiblement perçue ni même la somme de toutes les qualités sensibles possibles ne sont propres à représenter, à l'être, sa qualité réelle. Tout au plus, dans ce dernier cas impossible de fait, nous aurions, en supposant même que nous pussions nous élever à la notion d'image, une image de la qualité de notre être. Car, ne nous méprenons point sur la nature spéciale de la perception. Dans la perception, l'être ne se distingue pas encore, avons-nous dit, comme sujet-objet; mais il agit comme tel, il se perçoit dans son premier état réel et physique. Or, ce premier acte ne contient encore aucun retour sur soi, de manière à pouvoir reconnaître, en cet état, qu'en cet état on perçoit; on se contente alors exclusivement de percevoir soi dans un état quelconque; et, pour lors, l'âme, plutôt éprise de sa contemplation que libre en ses mouvements, se trouve, par une suite naturelle de son étourdissement ou de sa stupéfaction, pour ainsi dire, engloutie dans le gouffre du sentiment où son attention va se concentrer sans retour. En conséquence, ou la sensation qu'on éprouve est permanente, ou elle est transitive. La dit-on permanente? Tout le temps de sa durée s'écoule comme un instant, puisqu'il n'admet point de changement. La dit-on transitive? L'acte étant passé, l'âme ne doit plus (dans cette supposition) se souvenir de rien, mais, de cette activité relative éphémère, retomber, insensiblement ou sans s'en douter, dans le repos relatif le plus profond, c'est-à-dire, en son état primitif; car, excepté l'acte absolu radical, tout autre acte absolu manque essentiellement de spontanéité relative.

Il est donc impossible, nous dira-t-on, que l'âme passe, d'elle-même, de la perception à la représentation? Oui, très-impossible. Ne sait-on pas, comme nous le disions tout-à-l'heure, que, dans la perception, l'âme est tellement étourdie du coup qu'elle ressent, qu'aux premiers jours de notre enfance nous allons tous jusqu'à croire que les sensations sont le réel; qu'elles sont nous-mêmes et le monde? D'après cela, pour représenter, il nous faut arriver très-positivement à regarder comme relatif ce que nous avons jusque-là regardé comme absolu; c'est-à-dire, il nous faut arriver à regarder la sensation comme essentiellement symbolique : d'abord, symbole de notre propre activité comme passant de l'absolu au relatif; puis, symbole de l'activité d'un autre être comme cause de cet événement. Maintenant, est-il au pouvoir intrinsèque d'une seule sensation ni même d'une somme quelconque de sensations combinées, de se transformer ainsi par leur propre vertu, de manière à devenir symboliques ou représentatives? Ce serait absurde de l'admettre. Il faut, pour cette transformation, un langage quelconque, et particulièrement la parole; car la parole est le plus simple et le plus facile de tous les langages, et l'on sait que, pour parler, il faut avoir appris à parler [1]. Donc la représentation ne sort point naturellement, mais artificiellement, de la perception dans tout être accidentel, et sa nature est d'être la perception rationnelle ou intellectuelle des faits physiques ou tombant immédiatement sous nos sens.

Toutefois, la nature relative de la représentation ne ressort pas distinctement encore; appliquons-nous à la découvrir. La représentation est un acte de relation de l'absolu à lui-même, en ce qu'en elle, par un seul acte, l'absolu s'oppose à lui-même comme sujet-objet. Ce n'est pas à dire pour cela que la représentation consiste en ces deux choses, comme si elle en était composée; car elle est simple, comme acte de perception. Mais elle n'est point, toutefois, identique au premier acte de perception; elle est, au contraire, un autre acte de perception; et ce nouvel acte de perception est au premier comme l'intellectuel au physique, puisqu'où le premier n'aperçoit point de différence et concentre, il survient pour distinguer et séparer. Il est vrai que, comme la représentation est elle-même un acte subjectif, elle peut à son tour être représentée; mais dans ce nouveau cas, par qui l'est-elle, si ce n'est par le sujet représentant, ou bien par elle-même?

---

[1] Nous croyons avoir suffisamment développé ce point dans l'*Examen de la Rationalité*..., pag. 338 et suiv.; nous y renvoyons le lecteur. Plus bas, cependant, nous trouverons encore une occasion favorable de dire quelques mots sur ce sujet, § 106.

Ainsi la situation ne change point, et c'est toujours le spectacle de ces deux termes distincts : sujet, objet, que se représente ou dont se constitue la conscience de l'être, à son second moment de développement.

La représentation est donc, en définitive, la relation de l'absolu à lui-même, parce qu'elle est le jugement de l'absolu sur lui-même après le premier moment de son évolution intrinsèque.

3° Si l'absolu se juge, accidentellement ou nécessairement, après le premier moment de développement interne, comment ne s'apprécierait-il pas également après le deuxième moment? Cette fois, nous n'avons pas besoin, pour cela, de recourir, même pour les êtres contingents, à l'idée de cause ; car, si nous supposons la présence des deux actes de perception et de représentation, la cause est là toujours en acte, et n'a pas besoin, par conséquent, d'être appelée du dehors. Il est nécessaire, la perception et la représentation étant données, que l'aspiration apparaisse.

Qu'est, cependant, l'aspiration en elle-même? Elle est, à cause de l'opposition entre la perception et la représentation et par suite de leur enlèvement réciproque, la simple opération par laquelle l'absolu se conserve un et indivisible en combinant leur effort respectif vers une même fin ; ce qui, d'ailleurs, ne répugne ni à la perception ni à la représentation, puisqu'à cet égard ces deux actes ne sont point opposés. Ainsi la relation de l'absolu à lui-même, dans l'aspiration, est claire et manifeste. Ici, l'absolu se compare à lui-même dans ses deux premiers états relatifs; il traverse par ce moyen, encore, un troisième moment de développement interne; mais, ce moment expiré, il redevient absolu.

Les actes absolus contingents, ayant atteint leur dernier moment de développement interne et se trouvant ainsi redevenus absolus, sont par-là même munis, désormais, de tout ce qu'exige leur manifestation de puissance au dehors ; c'est-à-dire, ils sont relativement libres. Ils ne le sont point encore absolument, puisque, originaire de la sensation extrinsèque, leur développement a nécessairement des limites en tous ses moments d'exercice. Néanmoins, dans ces limites, ils sont réellement indépendants, réellement puissants ; et, par conséquent, cette sorte d'absoluité respective, que nous savons (§ 94) convenir à chacun des actes internes de l'être radical, convient, sinon à chacun des actes internes des êtres contingents, du moins à leur somme, à leur complexion, à leur tout. D'où il suit que les créatures possèdent, comme le Créateur, selon les circonstances, la faculté de manifester au dehors leur volonté, leur intelligence et leur force, et sont par conséquent, accidentellement, en elles-mêmes ou dans leurs relations, de vrais actes pour soi.

En remontant des actes absolus contingents à l'acte absolu radical, nous pouvons maintenant nous faire une assez nette idée de ce qu'est ce dernier être, primitivement et de fait, en lui-même. Si Dieu n'était essentiellement doué de perception, il serait un pur acte absolu d'attention. Donc, puisque la perception l'accompagne toujours, il est, primitivement et de fait, mais aussi nécessairement, acte pour soi, conscience.

§ 101.

Connaissant la nature intime des êtres, nous possédons

les matériaux qui doivent entrer dans la construction de l'univers ; mais l'univers n'est pas encore construit pour nous, tant que nous ignorons l'emploi de ces matériaux. Pour le voir s'édifier sous nos yeux, il nous reste donc à considérer par quel moyen et dans quel ordre les êtres et leurs actes entrent en relation les uns avec les autres.

La question est facile à poser sous ce rapport ; elle se réduit à déterminer la nature et les lois de l'ensemble des actes absolus ou relatifs. L'idée d'ensemble paraît plus vague ou plus étendue que celles d'union et de relation, mais elle dit au fond la même chose ; nous la déterminerons en considérant par quelle force tout ensemble est opéré. Ou les ensembles ont lieu par coaction physique, ou ils ont lieu par détermination propre et spontanée, ou ils arrivent par une simple influence morale, non coërcitive, il est vrai, mais pourtant non moins infailliblement efficace que si elle l'était réellement. Dans le premier cas, on donne à la force le nom de Nature ; dans le second, on la nomme Liberté ; et dans le troisième, Esprit. Dès-lors, rien de plus aisé que de distinguer la qualité des ensembles : ils sont naturels, libres, ou spirituels.

Avant d'entrer dans la considération de ces trois nouveaux points de vue, nous ferons observer que notre plan ne comporte point actuellement un développement considérable ; car nous ne nous proposons point ici d'écrire un traité complet sur toutes les parties de la science philosophique, mais seulement de donner un point d'application suffisant, à la synthèse, dans le règne des faits, et, par ce moyen, d'en faire ressortir toute l'utilité, d'en constater le mérite. Ainsi, pourvu que nous nous étendions assez pour révéler l'origine et la certitude des principes généraux d'où dépendent les principales branches de la philosophie, nous croirons avoir rempli convenablement notre tâche.

DE LA NATURE.

§ 102.

La nature est l'ensemble des lois par lesquelles tout le devenir s'accomplit comme de lui-même et sans libre coopération de notre part. Le plus souvent, cependant, on ne la conçoit pas de cette sorte, et l'on désigne généralement, par ce mot, une prétendue force à laquelle tous les êtres seraient réellement assujettis. L'existence de cette prétendue force physique est absurde et impossible. D'abord, elle est absurde, parce qu'elle ne pourrait exister réellement sans être un être distinct des autres êtres, et, par-là même, l'un des êtres composant l'univers, et qu'un tel être semblable par position aux autres ne pourrait point se suffire à lui-même pour les contenir tous dans la sphère de son activité; ce qui renvoie, dès-lors, la solution de la question à l'infini. Puis, elle est encore impossible, parce que toute force exprime ou signifie relation, et qu'il est clairement impossible de concevoir la position absolue d'une chose relative quelconque. Ou bien, il faut dire que le mot nature exprime une véritable force, il est vrai, mais une force seulement susceptible de position relative, et par conséquent impliquant l'existence d'un être absolu régissant immédiatement tous les êtres. Mais ce sentiment revient au nôtre; seulement, nous ne croyons pas convenable d'appeler nature la force, une en elle-même, par laquelle l'Etre suprême s'assujettit tous les êtres, et nous désignons alors de préférence, par ce mot, l'ensemble des lois apparentes auxquelles on dirait tous les êtres obéir dans l'exercice de leurs activités relatives.

Le règne de la nature se divise en trois sortes de mondes : le monde interne, le monde externe, et le monde vital. Le monde interne est l'ensemble des événements et des phénomènes intérieurs aux êtres; le monde externe est l'ensemble des positions extérieures des êtres; le monde vital est intermédiaire entre les deux mondes précédents, et consiste dans l'ensemble des phénomènes d'où dépendent le développement ou la conservation des formes organiques. De là, trois sortes de sciences naturelles spécialement distinctes : la Psychologie, la Physique et la Physiologie.

Psychologie.

§ 103.

La psychologie est cette partie de la philosophie naturelle où l'on traite des événements ou des phénomènes intérieurs aux êtres. Son objet est tout le monde interne; c'est-à-dire, la totalité des actes relatifs de perception, de représentation, d'aspiration. S'il s'agissait d'obtenir une simple connaissance empirique du monde intérieur, il suffirait, pour cela, d'interroger méditativement sa conscience, et de réunir ensuite en un seul corps tous les faits observés; mais, à moins de renoncer à fonder la psychologie comme science, on ne peut se contenter de pareils matériaux sans liaison intrinsèque; outre la connaissance des faits, il faut avoir la connaissance de leurs lois ou de leurs causes, et par conséquent donner à la psychologie, pour base ou raison dernière, la raison elle-même. La psychologie, c'est donc, en définitive, l'explication rationnelle de tous les faits de perception, de représentation, d'aspiration.

§ 104.

Les faits de perception, précédant tous les autres, sont naturellement le premier objet de l'élaboration philosophique; et, dès-lors, nous devons chercher dans la métaphysique générale la raison de ces faits, de leurs variétés et de leurs résultats, si nous voulons en obtenir, par voie de déduction, l'explication rationnelle. Or, la métaphysique générale nous livre trois principes, au moyen desquels on arrive sans peine à trouver l'explication désirée. En effet, — que s'agit-il, en premier lieu, d'expliquer, si ce n'est l'actualité des faits de perception, chez les êtres accidentels, originairement dépourvus de toutes relations intrinsèques? La métaphysique générale nous découvre d'où cette actualité provient, par ce premier principe : Les êtres contingents représentent par les sens ou perçoivent, quand ils se pénètrent ou se trouvent, les uns avec les autres, en contact immédiat. Nous avons précédemment exposé comment l'excitation externe est le principe de la perception interne (§ 100). Quand un être perçoit, il ne perçoit point, comme on le croit communément, les qualités réelles externes, mais il se perçoit lui-même dans l'état accidentel où sa rencontre avec ces qualités le place. Cet état est celui d'opposition réelle mais purement relative, ou positive interne. S'il ne ren-

contrait point d'achoppement au dehors, l'acte absolu ne se rencontrerait pas davantage avec lui-même; mais lorsque, faisant l'office de miroir réflecteur, un autre être se pose devant lui pour lui renvoyer son action, il se recueille ou revient en ce cas sur ses pas. Sa première direction ou sa direction absolue n'est point, pour cela, changée ni retirée; elle est seulement alors comme relativement divisée en deux parts et repliée sur elle-même; c'est pourquoi l'on peut dire qu'alors l'acte absolu se trouve, se perçoit, ou bien, selon le langage hégélien, se réunit à lui-même, va de lui à lui, se rencontre[1].
— En second lieu, dans les faits de perception, que s'agit-il d'expliquer, si ce n'est cette étonnante variété d'exercice par laquelle un seul et même être se perçoit, simultanément ou successivement, revêtu de nombreux indices essentiellement disparates? Or, la métaphysique générale nous fournit encore le moyen de lever cette difficulté, par ce principe incontestable : Tout acte absolu ou réel est intrinsèquement doué, par son indétermination radicale, de la propriété de rendre ou de reproduire, en lui-même, toutes les oppositions, de nature ou de fonction, possibles d'être à être. Deux choses suffisent à l'établissement de ce principe : d'abord, la certitude que tout acte absolu peut naturellement recevoir un nombre indéfini de modifications ou de déterminations contingentes; et puis, la certitude que plusieurs actes absolus contingents peuvent naturellement constituer entre eux toutes les oppositions de nature ou de fonction que présuppose la division connue des indices en genres et en

---

1 « Geht mit sich selbst zusammen. »

espèces. Mais, d'abord, si l'on suppose d'ailleurs qu'il existe, soit au dedans soit au dehors d'un acte absolu, quelque motif au devenir réel, on conçoit parfaitement qu'il soit naturellement apte à recevoir un nombre indéfini de modifications ou de déterminations contingentes; nous avons déjà longuement traité ce point sous le titre général d'Extension. Afin de raviver ici seulement le sentiment de cette vérité, nous ferons observer qu'à *priori* même la chose ne paraît point concevable autrement. Car il est manifestement de la nature de tout événement accidentel de se ranger sous l'acte radical absolu, de manière à lui être tout-à-fait subordonné, c'est-à-dire, à ne pouvoir jamais, sous lui, réaliser un tout fermé, complet, égal à lui. C'est par cette raison que l'on dénie, par exemple, à l'espèce l'extension du genre. Tout accident, comme toute espèce, ne pouvant ainsi jamais s'arroger le premier rôle, force est alors de se représenter l'acte absolu radical comme un centre, et l'acte contingent relatif comme un des innombrables rayons venant aboutir de toutes parts à ce centre, et encore, pareillement, d'admettre que l'acte absolu se prête par lui-même à reproduire un nombre indéfini de modifications ou de déterminations contingentes. Maintenant, ces déterminations contingentes, que nous nous représentons subordonnées à l'acte absolu comme les espèces au genre, sont-elles qualitativement ou numériquement distinctes? L'une et l'autre chose, à la fois, sont possibles; et, en particulier, il est possible que les déterminations accidentelles relatives constituent de vraies qualités relatives distinctes ou se comportent entre elles comme des qualités réelles différentes; il suffit, pour cela, d'admettre que les relations qu'elles expriment sont conditionnées et supportées par des actes absolus différents de nature, d'essence, de qualité réelle. Or, la possibilité d'admettre des actes contingents différents de nature ou qualitativement distincts est un point que nous avons déjà traité (§ 70) ; le lecteur a dû se décider à cet égard. D'ailleurs, il nous paraît encore qu'*à priori* l'on est naturellement induit à le penser, non seulement parce que l'être ou la position, n'ayant trait essentiellement à aucune nature ou qualité spéciale, est par-là même essentiellement apte à s'appliquer sans exception à toutes, mais encore parce que les actes absolus contingents sont l'effet ou la création de l'acte absolu radical agissant librement sur lui-même, ou de la liberté la plus illimitée, la plus parfaite, et qu'il n'y a point au monde d'agent plus diversifiant ni plus divers que celui-là ; d'où il suit que, s'il agit ou produit, la même diversité, non seulement relative, mais absolue, doit ou peut apparaître en ses œuvres. Mais, la diversité qualitative des actes absolus une fois reconnue, il n'y a pas moyen, comme nous avons dit, de ne pas en inférer la possibilité d'une égale diversité naturelle de déterminations relatives. Donc notre principe relatif à l'explication des variétés du phénomène est, comme celui concernant son actualité, parfaitement rationnel. — En troisième et dernier lieu, que s'agit-il d'expliquer en ce moment, si ce n'est les relations internes ou les résultats des divers actes de perception opérant ensemble ou séparément, en chaque acte absolu, selon leur propre qualité ? La métaphysique générale nous aide encore à résumer à cet égard nos idées par un nouveau principe non moins simple ni moins fécond que les deux précédents, quand elle nous enseigne que les actes relatifs internes se présupposent entre eux, et que ce qu'ils ne sont point, ils l'ont ; que l'acte de perception, par exemple, implique expressément, sinon en acte, du moins en puissance ou comme propriété, les deux actes subséquents de représentation et d'aspiration; d'où il suit qu'il réunit et possède en lui-même tous les bénéfices de l'acte absolu radical, ou ne manque de rien (§ 92). En effet, si, comme nous l'avons démontré, chaque acte relatif interne a par lui-même ou en lui-même tout ce qu'il faut pour suppléer aux deux autres, ou contient en puissance ce qu'ils contiennent en acte, il est parfaitement clair qu'alors, par exemple, l'acte de perception, sans représenter ni aspirer en acte ou distinctement, agit équivalemment comme s'il représentait ou aspirait, ou révèle dans son exercice tout le discernement de l'idée et toute l'efficacité de la force, selon sa propre qualité. Ainsi, pour nous servir d'une comparaison tirée des plus bas degrés de sensibilité physique, qu'un animal réduit à la seule conscience ou relation sensible, tel que le chat ou l'écureuil, saute, afin d'échapper à une mort imminente, non sur un petit arbrisseau, mais sur un gros arbre placé à sa portée : ce n'est pas à dire pour cela que cet animal, cela faisant, se rende compte de la différence existant entre l'arbre et l'arbrisseau, ni qu'il réfléchisse et prenne avec liberté sa détermination sur le degré de force à mettre en jeu dans cette circonstance. Sa seule sensibilité supplée pour lors, en lui, parfaitement au défaut actuel de connaissance et de vouloir; et par conséquent la première sorte de relation interne ou de conscience propre est seule sentie ou perçue; mais le bienfait des deux autres ne lui demeure pas néanmoins étranger : en elle, la puissance vaut l'acte. Voulons-nous maintenant vérifier la même théorie sur un objet infiniment plus relevé ? Portons nos pensées jusqu'en Dieu. Nous avons dit des actes internes de l'acte absolu radical ce que nous appliquions tout-à-l'heure aux actes relatifs internes de tout acte absolu, savoir, que chacun d'eux a ce que sont les deux autres. Cela signifie, d'après notre interprétation présente, que le premier acte interne, par exemple, l'acte de perception, sans être distinctement acte de représentation, ne laisse pas d'être équivalemment représentant, et de même, sans aspirer réellement, ne laisse pas d'être équivalemment aspirant. Or, qu'y a-t-il dans cette explication qui ne concorde avec la notion catholique des Personnes divines ? Nous pouvons en juger aisément par une comparaison. Supposons qu'un homme jette l'or à pleines mains autour de lui, comme nous voyons le soleil répandre autour de lui la lumière. Ne dirait-on pas dans ce cas que, si cet homme ne contient pas en lui l'or en qualité ou en acte, il ne laisse pas de le contenir réellement en propriété ou puissance, alors qu'il le répand de tous côtés avec tant d'abondance ? Sans doute, on le dirait dans ce cas, et l'on ne pourrait même s'exprimer autrement, si l'on voulait fidèlement exprimer le phénomène dont on serait le témoin. De même, il faut admettre alors que, si le premier acte de la conscience divine se suffit parfaitement dans toutes ses opérations, ou n'a pas besoin, pour être complet, des deux actes subséquents de conscience interne, il les contient tous les deux en puissance, ou, sans l'être réellement, a néanmoins tout ce qu'ils sont. Cette interprétation, du reste, nous ne l'imposons pas ; nous la proposons seulement à l'attention du lecteur, attendant que quelqu'un nous en offre, s'il est possible, une meilleure, et désirant que la lumière nous vienne d'où faire se pourra. Notre foi reste toujours intacte.

§ 105.

Après ces considérations générales, nous passons aux considérations particulières.

L'unité de la première sorte de conscience, ou de la perception, s'explique aisément par la simplicité radicale de tout acte absolu, en position, en qualité, en puissance. Nous n'avons pas à nous arrêter sur ce point.

La variété des faits de perception relative interne s'explique par la variété des relations externes d'être à être, sous le double rapport de l'extension et de l'intensité.

Les phénomènes internes, simultanément conditionnés soit par l'unité de la conscience perceptive absolue, soit par les variétés respectivement absolues des faits de perception provenant du dehors, sont les mouvements, les ensembles, et les faits particuliers de perception interne que nous appellerons plus spécialement sentiments. — Les ensembles sont, généralement, conditionnés par l'unité de l'être radical; de plus, ils le sont, spécialement, les uns par l'hétérogénéité, les autres par l'homogénéité des perceptions [1]. — Les mouvements dépendent d'abord des mêmes causes, ensuite des actes ou des ensembles antérieurement accomplis; d'où résultent diverses lois spéciales concernant la forme ou la vitesse des mêmes mouvements. Du reste, comme nous le disions naguère, les âmes ou les actes absolus, quels qu'ils

---

[1] Nous renvoyons le lecteur à ce que nous avons dit, à ce sujet, dans l'*Examen de la Rationalité...*, §§ 27 et suiv.

soient, n'ont pas la conscience distincte, sauf quelques cas particuliers, des mouvements qui s'exécutent ou des ensembles qui se forment.—Ce qui ressort ostensiblement au sein de la première sorte de conscience interne, ce sont les effets des perceptions appelés s e n t i m e n t s. Que sont les sentiments?

Les sentiments sont les résultats des divers actes relatifs de perception interne, pris un à un ou par paire, dans le sein de la conscience absolue.

Pour donner l'intelligence de cette définition, nous ne pouvons éviter d'entrer ici dans quelques explications sur l'o p p o s i t i o n des diverses qualités que nous savons déjà convenir aux perceptions actuelles. Nous disions ou nous faisions entendre naguère, en parlant des ensembles formés de simples perceptions, que tantôt les perceptions s'attirent et s'unissent, et tantôt s'excluent et se séparent. Dans tous les cas, il est à remarquer que, soit entre les perceptions homogènes ou de même genre, soit entre les perceptions hétérogènes ou de différents genres, il existe une opposition plus ou moins tranchée de qualité. Par exemple, certaines couleurs vont mieux ensemble que d'autres; de là vient qu'on a imaginé le clavier coloré. De même, certains tons dans la même gamme font accord, et d'autres désaccord; il n'y a pas d'homme insensible à cet égard. De même encore, si nous comparons deux éléments hétérogènes, nous trouverons qu'ils sont entre eux plus ou moins opposés: ainsi les tons é l e v é s semblent assez bien correspondre aux couleurs c l a i r e s, et les tons bas semblent, au contraire, préférer les teintes sombres. L'effet immédiat de ces sortes d'oppositions en apparence insignifiantes entre les perceptions ou représentations sensibles est de les distinguer e n t i è r e m e n t, si l'opposition est entière, et partiellement, si l'opposition est simplement partielle. L'opposition partielle a même des degrés ; et, pour nous représenter la série de ces divers degrés, nous prendrons pour exemple les divers tons d'une octave. Soit donné le premier ton, ou le ton le plus bas : on forme le second ton en élevant d'une très-petite quantité l'intonation du premier ; le troisième vient par une élévation encore plus considérable de son ; le quatrième doit surpasser encore le troisième, et ainsi de suite jusqu'au dernier ; au dernier, enfin, l'opposition entre le premier et le dernier est complète. Puisque l'effet immédiat de l'opposition est de distinguer les perceptions, la distinction est donc entière dans ce dernier cas seulement, et, dans les degrés inférieurs, partielle. Mais ce n'est pas tout ; de cette première opposition naturelle entre les perceptions, il en résulte une autre plus spécialement relative qu'il s'agit ici de remarquer. Le ton qui suit immédiatement ou touche le plus bas se trouve évidemment avec lui, d'après ce qui vient d'être dit, beaucoup plus fondu que distinct ; le troisième ton est moins fondu que le second, néanmoins il est encore plus fondu que distinct... Au contraire, l'avant-dernier est considérablement plus distinct que fondu relativement au premier, en même temps qu'il est plus fondu que distinct relativement au plus haut ; d'où résultent deux points de vue, de direction opposée. Mais les tons, en tant qu'ils se fondent l'un en l'autre, s'appuient ; en tant qu'ils se distinguent, se combattent ; dans tous les cas de simultanéité, ils se touchent. Donc, pour sortir maintenant de notre comparaison ou l'appliquer sans exception à tous les cas de sentiment, il existe entre les perceptions une action relative, inverse et réciproque, par laquelle elles s'appuient ou se combattent entre elles, si elles ne sont indifférentes. De là, le sentiment proprement dit ; il surgit dans le contact immédiat de deux perceptions qui se pressent. Le point où le sentiment atteint son maximum de désaccord est le milieu de l'intervalle entre les deux limites extrêmes de nulle ou de pleine opposition ; car, alors, la tendance à se fuir ou à se fondre est égale entre les perceptions, et par suite il est inévitable que l'on se sente, pour ainsi dire, déchiré, dans le fond de son être. Au contraire, le plus parfait accord doit régner aux extrémités d'une série, dans tous les cas où l'opposition est nulle; et il y peut régner encore, dans tous les cas où elle est pleine ; car, lorsque tous les intérêts sont distincts, on conçoit une place à l'union et même à l'union la plus étroite. Entre le milieu de l'intervalle que nous venons de signaler, et ses limites, sont ensuite compris les divers degrés plus ou moins élevés de désaccord. Si les sens sont faiblement choqués ou flattés, le sentiment est dit simplement agréable ou désagréable; mais, lorsque le désaccord ou l'accord acquièrent plus d'intensité, l'on donne au sentiment les dénominations de plaisir ou de douleur.

Herbart, en proposant la théorie que nous venons d'exposer, fait remarquer qu'elle est confirmée par l'expérience, la métaphysique et l'analogie la plus étroite. La métaphysique, d'abord, la confirme en général, en établissant que tout acte, non formel mais réel, est absolu ou relatif, et simple; d'où il suit, puisqu'on ne peut dire que le sentiment soit un acte absolu, qu'il est un acte essentiellement relatif ou présupposant deux autres actes quelconques, coexistants et rapprochés. Puis, l'expérience et l'analogie la plus étroite viennent à l'appui des mêmes assertions. On sait qu'il existe pour l'homme cinq sens spéciaux, et que ces sens sont la vue, l'ouïe, l'odorat, le goût et le toucher. Or, relativement aux deux premiers sens, il est patent que le sentiment est d'origine purement relative et interne. Tout le monde connaît l'effet du contraste des couleurs; et nous avons déjà parlé des résultats du rapprochement des tons dont se compose l'octave. Si, maintenant, relativement aux odeurs, aux saveurs et aux tactions, le sentiment ne se laisse pas semblablement distinguer du perçu, ce n'est pas à dire pour cela qu'il n'y a point alors de rapport objectif constituant le sentiment; c'est seulement une preuve de la limitation ou de l'imperfection de nos moyens de connaître. D'abord, il est clair que, — puisqu'il se compose de deux ingrédients différents, tels que le sucre et le vinaigre, la violette et la rose, des causes particulières de sensation intermédiaire pour la bouche et le nez, — ces deux organes n'ont point la propriété d'analyser leurs perceptions respectives, qui, dès-lors, peuvent être et ne pas paraître des perceptions composées. Or, dans cette supposition, il est vraiment impossible d'arriver à pouvoir se représenter, séparément ou sans mélange confus, les relations principes des sentiments, et les sentiments ainsi produits. Donc l'impossibilité physique d'assigner aux sentiments leurs causes respectives ne prouve rien contre l'existence de ces causes; et, puisque la métaphysique nous impose, d'une part, l'obligation de faire dépendre le sentiment de relations internes; puisque, partout où l'observation peut atteindre, l'expérience nous montre, d'autre part, de semblables relations actuelles fondant le sentiment, nous devons dire, soit par raison soit par analogie, que, comme les relations internes sont le principe des sentiments dont les couleurs ou les tons sont la cause, elles sont encore le seul principe efficace des sentiments concernant les saveurs ou les odeurs. Mais, de plus, on doit dire encore la même chose des sentiments originaires du toucher, bien que de prime abord on se trouve moins que jamais enclin à les distinguer des perceptions tactiles pures; car l'apparente simplicité native des sentiments tactiles ne peut avoir plus de force démonstrative à leur égard, qu'à l'égard des sentiments originaires des couleurs ou des tons. Comme les sentiments tactiles sont plus intimes et plus profonds, il est ou il apparaît seulement plus urgent, en cette circonstance, de chercher où gît le principe de ces mystères naturels. Car, puisque ce redoublement de ténèbres existe, il faut qu'il ait lui-même sa cause; et, si l'on vient à considérer alors que le toucher est, pour ainsi parler, le sens universel, on peut concevoir l'espérance, en approfondissant la nature des sentiments tactiles, d'arriver à mieux saisir, du même coup, la véritable raison ou la raison générale de tous les faits de sentiment.

Afin de découvrir, en conséquence, le vrai principe des sentiments tactiles, nous ferons maintenant attention à la gradation d'intensité qui caractérise spécialement la série des cinq sens. Quand nous considérons un tableau, si les couleurs ne sont pas bien fondues ou si les nuances ne sont pas convenablement observées, on éprouve, en proportion de ce défaut, une impression désagréable; mais cette impression est superficielle en quelque sorte, ou n'atteint point la profondeur de l'âme. Considérons-nous les tons de la musique? La dissonance apparaît plus distincte, et l'impression plus vive. Un ensemble de voix discordantes déplaît universellement; et, si l'on n'éprouve pas toujours le même déplaisir à percevoir des tons aigres et discordants, cela tient sans doute à certaines circonstances accidentelles, telles qu'une certaine préoccupation d'esprit ou l'accompagnement de divers instruments. Toutefois, la puissance sensible de l'âme paraît encore plus excitée dans la perception d'odeurs ou de saveurs désagréables ; ici, la répulsion s'exprime par un dégoût profond, irrésistible. La puanteur est nauséabonde, le mauvais goût porte au vomissement et soulève les entrailles. Mais rien n'est, en tout cela, comparable à l'intensité des derniers sentiments dont il nous reste à parler, ou des sentiments tactiles. La douleur, par exemple, qu'on éprouve au contact du feu, ne peut s'exprimer; on ne peut même, quelquefois, entendre, sans la plus vive émotion, le récit de souffrances atroces; que ne doivent pas alors souffrir les pauvres patients? A prendre, maintenant, en considération cette marche, ascendante en intensité, des sentiments désagréables (ou agréables; car ce que nous disons des uns convient également aux autres), il est visible que les différents sens ne doivent point agir avec le même développement sur la puissance de l'âme, mais que les premiers énumérés, la vue et l'ouïe, la pénètrent moins, et les derniers, l'odorat, le goût et surtout le toucher, davantage; ce qui suppose que l'âme est, au moins, douée d'une extension de sentiment correspondante aux cinq sortes de sens. Mais, comment l'âme peut-elle être susceptible d'une pareille variété de sentiments, alors qu'un seul sens (le toucher) se trouve être le moyen général de sentir, et que ce sens est précisément le plus intense en puissance? Cette question porte avec elle sa solution, si l'on réfléchit un moment sur ces mots : le plus intense en puissance. C'est que, généralement, fondamentalement, la relation ou le contraste entre les perceptions dont nous parlions plus haut comme de la condition indispensable au sentiment physique, ont leur siége, non entre les perceptions envisagées comme représentations (ce qui ne produirait que des sentiments esthétiques), mais entre les perceptions envisagées purement et simplement comme forces; c'est-à-dire, le sentiment physique dérive, non des perceptions elles-mêmes, mais des forces en lutte, des tendances en opposition. Et le raisonnement vient à l'appui de cette vérité. D'abord, il paraît manifeste que, comme les espèces des perceptions révèlent, dans les causes excitantes, des variétés de qualité, les degrés des sentiments doivent, par la même raison, révéler des degrés de tendance. Ensuite, il n'y a pas moyen de ne pas voir que, le toucher étant le moyen général de percevoir ou le sens fondamental, tous les sentiments devraient être égaux, si toutes les causes étaient également excitantes, actives ou puissantes. Or, il s'en faut bien que tous les sentiments soient égaux en intensité. Donc leurs causes ne sont point également excitantes, ou bien elles sont diverses et inégales en force; et l'intensité des sentiments est toujours proportionnelle à l'énergie des puissances en lutte. Mais, abstraction faite de toute différence essentielle de force dans les causes excitantes, qu'est-ce qu'il y a de commun, de général ou de fondamental en elles, si ce n'est le caractère actuel de tendance? Donc le sentiment provient essentiellement, radicalement, d'une simple lutte de tendances internes, lesquelles peuvent être, d'ailleurs, plus ou moins fortes ou puissantes. Du reste, voulons-nous vérifier cette conclusion par les faits, et lui faire porter en même temps tous ses fruits? Faisons-en l'application aux phénomènes observés. Pouvons-nous, en effet, expliquer, en partant de là, comment le toucher est le sens fondamental, sans exclusion des autres sens : nous atteignons ainsi, du même coup, le double but indiqué tout-à-l'heure. Or, il est possible d'expliquer parfaitement, en partant de là, comment le toucher est le sens fondamental, sans exclusion des autres sens. Car, d'abord, envisagé comme puissance, il contient tous les autres sens, ou n'en exclut aucun. Ne venons-nous pas de reconnaître que la puissance du sentiment physique consiste dans une simple lutte de tendances internes, sans autre différence sensible que des degrés d'intensité ou de force ? Mais les sentiments tactiles en sont réduits à ce point ; ils sont donc, sous ce rapport, indistincts, ou n'excluent, en puissance, aucun autre mode de sentir. De plus, cependant, malgré ce dépouillement entier de perceptions sensibles qui semble réduire les sentiments tactiles à la simple puissance, ces mêmes sentiments ne laissent pas de se poser, distinctement ou en acte, dans la conscience, en opposition avec les autres sentiments ; ou bien, ils ne laissent pas de constituer, à eux seuls, un mode particulier du sentiment. Car, si nous distinguons toutes les causes du sentiment en fortes ou faibles, nous pourrons en imaginer, d'abord, d'assez faibles, pour ne pas couvrir ou voiler l'effet du contraste des perceptions ; d'autres, tellement fortes que leur intensité voile ou éclipse entièrement cet effet ; d'autres, enfin, assez peu faibles pour le laisser pressentir, et assez peu fortes pour le cacher tout-à-fait. Cette division ayant l'avantage de contenir et de classer à la fois tous les faits du sentiment, il ne nous restera plus qu'à voir si nous y reconnaissons le sentiment tactile pour l'une de ces classes. Or, comment ne l'y pas reconnaître ? Dans la vue et l'ouïe, la représentation l'emporte sur la tendance ; c'est une assertion qui n'a pas besoin de commentaire. Dans le goût et l'odorat, on peut douter qui l'emporte, de la tendance ou de la représentation. Mais, dans les sentiments tactiles, il est certain que la représentation est entièrement absorbée par la tendance ; et rien, au reste, n'est plus naturel. On sait que l'attention se porte toujours où se trouve l'intérêt dominant ; ainsi, quand une maison brûle, on songe plutôt à se rendre maître de l'incendie que de l'incendiaire. Par la même raison, l'attention doit être absorbée par le sentiment, quand l'effet réunit en lui-même beaucoup plus d'intérêt que n'en offre la connaissance de sa cause ; et, puisqu'il en est ainsi dans le cas des sentiments tactiles, nous pouvons donc dire qu'ils sont ceux chez lesquels les causes emploient le moins de mouvement, de temps, de formes et de complications pour agir, mais néanmoins agissent respectivement avec l'intensité la plus grande.

Nous ne voulons point quitter le sujet actuel, sans remonter encore plus haut et ramener toute notre explication des faits du sentiment aux principes généraux de notre théorie. Nous pouvons dire sans crainte que l'idée de l'activité résume tous ces principes, puisqu'elle est la vraie réalité. Or, qu'est-ce que l'activité ? L'activité, prise absolument, est une manière de considérer l'être, impliquant en raison d'abord l'acte puis la tendance, mais de fait ces deux choses ensemble, d'où résulte entre elles une équation nécessaire qui fait qu'un acte tend toujours en raison de ce qu'il est. D'après cela, suppose-t-on un acte absolu quelconque ? Comme un tel acte est nécessairement un, force est encore de lui attribuer une très-simple tendance à se saisir réellement comme un, c'est-à-dire, à se pénétrer, à se concentrer, à s'identifier, à se percevoir enfin un et simple en soi-même. Dans le cas de l'identité de la puissance et de l'acte (c'est le cas en Dieu), l'activité parvient si vite et si facilement à ce but, que son mouvement n'est point perceptible et n'emploie même absolument aucun temps; alors donc, elle ne se sent point, pour ainsi dire, aller; elle a seulement le plaisir de jouir immédiatement de sa fin; et, bien qu'à proprement parler elle ne soit jamais oisive ou inactive, elle est, toujours, et parfaitement tranquille et pleinement heureuse. Dans le cas de l'alliance de la puissance et de l'acte que l'on sait être propre aux êtres contingents, il n'en est plus de même. Comme, ici, l'acte ne saurait jamais, par lui-même, égaler tout d'un coup la puissance, la réalisation de ce suprême but implique la nécessité de certains efforts à faire et de certaines peines à subir. Par exemple, on peut éprouver certains obstacles du côté des sens, de là la nécessité de l'exercice et du travail corporels; on peut éprouver des obstacles du côté des idées, de là la nécessité de réfléchir et de s'instruire; enfin, on peut éprouver des obstacles du côté des passions, de là la nécessité de régler les mouvements de son cœur en les assujettissant aux préceptes divins. Nous ferons même remarquer en passant, qu'à cause de l'entière indépendance d'exercice des trois actes internes de perception, de représentation et d'aspiration, la facilité d'exercer son activité sous un rapport, par exemple, sous le rapport des sens, n'est point garant d'une égale facilité de l'exercer sous les autres rapports; ainsi, tel est bien partagé du côté des sens, qui ne l'est pas de même du côté des idées; et, comme il est cependant absolument nécessaire d'acquérir un jeu libre en tout sens pour arriver au repos, il n'y a point d'être mal partagé de la nature qui ne doive s'appliquer de toutes ses forces à surmonter les obstacles enchaînant sa puissance. Du reste, plus les efforts sont généreux, plus les profits en doivent être grands; plus les obstacles sont nombreux, plus il y a matière de repos et de joie. Le bonheur commence seulement à être balancé par la peine, quand on se partage entre le devoir et le travail; mais si par hasard il arrive qu'on se relâche assez pour cesser tout effort, alors on tombe fatalement, d'une extrême difficulté, dans l'entière impossibilité d'harmoniser les besoins et les faits ou la puissance et l'acte, c'est-à-dire, dans le dernier malheur.

Dans ce que nous venons de dire, nous avons signalé la différence générale qui sépare l'activité nécessaire et les activités contingentes; à cause de l'essentielle corrélation originaire entre le sentiment et le bonheur, considérons-les spécialement sous ce dernier rapport, et nous ne saisirons que mieux la raison de leurs états respectifs. Envisagées sous le rapport du sentiment, les activités contingentes ressemblent à l'activité nécessaire, en ce qu'elles emploient, comme elle, le sentiment interne à se saisir, à se pénétrer ou à se percevoir unes et identiques en soi; et elles en diffèrent en ce qu'elles admettent, seules, de grandes variétés de sentiments, ce qui semble d'abord les enrichir mais puis les appauvrit réellement. En effet, si le sentiment était essentiellement un en elles comme en l'Etre divin, elles n'auraient qu'une seule direction à parcourir; et, comme cette unique direction ne serait pas moins indéterminée au dehors que déterminée au dedans, elle fournirait par elle-même au sentiment une carrière infinie. Mais leur sentiment n'est point essentiellement un, puisqu'il peut être au contraire multiple, c'est-à-dire, divers en nombre et qualité. Cette multiplicité du sentiment introduit donc forcément, dans leur sein, une pluralité de modes de sentir, ou bien de directions d'activité; et ce sont ces diverses directions d'activité que l'on nomme les Sens. Ce n'est pas tout; comme, chez les activités à plusieurs sens, l'exercice actuel est toujours contingent et dépend de causes étrangères, nous devons, dans ce cas, supposer que la force ou l'intensité des actes relatifs contingents est proportionnelle à la puissance et à l'attaque des causes excitantes ; car, si l'attaque est faible, pourquoi supposerions-nous une grande résistance ? et, si l'opposition est peu tranchée, pourquoi supposerions-nous un violent effort ? Donc, au lieu que l'activité nécessaire tend toujours infiniment et par-là même uniformément à sa fin, les activités contingentes y tendent d'abord uniment par le sentiment interne, puis diversement et variablement par la différence ou le changement des sens et des causes externes.

Cela posé, nous revenons à notre grand principe fondé sur la notion des activités absolues. Ou l'activité réelle, diversement excitée par les sens et les causes externes, a le bonheur de se saisir en parfaite relation ou union intrinsèque d'action et de puissance ; ou non. Dans le premier cas, la diversité dont elle est le théâtre, loin d'affaiblir, d'intercepter ou d'empêcher son flux ou exercice interne, le relève, le distingue, le rend plus apparent par l'opposition toujours surmontée qu'elle fait naître, et de cette manière conditionne ce sentiment particulier qu'on appelle plaisir. Dans le second cas, l'impossibilité de parvenir à l'unité finale d'exercice, que l'unité radicale de toute activité réclame impérieusement, occasionne cette sorte de déchirement, de tension, d'état violent que l'on connaît sous le nom de douleur. En effet, pour ne pas trop nous étendre en vain, considérons spécialement la douleur, et vérifions, par l'examen des faits, si telle n'est point généralement son origine ou sa cause. Tous les cas de douleur peuvent se réduire à trois chefs, savoir : la douleur morale, intellectuelle, et physique. Or, ces trois sortes de douleur trouvent et ne trouvent que dans notre système leur explication rationnelle. Dans la douleur morale, par exemple, il est vraiment impossible que l'âme parvienne à se saisir en union interne à cause de l'opposition alors régnante entre la connaissance et le vouloir; aussi la trouvons-nous, dans ce cas, occupée par cette sorte de souffrance intime que l'on appelle **ver rongeur ou remords**. De même, dans la douleur intellectuelle, tandis qu'on reconnaît qu'au lieu des beaux desseins qu'on imagine on ne réalise jamais que de misérables ébauches, il est vraiment impossible que l'âme arrive à se saisir et posséder en paix, à cause du perpétuel désaccord entre la connaissance et la puissance; aussi la trouvons-nous alors toujours tourmentée par une première sorte de souffrance intellectuelle que l'on appelle **honte**, ou par une autre encore plus douloureuse que l'on appelle **désespoir**. De même, enfin, dans le ressort des choses physiques, supposé qu'une cause quelconque, telle qu'un instrument tranchant, un poison violent, le feu matériel, vienne porter la perturbation dans les divers organes nécessaires à l'exercice ou à l'écoulement interne de son activité, comment l'âme ne se sentirait-elle point, dans cette circonstance spéciale, un spécial et véhément besoin de surmonter les obstacles comprimant sa liberté radicale? Il faut donc que l'âme soit encore affectée, cette fois, d'une intime douleur spéciale; et, en effet, cela ne manque jamais d'arriver dans son état naturel, et cette douleur devient même si forte en certaines rencontres qu'elle peut être qualifiée de **feu et de mort éternelle**. En théologie, l'on prête quelquefois à ces dénominations un sens métaphorique; mais nous ne saurions proprement partager cette manière de voir; car nous sommes persuadés que la sensation douloureuse produite par le feu proprement dit n'est point une sensation particulière ou *sui generis*, mais est une sensation durable de sa nature, et générale, comme étant par elle-même indépendante de la nature intrinsèque des causes excitantes, pourvu qu'on leur suppose à toutes la vertu d'empêcher au même degré la fusion ou la réunion continue de la puissance et de l'acte. D'abord, en effet, nous ne voyons aucun moyen d'arriver naturellement à distinguer, par le seul sentiment, la douleur produite par l'électricité, par le calorique ou par le fer; puis, il nous paraît que le public est encore de la même opinion, puisque, toutes les fois qu'il s'agit d'exprimer une grande douleur corporelle ou physique, il ne sait point employer d'autres termes que ceux de feu ou de ses dérivés. C'est ainsi que l'on dit qu'un feu dévore les entrailles, qu'une blessure est cuisante, que le froid a brûlé les bourgeons des arbres, dans des circonstances où l'agent de ces divers effets n'est point certainement le feu matériel, mais, par exemple, le poison, le fer, le froid. Néanmoins, il est permis de croire, par la même raison, que la plus intense de toutes les douleurs, provenant de suspension d'activité physique ou vitale, est celle dont le feu se trouve, sinon l'unique, du moins la plus commune source, et de reconnaître par conséquent en elle, supposé qu'elle dure, le caractère ou la nature de la mort éternelle.

La douleur est donc réellement produite, comme nous l'avons avancé, par l'extrême difficulté ou l'impossibilité d'égaler ou de niveler en chaque instant l'acte avec la puissance; et, par la raison des contraires, l'extrême facilité d'accomplir en chaque instant nos plus impérieuses tendances est ce qui constitue le plaisir. L'essence du sentiment ainsi comprise, nous n'avons pas de peine à distinguer les divers cas spéciaux. Lorsque les actes physiques internes présentent une simple disproportion d'arrangement ou de forme soit simultanée soit successive, la difficulté ou l'impossibilité que l'âme éprouve alors de se maintenir une en elle-même doit produire une certaine douleur; mais cette douleur est encore de la plus basse espèce, parce que la sensation qui règne en ce cas n'implique point une radicale incompatibilité d'exercice, mais une simple opposition sur les accidents ou une simple gêne dans les opérations. Au contraire, si l'opposition ne provient pas seulement de la forme et de l'arrangement des sensations qui coexistent et se suivent, mais dépend en outre et principalement de la nature des actes sensitifs qui sont radicalement plus ou moins incompatibles entre eux, alors la douleur doit être spécifiquement plus intense, et, de plus, proportionnelle à la force et au degré d'incompatibilité des actes opposés, puisque les effets doivent être toujours proportionnels à leurs causes en raison des circonstances. De là, trois classes de sensations douloureuses ou agréables, comprenant : la première, les sentiments de la vue et de l'ouïe ; la seconde, les sentiments de l'odorat et du goût ; la troisième, les sentiments du tact.

§ 106.

Parlons, maintenant, de la représentation.

Tout ce que nous pouvons dire, dans cette rapide esquisse, au sujet de la représentation, se réduit, comme pour la perception, à considérer sa raison d'être, ses variétés, ses résultats. En partant de la théorie de la perception que nous venons d'exposer sommairement, il n'y a rien, dans ces diverses questions, dont il ne soit aisé de rendre compte. — Nous occupons-nous, en effet, d'abord, de comprendre, en général, l'existence de l'acte de représentation ? Notre théorie sur la perception nous fournit le moyen d'expliquer rationnellement son apparition dans le sein de la conscience absolue, par cette vérité que nous n'avons pu déjà montrer distinctement, mais qui doit maintenant être explicitement proposée, savoir : que les perceptions non seulement se combattent ou s'appuient, mais encore s'empêchent ou se favorisent entre elles. Car si, partant de là, nous démontrons qu'il y a des perceptions telles qu'en raison de leur lutte elles sont de nature à se dépouiller de tout leur contenu pour ne retenir que la forme, nous aurons par-là même découvert l'immédiate origine ou révélé la véritable raison de l'acte de représentation. Or, la lutte entre les perceptions est réellement de nature à déterminer entre elles un empêchement tel qu'elles aillent jusqu'à perdre tout leur contenu, moins la forme. L'empêchement, dont nous voulons ici parler, est un obscurcissement plus ou moins avancé de perception ; et cet obscurcissement des perceptions les unes par les autres est un fait indubitable. Il est de fait, par exemple, qu'une perception nous détourne d'une autre, toutes les fois qu'elle se met, ou en met d'autres, à sa place. D'ailleurs, si nous ne pouvons régulièrement saisir l'acte par lequel une perception en amoindrit une autre ou la chasse du théâtre de l'âme, la raison ne laisse pas de nous faire un devoir d'admettre cet effet ; car, pourquoi les perceptions se succèderaient-elles ainsi, s'il n'était pas vrai de dire qu'elles sont les unes pour les autres, selon les circonstances, tout aussi bien une raison de s'obscurcir ou de se retirer, qu'une raison d'apparaître ou de se mettre en scène ? Donc les perceptions, en se combattant, s'obscurcissent ou s'empêchent réellement entre elles. Remarquons ici, toutefois, ce qui se trouve, à des degrés divers, empêché : c'est le contenu, non le contenant ; ainsi, les perceptions diminuent, mais les forces ou les actes relatifs, y donnant lieu, sont immuables en eux-mêmes ; et, quand l'empêchement atteint ses dernières limites, les perceptions cessent entièrement, et les forces ou les actes relatifs, y donnant lieu, restent toujours actuels ou possibles. Or, que sont en elles-mêmes ces pures actualités ou possibilités conditionnant les perceptions, si ce n'est l'objet de la forme ou de l'idée qui vient distinctement s'ajouter à chaque perception pour la représenter indépendamment de ses propriétés physiques ? Et comment nommer l'acte par lequel les formes ou les idées apparaissent à l'âme, autrement qu'acte de représentation ? Donc les actes de perception sont réellement susceptibles, au bout d'une certaine lutte, de se dépouiller de tout leur contenu, pour ne laisser subsister que la forme ; et l'acte de représentation consiste précisément dans la simple perception de cette même forme.

Il ne nous reste après cela, pour expliquer complètement l'origine de l'acte de représentation, qu'à découvrir comment l'acte absolu parvient à saisir ou distinguer les pures activités, forces ou possibilités, conditionnant les perceptions mais ne retenant aucun de leurs caractères physiques. Mais c'est ce que nous n'avons pas de peine à découvrir, en nous transportant exclusivement, d'abord, au point de vue de l'acte absolu radical, et considérant en quel moment l'acte de représentation y peut surgir et surgit en effet. Dans l'acte absolu radical, l'acte de représentation peut surgir et surgit en effet, quand l'acte de perception est épuisé ou fini, non en ce sens qu'il cesse d'être, mais en ce sens qu'il se parfait et s'accomplit en un instant, et par-là même s'épuise ou se termine. Car, en ce même moment où l'acte de perception finit comme nous venons de le dire, l'exercice de l'acte absolu radical ne finit point. Bien loin de là ; la terminaison de l'acte de perception détermine ou conditionne, au contraire, une nouvelle phase de développement interne dont l'acte absolu radical a conscience, comme d'une seconde relation de lui-même à lui-même. Nous le savons déjà ; l'acte de perception implique simultanément action et passion ; car c'est un état d'excitation donné (§ 100, 1°). Mais il est clair qu'en cet état l'activité se trouve contrainte ou concentrée ; et, tant que cet état dure, on ne peut rien attendre d'elle au-delà du simple sentiment. Supposons-nous, toutefois, cette première opération complète, ou l'acte de perception épuisé ? L'activité se trouve délivrée de cette contrainte physique ; elle est et se sent libre à cet égard, et pour lors se dilate ou s'étend en proportion de la pression antérieurement éprouvée, ne retenant ou ne reproduisant ainsi, de cette même pression, que la conscience de sa forme, ou son idée, qui demeure comme le retentissement ou l'écho, le rejaillissement ou la figure de l'acte relatif précédent, dépassé par la raison que nous avons dite, c'est-à-dire, parce que sa terminaison, loin de conditionner la cessation, conditionne au contraire le re n o u v e l l e m e n t d'exercice de l'acte absolu radical. Chez les actes absolus contingents, maintenant, il n'en est plus de même par cette raison très-simple, que, chez eux, l'acte de perception n'est ni ne peut être jamais, en cette vie du moins et par les moyens ordinaires, pleinement épuisé ou fini. En effet, il est, d'abord, manifeste que le n o m b r e des actes relatifs de perception contingente, équivalents à leur plénitude respective de puissance absolue, peut numériquement s'accroître à l'infini. De plus, il est également hors de doute que les mêmes actes absolus contingents, soit parce qu'ils sont de nature à ne céder que successivement devant une attaque externe, soit parce qu'ils sont sujets à diminuer de tension (en chaque instant) en raison inverse du développement obtenu, donnent accès et prise au temps; d'où il suit que le double terme de leur passion, d'une part, et de leur action, de l'autre, ne peut jamais être atteint. Mais des actes absolus, tels qu'ils ne possèdent ou ne s'offrent à eux-mêmes qu'une perception incomplètement développée, ne peuvent aucunement, tant que dure cet état, être entièrement délivrés de la pression externe, ni par conséquent jouir de cette spontanéité d'application qui rend l'acte de représentation possible, d'après ce que nous avons dit, tout-à-l'heure, en parlant de l'acte absolu radical. Donc, ou ces sortes d'actes ne doivent jamais représenter, ou bien le défaut de perception complète doit être indispensablement, en eux, couvert ou réparé par un moyen quelconque, suppléant au développement non encore obtenu de perception. Le moyen ordinaire et naturel d'atteindre cette fin, que nous avons ici en vue, n'est, au reste, ignoré de personne : c'est le langage figuré ou la parole. La parole est, sans doute, pour Dieu, la lumière intérieure et la vérité même, par lui toujours représentée; mais, pour les êtres contingents, elle est plus que la manifestation, elle est la révélation des vérités ou des idées. — L'opposition étant donnée comme le principe de l'acte de représentation, passons à la recherche du principe de ses variétés. Ce second principe résulte immédiatement de notre explication du premier. Ne venons-nous pas de dire que l'acte de représentation est, absolument, le retentissement ou l'écho, le rejaillissement ou la figure, c'est-à-dire, l'image de l'acte de perception? Mais une image, comme image, ne peut évidemment rien contenir qui ne se trouve en son objet. Donc les variétés de l'acte de représentation lui viennent uniquement d'où il vient lui-même, c'est-à-dire, de la perception. — Le troisième principe, propre à jeter du jour sur les résultats de la représentation que l'on a coutume d'appeler idées pures et jugements esthétiques, est le même que celui que nous avons établi pour la perception, et se prouverait, au besoin, de la même manière. Il consiste à dire que, comme l'acte de perception se conduit absolument comme s'il représentait et aspirait, de même l'acte de représentation se comporte comme s'il aspirait et percevait. Ainsi, sans percevoir réellement, il élabore en maître toutes les données de la perception, et de même, sans aspirer réellement, il passe d'un objet à l'autre tout-à-fait comme s'il avait la conscience distincte des tendances impliquées par ces divers mouvements.

§ 107.

A l'aide des trois principes précédents, nous pouvons passer rapidement en revue les principaux phénomènes de la représentation.

En général, depuis Kant, on se plaît à regarder la représentation, quelle que soit d'ailleurs la dénomination qu'on lui prête (entendement, raison...), comme le principe de la liaison ou de l'unité des perceptions. Effectivement, les perceptions, puisque leurs ensembles se modifient sans cesse, sont, par elles-mêmes, entièrement isolées ou respectivement indépendantes. Mais on ne peut inférer de là qu'elles ont besoin, pour s'unir, d'un lien spécial. Car elles ne sont point absolues, mais relatives ; c'est-à-dire, elles ne se distinguent point de l'âme, mais elles sont l'âme elle-même différemment modifiée ou excitée. Or, l'âme est une, essentiellement une. Donc l'unité de l'âme garantit suffisamment la liaison des perceptions, sans qu'il soit nécessaire d'inventer à cette fin un lien spécial ; et, par la même raison, elle garantit l'unité des représentations.

L'unité de l'âme ne garantit, toutefois, la liaison des représentations qu'à cette condition : qu'il n'y ait point d'opposition entre elles. L'opposition possible entre les représentations n'est plus, comme l'opposition des perceptions, une opposition de qualité ; c'est une simple opposition de lieu ou de non-lieu, d'être ou de non-être, ou une opposition formelle et logique. Il est possible, néanmoins, qu'elles soient graduables entre elles, comme les perceptions, par des variations d'intensité ou de force ; mais cette différence leur vient alors exclusivement des perceptions d'où nous savons que proviennent toutes les formes de l'âme. — L'opposition la plus générale concernant la représentation est celle qui la divise en représentant et en représenté, ou en sujet et objet. Considérée dans le sujet représentant, la représentation consiste en autant d'actes spéciaux qu'il y a de spécialités représentées. Tout d'abord, elle mérite d'être appelée distinction ; car, si l'on réfléchit sur sa nature, on trouve qu'elle implique la négation en puissance, ou la négation intelligible, objective et relative, non absolue et non radicale, puisqu'elle pose d'une part le perçu comme simplement possible, et d'autre part le perçu comme actuel. Or, il n'y a pas de doute que, nier relativement une chose d'une autre, ne soit justement ce qu'on appelle distinguer. Puis, la représentation peut être comparée soit avec la perception, soit avec elle-même. Dans cette comparaison, si le fait précède la représentation, on l'appelle mémoire; si le fait suit, on l'appelle prévision. Lorsqu'il s'agit de plusieurs actes (simultanés ou successifs), on l'appelle imagination. Ses retours plus ou moins multipliés sur elle-même constituent l'acte, peut-être le moins compris de tous et le plus simple, que l'on nomme réflexion... Considérée dans les objets représentés, la représentation est la reproduction interne de toutes les différences absolues ou relatives, aperçues ou reconnues dans les choses. Cette reproduction est progressive et demande, chez les êtres contingents, du temps et de l'expérience. Nul homme n'arrive, sans passer à travers bien des contradictions, à se représenter sainement la vraie nature des apparences et des réalités.

Pour sortir heureusement du vaste labyrinthe qui se nomme le monde, il faut savoir céder au mouvement dont les représentations sont susceptibles en raison de leurs oppositions. De ces oppositions proviennent les trois grands principes généraux dont nous avons parlé sous le nom de principes de contradiction, d'identité, d'exposition [1]. La forme sous laquelle les oppositions apparaissent s'appelle proposition ou jugement; mais la forme sous laquelle on les démontre, pour peu qu'elles soient enveloppées ou voilées, est le raisonnement. L'art de bien juger est l'entendement; et l'art de bien raisonner est la raison... Les représentations imaginatives se prêtent à des jugements d'une nature singulière.

---

[1] *Examen de la Rationalité...*, §§ 4 et suiv.

Ces jugements proviennent bien toujours d'oppositions remarquées entre les représentations ; mais, dans ce cas, les représentations ne sont plus considérées comme représentations, elles sont simplement envisagées comme formes ; et, pour peu que l'on remarque alors de gêne au mouvement naturel des représentations dans leur écoulement interne, il se manifeste un sentiment de déplaisir, comme, s'il arrive que le mouvement une fois commencé ne soit point contredit mais plutôt favorisé dans sa marche, on éprouve au contraire un sentiment de joie. De là vient, par exemple, que, si l'on voit, sur un cercle blanc, un point noir non loin de sa circonférence, on sent immédiatement que cette vue blesse le goût ; et que, si le point noir occupe le centre, l'on se trouve flatté. Nous ne pouvons entrer ici dans tous les détails que demanderait cette matière ; mais, par ce que nous avons déjà dit à l'occasion des sentiments tactiles, on doit parfaitement comprendre que les sentiments esthétiques dépendent également non d'une seule représentation ni de chaque représentation prise à part, mais d'un ensemble plus ou moins habilement combiné de représentations distinctes.

§ 108.

Comme la perception et la représentation, l'aspiration a, de nouveau, sa raison d'être, ses variétés, ses résultats, qu'il s'agit de comprendre. — Le meilleur moyen de parvenir à se rendre complètement raison de l'origine de l'aspiration est de saisir clairement le sens des divers mots qui l'impliquent en acte ou en puissance. Ces mots sont, en général, très-vaguement employés. Nous entendons, nous, exprimer par ces deux mots : aspiration, tendance, la même chose, le même phénomène ; mais nous distinguons deux sortes d'aspiration ou de tendance, l'une **implicite** et l'autre **explicite**. La tendance **implicite** est une tendance dont on n'a point la conscience distincte, ou plus simplement dont on n'a point conscience. Cette première sorte de tendance est encore de deux sortes, suivant qu'elle se rapporte à la perception ou à la représentation : l'une s'appelle **instinct ou naturel** (ce qui signifie proprement tendance non distincte), et l'autre s'appelle **jugement ou discernement** (ce qui signifie tendance encore indistincte mais pourtant distinctive). La tendance **explicite** est une tendance dont on a distinctement conscience. C'est celle-ci qui constitue la troisième relation de l'acte absolu à lui-même ; elle est réelle, parce qu'elle est distincte. Nous verrons même bientôt qu'elle est un principe de connaissance distincte ; mais d'abord nous devons établir qu'elle est une tendance distincte, c'est-à-dire, une tendance pure et simple, ou une tendance proprement actuelle. Pour cela, nous considérerons combien est naturelle la distinction d'une troisième relation actuelle après les deux actes internes de perception et de représentation. Nous savons déjà qu'en tant qu'il perçoit, l'acte absolu ne représente point, et qu'en tant qu'il représente, il ne perçoit point. Donc ni la perception, d'une part, ni la représentation, de l'autre, ni même la perception et la représentation réunies n'épuisent l'extension d'exercice dont l'acte absolu est capable, ou bien ne lui sont aucunement essentielles en ce sens qu'elles lui seraient **absolument** identiques ; car il est clair que l'absolu, toujours simple en lui-même, ne peut être absolument identique à deux choses contraires, ou même seulement disparates. Mais, si l'acte absolu se distingue essentiellement, au sens que nous venons d'indiquer, des deux actes relatifs de perception et de représentation, il ne peut éviter de se saisir une troisième fois avec cette différence essentielle, c'est-à-dire, d'entrer, une troisième fois et nécessairement, en relation avec soi. Quelle sera, maintenant, cette troisième relation de l'acte absolu à lui-même? Cette troisième relation peut et doit être, exclusivement, telle qu'en elle apparaisse ou ressorte distinctement l'événement intenté par les deux actes de perception et de représentation. La perception, par exemple, voudrait captiver, s'il était possible, toute l'attention de l'acte, ou anéantir la représentation. La représentation, de son côté, voudrait également, s'il était possible, captiver toute l'attention et anéantir la perception. Mais cela se peut-il? Nullement; ces deux tendances simplement conditionnelles se détruisent l'une l'autre, et l'effet intenté n'arrive point. Toutefois le moyen introduit à cet effet est un événement qui demeure. Car la lutte entre les deux actes de perception et de représentation est réelle. Donc l'acte absolu, subissant cette lutte, contracte réellement une sorte de mouvement ou de disposition à agir, par elle-même indépendante de l'effet intenté. Mais une pareille disposition à agir, indépendante de tout effet ou de tout but ultérieur, quel autre nom peut-elle recevoir que celui de tendance ou d'aspiration ? Donc, après l'apparition des deux actes de perception et de représentation, l'apparition de la tendance ou de l'aspiration est naturelle et nécessaire dans le sein de toute conscience absolue. — La raison de toutes ses variétés se résume en une loi générale : « Toute tendance est proportionnelle aux forces opposées. » Cette loi, d'ailleurs, est à peu près évidente. On comprend d'inspection que, plus la contrariété des forces est grande, plus l'aspiration doit être intense. — Le troisième principe ne change point. Nous disons de l'aspiration, comme de la perception et de la représentation : Elle a tout ce qu'elle n'est point. En effet, sans être le principe de la perception et de la représentation qui la précèdent, elle en recueille tous les bénéfices; elle en a (sauf leur essence) la libre disposition, ou les peut appliquer, comme elle l'entend, à la libre réalisation du possible, soit au dehors, soit au dedans. D'ailleurs elle a, par devers soi, le pouvoir de conditionner les jugements du goût moral, ou du goût prononçant entre le bien et le mal; et, par cette prérogative, elle obtient, dans la pratique, une importance immense.

§ 109.

Encore quelques mots, relativement à l'application des trois principes précédents.

L'unité de la conscience absolue n'est pas plus violée par l'intervention de l'aspiration, qu'elle ne l'est par l'adjonction de la représentation à la perception. Car ce nouvel acte relatif ne multiplie point la conscience des deux relations qui le précèdent; il les implique seulement, ou les contient sans conscience distincte.

Puisque toutes les variétés de l'aspiration, tant implicite qu'explicite, dépendent de la variété des forces opposées, il suffit d'admettre une variation dans les forces, pour expliquer les phénomènes les plus variés de tendance. C'est, ici, le cas de définir nettement ce qu'expriment des mots d'ailleurs fort souvent employés l'un pour l'autre; comme puissance, force, tendance. Par puissance, il faut entendre un acte absolu dont l'application est encore simplement envisagée comme possible, ou supposée non actuelle, indéterminée ; l'application de la puissance dépend alors d'une condition. Supposé que cette condition ne manque point, d'une manière ou d'une autre, à la réalité, l'acte absolu n'est plus seulement puissance, mais force ; et la force désigne alors un acte absolu saisi d'un exercice, peut-être divers, mais toujours déterminé ; car on ne conçoit point d'application d'acte, sans détermination d'emploi, sauf une exception. Cette exception arrive, quand l'application et l'effet de l'application sont conçus séparables ; à plus forte raison, quand l'effet est radicalement impossible. Dans ce dernier cas, où il y a toujours séparation entre l'application et l'effet, la force porte le nom spécial de tendance ; et par conséquent la tendance ou l'aspiration désigne toujours un acte absolu appliqué, moins l'effet. Comme, chez les créatures, toutes les applications sont contingentes et d'ailleurs très-variées, on peut déjà préjuger que le rôle des tendances doit être très-considérable. Quand une simple tendance existe sans réalisation actuelle et n'a pas même acquis un empire déterminé dans l'âme, on l'appelle désir ; le désir implique un succès de tendance. Quand ce succès est complet ou quand l'empire d'une tendance est (momentanément du moins) assuré, on l'appelle volonté. Le concours de plusieurs tendances à favoriser l'apparition distincte d'une seule tendance constitue l'affection ; et la passion consiste dans la prépondérance absolue d'une seule tendance, surgissant malgré toutes les autres tendances vainement opposées à son avénement.

En se combinant diversement entre elles, les tendances ou volontés, propres à plusieurs actes absolus, fondent des relations externes dont la perception interne est, en chacun d'eux, toujours accompagnée non seulement de sentiments de peine ou de plaisir, mais encore de jugements particuliers que l'on appelle moraux. Ces jugements sont des jugements sur la volonté des divers êtres, la déclarant bonne ou mauvaise selon les circonstances ; et l'ensemble de ces divers jugements constitue la Morale, qui est la loi de la liberté.

§ 110.

Revenons, maintenant, un moment sur nos pas. N'est-il pas manifeste que la notion de tendance domine toute la psychologie ? Non seulement la volonté et ses variétés, mais la représentation et ses distinctions, et la perception et ses oppositions reposent, pour nous, sur cette notion, comme sur la suprême condition de tous les phénomènes internes ; car, si nous mettions un seul instant de côté tout ce qui se nomme puissance, force, en un mot, tendance implicite ou explicite, ou rien ne serait, ou nous n'en saisirions pas la raison. Or, en fait de tendances, il n'y a qu'un seul mode de les apprécier convenablement : le calcul. Sauf, en effet, notre volonté actuelle que la conscience saisit, que pouvons-nous saisir, par les sens ou par l'idée, des mille et mille tendances soit internes soit externes qui conditionnent tous les événements actuels, et tiennent en réserve les possibles ?... C'est parce que les sens ou les idées se taisent sur le grand ressort de l'univers, que les lois en ont été toujours ignorées ; et, si nous nous en tenions par conséquent aux mêmes moyens d'investigation que les précédents philosophes ont employés, nous n'en saurions jamais plus qu'eux sur les véritables causes de tous les événements. Au contraire, venons-nous à considérer, d'abord, que les tendances sont le principe de tout le devenir, et, puis, qu'elles sont infiniment variables selon la nature ou le caractère des actes opposés; de plus, soumettons-nous au calcul l'appréciation de toutes ces données : il est clair que nous pouvons, et que nous devons même, si l'entreprise est d'ailleurs bien conduite, arriver à faire pour l'esprit ce que Newton a déjà fait pour les corps, c'est-à-dire, à fonder les lois de la nature psychique. Du reste, l'entreprise n'est point à l'état de projet, elle est très-heureusement en voie d'exécution. Herbart, ce laborieux philosophe non moins habile à réaliser qu'à concevoir une pensée, s'est mis à l'œuvre avec une patience infatigable; il a soumis au calcul les principes de l'expérience interne, et de ses formules il a fait sortir des résultats si magnifiques, que Drobisch, un de ses plus illustres disciples, a pu déjà le désigner à la postérité comme le Copernic de la psychologie, et que nous n'avons nous-mêmes aucune peine à souscrire à ce jugement comme à celui de l'histoire. Si plus tard le temps et les circonstances nous permettaient de revenir sur cette matière, nous livrerions avec plaisir au public cette partie des travaux d'un homme de génie que ses préjugés de secte ont dû, seuls, nous aimons à le croire, tenir éloigné des pures, saintes et sublimes doctrines de la foi catholique.

Physique.

§ 111.

La physique est la science des relations externes des actes absolus ou des êtres, passant de l'isolement à l'agrégation, ou repassant de l'agrégation à l'isolement.

Les relations externes, comme ces deux mots — relations externes — l'indiquent assez clairement par eux-mêmes, ont deux faces, l'une apparente, l'autre réelle. De là deux branches de la science physique, l'une s'occupant spécialement de l'explication du devenir apparent, l'autre se renfermant dans la considération spéciale du devenir réel ou de l'activité relative. Il y aurait lieu, dans ce cas, de laisser à la première la dénomination indéterminée de physique, et de désigner, par celle de chimie, la dernière; mais, au point de vue philosophique, ces deux parties de la science physique ne peuvent être traitées à part, car elles ont besoin l'une de l'autre; et, si nous mentionnons alors leur distinction, c'est seulement pour constater la nécessité de considérer en général sous deux aspects la plupart des questions de la science physique.

Pour nous mieux dégager l'esprit des difficultés provenant de la commune manière de voir, trop souvent en désaccord avec la vérité, nous chercherons, d'abord, à fixer nos idées sur le double phénomène physique que l'on nomme espace et matière (étendue abstraite et concrète). L'explication de ce double phénomène découle des principes de la métaphysique générale et de la psychologie. Nous savons [1] en effet, d'une part, par la métaphysique générale, qu'il existe une multiplicité d'actes absolus ou d'êtres, que ces êtres peuvent être ensemble ou non ensemble, et que de cette première possibilité résulte ultérieurement la possibilité de construire la représentation de l'étendue; c'est là l'origine intelligible de

---

[1] La preuve détaillée de ceci se trouve dans l'*Examen de la Rationalité...*, § 27, etc.

l'espace. Nous savons également, d'autre part, par la psychologie, qu'il existe une multiplicité d'actes internes relatifs, que ces mêmes actes relatifs se disposent naturellement en séries, et que de la complète évolution des séries résulte l'actuelle représentation de l'étendue; c'est là l'origine sensible de l'espace. Connaissant ainsi les deux origines nécessairement présupposées par la représentation de l'étendue, mais d'ailleurs suffisantes à la produire, que nous reste-t-il à faire dans ce cas, si ce n'est à rechercher si ces deux sortes d'espace ou d'étendue, l'une intelligible, l'autre sensible, se correspondent ou coïncident, ayant trait l'une à l'autre, savoir, l'apparent au réel et le réel à l'apparent? Or, il n'y a pas moyen de douter de ce fait; car ce qui relie entre eux le monde interne et le monde externe, c'est le principe de causalité suivant lequel ces deux mondes se trouvent en constante relation. Et par conséquent, si nous voulons à l'avenir nous orienter commodément, il nous suffira de ne pas confondre le domaine de l'apparent et le domaine du réel, en maintenant toutefois, comme un principe général, cette proposition très-véritable : qu'il existe une parfaite analogie de faits entre le devenir apparent et le devenir réel, ou entre l'apparence et la réalité.

Sans prétendre assimiler complètement les êtres et les représentations, il est clair que les êtres, que nous savons par la métaphysique être des actes absolus, et les représentations, que nous savons de même être des actes relatifs, sont, comme leur simple dénomination générique l'indique, susceptibles de comparaison en nature ou en acte. Or, la psychologie nous apprend qu'envisagées en relation ou en ensemble actuel, les représentations sont des forces, se comportent comme des forces, et donnent cours à des tendances indéfinies, ou constituent des complexions et des séries extrêmement variées par la matière ou par la forme. Concluant alors, par analogie, de l'interne à l'externe, nous devons dire que les êtres sont, de même, des forces, se comportent comme des forces, et admettent d'innombrables variétés de composition et de forme selon la nature respective des qualités opposées et le moment de leur rencontre actuelle. Il n'y a donc pas seulement analogie de faits entre le monde interne et l'externe, mais encore analogie de lois ou de causalité.

§ 142.

Conformément à la théorie de Herbart, nous croyons ainsi devoir résumer les principes constitutifs de la science physique.

A). L'ensemble [1] des êtres est ou parfait, ou impar-

---

[1] Dans l'*Examen de la Rationalité*..., nous distinguons deux autres sortes d'ensembles : l'absolu et le relatif. Si nous négligeons ici cette distinction parce qu'elle ne nous est point actuellement nécessaire, nous ne laisserons pas de dire quelques mots pour la faire comprendre et la justifier. Prenons, pour exemple, deux représentations actuelles. Ces deux représentations, considérées absolument, sont simultanément dans la même âme ou dans la même puissance absolue ; elles sont donc réellement e n e n s e m b l e a b s o l u. Toutefois, ces deux représentations peuvent être supposées n'ayant encore entre elles aucune relation actuelle, ou bien ne formant (par le défaut de concours actuel) aucune espèce d'union ; et, dans ce cas, il est clair qu'elles sont encore h o r s d e t o u t e n s e m b l e r e l a t i f. Il y a donc deux sortes d'ensembles bien distincts : l'absolu concerne le rapport originaire de deux ou plusieurs actes à la même puissance ; et le relatif concerne le rapport d'exercice de deux ou plusieurs actes capables d'être modifiés l'un par l'autre.

La reconnaissance de l'ensemble absolu sert de fondement à

fait, ou nul. L'ensemble parfait est une complète pénétration de deux ou plusieurs êtres. Cet ensemble exclut toute séparation ; mais il ne paraît point naturellement réalisable dans toute sa perfection. L'ensemble imparfait provient d'une incomplète fusion d'activité ; il admet, par conséquent, une certaine distinction d'acte ; et, plus cette distinction est prononcée, plus la représentation de l'étendue s'accroît. Cet ensemble est donc le principe de toutes les représentations de l'étendue. L'ensemble nul est une non-activité relative complète.

B). La loi du passage des êtres, de l'ensemble nul à l'ensemble parfait, à travers tous les degrés ascendants ou progressifs de l'ensemble imparfait, est représentée par une force apparente qui se nomme attraction. La loi du retour des êtres, de l'ensemble parfait à l'ensemble nul, à travers tous les degrés descendants de l'ensemble imparfait, est représentée par une autre force apparente qui se nomme répulsion. Le passage ou le retour d'un être, d'un ensemble à un autre, s'appelle mouvement. Plus le mouvement attractif est avancé dans sa marche, plus la pénétration est intime ; et, au contraire, plus le mouvement répulsif a fait de progrès, moins l'union est étroite.

---

notre explication du dogme eucharistique (*Ex...*, § 88), en ce qu'elle implique cette vérité, que la créature même est infinie en principe sous le rapport de l'extension, puisqu'elle est, à cet égard, tout-à-fait indiscernable d'avec l'Etre infini qui la pose. Néanmoins, pour que cette possibilité radicale d'une extension infinie se traduise en multilocation actuelle, il faut toujours présupposer un nouvel acte très-positif ou très-réel en l'Etre créateur ; car lui seul a la vertu de rendre actuels les ensembles contingents auxquels une créature peut donner lieu, sans cependant pouvoir les faire.

C). De même que la loi du double mouvement attractif ou répulsif repose, subjectivement, sur les relations de force ou d'opposition des représentations, la même loi repose, objectivement, sur les relations de force ou d'opposition des actes absolus ou des êtres.

En règle générale, les êtres doués d'opposition, mis ensemble, doivent agir et réagir l'un sur l'autre selon la mesure de leurs forces et la nature de leur opposition, c'est-à-dire, se pénétrer et s'unir. Au début, la nécessité de s'unir est entière; la loi de pénétration ou la force apparente d'attraction a donc, en ce moment, son intensité la plus grande. A mesure, ensuite, que la pénétration s'accomplit, la nécessité de s'unir, et, par-là même, la force apparente d'attraction diminue; mais elle persiste pourtant, tant que son but n'est pas atteint; et la persistance de son action a pour effet d'accélérer incessamment le mouvement attractif qui s'accroît suivant une certaine loi de progression. Inversement, une cause de séparation vient-elle à s'élever entre deux êtres présupposés ensemble : ces deux êtres doivent se séparer; mais, en se séparant, ils donnent satisfaction à cette cause, et peuvent être, par conséquent, moins pressés de se quitter. D'ailleurs, plus ils s'éloignent, plus la force apparente d'attraction tend à les retenir. Donc le mouvement répulsif est, à son tour, susceptible d'être incessamment retardé dans sa marche jusqu'au moment de la désunion entière.

D). L'opposition des êtres peut être prise absolument ou relativement. Prise absolument, c'est-à-dire, envisagée en elle-même, elle est forte ou faible; prise relativement, elle est égale ou inégale. Elle est forte, ou faible, quand deux êtres sont beaucoup, ou peu opposés. Elle est égale, quand les deux êtres opposés sont tels, qu'un seul suffit pour balancer la puissance de l'autre; elle est, au contraire, inégale, quand l'un des deux n'arrive à balancer la puissance de l'autre que par un secours étranger ou par une adjonction d'autres êtres.

Une forte opposition détermine une pénétration plus rapide, un ensemble plus tenace, une attraction plus forte. La lenteur de mouvement, la fragilité d'ensemble, le rétrécissement d'union, dénotent une opposition faible.

E). L'opposition qui subsiste naturellement entre deux ou plusieurs êtres peut, dans son double effet attractif ou répulsif, se transférer ou se communiquer, des êtres opposés, à d'autres êtres en nombre indéfini.

a). Considérons, d'abord, le premier cas concernant l'attraction. Nous disons que l'attraction peut engendrer l'attraction. En effet, l'opposition actuelle entre deux ou plusieurs êtres a pour résultat immédiat de constituer ces mêmes êtres en un certain état interne d'activité relative; d'où il suit que chacun d'eux se trouve alors, par rapport à tout autre être hétérogène ou homogène à lui, dans un état particulier d'excitation ou d'action qu'il n'offrirait point sans la coopération de la qualité contraire, qui l'excite et par ce moyen lui communique d'une certaine manière sa nature, ou grave en lui sa ressemblance et son image. Mais, dans ce cas, les autres êtres qu'il vient à rencontrer incidemment, — ne trouvant pas seulement en lui sa propre qualité mais y trouvant de plus l'élément accidentel d'énergie qui lui demeure annexé comme la reproduction d'un être pour lequel ils auraient de l'attrait,

— bien qu'ils soient peut-être indifférents à son égard, doivent immédiatement sortir de cette indifférence, et, comme ils attaqueraient l'être même dont il porte l'image, l'attaquer avec une vivacité proportionnelle au degré de ressemblance acquise par la pénétration. Donc il est réellement possible que l'attraction se communique ou transfère ; et comme, d'ailleurs, cette translation peut indéfiniment se répéter suivant des modes très-variés d'un décroissement continu, ce simple fait suffit déjà pour nous révéler en lui la double origine de l'action apparente à distance, et de ses lois.

b). Mais, de plus, nous disons qu'un premier cas d'attraction peut se changer en répulsion. En effet, il est déjà prouvé, par ce qui précède, qu'un être excité par un autre n'est pas seulement en relation avec l'excitateur, mais entre encore, comme contenant son image, en relation avec tout autre être capable d'être excité par lui. Mais on peut supposer que cet être quelconque a déjà reçu directement toute l'excitation dont il est susceptible. Dès-lors, quand l'excitation, médiatement communiquée par le premier être excité, lui survient, il ne la peut recevoir, et fait par suite défaut au degré de pénétration requise, ou, ce qui revient au même, s'éloigne de l'ensemble par un mouvement marqué de répulsion. Donc un premier cas d'attraction peut engendrer réellement un cas de répulsion ; et, comme cette même opération peut encore indéfiniment se répéter en présentant une série de décroissements continus, on peut aisément reconnaître, dans cette sorte de prolongement d'une première action répulsive indéfiniment répétée, la double origine de l'action répulsive exercée à distance, et de ses lois. De là, le fait particulier du rayonnement, qui témoigne une prépondérance continue de la répulsion sur l'attraction.

F). Arrêtons-nous, un moment, sur le double phénomène des attractions médiates et des répulsions spontanées. Si plusieurs êtres homogènes (en nombre déterminé) sont en relation actuelle avec un autre être, à lui seul, leur égal en puissance, tous ces êtres doivent être, d'après ce qui précède, E), également excités et pénétrés non seulement par lui, mais encore, grâce à sa médiation, par eux-mêmes. A cause de la fortuité des ensembles, nous pouvons supposer l'être supérieur en force subitement enlevé par une cause quelconque. Alors le degré d'excitation déterminé par sa présence, s'il était maintenu, devrait, en raison de son absence, retomber de chaque être homogène sur les autres. Mais il est évident qu'ils sont, par eux-mêmes, incapables de soutenir cette action. Donc ils doivent immédiatement tendre à s'éloigner de toutes parts, ou bien se repousser.

H). Toute agrégation actuelle ou réelle a son degré de fixité provenant d'une détermination effectuée d'activité relative entre deux ou plusieurs êtres plus ou moins unis ou pénétrés l'un par l'autre. Une agrégation étant donnée, prenons alors de nouveaux êtres. Il est possible que ces nouveaux êtres soient susceptibles de contracter, avec un ou plusieurs des êtres précédemment agrégés, des relations d'activité respectivement **plus fortes ou plus faibles** que n'en accuse le degré de pénétration actuelle. Dans le cas d'un conflit, qu'en résultera-t-il ? Dans le premier cas, il y aura dissolution de la molécule déjà constituée ; dans le dernier, au contraire, il y aura simple choc ou attentat à la dissolution. — S'il n'y avait absolument point d'opposition entre les premiers êtres constituant la molécule et les nouveaux-venus, l'agrégation serait, pour ces derniers, comme non existante, ou diaphane, transparente ; ils la traverseraient sans accident.

§ 113.

L'explication des faits d'expérience doit, maintenant, se déduire des principes précédents. En commençant l'analyse, d'ailleurs très abrégée, des principaux phénomènes physiques, il importe de bien saisir l'analogie de notre point de départ avec celui des physiciens modernes. Pour cela, nous ferons d'abord observer que, si nous ne pouvons arriver jusqu'à montrer distinctement les monades, les physiciens ne sont pas plus en état de prouver que les 53 ou 54 corps réputés simples le sont réellement. Tout ce qu'on peut établir à cet égard, c'est que, vu les moyens d'investigation que nous avons, les 54 corps réputés simples se comportent comme de vraies natures élémentaires ou de vraies substances inaltérables. Sous ce rapport, il y a donc une parfaite identité de position entre les physiciens et nous : ils n'excluent point une composition secrète des corps simples, et nous, nous l'admettons. Mais ce n'est pas tout ; il va devenir immédiatement manifeste qu'ils se trouvent dans une position de beaucoup inférieure à la nôtre, si l'on réfléchit qu'en rapportant aux 54 corps réputés simples les faits relativement plus concrets, ils laissent entièrement de côté les phénomènes les plus éclatants de la physique, tels que la chaleur, la lumière, etc. Or, comment douter que ces derniers phénomènes ne présupposent, aussi bien que les premiers, des natures spécialement propres à les produire ? Et, d'ailleurs, si ces natures sont de vrais éléments amalgamés avec les autres, comment ne pas s'apercevoir que leur négligence ou leur oubli doit amener l'institution de formules trop restreintes, incomplètes, et par-là même nulles ? Au lieu donc que, dans nos principes, tout est préparé pour une entière explication des phénomènes physiques, les physiciens sont réduits à n'offrir que des points de vue partiels de la nature externe ; et, par conséquent, leur science, malgré l'exactitude et la finesse des aperçus, demeure une science empirique. Il est vrai qu'inversement nous courons nous-mêmes un autre danger, savoir, celui de construire une science purement théorique. Mais c'est là le défaut inhérent à toute science critique ; elle rectifie les idées, elle explique les faits observés, mais elle ne garantit point l'intégrité d'observation, elle ne prévient pas les découvertes à venir. Son rôle est celui de Mentor ; et, pourvu qu'elle y demeure fidèle, elle fournit sa tâche.

Les faits physiques à expliquer se divisent en deux grandes classes. La première se compose de tous ceux où la matérialité domine, tels que la cohésion, l'élasticité, la crystallisation ; et la seconde se compose de tous ceux où la matérialité tend à s'évanouir, tels que l'expansion, le calorique, la lumière, etc.

D). La cohésion est l'effet immédiat de l'attraction. Elle suppose la réunion de plusieurs êtres simples, opposés, en état de pénétration intime ou de molécule ; et la réunion de plusieurs molécules, ainsi composées, en une seule masse que l'on appelle ordinairement corps. — Soient, par exemple, 8 éléments d'oxigène capables d'entrer en parfaite union avec 1 élément d'hydrogène. Si nous mettons ces éléments en présence, ils s'uniront ensemble en vertu de B). Mais, l'ensemble parfait devenant impossible en vertu de E), *b)*, ces neuf éléments se constitueront alors en agrégation matérielle ou embrasseront un certain espace encore d'ailleurs très-petit, A). Ainsi la molécule est formée. Soient, maintenant, plusieurs molécules ainsi formées séparément. Ces molécules pouvant se trouver en présence, mettons-les ensemble. Alors, par la même raison que les éléments d'oxigène doivent entrer en relation les uns avec les autres dans la même molécule, E), *b)*, ils doivent pareillement entrer en relation avec les éléments d'oxigène de l'autre molécule, et par suite les attirer comme ils en seront attirés à leur tour. Cette attraction vers le dehors de la molécule ne saurait, sans contredit, être égale à celle par laquelle les éléments d'une même molécule s'attirent entre eux au-dedans; car les éléments d'oxigène composant une molécule sont toujours plus rapprochés de l'élément d'hydrogène, leur centre primitif, que de l'élément d'hydrogène de l'autre molécule avec lequel ils n'entrent que médiatement en relation. Néanmoins, il est incontestable qu'elle existe ou qu'elle agit pour relier les molécules entre elles comme leurs éléments déjà le sont entre eux. Il est donc vrai de dire, enfin, qu'il existe une force spéciale, apte à lier les molécules entre elles; et c'est cette force apparente qu'on nomme cohésion. (On expliquerait, de même, l'adhésion par un commencement de cohésion entre deux surfaces juxta-posées.)

J). L'élasticité suit de toute densité constituée. Soit, en effet, une matière plus ou moins cohérente. Cette sorte de matière subsiste par la présupposition d'un certain équilibre entre les deux forces opposées de répulsion et d'attraction. Supposons-nous alors qu'il survient une cause quelconque qui porte ses éléments à se rapprocher ou, au contraire, à s'éloigner, c'est-à-dire, qui vienne en aide à l'attraction ou à la répulsion : la force ainsi doublement combattue doit inévitablement céder, jusqu'à ce qu'il se détermine une nécessité contraire amenant le retour à l'état primitif. Si, par l'effet du retour, cet état primitif est dépassé, pour l'être encore dans un nouveau mouvement en arrière, le va-et-vient prend le nom particulier d'oscillation. Si, dans le cas d'éloignement des parties, cet éloignement était poussé jusqu'aux dernières limites de la puissance des êtres, il y aurait rupture, brisement, ou perte complète de forme.

K). La crystallisation est le produit de l'équilibration des forces dans la libre formation des agrégats matériels.

En règle générale, dans les produits crystallisés, l'être hétérogène occupe le milieu, et les êtres homogènes sont rangés tout autour.

La relation de deux êtres homogènes à un seul être hétérogène engendre la ligne droite concrète, la plus simple de toutes les complexions linéaires.

De l'opposition entre trois êtres hétérogènes, d'égale ou d'inégale force, résulte le triangle concret, qui est la forme la plus simple de toutes les complexions planes.

Quatre éléments hétérogènes engendreraient la pyramide triangulaire, qui est le plus simple des solides.

Les corps composés de molécules ou de complexions linéaires, planes, solides, sont dits filamenteux, feuilletés, granuleux.

Nous pourrions pousser plus loin cette étude de la génération des formes, en prenant un nombre plus considérable d'éléments ; mais nous en avons assez dit pour faire comprendre le principe général de la crystallisation. Nous ajouterons seulement que, si nous prenions à la fois un nombre considérable d'éléments hétérogènes très-variés en force, nous devrions bientôt perdre la trace de toute forme ou de toute construction déterminée; car nous n'aurions plus de nom ni d'idée pour différencier tous les produits possibles. Ainsi s'explique la presque totale indifférence de forme des corps dilatables et spécialement des métaux.

L) : *a*). Le principe général de la dilatation des corps est le calorique. Nous entendons exprimer, par le mot calorique, un certain nombre d'êtres simples homogènes, tous doués d'une **forte mais inégale** opposition avec les éléments constitutifs des corps solides ou liquides. La force d'opposition explique le degré de la pénétration et l'intensité des effets, D); l'**inégalité** de force, qui présuppose une **grande multitude** d'éléments calorifiques en jeu, rend raison de la constante déperdition du calorique par le rayonnement, E), *b*). Les différences de rayonnement, pour les différents corps, doivent être attribuées aux variétés apportées dans les relations par l'augmentation ou la diminution de l'**inégalité** respective des forces : plus l'opposition est simultanément forte et inégale, plus la répulsion est prononcée... La différence de dilatabilité des corps par le calorique est également en raison de leur affinité pour lui. L'expansion est une séparation commencée....

b). Prenons pour exemple un corps souvent présent à nos yeux, l'eau. D'après l'expérience et nos propres principes, à l'état solide, ce corps est, à **peu près** (sinon entièrement), privé de calorique [1]. Alors, par con-

---

[1] Si l'eau tient exceptionnellement moins de place à l'état liquide qu'à

séquent, la force de cohésion est, à peu près, entière, I). Quand le calorique survient, il s'introduit d'abord avec assez de facilité dans les interstices des molécules où nous savons que l'attraction est plus faible, et se met par ce moyen en relation avec chaque molécule, dont, s'il ne peut (en raison de la notable affinité respective des éléments moléculaires) suspendre les relations i n t e r n e s, il a du moins pour effet de réduire la cohésion e x t e r n e à ses plus bas degrés avant de parvenir à l'annuller tout-à-fait. Les molécules ne se hâtent point, ainsi, de se désagréger ou dissoudre, soit parce que la force de cohésion n'est vaincue que successivement, soit parce que l'attraction du calorique pour elles est une raison de persister dans l'union. Mais, parce que leur force de cohésion cesse enfin, d'une part, et parce que, d'autre part, la nombreuse intervention des éléments calorifiques leur enlève toute configuration déterminée, K), elles cessent de tenir à leur forme d'union et prennent sans peine de nouveaux arrangements. La perte entière d'attraction et la fusion arrivent, quand la répulsion dont nous avons parlé, E), b), commence à se manifester notablement entre les éléments du calorique. Alors, sans la pression de l'atmosphère, ou peut-être encore d'autres causes, elles s'enfuiraient de tous côtés, entraînées qu'elles seraient par les éléments du calorique; mais, retardées par ces divers empêchements, elles se prêtent à la forme liquide, jusqu'à ce que la répulsion des éléments calorifiques ne connaisse plus de barrières. Ce moment arrive-t-il : nous

---

l'état solide, on peut expliquer ce phénomène de condensation à l'état liquide, par la grande affinité de l'eau pour le calorique, affinité dont rien ne saurait suspendre l'effet, tant que la répulsion fondée sur la trop grande accumulation du calorique n'a pas commencé à se manifester.

ne devons pas croire que l'attraction du calorique pour les diverses molécules désagrégées ait cessé pour cela, car il n'y a pas de raison à cette fin d'attraction. Le calorique tente donc toujours d'y pénétrer, et, n'y pouvant réussir, il les environne, chacune en particulier, comme un centre autour duquel il tourbillonne sans fin [par voie de translation d'attraction, E), a)] sous la forme de sphères concentriques de plus en plus développées; et, comme la tendance à se fuir lui-même le fait en même temps indéfiniment rayonner, il les emporte indéfiniment avec lui dans sa fuite, et conditionne ainsi l'indéfinie dilatabilité des gaz ou des vapeurs.

c). Nous venons d'indiquer, en passant, le phénomène par lequel le calorique se coordonne en sphères concentriques autour d'une molécule centrale; ce phénomène mérite d'être approfondi. Quelque inégale que soit l'opposition du calorique pour un corps, et quelque forte que soit dès-lors la répulsion qui s'en suit, il est impossible qu'en raison de l'attraction du calorique pour ce corps, plusieurs éléments calorifiques ne soient retenus autour de lui comme autour d'un noyau qui les protège, d'une part, contre la dispersion, et, d'autre part, s'en revêt comme d'une enveloppe. Mais, en vertu de la translation d'attraction, l'enveloppe et le noyau sont simultanément doués d'une attraction commune qui permet de les considérer comme nouveau noyau d'une autre sphère plus développée, qui recouvre la première, comme la première recouvre le premier noyau. De même, la seconde sphère, une fois formée, peut, avec tout ce qu'elle contient, être recouverte d'une troisième sphère; et ainsi de suite, à l'infini. Comme ces sphères tendent toujours à pénétrer leur noyau respectif, elles doivent effectivement se pénétrer l'une l'autre, jusqu'à ce qu'il s'élève une répulsion capable d'entrer en équilibre avec l'attraction qui les anime. Maintenant, cet équilibre est, en passant d'une sphère à l'autre, produit par des causes de plus en plus faibles d'intensité. Dans la première sphère, par exemple, ou dans la sphère enveloppant immédiatement le noyau, la nécessité d'union ou l'attraction est, en raison de l'immédiate présence du noyau, plus grande et plus intense qu'en la seconde sphère, où le noyau n'intervient que médiatement par translation d'attraction; et, de même, elle est plus grande en la seconde qu'en la troisième sphère, parce que l'attraction de la troisième sphère n'est qu'une médiate reproduction de l'attraction de la seconde... La répulsion, que nous savons également se produire, en ces sortes de cas, proportionnellement à l'urgence de la pénétration, est par conséquent, elle-même, de plus en plus petite; et, dès-lors, il doit manifestement arriver un moment où l'attraction de translation a tellement décru, qu'elle implique simplement un degré de pénétration justement égal ou conforme à la qualité des éléments calorifiques, et ne donne lieu, par cette raison, à aucune nouvelle répulsion. L'attraction agit donc, seule, en ce moment; et la sphère qu'elle détermine, n'étant plus repoussée, se trouve tout entière employée à peser sur la couche inférieure; la couche inférieure, étant ainsi plus pressée, pèse à son tour, avec plus de poids, sur la sphère précédente.... jusqu'à ce que le surcroît de poids atteigne le noyau. Mais, là, comme sur toute la ligne, nous savons qu'avec l'augmentation de pression ou de pénétration la répulsion doit croître. Donc il est alors inévitable que l'équilibre se rompe, et que le noyau rayonne en tout sens en proportion de la pression qu'il supporte.

d). Nous avons supposé le noyau formé d'un seul élément hétérogène au calorique ; mais nous pouvions le supposer formé d'une masse d'éléments agrégés. Dans cette dernière hypothèse, à cause de l'opposition et de l'affinité présupposée du calorique pour chaque élément de la masse, le calorique doit tendre simultanément à se former en sphères autour de chacun d'eux. Mais cela se peut-il ? Il est au moins certain que cela ne se peut ordinairement, sans exiger une extrême tension entre les éléments du calorique, par suite de l'accumulation et de la compression des sphères concentriques. De là, le danger des violentes ruptures... S'il arrive qu'une dissolution imminente soit fortuitement empêchée par quelque obstacle, la température s'élève et l'intensité du calorique s'accroît, jusqu'à ce qu'il lui soit donné libre carrière.

e). L'intensité du calorique lui vient uniquement des obstacles qu'il rencontre à sa libre expansion, quand il entre en répulsion. Ces obstacles sont ou propres ou étrangers aux masses auxquelles il s'incorpore. Ils sont propres aux masses agrégées, lorsque leur force de cohésion est très-grande, et leur densité très-considérable aussi ; car, alors, le calorique, cherchant toujours à se former en sphères et n'y pouvant réussir aisément, est contraint de se répandre en rayonnant. Suppose-t-on qu'un obstacle externe, tel qu'une paroi, vient encore l'arrêter dans sa marche, alors il revient sur lui-même, et, par l'effet de la reproduction d'attraction, il peut atteindre jusqu'aux degrés les plus élevés de tension.

Cependant, on conçoit que l'excitation interne d'une masse, ou, plus simplement, de deux éléments hétérogènes agrégés, puisse être parfois une occasion déterminante de manifestation, de rayonnement ou de tension de la part du calorique; et c'est le cas, toutes les fois que l'on peut supposer les éléments agrégés, saisis d'oscillation interne. Pour comprendre ceci, reportons-nous au point de vue de l'attraction et de la répulsion originaires, C). Si l'on suppose que, dans le double mouvement interne de répulsion et d'attraction, la répulsion se trouve épuisée par l'attraction, avant que la sphère d'activité des êtres en relation soit dépassée, chaque être doit immédiatement revenir en arrière avec un mouvement accéléré, pour s'éloigner de nouveau du centre, à la condition de revenir encore sur ses pas; et ainsi de suite, à l'infini. Il est vrai que ce va-et-vient peut prendre fin à la suite d'oppositions s'annullant les unes les autres; mais, en attendant qu'il finisse, il est clairement impossible que le calorique se combine fixement avec aucun élément, ni qu'il s'arrange commodément en sphères; et, dès-lors, toutes ses tendances à s'unir tantôt à l'un tantôt à l'autre ne doivent engendrer qu'un heurt continuel. Ainsi s'explique le développement du calorique par percussion, frottement, combustion ou formation de nouveaux agrégats.

M). Supposons une molécule à l'état de rigidité par la cessation de toute oscillation et l'équilibre des forces : tant que ses éléments ne sont point unis à des éléments d'autres molécules, ils peuvent tourner, tous en corps, sur chacun d'eux, sans dérangement de leur forme totale; car chacun d'eux est un point, et un point est le même sous toutes ses faces. Mais admettons, de plus, que les divers éléments de la molécule sont liés avec divers éléments d'autres molécules : il s'ensuivra que la molécule perdra la mobilité qui lui restait encore, ou deviendra tout-à-fait raide; et cette raideur est très-probablement le principe du pouvoir coërcitif des corps. Pour rendre alors aux molécules la facilité de se mouvoir librement ou de changer de place sans toutefois dissoudre encore la masse, il suffit de les concevoir exposées au mouvement continuel des éléments calorifiques ; car il est inévitable que ce mouvement les prédispose à se mouvoir elles-mêmes, ou bien amollisse, attendrisse la masse. Une invasion plus considérable du calorique amènerait successivement la fusion, l'évaporation naturellement lente, et enfin la vaporisation qui s'opère toujours avec une certaine tension. Néanmoins, on peut dire que le calorique agit toujours avec douceur ou sans violence, parce qu'il procède insensiblement aux effets les plus considérables. Tel n'est pas maintenant le caractère de l'électricité. Ce nouvel agent naturel est l'agent le plus capricieux que l'on connaisse. Il n'agit que par soubresauts ou secousses; il ne porte point, il ne dilate point, mais il jette, il ébranle, il renverse. Quelquefois il abonde et reste tranquille, emprisonné par de minces cloisons; d'autres fois il échappe et glisse à travers les plus épais obstacles. Il suit, quand il lui plaît, la voie droite ; et, pour la moindre raison, il se détourne immédiatement de sa route, et va, par zig-zag, frapper aux lieux les plus lointains. Docile à l'art, il se laisse manier et soutirer sans nuire aucunement; mais, dans le désordre des éléments, il ne reconnaît plus de maître, et dans sa fureur il lance les éclairs et la foudre. D'après cette courte description, on n'a pas de peine à concevoir qu'il doit être très-difficile de donner une explication parfaitement claire des phénomènes de l'électricité. Ou les théories qu'on propose à cet effet sont purement empiriques, et s'écartent alors peut-être, en plus d'un point, des principes de la métaphysique ; ou bien elles sont constituées à *priori* selon toutes les règles de l'art, mais ne pouvant inversement convenir à tous les faits d'observation. On ne saurait prétendre, toutefois, qu'il soit absolument impossible de les expliquer rationnellement ; car, comment supposer qu'une observation exacte des faits et une bonne métaphysique ne puissent, enfin, se rencontrer et produire, par leur union, une théorie simultanément rationnelle et complète ?

a). Pleins de confiance en nos principes et supposant vrais les phénomènes généralement admis par les savants, nous allons essayer de démontrer leur concordance entière. Rappelons-nous ici, pour entrer plus aisément en matière, notre définition du calorique. Le calorique est, avons-nous dit, un certain nombre (très-considérable) d'êtres, tous doués d'une forte — mais inégale — opposition avec les éléments des molécules. De même, nous dirons maintenant que l'électricité consiste en un certain nombre (très-considérable) d'êtres doués d'une faible — mais non très-inégale — opposition avec les mêmes éléments moléculaires. On voit, par cette définition, que nous ne regardons pas les éléments électriques comme inférieurs en nombre aux éléments calorifiques, mais seulement que nous limitons, à de petites quantités et à de faibles degrés, le nombre ou l'intimité des éléments électriques en union avec les molécules. Par exemple, au lieu de supposer un ou plusieurs milliers d'éléments électriques pour une seule molécule, nous n'en supposerons qu'une ou plusieurs centaines ; et, de plus, nous n'oublierons pas de nous représenter leur union comme respectivement peu profonde.

b). De ces premiers principes, nous déduisons immédiatement les résultats suivants.

En premier lieu, les éléments électriques ne sont point parties essentielles des molécules auxquelles ils s'unissent, et peuvent, par conséquent, s'y loger comme en être délogés avec la plus grande facilité, selon les circonstances. La raison en est la faiblesse d'opposition ou d'affinité, réunissant les éléments électriques aux molécules.

En second lieu, comme les éléments électriques sont bien plus nombreux qu'il ne faudrait pour donner aux molécules tout le degré d'excitation possible, il doit arriver qu'en général les molécules en seront saturées, et par conséquent tendront presque toujours à les repousser de leur sein, comme si l'état de guerre était, entre eux, permanent.

En troisième lieu, parce qu'entre certaines limites, il n'y a point toutefois de répulsion entre les éléments électriques et les éléments moléculaires, les molécules et les éléments électriques doivent, entre ces limites, s'unir en offrant tous les phénomènes déjà manifestés par l'union de ces mêmes molécules avec le calorique; par exemple, dans une moyenne accumulation d'éléments électriques, la formation des sphères, et, par suite d'une accumulation trop avancée, la dissolution des masses de matière, dissolution dont les molécules elles-mêmes sont toujours le premier principe, comme formant les vrais foyers de répulsion.

c). L'électricité présente d'autres particularités plus ou moins remarquables.

D'abord, la matière électrique manque presque entièrement de la vertu de d i l a t e r les masses. La cause en est dans sa nature. Pourquoi le calorique se montre-t-il, en effet, souverainement expansif? C'est parce qu'il est doué d'une forte opposition, et, par-là même, d'une grande affinité pour les éléments moléculaires ; d'où il suit, d'une part, qu'en même temps qu'il sépare, il unit et peut encore unir long-temps, avant que sa puissance d'attraction soit épuisée ; d'autre part, qu'à la faveur de la dilatation sans rupture, il ne laisse pas de s'arranger commodément en sphères, et, par suite, diminue d'autant la répulsion, sans affaiblir, pour cela, l'attraction. Au contraire, la matière électrique se trouve douée d'une faible opposition, et, par-là même, d'une faible affinité. Pour peu qu'elle veuille, alors, poursuivre l'expansion des masses corporelles, elle doit rompre sa propre union avec elles, ou bien s'échapper et sortir de l'ensemble. Car, en ce moment de la plus grande expansion, l'électricité se trouve-t-elle en meilleure relation qu'auparavant avec la molécule ? Nullement. D'abord, il est clair qu'en ce moment la répulsion n'a pas diminué, puisque (à moins d'une rupture dans la masse) l'ensemble qui la détermine en principe est et demeure identique ; donc il n'y a pas de raison pour que l'électricité soit réintégrée dans la masse. De plus, en ce même moment, l'attraction qui porte les éléments moléculaires à s'unir se trouve respectivement plus tendue que jamais, C) ; donc elle doit immédiatement se resserrer. Mais, dans ce cas, l'expansion ne peut évidemment être qu'instantanée. Donc l'effet de l'électricité n'est point de dilater, mais seulement d'agiter ou d'ébranler, quand elle ne suffit point pour mettre une masse en pièces.

De plus, la puissance d'ébranlement de l'électricité varie selon la configuration des agrégations moléculaires. En effet, il est incontestable que l'interne configuration des masses corporelles peut être plus ou moins fermement constituée. Mais une masse plus fermement constituée doit, naturellement, plus résister qu'une autre moins solide à toute attaque externe. Donc l'électricité n'a point la même puissance d'ébranlement sur toutes les matières.

Enfin, l'électricité ne trouve point un aussi facile passage, en certaines masses, qu'en d'autres; mais les corps meilleurs conducteurs sont généralement les plus denses. En effet, les corps respectivement plus denses ont sur les autres corps ce double avantage : qu'ils contiennent plus de foyers de répulsion, et qu'il y a moins de distance d'une molécule à l'autre, chez eux, que chez les autres corps. Mais, d'abord, plus les foyers de répulsion sont nombreux, plus la répulsion doit être intense; puis, moins il est donné d'espace ou de latitude à l'électricité pour se former en sphères, plus sa marche doit être libre et dégagée. Donc la propagation de l'électricité n'est point égale en tous les corps, mais les plus denses sont généralement les meilleurs conducteurs.

d). Considérons, maintenant, de plus près les mouvements de l'électricité.

Soit une certaine quantité de matière électrique, en mouvement, au milieu d'une masse : par l'effet de ce mouvement, elle doit tendre vers la surface, non point pour y rester, mais pour s'élancer au dehors, si rien n'y fait obstacle; car la même répulsion, qu'elle éprouve au dedans, se fait sentir à la surface. Mais, dans la supposition que la masse se trouve limitée par une autre matière, qu'en résultera-t-il ?

Dans la supposition que la répulsion ne soit ni plus ni moins forte, par excès ou défaut de fluide électrique, dans la masse isolée que dans la masse isolante, les pressions sont en équilibre; et comme il n'y a point, alors, de raison de fixer l'électricité plutôt à la surface qu'ailleurs, nous devons dire, dans ce cas, qu'elle doit, de son mieux et uniformément, chercher à s'arranger en sphères tant au dehors qu'au dedans, ou des deux côtés de la surface. Mais, dans la supposition que, par excès ou défaut, la masse isolée ne contient point la même quantité d'électricité que la masse isolante, la formation des sphères ne peut plus avoir lieu de la même manière. Qu'on se représente les sphères élastiques, comprimées sous une face. Alors, elles s'aplatissent d'un côté, elles s'étendent de l'autre; là elles se condensent, ici elles se raréfient; le noyau qu'elles environnaient, s'il a d'ailleurs sa place fixe, ne se trouve plus exactement situé dans le centre. La pression est-elle exercée par une face concave? Alors elle presse les sphères les unes contre les autres, et leur résistance devient d'autant plus énergique. Vient-elle d'une face convexe? Les directions divergent; c'est pourquoi les sphères sont maintenant plus aptes à céder, et l'électricité qui cause la pression se rassemble en ce point en plus grande abondance, parce qu'elle y rencontre moins de résistance que sur les surfaces planes ou concaves. Admettons-nous, en effet, que l'accumulation du fluide électrique a lieu, par exemple, en plus grande abondance, dans la masse isolée : il presse alors, contre le dehors, tout particulièrement à ces points de la surface qui sont convexes par rapport à l'entour. La pression, ainsi produite, se transfère alors indéterminément au sein de la matière externe. La configuration de celle-ci ne change pas, pour cela; mais les sphères de l'électricité perdent maintenant leur rondeur et leur densité uniforme; et, parce que, la pression qu'elles éprouvent, elles la renvoient aux sphères de la première masse, elles maintiennent par ce moyen, à sa surface, le fluide électrique.

Supposons-nous, maintenant, à proximité de la

première masse, une autre masse où le fluide électrique ait son mouvement libre, ou **conductrice** : la scène doit changer. La pression, que nous venons de voir s'exerçant par translation au dehors, doit passer en cette nouvelle masse, et lui communiquer, jusqu'aux parties les plus éloignées de sa surface, une tension capable, au moyen du premier relâchement des sphères dans une enceinte plus lointaine, de déterminer un jeu plus libre au lieu même d'où la pression est partie. Or, ce lieu, c'est le point où la première masse fait justement face à la seconde. Là, l'électricité doit donc se rendre, en même temps que sa tension diminuera sur tous les autres points de la première masse. Mais ce dernier effet serait encore bien plus sensible, si le fluide, mis en libre mouvement, de la seconde masse trouve moyen de s'échapper, puisque alors il n'y a plus de réaction.

e). Le point de vue que nous avons atteint est celui dans lequel on se représenterait un corps non conducteur ou isolant, intermédiaire entre deux corps conducteurs, l'un non isolé, l'autre chargé de fluide électrique. Analysons ce cas.

Les sphères d'électricité, dans le corps non conducteur, sont, à cause de l'accumulation faite sur l'un des deux corps conducteurs, pressées du côté de ce corps et refoulées vers l'autre côté, faisant face à l'autre corps. Si, là, le fluide électrique trouve un moyen de s'échapper, non seulement la surface d'émission mais encore toute couche parallèle du corps non conducteur se laissera d'autant plus envahir de fluide, qu'il s'en sera répandu davantage ; puisque alors la résistance s'est affaiblie d'autant. Toutefois, cette admission du fluide, dans le corps isolant, n'est point encore une vraie pénétration ; elle équivaut plutôt, pour chaque sphère déjà construite autour de chaque molécule, à une introduction plus profonde d'un hémisphère dans son centre, introduction dans laquelle cet hémisphère est presque réduit à prendre la figure d'un cône ayant son sommet au centre de la sphère; car, pour l'autre hémisphère, il n'y faut plus songer, à cause de l'écoulement du fluide, qui doit en exporter autant qu'il en importe. Mais un tel état du fluide est certainement un état de contrainte, et doit rendre incessamment une soudaine révolution imminente. Il doit se maintenir, tant que les sommets des cônes ou les anciens centres des sphères conservent assez de force répulsive pour empêcher une totale pénétration des sphères; mais cette force vient-elle enfin à être surmontée? Les éléments électriques doivent se précipiter à la fois au sein des molécules, et là, se rencontrant au même instant, déterminer au même instant une violente tendance à se séparer et à reprendre la figure sphérique; ce qui produit une sorte d'explosion capable, suivant les circonstances, de briser et de réduire en poudre la masse corporelle. Telle est parfois, on le sait, la conséquence d'un c h a r g e m e n t excessif.

f). Après avoir étudié les mouvements de l'électricité, considérons les mouvements des corps électrisés, dont elle est le principe.

Cas d'attraction. Le premier cas qui s'offre à nous est celui dans lequel on suppose, à proximité d'un corps électrisé, un autre corps non isolé et mobile, tel qu'un pendule conducteur. Puisque l'effet de la présence du corps c h a r g é de fluide électrique consiste à refouler les sphères du corps non conducteur, au-delà de sa surface, jusque sur l'autre corps conducteur, non isolé et mobile, tout le fluide de ce dernier devra subir cette influence, entrer en tension et même s'écouler par suite du non-isolement; ainsi, d'une part, la répulsion diminue. Mais ce n'est pas tout. Les sphères du non-conducteur, pour s'être introduites dans le conducteur non isolé et mobile, ne se sont pas séparées de leurs molécules; elles y tiennent encore; et, comme, en envahissant le conducteur mobile, elles ne peuvent ne pas exercer sur lui, d'une manière analogue, la même attraction qu'elles exerceraient dans le cas où elles le pénétreraient en pleine liberté, elles doivent aussi, plus ou moins puissamment, l'attirer. De là vient, alors, qu'il se meut, en s'approchant du conducteur chargé; et son mouvement doit être même accéléré; car, plus il approche, plus la pression est forte, l'écoulement abondant, et l'attraction énergique. — Le cas serait le même, si le conducteur non isolé devenait fixe, et le conducteur chargé mobile; car il ne s'agit ici que du rapprochement de deux corps, et ce rapprochement est également possible, quel que soit le corps fixe ou mobile.

Si nous remplaçons, dans le cas précédent, le corps chargé par un corps vide ou déchargé de fluide, nous obtiendrons, d'une manière inverse, le même résultat. En effet, le corps déchargé serait alors incapable de faire équilibre aux sphères dont il serait inondé du côté du corps non conducteur; et, dans ce cas, le corps non isolé devrait, la réaction s'affaiblissant, recevoir, par la face opposée, une plus grande quantité de fluide électrique. Mais, dans ces conditions, l'opposition et l'attraction doivent aller encore en augmentant, en raison même de la proximité. Donc les deux corps conducteurs doivent encore se rapprocher.

Cas de répulsion. Soient deux corps conducteurs, mobiles, et chargés. Ces deux corps étendent naturellement la pression de leurs sphères dans toutes les directions, et, par-là même, en sens diamétralement opposé ; ils se repoussent donc, en appuyant, au besoin, sur les sphères du non-conducteur, qui par hasard se trouve entre eux. — Si nous supposions deux corps conducteurs déchargés relativement à la masse ambiante, ils sembleraient encore se repousser, par la raison que l'extension ou la dilatation des sphères du non-conducteur ambiant serait principalement dirigée vers leurs faces externes ; d'où il suit qu'ils obéiraient à l'attraction, en paraissant faire acte de répulsion.

Un tout autre cas de répulsion est celui dans lequel le fluide électrique se sépare réellement d'une matière pour passer dans une autre, ainsi qu'on peut le voir dans les pointes des corps tournant autour d'un axe. Il est indifférent, alors, que le fluide entre ou sorte. Car la répulsion intrinsèque des éléments électriques entre eux est l'unique raison de leur transport d'une matière en une autre ; et, tandis que cette force agit, elle leur donne parfaitement l'apparence d'un ressort bien vite tendu et détendu entre les deux matières.

g). Pour écarter toute difficulté dans l'application de ces principes, nous devons dire que Herbart, à cela déterminé par une foule de considérations qu'il serait trop long d'exposer en ce lieu, renonce à l'hypothèse de Symmer pour celle de Franklin ; encore n'adopte-t-il cette dernière qu'en la renversant, c'est-à-dire, en regardant comme en plus l'électricité résineuse, et comme en moins l'électricité vitrée. Partant de cette double assertion : qu'il n'y a qu'un fluide, et que ce fluide est à peu près répandu dans tous les corps, il donne cette explication de la machine électrique.

Le disque de verre, tout à la fois contraint et empêché d'osciller par un frottement alternatif, perd sa connexion avec le fluide électrique qu'il contient et qui s'échappe alors par les coussins et la chaîne, pour se rendre au réservoir commun. Mais, voici que le conducteur vient réparer cette perte. Embrassant entre ses deux prolongements le disque de verre, partout ailleurs protégé par les armatures de taffetas gommé, il lui livre et transmet, par ses pointes aiguës, le fluide électrique dont il était dépositaire, et que la résistance de l'air maintient sur ses parois jusqu'à ce qu'il prenne, de lui-même, la direction des pointes. Alors, approche-t-on du conducteur un excitateur quelconque ? Ce dernier ne reçoit point, mais donne le fluide électrique.

Lorsque deux conducteurs inégaux, dont l'un offre une voie plus libre que l'autre à l'électricité, se trouvent immédiatement en contact, la répulsion des deux conducteurs par le fluide électrique ne peut plus se faire équilibre, et le fluide se porte alors où son mouvement est plus libre. Dans l'hypothèse qu'il trouve une occasion de s'enfuir, la réaction nécessaire à l'équilibre cessant, le premier des deux conducteurs doit ouvrir son sein au fluide ambiant, s'il y en a qu'il puisse recueillir.

On pourrait être surpris de nous voir attribuer à une faible opposition la puissance d'agir chimiquement sur les complexions moléculaires ; mais, qu'on observe que le désavantage du côté de la force peut être entièrement compensé par le nombre des éléments et la rapidité des actes. D'abord, supposons-nous un grand nombre d'éléments électriques affluant contre une molécule : il y a, dans ce nombre, de quoi déterminer l'union de cette molécule soit avec une autre molécule homogène soit avec une autre molécule hétérogène. Puis, supposons-nous une très-grande rapidité dans l'acte d'union : il y a de même, dans cette extrême vitesse, une force capable de pousser jusqu'aux limites de l'attraction et de désagréger les éléments. On connaît l'expérience par laquelle une corde se trouve rompue subitement par une force équivalente à un poids qu'elle pourrait d'ailleurs supporter, s'il lui était lentement appliqué.

h). Dans les phénomènes électro-chimiques, il y a deux choses importantes à remarquer, savoir : la **polarisation** d'un conducteur fluide, ou la disposition de ses éléments à se séparer par les côtés opposés ; et la modification alternativement apportée dans les états internes des éléments électriques par les divers milieux qu'ils traversent.

Soient deux éléments A et B, en état de pénétration imparfaite pour une cause quelconque. En cet état, ils forment une petite ligne droite que l'on peut parcourir en allant de A en B, ou bien de B en A ; et, comme chacun de ces éléments la **termine**, chacun d'eux est un pôle ; d'ailleurs, ces deux pôles sont opposés, puisqu'il y a **nécessité, besoin**, pour chacun d'eux, d'une continuation ou d'un prolongement de ligne. Car est-on passé de A en B ? voilà que B **réclame** A. Est-on passé de B en A ? A **veut** de nouveau B. Les idées relatives à ce point ont été déjà fondamentalement exposées, C). D'après cela, l'on conçoit donc ce que c'est qu'un élément polarisé : c'est un élément qui en **demande** un autre.

Faisons l'application de cette nouvelle considération aux phénomènes électro-chimiques. Prenons, pour exemple, deux fils métalliques, l'un d'argent, l'autre de fer, plongeant tous les deux dans une dissolution de cuivre ; et mettons-les en contact, en dehors du liquide : alors le cuivre se porte sur l'argent, et l'oxygène, s'il n'a d'ailleurs d'autre emploi, se porte sur le fer. Or, telle est l'explication de ce fait, d'après Herbart. Au point de contact du fer et de l'argent, le fer, positivement électrisé par rapport à l'argent, remet ou communique à l'argent son excédant de fluide électrique. Ce fluide transmis, arrivant à l'autre extrémité du fil d'argent, doit s'écouler au sein de la masse liquide. L'envisageons-nous sur le point d'y passer ou de sortir du fil d'argent? Il y a nécessairement, dans ce cas, un moment où il se trouve en ensemble imparfait avec lui : pour lors, il veut donc de l'argent. Mais, d'argent, il n'y en a plus sur sa route ; et le fluide, en s'écoulant dans le liquide, y rencontre seulement un nouveau métal, le cuivre. Ce nouveau métal ne satisfait point complétement à sa demande ; cependant, il y satisfait en partie, vu l'attraction du fluide pour tout métal en général ; et cela suffit pour qu'il commence à se l'unir de préférence. D'ailleurs, le fluide continuant d'affluer par le fil, on conçoit que cette première attraction, au lieu de cesser, se fortifie, s'agrandisse ou se répète incessamment ; la demande devient ainsi plus manifeste ; et l'on ne peut nier que, dès le moment de la sortie du fil, une vraie polarité ne se déclare, d'abord, entre le fluide électrique et le métal. Mais, de plus, cette polarité sillonne le fluide en autant de sens qu'il y a de voies possibles, dans le liquide, du fil d'argent au fil de fer. Car, tandis qu'un ou plusieurs éléments du cuivre s'abandonnent à l'attraction du fluide électrique émergeant de l'argent, l'équilibre chimique est clairement troublé, de telle sorte que les éléments de l'acide, dont le cuivre est encore sur le point de se décomposer, doivent éprouver une plus forte attraction pour le cuivre situé dans la région opposée. Cette attraction se poursuit nécessairement jusqu'au fer ; et là, le fer remplaçant le cuivre attire à lui les plus proches, pour satisfaire leur besoin du métal.

Dans la pile de Volta, les choses ont lieu, maintenant, tout-à-fait de la même manière. Le principe, non du développement de l'électricité, mais de l'action chimique de la pile, est le pôle cuivre, d'où sort l'électricité positive, qui rentre dans les couples par le pôle zinc ; et, lorsque le fluide sort du pôle cuivre, il en sort muni d'une puissance d'exercice qu'il doit, toute, à ce métal, et qui consiste dans la simple modification de ses états internes par son union temporaire avec lui.

Il nous semble aisé de comprendre, dans les principes de Herbart, comment les métaux, ou ce qui leur ressemble comme plus opposé à l'oxigène, se rendent au pôle cuivre ; il suffit d'admettre, pour cela, que l'électricité polarisée devient, à ce pôle, un centre d'attraction pour tous les corps qui répondent à son état interne. Néanmoins, s'il en est ainsi, comment se fait-il que l'oxigène, avec ce qui lui reste adhérent dans les décompositions par la pile, se porte alors au pôle zinc ?

La force, par laquelle ce que le fluide électrique rejette d'abord loin de lui se porte au pôle zinc, c'est, répond Herbart, le fluide électrique lui-même. Sans doute, l'électricité repousse, d'abord, loin d'elle l'oxigène qui se dégage dans les rondelles ou les auges ; mais, au milieu du torrent qui s'en écoule avec une vitesse d'ailleurs inexprimable, il est bien difficile de ne pas admettre que l'oxigène peut avoir occasion de s'en adapter quelques parties à leur sortie du métal ou de la base, à cause de l'image métallique qu'elles emportent avec soi. Toutefois, comme l'oxigène, en se les appropriant, a précisément pour effet d'amortir ou d'empêcher cet état, il met fin, par lui-même, à ce principe d'attraction et doit s'en séparer, après avoir fait un petit trajet avec elles, pour les laisser courir, seules, vers le pôle opposé. Mais le fluide ne continue-t-il pas d'affluer circulairement par le pôle positif ou par le pôle cuivre? Dès-lors, l'oxigène trouve le moyen de faire incessamment un nouveau pas avec lui; et, de cette manière, il arrive enfin jusqu'au pôle zinc, où, s'il ne se volatilise, il se change en une couche d'oxide. Le fluide électrique est ainsi, comme malgré soi, son instrument de transport.

i). Pendant qu'il se produit tant de choses sur le passage de l'électricité, nous devons infailliblement présumer que son action s'étend aussi sur les éléments calorifiques; que, par exemple, elle a la vertu d'affaiblir leur union avec les molécules, de les pousser devant soi, de les jeter sur les côtés... Que doit-il donc arriver, si l'on suppose une grande quantité de fluide électrique (excité par des plaques peu nombreuses, mais à grande surface) réduit à s'écouler par un fil très-menu, comme par un étroit tuyau dont chaque point lui fait éprouver une certaine résistance? Dans ce cas, plus le mouvement initial est lent, plus l'accélération postérieure est significative. Car il s'ensuit qu'un moment donné, les éléments électriques, ouvrant la marche, n'auront pas surmonté la résistance qu'ils rencontrent, quand les éléments postérieurs arriveront sur eux avec grande vitesse pour les presser par derrière. Alors, de même qu'il y a un mouvement en avant, il doit se déclarer, par répulsion, un mouvement en arrière, jusqu'à ce que la résistance ait cessé. Il semble, par conséquent, qu'il n'y a plus ici de vitesse uniforme possible, mais plutôt une sorte de pulsation ou de battement, dont le fil conducteur doit supporter l'effort. Et cet effort est une répulsion dirigée en tout sens, dirigée aussi, par conséquent, du dedans, contre la surface du fil. Or, les éléments de calorique, rangés en sphères autour des molécules, ne peuvent éviter, au milieu de ces tensions et de ces pauses alternatives, d'entrer eux-mêmes en mouvement; ils sont, successivement, ballottés, comprimés, ou désagrégés; et, s'il leur est possible de s'étendre dans la matière, ou de rayonner au dehors, ils doivent profiter de toutes ces issues. C'est ce qui arrive en effet; le fil s'échauffe entre les deux pôles, c'est-à-dire, la chaleur rayonnante apparaît.

j). Si le calorique est influencé par l'électricité, comment l'électricité ne serait-elle pas influencée par le calorique ? Supposons que, pour une cause quelconque, le calorique subisse, dans un fil conducteur, de ces dérangements qui déterminent une inégale propagation de chaleur : les chocs et les pressions du calorique retomberont sur le fluide électrique, en troubleront l'équilibre, et détermineront, de cette sorte, à leur tour, des phénomènes électriques plus ou moins prononcés. De là, les courants dits thermo-électriques.

k). Que dirons-nous des courants électro-électriques, ou des courants in d u i t s, en général ? Ces phénomènes nous paraissent de simples effets de la t r a n s l a t i o n d'a t t r a c t i o n, commune au calorique et à l'électricité. Le magnétisme paraît explicable de la même manière, dans le système de Herbart.

N). Le magnétisme consiste en attractions et répulsions appropriées à certains corps d'une manière fixe.

S'il ne s'agissait, ici, que d'attractions ou de répulsions en général, nous pourrions désigner, comme leur agent spécial, le fluide électrique que nous savons déjà, M), *f)*, se révéler par de semblables effets. Mais il s'agit présentement d'attractions ou de répulsions permanentes ; et, sous ce rapport, nous devons reconnaître que l'électricité n'en est point le premier instrument. Car, pour rendre raison de ces phénomènes durables, il faut nécessairement trouver dans les éléments des corps une raison de la force coërcitive par laquelle ils s'approprient la vertu magnétique ; et, dans la supposition que ces phénomènes dépendent du fluide électrique, il faut présupposer aux corps une disposition à maintenir ce même fluide accumulé dans leur masse. Or, d'après nos précédentes explications, il y a peu d'opposition et par-là même peu d'affinité entre les éléments corporels et l'électricité ; la matière en est, en général, très-peu avide ; et, plus ils sont nombreux, plus elle les repousse. Donc, la raison fondamentale du magnétisme n'est point dans l'électricité.

Où donc est la condition essentielle des phénomènes magnétiques ? Elle est, selon toute apparence, dans le calorique polarisé.

Commençons par remarquer que le magnétisme n'est point essentiel aux corps magnétisés ; qu'il s'affaiblit avec le temps, faute d'emploi ; qu'inversement, s'il est continuellement appliqué à supporter un poids, il augmente insensiblement d'énergie ; que si, pour lors, on lui soustrait violemment sa charge, il perd instantanément toute la force qu'il avait acquise par l'influence du poids. Car tous ces faits sont féconds en enseignements, et démontrent que le magnétisme n'existe point par lui-même, puisque les mêmes corps tantôt l'ont, et tantôt ne l'ont pas ; qu'il n'est point un état régulier, mais au contraire une déviation de l'état régulier ou une anomalie, puisque le repos l'affaiblit et dissipe ; et que cette anomalie présuppose à son origine une certaine tension, puisqu'il entre dans sa nature de s'augmenter ou de se fortifier par tension.

Remarquons, en outre, que peu de substances (le nickel, le chrôme, le cobalt, le manganèse et le fer) présentent des propriétés magnétiques ; que, parmi ces substances, une seule, le fer, les présente assez développées ; que le fer lui-même, pour retenir la vertu magnétique, a besoin d'être mélangé d'un peu de matière étrangère, telle que carbone, oxigène, soufre ou phosphore ; enfin, que la chaleur ou le calorique rayonnant affaiblit le magnétisme, que l'incandescence le détruit, et qu'au contraire il naît ou renaît par la percussion, la torsion, l'écrouissage. Car il suit, de ces diverses observations, que le magnétisme dépend très-probablement, en partie, de la nature des substances aimantées ; qu'il est difficile de trouver réunies toutes les conditions d'une bonne aimantation ; que ces conditions impliquent le mélange ou la combinaison d'éléments hétérogènes ; et que la vertu magnétique, loin d'être favorisée par tout ce qui déterminerait une agrégation régulière, se rattache aux actions mécaniques ou chimiques les plus propres à produire un état de violence et de contrainte pour les éléments agrégés.

Partant de là, nous admettons, avec Herbart, que le magnétisme a sa raison fondamentale dans le dérangement ou l'irrégularité des sphères du calorique, en union avec certaines substances plus propres que les autres à déterminer naturellement cet effet. D'abord nous recourons au calorique, parce que nous le savons déjà doué d'une forte opposition, et par-là même d'une grande affinité pour les éléments moléculaires en général. Ensuite, nous invoquons certaines substances plutôt que d'autres, afin de trouver dans l'exceptionnelle composition de ces substances la condition des états irréguliers du calorique. Concevons, en effet, non une matière composée d'éléments homogènes, mais une matière composée d'éléments hétérogènes très-grandement disparates. Ces éléments peuvent être, soit naturellement soit par force, entrés dans un ensemble moléculaire toujours prêt à se rompre ; ils peuvent être, dans cet ensemble nécessairement imparfait, rangés en une série telle que $a, b, a, b,...$; ils peuvent encore être inégalement attractifs pour le calorique, de sorte que a l'attire plus que b, ou que b lui laisse au contraire un mouvement plus libre que a : dans ce cas, le calorique doit se former, autour de chaque molécule $a\ b$, en sphères irrégulières et contraintes ; et ces sphères, renflées d'un côté, comprimées de l'autre, ont, toutes, leur contraction et leur renflement dirigés dans le même sens; elles se retirent, pour ainsi dire, d'un côté, pour se jeter, de l'autre, en saillie. Maintenant, le calorique est en état de pénétration intime, tant avec les éléments a qu'avec les éléments b; ses états intérieurs, il doit les communiquer à tout le calorique répandu dans la matière environnante ; et, si ce calorique n'entre pas en mouvement pour se mettre en harmonie avec lui, c'est sans doute qu'il en est empêché par les attractions qui le dominent déjà, c'est surtout parce qu'il n'y a pas de ressemblance suffisante entre l'affinité de cette matière pour le calorique et l'affinité du fer ; car, ici, si nous y faisons attention, il y a translation d'attraction en deux séries, l'une partant de a, l'autre partant de b, et ces séries s'entremêlent en s'écoulant. Faute d'accord possible, il n'y a donc point, en général, d'effet apparent sur la matière environnante. Mais vient-il à se trouver, dans le voisinage, du fer ? Alors la double série d'oppositions transférées rencontre dans son calorique latent l'occasion de se manifester, et tout le calorique de la seconde masse, au dehors et au dedans, adopte la construction du calorique de la première masse ou se dispose en sphères irrégulières et toutes rejetées, dans le même sens, d'un côté sur un autre. Alors, par conséquent, il y a, dans les sphères, défaut, d'une part, et abondance, de l'autre ; et de là résultent pour le calorique les mêmes phénomènes d'attraction et de répulsion que nous avons déjà remarqués dans l'électricité.

O). Les derniers phénomènes spéciaux, dont il nous reste à parler, sont ceux de la gravitation et de la lumière. Herbart, qui les rapporte tous les deux à un même fluide, commence par faire observer qu'ils exigent, chacun, une très-petite force. D'abord, la lumière provient de causes très-faibles d'intensité, puisque la sensibilité générale de l'organisme, d'ailleurs suffisante pour ressentir l'atteinte du plus doux zéphyr, ne suffit point pour l'apercevoir, et que nous avons besoin, à cet effet, de toute la finesse de nos yeux. Puis, la gravitation dépend encore d'une force très-peu considérable, car l'expérience nous la montre souvent vaincue par d'autres forces très-petites relativement à d'autres forces naturelles. Par exemple, le magnétisme est une manifestation de force bien inférieure aux grands effets du calorique et de l'électricité ; et cependant le magnétisme l'emporte sur la gravitation ; ainsi l'on voit un petit aimant soulever et soutenir une clef, malgré toute l'attraction du globe terrestre employée à l'empêcher.

Le principe commun de la gravitation et de la lumière est l'éther. On distingue très-facilement l'éther du calorique et de l'électricité, en admettant une nouvelle classe d'éléments simultanément doués d'une très-faible et très-inégale opposition envers les éléments moléculaires. Supposons, par exemple, qu'il faille un million d'éléments de cette dernière classe pour produire, dans une molécule, la millionnième partie de l'excitation que le calorique ou l'électricité seraient aptes à produire : alors l'excitation produite par un seul élément éthéré sera seulement la billionnième partie de l'excitation prise pour unité.

De cette première notion des éléments éthérés nous pouvons déjà déduire immédiatement, qu'en même temps que ces éléments doivent être très-facilement excités à saturation par les éléments corporels, les éléments corporels doivent être inversement très-peu sensibles à leur égard, ou ne s'aperçoivent presque point de leur présence. Car, à côté des actions et réactions déjà si vives des éléments corporels entre eux, comment des billionnièmes parties d'action ne passeraient-elles point inaperçues? Les éléments corporels sont donc presque absolument diaphanes pour les éléments éthérés, qui vont et viennent à travers les molécules sans déranger leurs états intérieurs; l'attraction entre les éléments corporels et éthérés est presque nulle; et les éléments éthérés demeurent libres de céder à leurs répulsions intestines. Ces répulsions sont, du reste, très-notables. Car, en raison de leur extrême excitabilité, les éléments éthérés, dont le nombre est presque infini, ne peuvent être réunis en quantité même modique, sans se transférer très-promptement tout le degré d'excitation dont ils sont susceptibles, et par conséquent sans se repousser de toutes parts; ainsi, la répulsion, chez eux, domine considérablement l'attraction.

Réunissant entr'elles ces diverses observations, nous devons, en outre, reconnaître que ces éléments, d'une part, se réunissent en sphères et même forment sphères sur sphères jusqu'à d'immenses distances, et, d'autre part, constituent le fluide le plus dense et le moins solide, c'est-à-dire, le plus pénétrable et le plus continu qu'on puisse imaginer. Admettons-nous qu'en même temps que ses sphères sont coordonnées autour d'un grand corps ou d'un grand amas de molécules, un petit corps vient se placer à côté du grand? Alors le fluide intermédiaire entre les deux corps voudra pénétrer le petit comme il pénètre le grand; mais les éléments éthérés tendant vers le petit corps sont déjà compris dans le système d'attraction du grand corps; ils ne peuvent donc s'éloigner du grand corps sans être influencés par son attraction dominante; et, puisqu'ils sont retenus par lui, ce sera, cette fois, le petit corps qui devra se mouvoir et se rapprocher du plus grand.

Cessons maintenant, un moment, de considérer les sphères innombrables du fluide éthéré remplissant tout l'espace, pour réfléchir sur la nature respective des éléments corporels. S'il n'y avait, dans l'univers, que des éléments corporels, que serait le monde? A cause de la nature fortement attractive de ces mêmes éléments, nous pouvons dire que le monde serait une masse compacte et immobile. Car, si, dans le premier moment de leur agrégation, une certaine oscillation survenait d'élément à élément, il est incontestable que toutes les oscillations produites se feraient en peu de temps équilibre, et feraient bientôt place, par-là même, au repos le plus profond. Mais admettons, dans ce cas, l'intervention d'un agent déjà connu, c'est-à-dire, du calorique. Le calorique, doué d'une forte mais inégale opposition pour les éléments corporels, s'introduit dans tous les agrégats, écarte les molécules, dilate les corps, et se répand lui-même bientôt dans tous les lieux par le rayonnement, pour s'arranger en sphères concentriques, de telle sorte qu'il rend, pour ainsi dire, le système d'oscillation permanent autour de chaque corps. Or, on sait ce qui se passe quand un corps vibre à côté d'un autre corps vibratile, ou quand deux corps voisins vibrent ensemble mais inégalement. Les deux corps en présence, le vibrant et le non vibrant (ou inégalement vibrant), se mettent à vibrer ensemble et de concert. Ainsi le système d'oscillations doit passer du calorique à l'éther, de sphère en sphère, en s'agrandissant par conséquent toujours ; de telle sorte que tout système de corps donne naissance à un système particulier d'oscillation, et tout système de systèmes de corps donne pareillement naissance à un système encore plus général d'oscillation, ou à une série d'oscillations plus vastes et plus compréhensives. Dans ce dernier et grand système qui doit être le système du monde, on n'a plus de peine alors à comprendre que les oscillations de l'éther soient tout-à-fait indépendantes de la nature des masses corporelles, ou bien que l'attraction dont il est l'instrument soit la même pour toutes les espèces de matières. Car les oscillations de l'éther ne sont plus le produit singulier de chaque masse, elles sont le résultat composé de toutes les attractions particulières, et l'effet général absorbe tous les effets particuliers.

Si l'éther produit la gravitation par son mouvement ou balancement général, il produit inversement la lumière par ses mouvements particuliers. Nous n'entendons point, toutefois, décider ici si la lumière consiste en simples oscillations particulières du fluide éthéré, ou si elle provient de natures qualitativement distinctes; car ces deux opinions sont également possibles, quoique la dernière paraisse plus probable. On peut, d'abord, soutenir la première, parce qu'il est réellement possible que l'éther éprouve deux sortes d'oscillations distinctes; c'est ainsi que l'on remarque, dans les cordes vibrantes, pendant qu'elles vibrent de toute leur longueur, des vibrations intermédiaires simultanées et distinctes. Ensuite, on peut encore soutenir la dernière, car, en renfermant, dans trois classes spéciales, tous les éléments calorifiques, électriques, éthérés, nous n'avons pas entendu déclarer que les éléments compris dans chacune de ces classes sont parfaitement homogènes ; nous avons voulu seulement faire entendre qu'à côté de la grande ressemblance de ces sortes d'éléments, leurs différences sont à peu près entièrement négligeables. Or, ce point une fois reconnu, l'on ne peut nier que le système des émanations ne soit aussi rationnel que celui des vibrations lumineuses ; car toutes les différences des perceptions s'expliquent alors parfaitement par la différence de nature des éléments lumineux, que l'on peut toujours supposer aussi nombreux en qualité qu'il y a de nuances distinctement perçues. Autre chose est, cependant, la théorie ; autre chose est la réalité. Dans la commune expérience, dans la coloration naturelle des objets, ce n'est point, en effet, l'action élémentaire ou distincte des éléments lumineux qu'on perçoit, mais leur action combinée, moléculaire[1]. Or, on voit sans peine où cela tend. Si tous les corps de la nature agissent sur les éléments lumineux pour les agréger ou les désagréger par translation d'attraction ou autrement, ils sont tous, mais à divers égards, des **foyers de lumière**. Les corps lumineux par eux-mêmes sont ceux qui semblent jouir principalement de la propriété de composer la lumière et de la rayonner sous cette forme ; et les corps non lumineux par eux-mêmes, au contraire, sont ceux qui la décomposent, et, en tout

---

1 « Tous les corps de la nature, ceux qui sont colorés même des plus vives nuances, n'ont jamais que des couleurs plus ou moins composées. On peut en faire l'expérience sur la neige, sur le soufre, sur les pétales des fleurs, et sur toutes substances végétales, minérales et animales. »

PINAUD, *Elém. de Phys.*, pag. 315.

ou en partie, l'absorbent et la réfléchissent accidentellement.

Physiologie.

§ 114.

La physiologie traite simultanément de la double série de causalité qui lie les états internes aux externes, et les externes aux internes; elle est par conséquent, à proprement parler, la science de la vie, ou la biologie.

L'interne règle l'externe, dans les tendances d'origine interne telles qu'appétits ou volontés; et l'externe règle l'interne, dans les perceptions, et les représentations qui s'ensuivent fatalement. Ainsi, les états internes tantôt sont le principe d'autres états, et tantôt ils en sont le résultat; tour à tour, ils sont cause et effet; et, comme ils ne laissent pas, sous ce rapport, de constituer une véritable réalité apparente, il y a lieu de se demander la raison de cette apparition, ou de chercher pourquoi, comment et dans quel ordre ce phénomène se produit. Afin de porter la lumière sur cette sorte d'amalgame mystérieux de l'interne et de l'externe, nous chercherons, d'abord, à rattacher ce nouveau sujet d'étude aux points déjà traités. Nous savons que les êtres simplement saisis de relations physiques, ou, plutôt, envisagés avant tout évènement ou devenir interne, sont seulement liés entre eux en vertu de leurs qualités réelles et de leur opposition radicale. Au sortir de cette première classe d'ensembles purement naturels, un nouveau système d'ensembles commence à se révéler dans le phénomène de la polarité; dans ce dernier cas, en effet, les éléments ne se comportent plus exclusivement suivant leur simple qualité, mais ils se règlent en partie sur les états internes qu'ils ont puisés dans les ensembles physiques ; et c'est en vertu du perfectionnement de puissance acquis par cette voie, qu'il leur est donné de démêler avec une sorte de discernement intelligent, au milieu des divers êtres qu'ils peuvent rencontrer, ceux qu'il leur convient particulièrement d'attaquer et de s'approprier. Cependant, parce que la polarisation repose encore essentiellement sur le principe des relations purement naturelles ou physiques, on ne peut dire qu'elle produise une entière rénovation du système primitif d'union ; elle en peut seulement être regardée comme l'aurore. Ce dernier système ou la vie proprement dite survient, quand les qualités réelles des êtres ne sont plus la raison immédiate et déterminante des ensembles, ou quand les ensembles dépendent exclusivement des états internes des êtres agrégés. C'est le cas, toutes les fois qu'il s'agit d'union ou d'ensemble entre êtres homogènes ou de même qualité. Deux ou plusieurs êtres homogènes n'ont, en eux-mêmes, absolument, aucune raison de s'unir. Dès-lors, si de tels êtres s'unissent, cela ne peut absolument arriver qu'en vertu d'états intérieurs dans lesquels ces êtres se trouveraient placés par suite de liaisons précédentes. Car, en supposant qu'il s'agisse de semblables états, et, de plus, qu'il y ait affinité, dans plusieurs êtres, pour l'état accidentel de chacun d'eux, les êtres en présence, quoique homogènes, doivent se combiner, et, par leur combinaison tout artificielle, constituer ce que l'on nommerait un agrégat vivant.

Il est aisé de distinguer les agrégats physiques des agrégats vivants. L'agrégation physique est naturellement plus stable et plus tenace ; elle est, aussi, très-peu modifiable en ses produits ; et, si ses débuts ne sont pas gênéralement exempts d'oscillation, elle n'en garde bientôt plus de vestige, pour se fixer dans un repos absolu. L'agrégation vivante, au contraire, se ressent toujours, plus ou moins, de son acte de naissance ; elle est naturellement fragile ou instable ; ses produits durent peu, et un rien quelquefois les dissout ; bien plus, elle apparaît livrée perpétuellement à un léger mouvement d'oscillation autour d'un état normal impossible à fixer par les seules forces naturelles, si l'on excepte le cas d'une ossification complète. La constitution vivante se distingue donc aisément de la constitution matérielle : l'une est mouvante, et l'autre est raide.

De ce que les agrégats vivants sont moins fixes ou plus solubles que les agrégats matériels, il ne faudrait pas s'imaginer que l'activité des êtres, au lieu d'être relevée d'un degré, par la vie, au-dessus de l'état physique, se trouve au contraire, par-là même, notablement déprimée. Car, lorsque les relations entre les êtres dépendent exclusivement de leurs états internes, ils doivent naturellement en être plus les maîtres que dans les cas d'agrégation physique ; c'est-à-dire, ils doivent avoir plus de facilité pour les contracter ou pour s'en délivrer. D'ailleurs, ils ont encore, alors, bien plus de moyens d'influer sur les agrégations physiques extérieures, en déterminant médiatement, sinon immédiatement, les conditions de leur existence ou de leur dissolution ; c'est ainsi que notre âme, sans être unie physiquement aux éléments matériels, ne laisse pas d'opérer ou de dissoudre mille combinaisons physiques des mêmes éléments, en les opposant diversement les uns aux autres dans les expériences chimiques. Bien loin, donc, d'abaisser l'activité, la vie la relève extrêmement ; et nous pouvons dire avec toute raison qu'elle est un admirable déploiement de puissance toujours proportionnelle au degré de culture propre à tous ou à chacun des êtres en relation.

Il y a trois points à distinguer particulièrement dans le phénomène, d'ailleurs très-composé, de la vie ; nous voulons parler ici de la **Nutribilité**, de l'**Irritabilité**, de la **Sensibilité**.

§ 115.

La nutribilité consiste dans la faculté de l'**assimilation** ou de l'appropriation de certains éléments à d'autres éléments par la complication de leurs états internes. Elle comprend trois principales périodes d'agrégation : le développement, la conservation et la dissolution de la forme organique. Nous nous ferons une idée nette de toutes ces opérations, si nous pouvons d'abord bien concevoir la première, celle du développement ou de l'accroissement organique.

Représentons-nous un certain nombre d'éléments homogènes, A, B, C, D..., et un autre certain nombre d'éléments hétérogènes aux premiers mais encore homogènes entre eux, A′, B′, C′, D′...; de plus, supposons les éléments de chaque série liés entre eux, dans leur ordre respectif, par un état interne identique ou par une même attraction communiquée ; et admettons, enfin, que A et A′ sont en commencement d'union, tandis que A communique avec B, et B avec C...., de même que A′ avec B′, et B′ avec C′.... Puisque, alors, A′ commence à pénétrer A, il en épouse ou prend l'excitation, et la communique à B′, qui la communique pareillement à C′... Par la même raison, A prend à son tour l'état de A′ pour le transmettre à B, qui le transmet à C...; et, comme il est naturel de penser qu'au moment de leur pénétration A et A' oscillent, l'oscillation devra passer à B et B', C et C'…. Les premiers en ensemble sont, cependant, A et A'. Ces deux éléments, en se pénétrant, empêchent leur état respectif jusqu'à ce qu'ils se posent, l'un et l'autre, en équilibre selon leur diverse manière de pouvoir se comporter en ensemble. Mais, avant qu'ils parviennent,—et tandis qu'ils courent encore,— à cet état normal, il y a certainement un moment où B et B' sont moins dépouillés de leur premier état interne que A et A', puisqu'ils sont moins rapprochés et ne s'influencent même que médiatement, en raison des deux premiers, A et A', qui communiquent immédiatement ensemble. Dès-lors, l'attraction entre B et B' doit devenir dominante, prendre le dessus, et par conséquent déterminer, au moment où B et B' se combinent avec plus de vitesse, une certaine répulsion entre A et A'. Toutefois, ce procédé ne peut s'arrêter là. De même que A et A' cèdent la place à B et B', B et B' doivent se retirer devant C et C', comme C et C' devant D et D'; et ainsi de suite. Maintenant, n'y a-t-il pas de fin à cette opération, à ce commerce d'états, dans un milieu indéfini ? (Car nous pouvons supposer que cela se passe au fond d'une cuvette remplie d'eau, et contenant une dissolution quelconque.) Pour voir la fin de cette opération, continuons à faire arriver des couples d'éléments. A mesure que les derniers arrivent d'un côté, ou de divers côtés, les premiers s'enfuient de tous les côtés, dans tous les sens, mais jamais, néanmoins, de manière à se perdre tout-à-fait, car il n'y a pas de raison à une entière rupture d'attraction. Ainsi, chaque élément continue, plus ou moins faiblement, d'être attiré par son élément respectif, c'est-à-dire, par celui qui lui représente immédiatement un état opposé ; et, parce qu'il n'y a pas plus de fin à l'oscillation qu'à l'attraction, les couples fugitifs oscillent encore, à mesure qu'ils s'éloignent, et vont se ranger périodiquement en sphères autour du point fixe où l'oscillation et l'attraction sont toujours plus intenses [1]. Là, ils composent une sorte de membrane ou de peau ; mais on conçoit que cette membrane ou cette peau doit être, d'abord, très-poreuse. Ses vides offrent donc incessamment passage à de nouveaux éléments qui vont alimenter le centre, c'est-à-dire, y remplacer les éléments destinés à s'enfuir à leur tour pour refluer à la circonférence et compléter l'enveloppe sphérique, la membrane organique, le contenant primitif. Du reste, la rondeur n'est point un caractère essentiel de cette première formation ; nous n'avons qu'à faire intervenir, pendant l'opération, un accident quelconque capable d'enlever, par exemple, la calotte supérieure de la sphère, ou de déterminer un mouvement vers le haut : alors la membrane devient un tube percé par l'une de ses extrémités, et rempli, dans son intérieur, de matière fluide. — Pour avoir l'idée de fibres composant la membrane comme un tissu plus ou moins serré, nous modifierons simplement nos données ; au lieu de simples couples d'éléments, nous prendrons de doubles couples où deux éléments homogènes combineront leur état identique avec deux autres éléments hétérogènes aux premiers mais homogènes entre eux ; car, en vertu de la seule pondération de leurs forces, ces éléments se disposeront en aiguilles croisées dont les éléments homogènes seront le double pôle, et

---

[1] Dans ces molécules en mouvement, on peut voir une image où l'origine du sang, qui serait vraiment, alors, le porteur de la vie, la matière animée élémentaire, ou le principe vital organique.

nous aurons ainsi le moyen de concevoir des séries de couples composés, se poursuivant plus ou moins loin, et de plus ayant la faculté de se contracter ou de se dilater par le rapprochement ou l'éloignement respectif des éléments homogènes rangés face à face comme au sommet d'autant d'aiguilles compressibles ou dilatables. — Des composés de fibres nous formerions, enfin, également les muscles, et, plus généralement, toutes les parties de l'organisme. Nous ferons seulement remarquer qu'à cet égard, nous ne prétendons pas indiquer ce qui doit, mais simplement ce qui peut être. Car la cause de tous les produits organiques est, à l'origine, manifestement volontaire. Le doigt de Dieu est ici : *Digitus Dei est hîc.*

Le procédé que nous venons de décrire ou, si l'on veut, d'imaginer, nous représente un continuel échange de degrés de pénétration entre des éléments conjoints, amenés à prendre une forme quelconque, et, par-là même, nous donne une première idée de l'assimilation comme d'un acte d'appropriation par le dedans; car il faut nécessairement, ici, que tout passe par un centre commun successivement occupé par divers éléments en relation. Mais il ne suffit point d'avoir une idée générale de l'assimilation, pour la comprendre pleinement; il faut encore, pour cela, découvrir comment toute organisation spéciale ou déterminée se produit, puisqu'il n'y a point d'organisation actuelle qui ne soit déterminée. Or, il n'y a point d'autre moyen de se représenter la possibilité de toute organisation spéciale, que de regarder les divers éléments primitifs que nous avons réduits à deux, A et A′, mais qui peuvent être en nombre quelconque, A, A′, A″...., comme porteurs et sujets d'un système arrêté de développement ou d'états internes, c'est-à-dire, comme un germe[1]. Car, alors, il est aisé de comprendre que leur état interne se transfère, médiatement ou immédiatement, et successivement, d'abord en B, B', B''..., puis en C, C', C''...; c'est-à-dire, qu'il se forme ou peut se former autant d'individus semblables au germe, qu'il existe de molécules homogènes à lui, et passant par son centre, dans

---

[1] Plus le système des états internes est parfait dans le germe, plus l'animal doit pouvoir être parfait en développement. Comme nous avons déjà reconnu, dans la transition de la physique à la physiologie (§ 114), que le perfectionnement des êtres tient à l'attendrissement des unions moléculaires sans perte réelle d'action et d'influence, nous ne sommes donc pas éloignés de croire, ici, que la différence si remarquable entre les animaux et l'homme tient à un système d'union élémentaire tel, que l'être central ou l'âme jouit, dans l'homme, d'une beaucoup plus grande liberté d'exercice que dans les animaux; et ce qui nous confirme dans cette pensée, c'est, d'abord, cette observation que les animaux ne peuvent jamais devenir assez maîtres d'eux-mêmes, pour réfléchir et vouloir; puis, ce dogme fondamental catholique et traditionnel, d'après lequel il est admis qu'avant son premier péché l'homme jouissait d'un plus grand empire qu'aujourd'hui sur son propre organisme. — Dans ce premier état d'indépendance de l'homme garanti par la tradition, l'homme devait être plus proche de Dieu, par cela seul qu'il était moins enfoncé dans la matière; et, suivant cette idée, l'on peut dire que le dégagement de la matière est la première condition de la vertu, comme le dégagement de l'instinct est la première condition de la raison. Point de vertu ni de raison, surtout parfaites, sans complète indépendance et liberté d'esprit.

Nous prions le lecteur de ne point passer inaperçue cette note, d'où il suit que la révélation divine a lieu par l'intérieur, ou bien dépend de l'intime union constitutive de l'âme avec le corps. Car, s'il n'y avait point une diversité caractéristique de modes d'union entre le corps et l'âme, les bêtes, entendant parler, devraient apprendre, aussi bien que l'homme, à parler. Mais cela n'est pas. Chez les bêtes, le principe d'unité perceptive ou l'âme est donc (comme moins puissant) moins libre ou plus esclave de son enveloppe qu'en l'homme, où, si les passions ne le gênent au dedans, le principe actif jouit d'une absolue liberté.

La différence des instincts, chez les animaux, s'explique aisément dans la même hypothèse; elle provient d'une tendance dominante et nécessaire, toujours produite en eux par la configuration spécifique des germes.

les mêmes conditions de nutrition et d'accroissement. Quand et comment, maintenant, ces conditions se trouvent-elles réunies ? La communication de la puissance d'un germe à d'autres particules nutritives n'a lieu complètement que lorsqu'il est près d'atteindre son développement complet, en raison de la surabondance de son appropriation alimentaire. Tant qu'il n'a point, en effet, atteint sa perfection, ou du moins se trouve encore éloigné de l'atteindre, il a besoin de se constituer, et, pour lors, tous les éléments qu'il s'agrége, il les consacre à se donner la forme qui lui manque, ou bien il les assimile, par acte, à sa puissance, de manière à ne former avec eux qu'un seul tout. Mais le moment arrive-t-il que son organisation, à peu près entièrement développée, n'a plus besoin de toutes les particules nutritives, élaborées dans son centre ? Il doit, dès-lors, en rejeter toutes les parties superflues, comme il rejette les éléments impropres à la nutrition, avec cette différence essentielle que ces derniers sont généralement impropres à la reproduction, tandis que celles-là n'ont besoin que de se retrouver dans des conditions favorables de nutrition et d'accroissement, pour reproduire des individus entièrement ressemblants à l'être producteur.

Lorsqu'un organisme s'est complètement développé par la faveur des circonstances, il ne laisse pas d'être en butte à l'attaque des divers éléments qui continuent d'affluer soit du dedans soit du dehors. Les complexions, dont l'attraction est moindre ou dont la réceptivité est épuisée, doivent, les premières, succomber à l'attaque et se détacher de l'organisme. Cette déperdition lente de particules essentielles, parce qu'elle est en général promptement réparée, ne rompt point l'uniformité de l'existence organique; elle en maintient, au contraire, la force et la beauté; et la période pendant laquelle le corps organisé se conserve, en réparant continuellement ses pertes insensibles, est ordinairement le plus beau temps de la vie. Mais y a-t-il quelque chose d'immortel en ce monde ? Non ; avec le temps, le tout s'use comme les parties, les oscillations se rétrécissent, la réceptivité s'abaisse, et enfin les états intérieurs se suspendent ou s'empêchent à fond ou à peu près. Dans ce cas, la dissolution est imminente; et, quand elle survient, c'est la mort.

§ 116.

L'irritabilité, qui constitue le moyen ordinaire de communication entre le dehors et le dedans de l'organisme, est fondée sur la mobilité des parties organiques à l'état de vie, et sur leur résistance décidée au changement. Elle s'exerce par la contraction et l'allongement successif des vaisseaux cellulaires, des fibres ou des tuyaux. Pour la concevoir, nous nous servirons de la construction précédente (§ 115). Supposons un élément simple ou double, mais homogène, en chaque molécule, $AA'A''...$, $BB'B''...$, par exemple les éléments A, B, attaqués médiatement ou immédiatement par un élément étranger X, qui toutefois serait inoffensif envers les autres ou du moins envers l'un d'eux : alors A, B devraient céder ou s'affaisser, s'ils ne trouvaient au sein des éléments non attaqués un asile protecteur. Mais les éléments non attaqués et les éléments attaqués, résistant en commun à l'élément agresseur, doivent nécessairement élever leur tension; et l'élévation de tension doit entraîner, avec le développement de puissance relative, un accroissement de pénétration ou d'union. De là, dilatation et raccourcissement des membranes, des fibres ou des tuyaux, principalement sous forme d'aiguilles croisées, respectivement plus courtes ou plus longues.

§ 117.

La sensibilité n'est pas autre chose que la possibilité de perceptions ou d'états internes. Comme cette possibilité convient à tous les éléments, elle convient donc originairement à toutes les parties des corps organisés. Néanmoins, il est manifeste qu'elle ne ressort pas également en tous; et nous avons à reconnaître pourquoi. D'abord, les éléments étrangers qui se présentent à l'entrée d'un organisme sont réellement discernés en qualité par les éléments organiques extérieurs; mais, comme soudain ils se modifient dans cette rencontre en conformant leur état à l'état interne du corps organisé, il ne peut résulter de leur introduction successive dans le corps qu'une sensation généralement monotone ou uniforme, et par conséquent indistincte. Aussi, les organes consacrés aux fonctions nutritives se montrent-ils, en général, peu sensibles. Au contraire, les parties irritables doivent être très-sensibles; mais elles le sont trop, et l'on peut dire que, par excès de puissance sensible, elles ne sentent point, parce qu'elles s'enfuient au devant de tout objet capable de changer ou de modifier leur état interne; du moins, le sentiment est, chez elles, en général, un pur sentiment de résistance manifestée par la contraction, en présence de toute modification imminente. Les organes spécialement dévoués au sentiment sont donc ceux qui, d'une part, ne sécrètent ni n'élaborent les parties nutritives, et, d'autre part, ne sont point propres à s'allonger ou se raccourcir au moindre choc ; ce sont ceux qui ne tiennent exclusivement à aucune forme respective décidée, mais se prêtent à peu près indifféremment à toutes ; ce sont ceux, par conséquent, dont la configuration est comme molle et pâteuse : les nerfs et le cerveau.

§ 118.

Maintenant, quelques mots vont suffire pour recueillir et coordonner ou appliquer nos idées. Tous les systèmes d'organisation peuvent être divisés en trois grandes catégories, suivant qu'on fait dominer, dans chaque ordre d'ensembles, l'une ou l'autre de ces trois choses : la nutribilité, l'irritabilité, la sensibilité. La nutribilité, par exemple, domine dans le règne végétal ; l'irritabilité, dans le règne animal ; la sensibilité, dans l'exercice des fonctions spirituelles.

La nutribilité, l'irritabilité, la sensibilité ne peuvent s'exercer en même temps, sans se porter obstacle ; et de là vient qu'il y a, dans la même vie, pour chacune d'elles, des périodes distinctes de développement. D'abord, la sensibilité physique externe n'est point toujours égale à elle-même : fraîche, elle est susceptible d'un exercice plus ou moins énergique ; mais elle se lasse ou se blase bientôt, et pour lors elle dispose au repos. De là, les deux états opposés de veille et de sommeil, dans lesquels l'irritation et la nutrition fonctionnent inversement. Dans la veille, l'irritation domine, et la nutrition est suspendue, du moins pour les parties irritées. Dans le sommeil, au contraire, la nutrition a lieu parfaitement, et l'irritation est à peu près entièrement suspendue à son tour.

Il suffit de considérer la nature des végétaux implantés dans le sol, pour renoncer à l'idée de leur prêter une âme, c'est-à-dire, un être dans lequel les états internes de leurs éléments respectifs se reflètent et se concentrent; car il est manifeste que tous leurs actes externes peuvent être la simple résultante des actions et réactions élémentaires internes. Mais nous ne pouvons dire *à priori* la même chose des organismes mobiles propres aux animaux de la plupart des espèces; car, d'abord, nous ignorons s'ils n'impliquent point une certaine conscience de leurs actes, et par-là même une âme; puis, à moins de vouloir regarder leur genre d'existence comme un miracle constant, il n'y a pas moyen de ne pas rapporter tous leurs actes à un centre commun, doué de perception plus ou moins développée. Pour l'homme, il n'y a pas de doute qu'une âme ne préside à ses opérations libres et volontaires; car l'homme, c'est ce qui perçoit, représente et aspire en un corps tel que le nôtre; et l'on ne peut dire sans absurdité que le corps, ou le simple représenté, perçu et aspiré, soit l'unité ou la monade que la conscience nous atteste immuable au milieu de tous les changements physiques, et libre en ses mouvements réfléchis. Nous ne parlons point ici de l'influence réciproque du corps et de l'âme; cette considération rentre dans la matière de traités spéciaux.

La transition naturelle de la physiologie à l'idéologie se trouve dans la question du langage ou de la parole externe, qui, chez les êtres contingents, est la source ou la mère de la parole interne ou de la représentation. On sait déjà que la représentation est un acte produit de conscience purement subjective et interne. Comme il est impossible que les représentations abstraites, ou les idées simples et générales, aient une actualité quelconque temporellement indépendante de l'acte de représentation, elles sont donc produites comme lui, ou bien ne dérivent pas du dehors mais du dedans, et ne doivent à l'expérience que l'occasion de devenir, d'implicites ou de possibles, explicites ou actuelles. Ainsi se termine le long débat entre les partisans et les adversaires des idées innées. En apparence, la résolution en est plus favorable aux derniers; mais, au fond, elle est au contraire toute favorable aux premiers, en ce qu'elle consacre l'entière indépendance, importance et vérité respective du ressort de la représentation à côté ou au-dessus de celui de la simple perception. Le plus souvent on ne paraît pas avoir une notion exacte de ces deux puissances internes; car on regarde la perception comme ayant exclusivement trait aux faits particuliers, et la représentation comme ne connaissant que l'universel. Nous ferons donc observer que, comme la représentation représente, outre les idées générales, les faits particuliers (mémoire), de même la perception n'est pas incapable de nous introduire un jour dans la jouissance immédiate, non seulement du particulier, mais encore (sous forme d'acte) du général et de l'universel.

DE LA LIBERTÉ.

§ 149.

L'homme, après avoir atteint l'entier développement de sa double nature matérielle et psychique, est, d'abord, le roi des êtres vivants et le souverain de toute la création apparente; mais, de plus, il jouit d'un empire absolu sur lui-même, en ce qu'il a sa volonté en sa volonté, ou peut alors, toujours, **vouloir**, et, le plus souvent, **faire** ce qui lui plaît en dépit des autres êtres et de toute la nature. Le nom de cette **suprême puissance physique de l'homme sur lui-même** est la **Liberté** (§ 100).

Nous pouvons facilement indiquer l'emploi de cette **puissance humaine**, en reportant un moment notre attention sur les notions les plus élémentaires de notre théorie sur la nature des êtres. Tout être réel est, avons-nous dit, acte absolu (§ 61), et tout acte absolu est acte et puissance (§ 66). De plus, originairement, les divers êtres s'unissent uniquement en tant qu'ils sont opposés; sinon, ils sont indifférents entre eux (§ 112, C),). D'après cela, tout homme est-il susceptible d'être envisagé comme acte, et comme acte absolu? Toutes ces affirmations doivent trouver leur vérification dans les applications de sa puissance. Or, tout homme, est, d'abord, à son terme de développement, susceptible d'être envisagé comme acte, et comme acte absolu; puisque la liberté, physiquement considérée, consiste dans l'entière exemption originaire de toute vraie détermination relative actuelle. Ensuite, tous les hommes, en qualité d'actes absolus, étant également acte et puissance, doivent, en vertu de la loi générale de toute activité, s'attaquer, s'influencer ou s'unir conformément à la nature et au degré de leurs oppositions les plus immédiates. Or, c'est ce qui a lieu réellement; car, dans leurs rencontres, les êtres libres se recherchent et s'unissent, comme les êtres physiques, par leurs faces contraires. Par exemple, ce qui est acte, d'une part, s'adresse à ce qui est respectivement puissance, de l'autre ; comme ce qui serait respectivement acte, en ce dernier sujet, évoquerait naturellement l'apparition de la puissance inhérente au premier. Ainsi, quelque relation libre qu'on envisage, on voit les semblables se repousser et les contraires s'unir ; de là, les sympathies de caractère, l'attraction des sexes, l'union des faibles et des forts, la liaison des maîtres et des disciples, etc. Dans tous ces cas et autres semblables, il est essentiel de remarquer que l'unique fondement de relation est la liberté ; car, sans la liberté, la puissance de l'homme comme homme n'entrerait point en fonction ; et, supposé que l'on entreprît de le contraindre, on aurait peut-être encore des relations physiques, mais on n'aurait point certainement des relations humaines. La liberté constitue donc radicalement ces nouvelles sortes de relations ; aussi leur donne-t-on généralement, pour les distinguer des relations physiques, une dénomination particulière, celle d'association. On ne conçoit point, en effet, d'association sans liberté ; et, parce qu'il en est ainsi, la liberté demeure comme l'unique clef de voûte de l'ordre social.

Maintenant, les applications possibles de la puissance humaine, ou de la liberté, sont de trois sortes ; nous nous en ferons une idée nette, en prenant pour terme de comparaison les agrégations physiques. Ce dont se compose primitivement toute agrégation physique, ce sont des éléments, c'est-à-dire, des êtres simples ou des actes absolus ; et les premières agrégations d'éléments sont les molécules élémentaires. Des agrégations de molécules se forment, ensuite, les masses ou les corps ; et l'assemblage ou l'agrégation de tous les corps est la Terre, ou le Monde. De même, l'association de tous les hommes pris individuellement fonde une première espèce d'association dont le type le plus parfait et le plus ordinaire est la famille; une association de familles fonde la société civile et politique, ou l'état; et l'association générale de plusieurs états ou de tous les états constitue le vrai socialisme ou l'Eglise. Nous ne trouvons pas de nom plus propre, que ce dernier, à exprimer ici notre pensée. A cause de l'essentielle distinction des trois espèces d'association que nous venons d'énumérer, il n'y a pas de doute qu'elles n'aient, toutes et chacune, leurs raisons d'être et leurs lois qu'il nous importe de connaître; nous allons donc immédiatement en entreprendre l'étude, en comprenant, sous le triple titre de Jurisprudence, de Politique et de Sociologie, toutes les considérations se rattachant à l'une ou à l'autre des trois formes sociales possibles.

Jurisprudence.

§ 120.

La jurisprudence est, à notre point de vue, la science des droits individuels dans les associations élémentaires d'hommes ou de personnes libres. Cette science se distingue de l'éthique ou de la morale, en ce que la morale traite simplement de l'origine, de la raison et de la nature du droit en général, ainsi que nous l'avons pratiqué dans l'*Examen de la Rationalité...*, § 62; au lieu que la jurisprudence vise à déterminer la part de droit qui revient à toute personne libre dans toute association individuelle donnée. La morale est, par elle-même, une science pratique pure; la jurisprudence est, à la fois, une science théorétique et pratique.

§ 121.

Il importe essentiellement, pour la perfection de cette dernière science, de prendre d'abord en considération la nature des forces internes ou externes, ou des causes prochaines ou éloignées, qui poussent les hommes à contracter des relations volontaires, ou à les ratifier.

Primitivement, tous les hommes, individuellement considérés, sont de simples forces capables d'entrer en relation ou de s'associer. Quels qu'ils soient, sont et demeurent-ils isolés ? Rien n'arrive. Entrent-ils en relation quelconque ? Ils déterminent, par leur rencontre, un conflit tendant infailliblement à leur destruction par le désaccord, ou à leur conservation par l'accord. Mais la nature a pourvu à l'accord par l'instinct ou le désir, et par le besoin ou la crainte.

§ 122.

L'instinct ou le désir est la première force en exercice. Car, entre êtres semblables originairement considérés, il n'y a de raison ni à l'amour ni à la haine ; on ne doit, pour lors, rencontrer, parmi eux, ni accord ni désaccord. Mais des êtres dissemblables viennent-ils à se trouver ensemble ? Il est inévitable qu'ils s'unissent ; et, s'il arrive que plusieurs êtres semblables concourent au même ensemble, ou ils sont compatibles, ou ils ne le sont point. Dans le premier cas, l'ensemble demeure pour tous ; dans le second cas, les uns ou les autres sont exclus, et la première attraction se change en répulsion. En tout cas, il est manifeste que l'attraction précède, ou que l'état social est naturel.

Tant que l'attraction ou la répulsion s'accomplissent dans la région des volontés ou des personnalités proprement dites, y a-t-il quelque chose à dire contre ces actes? Non; car le droit essentiel de la liberté, c'est le pouvoir de se déterminer à son choix, à moins qu'une obligation ne précède, ce qui n'est point ici le cas. De plus, comme l'âme et le corps ne font qu'un seul et même tout, la puissance, que nous attribuons à tout homme sur ses propres déterminations volontaires, doit s'étendre jusqu'au libre gouvernement de son corps. Ainsi, celui qui fait cession absolue de son corps à certain individu de préférence à d'autres, et celui qui se refuse absolument à ces sortes d'alliances, en sont les maîtres. S'ils errent en cette circonstance, c'est à Dieu seul à en juger. N'y a-t-il pas, cependant, des limites à cette puissance de l'homme sur lui-même? S'il y a des limites, ces limites ne peuvent être que des prohibitions d'abus, ou des lois de perfection, et peut-être des conseils. En tout temps, l'unité du mariage est une institution éminemment conforme au vœu de la nature et aux inspirations morales; cette institution peut donc devenir facilement une loi de perfection. De même, on conçoit, pour l'état social, des époques où la virginité mérite d'être singulièrement recommandée pour le plus grand avantage des individus et des sociétés; pour ces mêmes époques, la virginité devient donc un conseil en même temps qu'un besoin.

§ 123.

Mais le principe de la rencontre des êtres n'est pas toujours circonscrit dans la région des volontés ou des personnalités. Autour de l'homme, il y a bien des objets excitants, qui ne lui sont plus aussi propres que ses déterminations personnelles, et cependant ne disposent pas moins prochainement au désaccord ; par exemple, le fruit d'un arbre, ou l'arbre qui porte le fruit, ou le sol qui porte l'arbre. Alors, ou les volontés en présence trouvent conjointement à se satisfaire, ou non. Dans le premier cas, sans la moindre attention peut-être, elles s'attribuent et s'approprient, chacune, ce qui leur correspond, et nulle altercation ne les divise. C'est ainsi que l'on voit un essaim d'abeilles s'abattre simultanément sur un parterre fleuri pour en sucer les fleurs sans lutte ni combat. Dans le second cas, la guerre est imminente ; car il faut nécessairement alors ou s'entendre ou se combattre. Mais le combat n'est-il pas manifestement aussi repoussant, que le bien convoité peut être tentant ou agréable ? C'est incontestable. Donc il faut s'entendre, faire un pacte, diviser.

Admettons-nous le partage des biens une fois fait conformément au droit, ou de manière à concilier les parties contendantes et à fonder l'accord : un nouveau cas se présente immédiatement. Tous les hommes ne sont point également vertueux ni capables. L'un, par exemple, est actif, vigilant ; l'autre est négligent, paresseux. L'un fait valoir sa terre, son arbre, son fruit ; l'autre consomme le fruit, coupe l'arbre et laisse la terre en friche. L'un est habile, industrieux, il améliore son fonds et compose des machines d'un grand prix pour l'exploiter avec plus d'avantage ; l'autre, satisfait d'avoir au jour le jour de quoi boire et manger, se promène, chante et s'amuse. Mais bientôt ce dernier sent la faim, le besoin, l'envie. Pour lors, il se présente à l'autre, et demande, — non un emprunt, cela se concevrait, — mais un nouveau partage. Que dirons-nous donc de cette prétention? Cette prétention, indice manifeste d'une nouvelle lutte, est : 1° une violation du premier contrat; 2° une injuste contestation du bien d'autrui dont on veut s'approprier en partie les produits, comme si l'on y avait aucun droit ; 3° un attentat contre la perfectibilité humaine dont on entrave ainsi, criminellement, le développement moral, artistique, scientifique, agricole, industriel... Cette prétention est donc, par elle-même, souverainement immorale.

Quelqu'immoral que soit le partage des biens au sein d'une société déjà constituée, on pourrait cependant entreprendre de le justifier au nom de la bienveillance ou de la charité, de la perfectibilité ou du progrès, en disant, par exemple : « Pourquoi certains hommes ont-ils tout, et les autres rien? » ou bien encore : « Pourquoi ne pas associer aux mêmes biens, aux mêmes jouissances, aux mêmes avantages et moyens de perfectionnement, des amis, des frères, des malheureux le plus souvent innocents des fautes de leurs pères? » Certes, ce ne sera pas nous qui nous élèverons contre le cri de la compassion, de la bienveillance, de l'amour pour tous les hommes, alors que nous avons appris de Jésus-Christ à donner notre vie même pour les injustes. Heureusement formés à l'école de ce divin Médiateur, nous ne cesserons donc jamais de rappeler (au nom de la bienveillance et de la perfection) aux riches, aux puissants, aux lettrés, la nécessité ou plutôt le devoir de faire part de leurs biens à ceux qui, par leur faute ou par celle de leurs pères, s'en trouvent dépourvus ; et nous ne craindrons pas d'ajouter que quiconque se refuse à remplir ce devoir, n'est pas digne d'entrer dans le Royaume des Cieux. Mais qu'on ne se méprenne pas ici sur le sens de nos paroles.... Autre chose est le Royaume des Cieux, autre chose les royaumes de la terre; autre chose est parler au nom de la bienveillance ou de la perfection, autre chose parler au nom du droit; autre chose est intimer un devoir de conscience, autre chose expliquer un pacte social. Est-ce qu'en effet la société temporelle des hommes entre eux se trouve fondée sur la seule conscience?... Et où en serions-nous, s'il en était ainsi? L'Evangile, le code le plus parfait de morale, bien loin d'aller jusque-là, distingue formellement entre le droit humain et le droit divin, et enseigne que ces deux droits ne sont pas fondus, mais distincts et subordonnés. Ainsi Pilate y est dit tenir de Dieu même la puissance dont il faisait pourtant un si mauvais usage; ainsi Jésus-Christ, à qui Dieu le Père avait remis tout pouvoir sur les hommes, ses frères, n'a pas craint de dire de lui-même qu'il était venu pour leur être soumis dans l'ordre temporel et les servir. Le fondement de l'ordre temporel n'est donc point la vertu, la perfection, la charité, mais le droit, en ce sens qu'il est indifférent à Dieu qu'un tel bien appartienne à Pierre, à Paul, à Jean...; car, supposé que de fait il appartienne à Pierre, Pierre peut le céder à Paul, et Paul alors est encore le maître de le transmettre à Jean. Veut-on savoir pourquoi, malgré cette indifférence native, l'ordre temporel ne laisse pas de dépendre de Dieu? C'est parce qu'une fois la cession faite, la donation accomplie, Dieu ne contemple plus d'un œil indifférent l'engagement voulu, la parole donnée. Vous avez fait un pacte? vous l'avez fait librement? et vous l'avez fait avec bonne foi, dans une nécessité commune, pour le plus grand bien de tous? Vous étiez le maître; dès-lors, ce pacte vous oblige aux yeux même de Dieu; ce que vous avez cédé à votre frère lui appartient; et, si vous tentez à l'avenir de résilier le pacte, vous offensez la sainteté de Dieu, vous violez le droit de votre frère, vous dissolvez la société; vous êtes à la fois impie, voleur, parjure.

Les passions, cependant, ne peuvent se contenter de cette conclusion; car l'inégalité choque l'orgueil, la sensualité, l'avarice, toutes les passions, en un mot; et les hommes passionnés savent si peu souffrir ce qui les blesse! Alors, on veut tout de bon revenir au point de départ, comme s'il n'y avait point de passé, point d'histoire, point de contrat social explicite ou implicite; partant, la guerre se déclare. Quel parti l'emportera? La raison du plus fort est toujours la meilleure : ou l'agresseur est plus fort, et le défendeur plus faible; ou l'agresseur est plus faible, et le défendeur plus fort. L'agresseur est-il plus fort? Le défendeur sent le besoin de s'associer d'autres défendeurs également menacés ou pouvant l'être; et, par ses représentations ou autrement, il s'efforce alors de les réunir à sa cause. L'agresseur est-il plus faible? Ce sera lui qui provoquera cette fois, de la part d'autres hommes animés des mêmes sentiments que les siens, une ligue formidable destinée à dépouiller les possesseurs. Dans les deux cas, il y a donc un égal intérêt à s'associer, en vue de conserver ou de prendre; et le désir ou la crainte sont des liens sociaux naturels.

§ 124.

La nature du contrat social doit être indépendante des fins qu'on s'y propose; mais, pour être plus précis, supposons-les toutes bonnes. Quelles sont-elles, en général? Généralement, tout homme adhère positivement au contrat social dans l'unique intention de sauver les droits auxquels il tient le plus, aux dépens de biens moins précieux qu'il abandonne à la société. Comme toujours les personnes sont nos biens les plus chers, en stipulant pour eux-mêmes, les hommes entendent donc toujours stipuler aussi pour les personnes qu'ils contiennent ou représentent en puissance, comme les femmes et les mineurs. Suppose-t-on, en effet, que les intérêts de cette dernière classe de faibles créatures ne doivent point être sauvegardés par le contrat social? Le principal motif, excitant les hommes à s'y prêter, n'existe plus; l'engagement n'est plus possible, ou il est nul; et la société est détruite. Mais nous avons prouvé qu'elle est, en général, possible, légitime, et même, quelquefois, nécessaire. Donc les engagements sociaux peuvent être collectifs comme individuels; et toutes les clauses du pacte social, pourvu qu'elles soient conformes à la morale, y sont également couvertes par le droit. Ainsi la famille, dans le plus large sens de ce mot, y trouve sa sanction, comme la propriété.

Mais le pacte social ne couvre pas seulement une certaine classe de personnes, il consacre encore certaines inégalités ou différences. Autre est, par exemple, le contrat entre l'époux et l'épouse; autre, le contrat entre le maître et l'apprenti, entre le travailleur et le propriétaire, entre le riche et le pauvre... Cette différence légale ouvre un vaste champ aux déclamations et aux disputes; mais, de grâce, n'oublions pas le point d'où nous sommes partis, la liberté, et considérant toujours les hommes un à un ou par paires, demandons-nous en quoi le libre contrat passé entre l'époux et l'épouse fait le moins du monde obstacle à l'engagement réciproque du maître et de l'apprenti, du travailleur et du propriétaire? Évidemment, ces divers contrats n'ont rien d'immédiatement opposé ni pour le fond ni pour la forme. C'est à chaque homme à savoir ce qu'il préfère, de son épouse, de son apprenti, de son ouvrier ; et, vouloir tout d'un coup élever au même rang ces diverses personnes, c'est, du même coup, mettre en lambeaux le pacte social.

Il n'est pas seulement rationnel, il est absolument nécessaire, dans la société terrestre, que chaque homme y soit prisé proportionnellement à l'intérêt qu'il inspire. Car cette société n'a point d'autre base que la double attraction produite par le désir ou la crainte ; et, plus grande est la tendance, plus haut est le prix sacrifié pour elle. Vouloir niveler toutes les inégalités, ce ne serait pas seulement, alors, se révolter contre la nature et son Auteur, ce serait encore, en déplaçant ou confondant les valeurs réelles ou présumées des personnes en relation, rompre violemment tous les points de connexion entre les divers états, et par-là même ébranler ou renverser la base sociale. Que faire, en effet, dans une société où l'on se trouve, à tout moment, froissé dans ses instincts les plus nécessaires ou les plus légitimes ?... Y a-t-il plus d'avantage à être opprimé par des alliés que par des étrangers ?... La voix de la nature, au reste, ne peut parler en vain. Qu'on essaie, par exemple, de mettre sur la même ligne les enfants et les vieillards, les femmes et les hommes, les apprentis et les maîtres, les travailleurs et les propriétaires, etc. : on n'en pourra venir à bout ; la distinction entre les âges, les sexes et les capacités demeure indestructible. Mais l'association est elle-même un effet naturel. Donc elle ne peut, pas plus que la nature, se prêter à un arrangement forcé ; et, si quelque jour, par hasard, on essaie de l'opérer, dès que la contrainte cessera, la société reprendra son cours régulier, c'est-à-dire, l'inégalité reparaîtra sur la scène.

Il faut soigneusement distinguer, entre les plaintes qui s'élèvent contre l'état social, celles qui condamnent à la fois l'état irrégulier et régulier de la société. Les plaintes dirigées contre les seuls abus de l'état social sont légitimes, si l'on ne veut obtenir qu'une légitime réforme; mais on ne peut dire la même chose de ces plaintes excessives qui tendent à rendre l'ordre social impossible, à cause qu'elles contestent à tout pacte public le pouvoir de lier la conscience des personnes immédiatement ou médiatement comprises dans le pacte. Par exemple, on nie que les enfants soient tenus de ratifier, à l'époque de leur majorité, les formels engagements de leurs pères, et l'on prétend que, si leur part leur déplaît, ils ont raison de vouloir refaire le contrat. Cette assertion n'est pas tolérable; deux raisons, surtout, militent contre : la raison sociale et la raison morale. La raison sociale, c'est la nécessité d'éviter la guerre. Or, proclame-t-on la nullité du contrat primitif? voilà la guerre imminente, ou même déclarée; car le seul acte, par lequel la nouvelle génération rescinderait le pacte validé par les générations plus anciennes, serait une déclaration de guerre contre l'ordre existant. La raison morale, c'est la dépendance morale des enfants vis-à-vis de leurs pères. Est-ce qu'on songerait, par hasard, à limiter le devoir de l'obéissance filiale au temps de la minorité? Mais cette opinion ne peut se soutenir un moment; car, d'abord, il est impossible d'indiquer une époque fixe et naturelle où la minorité cesse et la majorité commence uniformément pour tous les hommes; ensuite, il est manifeste que les enfans ne sont pas seulement liés à leurs parents par la nécessité physique ou par la faiblesse de l'âge, mais qu'ils sont obligés de leur être soumis par des motifs de conscience indépendants du temps et de l'espace [1]. Maintenant, dans la supposition qu'une nouvelle génération ne voulût pas se soumettre à l'ordre de choses légitimement établi, contre qui serait dirigée l'insurrection, si ce n'est contre le corps ou contre la société des pères sommés de résilier le contrat primitif, à peu près comme on voit, à ce qu'on dit, les vieilles générations d'abeilles sommées par les plus jeunes d'abandonner leur ruche? Mais, si l'état de guerre déplaît entre les hommes en général, combien plus est-il horrible contre les auteurs de nos jours?... Il y a donc une raison morale, comme une raison sociale, d'accepter sincèrement l'ordre de choses établi par les pères; et quiconque s'écarte de cette loi n'est pas un être sociable, c'est un sauvage, ou plutôt une brute.

§ 125.

Rien de plus simple, en conséquence, que l'idée que nous devons nous faire d'une société naturelle entre personnes libres : c'est un concours général de plusieurs volontés à une même fin, le plus grand bien particulier et commun. La variété des intérêts privés n'empêche point absolument la fusion, mais, finalement, la corrobore. Car, un intérêt particulier vient-il à se trouver en souffrance ? le besoin d'union n'en devient que plus sensible; et il y a, dans ce cas, rapprochement ou contraction des parties associées. Ces intérêts privés sont, d'ailleurs, extrêmement nombreux; puisqu'il n'y a point de satisfaction que l'on ne doive à la société sans

---

[1] *Examen de la Rationalité...*, § 77.

laquelle on n'est rien. Regardons-nous, alors, la force sociale comme la résultante de tous les intérêts engagés ? Il n'y a point, évidemment, de force humaine capable de dissoudre brusquement un ensemble si bien constitué. Mais l'ensemble **naturel** social n'est point quelque chose d'indivisible ou d'absolu, comme la vie de notre âme. C'est plutôt quelque chose de semblable à l'organisme des plantes, à l'organisation végétale. C'est-à-dire, c'est une simple agrégation d'êtres associés ; c'est une végétation sociale, très-puissante sans doute, mais néanmoins sans âme. Le germe de cette belle production est la famille ; mais la famille est l'archétype d'une foule d'autres associations qui s'amènent et s'enchaînent. Toutes ces associations différentes ont encore, entre elles, des affinités naturelles ou contingentes, et ces affinités se communiquent ou se transmettent incessamment d'un groupe à l'autre. De là, cet adage vulgaire : **Les amis de nos amis sont nos amis.** Comme le degré d'importance des associations actuelles doit nécessairement varier en raison de l'inégalité des intérêts engagés, on ne saurait dire que toutes les associations particulières fonctionnent également dans l'ensemble général. Toutes méritent bien, à juste titre, d'être regardées comme conductrices de l'esprit social ; mais il y en a qui sont spécialement comme de grands ou de petits centres d'attraction ; d'autres semblent simplement destinées à se ranger tout autour en sphères concentriques ; et plusieurs peuvent devenir tellement inutiles pour la vie de l'ensemble qu'il soit plus utile de les en retrancher que de les conserver. L'ensemble lui-même n'est cependant qu'apparent ou formel, c'est-à-dire, sans âme. Lui donnons-nous fictivement une âme ? l'être ainsi vivifié, c'est l'Etat.

Politique.

§ 126.

Distinguons ici deux sortes de nécessités sociales, les unes *à priori*, les autres *à posteriori*. Les premières dérivent immédiatement de la nature des êtres sociables, et consistent dans des inégalités inévitables, ineffaçables, éternelles, parce qu'elles sont fondées sur des distinctions d'âge, de sexe ou de capacité, que nul sociologue ne peut se vanter de faire disparaître. Les dernières ne dérivent point immédiatement de la nature des choses, mais seulement de circonstances accidentelles, d'événements heureux ou malheureux, d'opinions droites ou erronées, de l'esprit du siècle en un mot, et consistent ainsi dans des distinctions factices ou purement positives, qu'on pourrait à bon droit nommer prérogatives ou privilèges, s'il était jamais permis d'avoir l'air d'attaquer aucune espèce de nécessité sociale. De même, alors, que l'étude des distinctions naturelles, ou des droits et des devoirs qui s'ensuivent, est l'objet d'une science à part que nous avons appelée jurisprudence, l'étude des distinctions factices, et des droits ou des devoirs qui s'ensuivent, doit être également l'objet d'une nouvelle science, qui est la politique. D'après ce point de vue, la politique est donc la science des institutions purement légales, ou la science d'état.

Voulons-nous nous faire une idée nette de la nature de l'organisation politique? rapprochons-la de l'association naturelle, et pesons-en bien la différence essentielle. Cette différence consiste en ce que, dans l'association naturelle ou primitive, le tout précède, pour ainsi dire, les parties, au lieu que, dans l'association postérieure ou politique, les parties précèdent le tout. En effet, d'abord, dans l'association primitive, le tout précède, pour ainsi dire, les parties; car non seulement les parties n'y sont que pour le tout, mais encore elles se rapportent essentiellement l'une à l'autre. Ainsi, le père n'est père que pour le fils, et le fils n'est fils que par le père; sans sa double relation avec le père et le fils, l'existence de la mère n'aurait pas de raison. Puis, dans l'association politique, les parties précèdent le tout; car non seulement on conçoit individuellement les membres du corps social hors de toute organisation politique, sans faire pour cela la moindre violence à leurs instincts primitifs, mais encore on comprend que les parties ou les membres du corps social ne recourent à l'association politique qu'en vue de leur bien particulier et distinct. Ainsi, si les agriculteurs, les négociants, les hommes d'art, etc., recourent tous à la forme politique, ils y sont portés par les intérêts les plus divers, et c'est un grand bonheur qu'ils parviennent même à s'entendre. D'après cela, tandis que l'homme naît nécessairement en famille, il ne naît pas positivement dans l'état, car c'est lui qui fait l'état; ou bien, la famille est une association naturelle, l'état une association factice. Combien, alors, sont éloignés de la vérité les nouveaux sociologues qui veulent confondre aveuglément la société civile et la société domestique? Le fait, d'abord, réfute victorieusement cette absurde doctrine, puisqu'il est historiquement certain que le premier état du genre humain a été la vie libre des patriarches. Mais, de plus, la raison ne nous force pas moins impérieusement à la proscrire; car là doctrine des nouveaux sectaires serait le servilisme, et la vraie doctrine, c'est, au contraire, la liberté.

§ 127.

Quelle est alors, nous demandera-t-on, l'origine des associations politiques ? L'origine des associations politiques est un but éminemment terrestre : le but de conserver ou de prendre par la force. Supposons, en effet, qu'il n'existe pas de bien à prendre ou à garder, ni de danger à inspirer ou à craindre concernant un tel bien : y aura-t-il la moindre raison d'armer une administration publique, dépositaire des vœux ou des craintes de tous ? Non sans doute. Supposons-nous, au contraire, dans tous, le but arrêté de conserver un bien présent, ou d'acquérir un bien que l'on désire ou regrette : il est impossible que l'unité de tendances communes n'amène une commune manifestation de pensées, de volontés et d'action, c'est-à-dire, n'amène à concevoir et à réaliser l'état. L'état et l'association ne sont donc point, encore une fois, identiques; l'idée d'état a moins d'étendue que celle d'association, et signifie simplement coalition dans un but général. Si l'on s'y prête d'abord seulement par terreur ou par crainte, l'état ou la coalition est sans droits primitifs; il y a, pour lors, usurpation de pouvoir. Mais, nonobstant ce vice originaire, le nouveau pouvoir rallie-t-il en définitive à lui tous les suffrages ? il est dès ce moment validé par cette commune adhésion, ou devient légitime.

Pour avoir l'idée complète de l'état, il ne suffit pas de le considérer comme une coalition de personnes diversement intéressées à s'unir ; il faut encore l'envisager en exercice ou fonction. Sous ce rapport, nous le définirons la représentation vivante de la volonté générale et de la force publique. En effet, où est le foyer des volontés et des forces, là est l'état; où il n'y a point de concours de volontés et de forces en un même foyer, il n'y a point d'état.

De là, deux parties dans l'état : la force qui le constitue, et la forme sous laquelle elle apparaît. Régulièrement, ces deux parties doivent être unies, pour que les choses aillent bien; mais elles ne laissent pas d'être assez souvent séparées, et c'est alors que les peuples sont sujets à des tiraillements internes et aux révolutions.

§ 128.

La force de l'état consiste dans le concours efficace de toutes les volontés particulières à produire ou à maintenir l'union. Si toutes les volontés ne concourent point à cette fin, il faut au moins le concours de la majorité. Car une ou plusieurs volontés particulières, que pourraient-elles contre le vœu de l'ensemble? Rien du tout. Il ne faut donc songer aucunement à bâtir une politique sur les minorités, mais compter seulement sur les majorités. Sous ce rapport, la voix de la multitude est la voix même de Dieu : *Vox populi, vox Dei.*

Maintenant, la force publique est-elle divisible? On peut l'affirmer, en un sens; car elle peut éprouver des scissions, comme l'accord des volontés qui la fait; et, dans ce cas, elle s'affaiblit en proportion des divisions qu'elle éprouve. Cependant, cela n'est pas généralement vrai, dans le sens des utopistes modernes qui parlent de la division des pouvoirs comme d'une chose possible à établir législativement dans un peuple. Car la véritable force d'un état est toujours au foyer des tendances communes. Or, il est moralement impossible que la majorité des volontés ne se porte, en tout temps, vers un centre donné de mouvement et d'action. Donc le système de la division des pouvoirs, s'il peut être dans les mots, ne peut passer dans les choses, et doit être abandonné.

Que résulterait-il d'une réelle division de puissance ou de force, sur un seul et même sol? Il en résulterait un danger perpétuel de guerre; car l'une serait toujours en méfiance de l'autre; la tension augmenterait en chacune; et, finalement, elles devraient avoir incessamment l'arme au bras, pour être prêtes à tout événement. Mais, au lieu d'être protégé par la force, il est évident que le peuple en serait, dans ce cas, la première victime. Donc le système de la division des pouvoirs dans l'état est autant funeste qu'absurde.

L'état, envisagé sous le point de vue de la force, se divise en deux classes de personnes, savoir, en protégés et protecteurs. Entre ces deux classes de personnes, les droits et les devoirs sont réciproques; c'est-à-dire, les droits des uns sont les devoirs des autres, et réciproquement. Il nous suffira donc d'indiquer leurs droits respectifs pour rappeler leurs devoirs. Les protégés ont droit : 1° entre eux, à la liberté civile; 2° à l'égard de l'état, à la représentation de leurs vœux; 3° dans leurs rapports avec l'état ou entre eux, à l'observation de la justice. Les protecteurs ont droit : 1° à l'obéissance active ou passive; 2° à la perception des subsides ou des impôts nécessaires aux dépenses publiques; 3° à l'emploi de la force pour la conservation de l'état.

Et le droit à l'assistance, nous le passons sous silence? Nous ne devrions point en parler du tout, puisque nous n'y croyons pas ; mais, puisque nous avons commencé de le mentionner, nous motiverons notre avis. Si la nation, manifestant légalement son vœu, veut effectivement venir au secours des pauvres et des malades, elle le peut, c'est son affaire ; mais l'état, c'est-à-dire, la fraction des protecteurs ne peut ni ne doit, de sa propre initiative, parce que cela n'est pas de son ressort. Que dirions-nous, en effet, si nous voyions un maire dépenser tous les revenus de sa commune en œuvres de bienfaisance, un préfet employer tous les revenus de son département à l'entretien des hôpitaux, un ministre, enfin, verser dans les mains de tous les infortunés les revenus publics ? Nous dirions qu'ils font ce qui ne les regarde pas, et négligent ce qui les regarde : par exemple, le soin des chemins publics, l'entretien des armées, et l'armement des flottes ou des forts.... Eh bien ! il en serait de même de l'état, s'il entreprenait, sans mandat spécial, d'employer en bonnes œuvres les crédits qui lui sont alloués sans superflu pour la sûreté générale. Qu'il le fasse à titre de sûreté, nous le concevons ; mais, à titre de bienfaisance, il ne le peut faire, parce qu'il n'a pas été chargé de cette commission. Est-ce qu'on peut dire, en effet, que l'administration des deniers publics puisse être le moins du monde indéterminée, arbitraire ? Mais quoi de plus arbitraire et de plus indéterminé que toutes les choses relatives à la charité ou à l'humanité ? Donc l'état ne peut régulièrement exercer la bienfaisance par l'impôt. Nous ajouterons qu'il n'est pas même utile qu'il soit jamais commis à cette fin. Car supposons que cela fût ; d'où prendrait-il pour donner aux pauvres, aux malades, aux désœuvrés, aux insoumis, aux expulsés... si ce n'est d'où il prend pour payer les pensions de retraite des soldats blessés pour la patrie, les traitements des fonctionnaires veillant sans cesse au maintien de l'ordre, la solde des troupes toujours prêtes à voler aux frontières pour repousser une invasion...; ou bien encore, si ce n'est de la bourse du propriétaire, du négociant, de l'artisan laborieux... ainsi réduits au besoin par une considérable augmentation d'impôts? Dans le premier cas, on mettra donc sur la même ligne l'activité, le zèle, le dévouement, le mérite, avec l'inutilité, l'impuissance, le vice, la révolte et le crime? Dans le second, on réduira les hommes industrieux, économes, appliqués, au point de ne pouvoir jouir aucunement des fruits de leur industrie, de leur économie, de leur travail? Mais, dès-lors, qui ne voit que la coalition des intérêts ne saurait exister? Si la condition des hommes n'est pas meilleure après l'institution des gouvernements, pourquoi des gouvernements? Autant vaudrait-il revenir à l'état de pure liberté; car les inconvénients ne sauraient être pires. Au moins, y serait-il évident que quiconque veut vivre aux dépens des autres est un homme méprisable, un fainéant ou un voleur; au lieu que, dans le système de l'assistance par l'état, on ne sait plus où sont les bons et les mauvais citoyens, et l'on y est même en danger d'y passer pour d'autant plus mauvais citoyen qu'on éprouve, en homme d'honneur, plus de dégoût pour un régime aussi défavorable à la vertu.

Comme la question à laquelle nous venons de toucher est infiniment délicate, il serait possible que nous ne fussions pas compris. Nous voulons, en conséquence, résumer en peu de mots, ici, notre opinion. Nous sommes d'avis, d'abord, que le malheur et le vice ne doivent pas être payés, mais secourus; puis, qu'ils doivent être secourus par la liberté, non par la loi; par charité, non par droit.

Ceux qui ne saisiraient point la force de cette distinction, nous les renvoyons au § 125, et surtout à l'*Examen de la Rationalité...*, §§ 62 et suiv., où nous croyons avoir fait clairement ressortir l'immense différence qui sépare les deux obligations de la bienveillance et du droit[1].

§ 120.

Les **formes de l'état** sont les diverses manières dont le pouvoir s'exerce ou se transmet. Quand, par exemple, les rênes de l'état sont remises à une seule main, l'état est monarchique ; quand la souveraineté réside dans le peuple, il est républicain. De plus, il est électif, si les dépositaires de la force publique sont désignés par leurs concitoyens ; il est héréditaire, si la naissance élève à ce haut rang.

De la multiplicité des formes de l'organisation politique on peut conclure qu'elles sont indifférentes, mais non qu'elles sont arbitraires, puisqu'elles dépendent infailliblement 1° du but, 2° des mœurs. D'abord, elles dépendent du but. Car quiconque veut la fin, veut nécessairement les moyens. Ainsi, l'on a coutume de prendre d'autres mesures pour la paix que pour la guerre. Ensuite, elles dépendent des mœurs. Car, suivant les mœurs, les hommes se prêtent mieux à une forme de gouvernement qu'à

---

[1] On regarde communément les devoirs et les droits comme deux choses absolument corrélatives ; c'est une erreur **fondamentale**. Car, entre deux volontés en présence, avant que l'une ait des droits sur l'autre, il y a des devoirs présupposés de l'une à l'autre ; et ces devoirs ne découlent que de la loi morale en général, laquelle est bien, si l'on veut, un droit, mais c'est le droit de Dieu, non de la volonté de l'homme, que nous pouvons encore supposer **indifférente** ou sans mérite.

une autre. D'ordinaire, les peuples remuants et légers s'aventurent dans les orages de la démocratie; les peuples doux et calmes préfèrent, au contraire, l'uniformité du gouvernement absolu. Les idées dominantes ne sont pas toujours les meilleures, ni même les bonnes; mais il n'y a point d'autre moyen de les rectifier que l'instruction et la patience. Quelquefois, une dissolution politique imminente est empêchée par une cause étrangère : c'est ainsi que Carthage était le salut de Rome.

On discute depuis long-temps pour savoir laquelle de ces deux formes, la monarchie ou la république, est la meilleure. Pour décider pertinemment cette question, il faudrait soigneusement examiner laquelle de ces deux formes est plus favorable que l'autre au développement simultané le plus complet, non d'une seule idée morale, mais de toutes les idées morales; mais ce n'est pas ici le lieu d'entrer dans ce débat. La seule chose, que nous devons en ce moment avoir le plus à cœur d'établir, est la distinction fondamentale entre la république telle qu'on l'avait entendue jusqu'à ce jour, et la république des nouveaux réformateurs. La république des temps anciens et modernes est une simple forme de gouvernement dans laquelle le peuple, hiérarchiquement divisé, revêt de son pouvoir, qu'il n'exerce jamais par lui-même, un nombre quelconque de citoyens élus à cette fin. Dans les idées des nouveaux réformateurs, au contraire, la république est le peuple jugeant et voyant tout par lui-même; plus de distinction, alors, entre gouvernants et gouvernés; tout le monde commande, tout le monde obéit, c'est la démocratie absolue [1]. D'après cela, l'on

---

[1] « Telle est, dit Montesquieu, la différence entre la démocratie ré-

peut déjà juger que, lorsque nous laissions naguère indécise la question : Si la république ou bien la monarchie se trouve plus avantageuse aux nations, nous entendions parler simplement de la république telle qu'on l'a conçue jusqu'à ce jour, et non de la république de la dernière espèce. Car, dès qu'il s'agit de celle-ci, nous devons immédiatement reconnaître qu'elle nous offre à la fois deux désavantages incomparables et irrémédiables, en ce qu'elle institue, consacre, érige en souveraines la force brutale et l'ignorance crasse, c'est-à-dire, tout justement les deux vices auxquels il importe surtout de remédier par la création des états. D'abord, ainsi que nous prétendons, elle remet le sceptre à la force brutale. Car le peuple pris en masse est nécessairement, en majorité, le peuple occupé journellement, pour vivre, des travaux les plus grossiers, les plus matériels ou les plus abrutissants ; il est, par conséquent, cette partie du peuple que nulle notion intellectuelle n'élève, que la religion seule ébranle, et que la voix de l'intérêt et du plaisir trouve malheureusement presque toujours prête à subir leur funeste influence. En ce cas, il y a donc toujours, dans la partie régnante, pente à se laisser dominer par les mauvais instincts ; le souverain

---

gléo et celle qui ne l'est pas : que, dans la première, on n'est égal que comme c i t o y e n ; et que, dans l'autre, on est encore égal comme magistrat, comme sénateur, comme père, comme mari, comme maître. »
De l'Esprit des Lois, liv. 8, ch. 3.

Dans les républiques réglées, l'égalité comme électeur ou citoyen n'est pas même a b s o l u e, mais r e l a t i v e au secours que l'on apporte à l'état. « Dans l'état populaire, dit encore Montesquieu, on divise le peuple en de certaines classes. C'est dans la manière de faire cette division que les grands législateurs se sont signalés ; et c'est de là qu'ont toujours dépendu la durée de la démocratie et sa prospérité. »
De l'Esprit des Lois, liv. 2, ch. 2.

populaire, à qui ses cinq sens disent incessamment, comme aux despotes orientaux : « Qu'il est tout, et que les autres ne sont rien, » commence et finit, comme eux, par se contenter de jouir, et commettre le gouvernement à ses visirs dont le meilleur est toujours celui qui sait lui procurer, au plus bas prix et en plus grande abondance, du repos, des spectacles et du pain. Ainsi la force brutale domine incontestablement dans la future république des nouveaux réformateurs ; et nous n'avons plus qu'à reconnaître, en elle, la présence d'une ignorance aussi crasse que les appétits sont brutaux, pour achever de justifier notre manière de voir. Mais comment ne pas lui prêter encore une ignorance égale à sa grossièreté, quand on vient à se représenter l'immense difficulté de bien saisir toutes les conditions d'un état régulier, permanent et prospère ? Nos instituteurs du peuple, nos prêtres du peuple, nos avocats du peuple sauraient-ils eux-mêmes nous tracer une constitution dans laquelle les droits et les devoirs seraient balancés, tous les dangers prévus, la justice garantie, l'avenir préparé ? Non sans doute ; beaucoup reculeraient devant une pareille tâche évidemment au-dessus de leurs forces. Comment donc le peuple, leur élève, leur brebis, leur client, en serait-il plus capable ? Montesquieu dit quelque part [1] : « Le peuple est admirable pour choisir ceux à qui il doit confier quelque partie de son autorité. » Examinons cette proposition. Bien loin d'être d'avis que le peuple soit en état de se conduire lui-même, Montesquieu constate, au contraire, son incapacité. « Il a besoin, comme les monarques, dit-il, et même plus qu'eux, d'être conduit par un conseil ou sénat. » Cepen-

---

[1] *De l'Esprit des Lois*, liv. 2, ch. 2.

dant, ajouta-t-il, il est admirable pour choisir ses conducteurs. Mais comment, encore une fois, le peuple souverain choisirait-il bien les hommes propres à le conduire, à le constituer, à l'élever en roi, s'il est lui-même incapable de connaître d'avance la forme politique conforme à son génie, à sa position, à ses droits et à ses goûts ? Puisqu'il est, à cet égard, ignorant et aveugle d'après ce qui vient d'être dit, il devrait évidemment, dans le choix de ses agents, consulter non son esprit, mais son cœur, c'est-à-dire, les titres des principaux citoyens à la confiance publique, afin qu'en recevant sa constitution (quelle qu'elle fût) de leurs mains, il en pût faire sans crainte la règle ou la base de son gouvernement. Mais quiconque donne sa confiance sur de simples signes externes de droiture ou de capacité, fait un acte de simple raison pratique, c'est-à-dire, de foi. Donc, dans l'opinion de Montesquieu comme dans celle de nos adversaires actuels, le peuple, au lieu d'inspirer et d'éclairer ses chefs, est forcément réduit au rôle de recevoir leurs inspirations, leurs pensées, leurs préjugés ; la révélation ou la foi préside à sa politique comme à sa religion ; et finalement il se trouve, ainsi, qu'il n'est jamais gouvernant et toujours gouverné. Vainement, parce qu'il est le nécessaire instrument de l'ambition ou de la science des capacités, le peuple se flatte-t-il, par conséquent, de pouvoir les déposséder et se mettre à leur place ! Le peuple n'est pas plus appelé à gouverner, que les pieds ne sont destinés à régir l'homme ; cependant il peut n'être pas moins heureux que ses chefs, parce qu'ils ne font tous ensemble qu'un même corps dont il faut que toutes les parties souffrent et se réjouissent ensemble. Tous ensemble, peuple et chefs, sont, maintenant, le plus heureux, quand ils sont réciproquement animés de la plus grande confiance possible, parce qu'alors l'ordre et la liberté, ces deux sources en apparence contraires de la félicité publique, se marient, pour ainsi dire, l'une à l'autre, et, par leur union, fécondent toutes les causes particulières de prospérité, de gloire et de bonheur.

Sociologie.

§ 130.

Peut-être ce que nous avons dit sur les devoirs et les tendances de l'état ne satisfait point entièrement le sentiment du lecteur; tant mieux! Nous sommes bien aises qu'il en soit ainsi, parce que nous ne nous sommes point complètement expliqués à cet égard, et que ce premier mécontentement nous fait espérer, de sa part, une attention plus vive. Le sentiment du lecteur a dû être blessé, par exemple, de notre absolue négation du devoir de l'assistance par l'état; car il a dû craindre alors, immédiatement, de voir les pauvres et les malheureux abandonnés au secours d'aumônes facultatives ou isolées, et, par suite, toujours au moment d'expirer de faim et de misère. De même, il a dû remarquer encore avec surprise l'espèce d'indifférence avec laquelle nous avons proclamé la nécessité d'une seule force dans l'état, comme si toute coalition d'hommes devait inévitablement aboutir au despotisme ou se résoudre en tyrannie. Eh bien! nous admettons tout ce que nous avons dit, et néanmoins nous n'admettons aucune de ces conséquences qu'on redoute; car nous avons, dans notre système, un correctif, un remède à ces maux; et, si le monde voulait jamais en user franchement, nous ne craignons pas d'affirmer qu'il n'y aurait plus réellement alors de pauvres en souffrance ni de sujets en oppression.

L'étude des moyens d'étendre ou d'appliquer les bienfaits de l'association à tous les hommes à travers les distinctions, toujours maintenues, de famille et d'état, est l'objet d'une science nouvelle que nous avons appelée Sociologie. Nous rejetons à dessein le mot Socialisme, parce que ce mot est l'expression, non d'une doctrine, mais d'un parti, et qu'ici nous ne devons point parler en homme de parti, mais seulement en philosophe.

D'après ce que nous avons déjà dit, deux principaux problèmes sont proposés à la sociologie, l'un relatif à la **pondération des droits publics malgré l'unité nécessaire de force sociale**, l'autre relatif **à l'organisation de l'assistance malgré l'inviolabilité des droits particuliers**. Là-dessus, voici quelle est, en abrégé, notre opinion. Une seule institution répond parfaitement à ce besoin, c'est l'**Eglise**; et dans tout état où l'église n'est pas reçue, c'est au **corps religieux**, admis dans cet état, à y pourvoir.

§ 131.

Occupons-nous, d'abord, du premier problème, ou du moyen de pondérer les droits respectifs de l'état et des particuliers malgré l'unité nécessaire de force sociale.

Supposons ce moyen trouvé : que serait-il ? Il serait, sans doute, lui-même une force publique, une force indépendante et absolue, puisqu'il aurait pour effet d'arrêter les empiétements de l'autre force sociale, de régler son usage, de comprimer ses tendances, enfin de l'abaisser, d'une certaine manière, au rang des protégés, au rôle de simple ministre ou même de sujet. D'un autre côté, puisqu'il est impossible d'admettre deux forces égales et opposées sur un seul et même sol, il serait ou devrait être incapable de porter le moindre ombrage à cette même force publique qu'il s'agirait de régler, il serait ou devrait être encore incapable de l'imiter dans ses excès en opprimant les particuliers et redoublant ainsi leur oppression. En peu de mots, il serait donc un pouvoir indépendant et libre dans sa sphère, un pouvoir renfermant ou limitant aussi l'autre pouvoir dans la sienne, mais un pouvoir non armé, un pouvoir sans force, ou une force réelle mais morale, enfin une pure autorité spirituelle. Or, c'est justement ce qu'est, pour nous, l'église spirituellement indépendante mais physiquement faible; elle peut protéger, sans abuser. Et comment protège-t-elle alors? Elle protège en maintenant son indépendance, en ne cédant point aux menaces, en disant à temps et à contre-temps aux monarques ou aux chefs des états, abusant de leur position : « Cela n'est pas permis, *non licet;* » et aux nations ou aux sujets révoltés contre leurs souverains : « Rendez à César ce qui est à César, *reddite ergo quæ sunt Cæsaris, Cæsari.* » Cette protection morale, accordée par l'église soit aux nations soit aux rois, peut d'abord sembler inefficace et vaine; mais, avec le temps, il n'y a point de résistance qu'elle ne vienne insensiblement à bout de surmonter. Car, si le prince a le glaive pour la frapper, elle a les clefs du Ciel dont elle dispose en souveraine; et, si le peuple a pu ravir le glaive au prince, il ne peut soustraire à l'église ces mêmes clefs qu'elle n'a pas reçues de lui. L'église protège donc simultanément et les princes et les peuples, mais elle les protège surtout efficacement, parce qu'elle a le pouvoir de parler aux hommes au nom de la conscience, et aux consciences au nom de Dieu ; et, comme, en se rangeant sous sa houlette, les princes et les peuples apprennent dès-lors à ne former qu'une même famille sous son autorité divine, elle donne par-là même à la société la sanction céleste qu'elle ne pouvait encore s'approprier, elle la convertit en société religieuse.

Supposons également découvert le moyen de secourir les pauvres et les malades sans manquer à l'inviolabilité des droits privés : nous pouvons présumer qu'il consiste en une force active répandue dans tout le corps social, et déterminant soit les princes soit les particuliers à venir spontanément au secours de l'indigence et du malheur, à bâtir des hôpitaux pour les malades, à donner des instituteurs aux ignorants, à recueillir les voyageurs, etc., etc. Or, l'église est le moyen éminemment apte à cette fin, nous pouvons le dire en toute confiance ; car elle a démontré qu'elle le peut faire, en le faisant. Les institutions de bienfaisance couvrent, pour ainsi dire, notre sol. Qui pourrait dire le nombre d'hôpitaux, de salles d'asile, d'écoles, de facultés qu'elle a fondés ? Qui pourrait dire tous les individus de tout sexe qu'elle porte à se dévouer en tous lieux, avec un zèle infatigable, au pénible ministère de l'apostolat, de l'enseignement et de la charité publique ? En voyant tant d'œuvres accomplies par de simples dons, et tant de gens qui se donnent, on n'est pas vraiment recevable à nier aujourd'hui son influence et son pouvoir. Comme son divin Maître, l'église a passé dans le monde en faisant le bien, *transiit benefaciendo.*

§ 132.

Mais l'église, en notre siècle, qui la reconnaît, qui l'écoute ? Nous devons en convenir, l'église n'a plus d'empire dans le monde ; mais aussi dans quels embarras sa fuite ne laisse-t-elle pas les états et la société ? Allez vite à l'œuvre pour la remplacer, vous Socialistes ; proposez vos systèmes, vos solutions du problème social. Que nous offrez-vous ? Voici ce que nous entendons : « Il faut partager les biens, » dit l'un. « Il faut rendre l'état maître de tous les biens particuliers, » dit l'autre. « Il faut abolir la famille, » dit un troisième. « Il faut abolir le capital, » dit un quatrième. D'autres sont moins hardis ; ils proposent non l'abolition du mariage, mais le divorce ; non le partage des biens, mais le partage des revenus ; non l'abolition du capital, mais la détermination forcée de son emploi. Ainsi l'on mitige la doctrine, et cependant l'on tend insensiblement à la même fin. Quelle fin ? Est-ce la solution du problème social ? Non. Ne pouvant le résoudre, on imite Alexandre coupant le nœud gordien ; on l'enlève, et l'on s'écrie pour lors : Le problème est résolu !

Savez-vous à quelles conditions il peut l'être ? Les voici. Il faut pour cela, d'abord, élever le droit commun par-dessus l'arbitraire des princes ; il faut, par exemple, proclamer la sainteté, l'unité et l'indissolubilité du mariage, pour les empêcher de songer à troubler les unions particulières, à construire des sérails, etc.

Il faut pour cela, de plus, déterminer des jours de repos pour le pauvre peuple, afin que les grands n'abusent pas de leur pouvoir pour lui imposer des travaux accablants; il faut, par exemple, proclamer la nécessité d'observer le dimanche, etc.

Il faut pour cela, de nouveau, consacrer des lieux d'asile, ou du moins demander instamment des délais et des formes de justice, afin de soustraire au premier emportement des princes ceux qu'ils voudraient détruire, et, s'ils violent ces formes, les dénoncer à l'opinion publique comme contempteurs de la justice et du droit; rien de meilleur, par exemple, à cette fin, que l'excommunication ecclésiastique...

Il faut pareillement comprimer dans les sujets toute tendance anarchique, parce que l'explosion en serait funeste à la société tout entière; et, par conséquent, il faut obliger le peuple à garder la même modération qu'il exige des chefs; il faut le convaincre de la nécessité de l'ordre, de la nécessité du travail, de l'inviolabilité de la propriété; il faut lui rappeler sans cesse que le bonheur de la vie ne consiste point dans les satisfactions sensuelles, dans les distinctions de la naissance, dans les rangs élevés, mais dans la pureté de la conscience et dans la sainteté des mœurs...

Mais il faut, en dernier lieu, posséder sur le pouvoir, sur le mariage, sur le droit, sur la propriété, sur les vertus, sur les vices, une doctrine parfaitement rationnelle, et surtout offrir, à l'appui de cette même doctrine, des faits positifs, incontestables et suffisants pour convaincre tout homme raisonnable, savant ou ignorant, que cette doctrine est la vérité même. Moyennant cela, nous regardons comme possible de résoudre le problème social sans le couper ou l'enlever. Ainsi l'église a fait. Cependant elle s'en va, dit-on, elle qui se présente toujours à notre considération, appuyée non seulement de raisons spéculatives, mais encore de faits positifs, incontestables et suffisants pour convaincre tout homme de bonne foi, savant ou ignorant, que sa doctrine est la vérité même! Comment, alors, le socialisme serait-il plus heureux, lui qui n'a point de preuves positives; lui qui sait seulement relâcher, jour par jour, tous les liens sociaux; lui qui mène simultanément, par deux voies opposées, au despotisme et à l'anarchie?... Ce n'est point, assurément, en détruisant qu'on apprend à bâtir. Le socialisme est donc incapable de remplacer l'église, et de faire ce qu'elle ne fait pas.

Les hommes qui ne sont point ennemis de l'église, mais ne sont point toutefois convaincus de son institution divine et nécessaire, sont tentés de se dire, et ils se disent en effet, aujourd'hui, plus d'une fois : « Puisque l'église est sans influence et que la société menace de périr, pourquoi ne choisirions-nous pas, entre les systèmes nouveaux, le plus plausible de tous, afin d'essayer de détourner, par ce moyen, la catastrophe imminente? Qui sait?... » Qui sait, hommes de peu de foi? Vous choisissez, dans ce cas, entre la vie et la mort; et ce que vous choisissez, c'est la mort. Car, après la triple forme d'association que nous avons successivement étudiée, la famille, l'état, l'église, en avez-vous en réserve une quatrième, qui puisse en prendre la place et en perpétuer les services ou les bienfaits? Non; il n'est pas plus possible d'imaginer une quatrième forme d'association après la famille, l'état, l'église, que de concevoir une quatrième dimension de l'étendue après la longueur, la largeur et la profondeur. Vous n'avez donc rien de positivement efficace pour remplacer l'église. Ainsi, si vous cessez de vous appuyer sur l'église, vous vous perdez sans retour. Ou l'église, ou la fin du monde, suivant ce dogme catholique : Point de salut, hors de l'église.

DE L'ESPRIT.

§ 135.

Puisque toute association humaine est une association d'êtres libres, ce n'est pas la force physique du père qui conserve la famille, ni la force physique de l'état qui protège efficacement la forme politique. Car, que serait la force d'un père, en guerre avec tous ses enfants devenus grands; et que serait la force d'un état, en lutte avec tous ses sujets révoltés?... De même, ce qui fait la force de l'église, ce n'est pas sa forme d'institution humaine que l'on pourrait copier à pure perte; c'est quelque autre chose qui l'anime et la vivifie, malgré toutes les causes de ruine non moins réelles et nombreuses chez elle que dans la famille et dans l'état; et ce quelque chose qui soutient la famille, l'état, l'église, c'est l'Esprit.

Qu'est-ce que l'esprit? L'esprit, en général, est facile à définir: il est aspiration, tendance. Déjà, nous connaissons parfaitement la signification de ces deux mots, qui impliquent, d'une part, puissance et force, et d'autre part, inclination ou penchant d'une activité quelconque à se mouvoir dans un ordre donné de relations (§ 109).

L'esprit est ce qui anime et vivifie tout l'univers [1]; c'est le souffle de Dieu répandu sur toute créature et communiquant à chacune sa force et sa vertu. Nous ne pouvons juger que par analogie de ce qu'il opère, par exemple, dans les plantes et dans les animaux; mais ce qu'il opère dans l'homme nous est immédiatement connu: l'effet de

---

[1] Joan., 6, 64. *Spiritus est qui vivificat.*

son inspiration interne, en général, est la tendance au bonheur.

Pour trouver les divisions ou les espèces de la tendance générale au bonheur, nous considérerons la diverse nature particulière, spéciale ou générale des tendances réelles. La connaissance des tendances réelles particulières ou individuelles est l'objet d'une science à part, que nous appellerons Idiologie; la science des tendances réelles spéciales sera la Déterminologie; et la Religion exprimera la dernière sorte de tendance, ou la tendance universelle.

Idiologie.

§ 154.

Il y a trois choses à distinguer originairement dans les actes absolus ou les êtres : la puissance absolue, l'activité relative, et la tendance accidentelle. La puissance absolue, que nous savons pouvant n'être pas identique en tous les êtres, est la sphère ou l'étendue d'activité radicalement propre à chacun d'eux; mais, comme cette puissance radicale est plutôt, en eux, l'œuvre de Dieu que leur œuvre, elle ne constitue point ce que nous avons appelé leur esprit particulier. L'activité relative est la somme des diverses activités qu'un être déploie, par le fait, dans sa rencontre avec les autres êtres; mais, comme ce déploiement d'activité relative a, de nouveau, sa raison dans un ensemble de circonstances tout-à-fait indépendantes des êtres, il n'y a rien, là, qui leur soit imputable ou bien représente leur esprit particulier. Le germe de cet esprit est dans ce que nous appelons tendance accidentelle. La tendance accidentelle est l'activité purement interne qui se développe en un être au milieu des excitations externes dont nous venons de parler. Lorsqu'en effet un être agit, il n'arrive pas toujours incontinent au bout de son action ; et, lorsqu'il cesse d'agir, il ne cesse point pour cela de tenir à son action, mais veut y persister et revenir. De plus, si l'on suppose qu'au lieu d'une seule excitation il en subit simultanément ou successivement deux, trois ou davantage, sa tension alors se double, se triple et se multiplie indéfiniment jusqu'à devenir égale, si c'est possible, à la puissance absolue. Toutefois, de quelle manière cela se passe-t-il ? Est-ce par un simple accroissement de tendance ? Non ; c'est par un dépouillement successif de représentation sensible. Car, à mesure que l'activité relative s'exerce, il est impossible que ses déterminations concrètes ne s'enlèvent ; alors la simple tendance se dégage donc de plus en plus des formes de l'instinct ; et, quand ce dégagement est complet, elle cesse instantanément d'être fatale, pour apparaître autonome ou, ce qui revient au même, libre.

Par la liberté, l'être ramasse ou concentre, pour ainsi dire, en lui-même sa puissance et son activité qu'il offre confondues. Car tout être libre est un être doué de puissance et de connaissance ; un être, par conséquent, qui, lorsqu'il veut, révèle sa propre manière d'allier ensemble l'actuel et le possible, ou son caractère, son esprit. Il est vrai que cette détermination propre est accidentelle en tout être créé. Mais nous savons que la contingence et l'actualité sont parfaitement compatibles. L'exercice de la liberté découvre donc le vrai caractère actuel de l'homme, ou son esprit subjectif, personnel.

Le caractère a pour effet immédiat de déterminer ce qu'on a coutume d'appeler vocation, et d'empêcher que les hommes ne soient ou n'apparaissent fondus au même moule, à l'instar des animaux que l'on voit tous, dans leurs espèces respectives, faire absolument la même chose, comme si l'espèce était tout, et l'individualité rien. La force individuelle révélée par le caractère est donc une force d'origine divine, qu'il ne faut point songer à comprimer et à détruire, mais seulement à diriger et à régler, suivant cette parole évangélique : *Non veni solvere, sed adimplere.* Car, comme le caractère consiste en une tendance originairement indistincte ou sans objet déterminé, l'on ne peut dire aucunement qu'il soit déjà le moins du monde infecté d'un vice originel. N'importe, en effet, que tout caractère humain soit défectueux en lui-même : il y a loin d'un défaut à un vice. Un défaut, c'est une simple imperfection ; par exemple, la vivacité, la lenteur, la raideur, la flexibilité de caractère sont des imperfections, puisqu'outre que ces qualités s'excluent, il est assez évident qu'elles ne peuvent être attribuées en propre à l'être infiniment parfait. Mais qui dit vice, dit au contraire corruption, dépravation d'une nature déjà faite ; et l'homme, évidemment, ne peut rien offrir de semblable au sortir des mains du Créateur. Donc, ou bien il n'y a point absolument de vice dans le caractère de l'homme, ou, s'il y a dans l'homme un tel vice, ce vice ne provient point de là, mais a son siège ailleurs, ainsi que nous le reconnaîtrons bientôt.

Nous avons fait dépendre, dans ce qui précède, la formation du caractère de l'emploi du temps et de l'espace ; mais ne pourrions-nous pas faire abstraction de ces deux formes, et supposer une telle position originaire aux êtres contingents, que leur caractère en dût immédiatement et spontanément ressortir ? *A priori*, nous ne voyons pas ce qui pourrait le moins du monde rendre cette supposition impossible. Car, quelle nécessité de croire que la perception et la représentation doivent toujours se produire pièce à pièce ou par fragments détachés, comme elles se produisent en l'homme ? Quelle nécessité d'admettre qu'il n'y a point, en particulier, une perception plus immédiate des êtres que celle que nous éprouvons journellement ? N'est-il pas à peu près évident que leur perception pourrait être simple comme eux, et par-là même instantanée ? Si l'on veut bien réfléchir un moment sur la nature des purs esprits ou des êtres dépouillés de toute forme corporelle, on reconnaitra sans peine qu'ils peuvent être i m m é-d i a t e m e n t   p r é s e n t s les uns aux autres. Mais, s'ils peuvent être immédiatement présents les uns aux autres, ils peuvent aussi facilement s ' e x c i t e r   i m m é d i a t e-m e n t les uns les autres ; et, comme ils sont simples, leur excitation réciproque doit être instantanément non moins complète que simple, et concerner tout à la fois leur sensibilité, leur intelligence et leur volonté. Ainsi, c'est une chose très-incontestable que les êtres purement spirituels sont susceptibles d'une certaine excitation simple, complète, instantanée, par laquelle leurs trois puissances internes sont saisies ou tendues intemporellement ; il nous reste seulement à savoir l'usage qu'ils en peuvent faire au dehors. Déjà l'on sait comment l'application externe des puissances a lieu sous la forme d'une simple aspiration ou tendance ; on sait aussi que toutes les applications de l'aspiration sont, au dehors, contingentes et variables ; c'est pourquoi, si l'on suppose les diverses volontés des êtres en présence saisies de complications analogues à celles que nous offre tous les jours la société des hommes rivaux de gloire et de grandeur personnelle, si l'on n'oublie point d'ailleurs qu'il s'agit exclusivement ici d'activités contingentes et faillibles, comment n'admettrait-on pas finalement, en ces sortes d'êtres, toutes les conséquences de la liberté, c'est-à-dire, chez les uns louable fidélité, chez les autres déplorable défection envers la loi morale? Certes, ces mêmes êtres sont très-positivement susceptibles : 1° d'opposition dans leurs tendances respectives, 2° d'animation spontanée dans leur lutte, 3° d'obstination et de malice dans leurs premiers mouvements. Car, chez les êtres contingents (l'expérience l'atteste), la liberté comporte tout cela, le mal comme le bien ; et le mal, par la même raison que le bien. Les êtres purement spirituels, constitués en relation, sont donc, par eux-mêmes, susceptibles de chûte ou accessibles au mal. Nous disons : Par eux-mêmes, parce qu'en effet la tentation n'advient point, dans ce cas, du dehors, mais du dedans, aux êtres corruptibles ; elle naît en eux et avec eux des circonstances ou des positions dans lesquelles ils se trouvent fortuitement engagés ; et, comme ces positions sont parfaitement dessinées et circonscrites pour eux, s'ils y succombent, leur consentement à la tentation est alors donné sans conditions, sans restrictions d'aucune sorte, d'où il suit qu'il est naturellement irrévocable, ou bien que les êtres une fois pervertis sont pour jamais incapables de se reconstituer par eux-mêmes dans leur premier état.

Si l'on y fait attention, tout notre raisonnement sur les êtres purement spirituels est basé sur cette présupposition, que les actes internes ne s'exécutent point, en eux, séparément les uns des autres, mais concourent tous ensemble à opérer une entière concentration ou fusion d'exercice; ce qui les expose à la tentation la plus délicate de toutes, à la tentation de l'orgueil. Il n'en est plus de même, maintenant, chez les êtres revêtus de formes corporelles, en qui les puissances internes sont forcément comme des départements séparés, parce que leur exercice primitif dépend de masses invariablement déterminées d'éléments réduits à la simple perception physique et seulement propres à révéler l'esprit à l'esprit par la diversité des mouvements et des ensembles. Dans ce dernier cas, quelle que soit la lutte engagée par hasard entre les volontés des êtres en relation médiate, elle ne leur peut être, par elle seule, fatale ou préjudiciable; car ces êtres ne sauraient en abuser dans leur état natif. Comment pourraient-ils éprouver de l'animation ou de l'immodération dans cette opposition des volontés, tandis que leur nature, immédiatement soustraite à leur empire, ne se prête point encore à ce désordre, et n'y fournit pas même la moindre occasion, le plus léger prétexte? Alors, donc, ils n'en retireraient point de mauvaise habitude, ni de mauvaise inclination; ils rentreraient, pour ainsi dire, sous la loi du devoir, avant d'en être sortis. D'ailleurs, autant leur volonté se trouve pure au sortir des mains du Créateur, autant leur nature ou leur intelligence sont originairement exemptes de toute corruption. D'abord, leur nature est primitivement exempte de toute occasion de péché; car, supposé qu'elle y donnât occasion, ce serait à cause des contradictions dont elle serait le théâtre. Mais la lutte peut-elle exister primitivement dans le règne des faits; ou bien, la souffrance physique peut-elle convenablement frapper les êtres, et le plaisir sensible leur manquer avant tout mérite ou démérite de leur part, de manière à les mettre physiquement en guerre les uns avec les autres dès avant toute faute? Non très-certainement; car alors le mal dépendrait de l'Auteur même de la nature, et nul n'oserait soutenir ce blasphème. Donc il est impossible que les êtres revêtus de formes corporelles trouvent originairement dans la nature une occasion prochaine de combat et de lutte. De plus, il est également impossible que cette occasion prochaine existe dans la représentation. Car comment la représentation pourrait-elle, originairement du moins, donner naissance à une opposition qu'aucune divergence d'intérêts ou d'avantages sensibles ne déterminerait?... Un seul cas, où le mal s'introduise par la représentation, est possible : c'est celui dans lequel on admet, en dehors des êtres encore innocents, un être ou un esprit pervers capable de leur inspirer la désobéissance ou la discorde, de souffler ainsi le mal dans leur intelligence, et par-là même de vicier leur nature. Alors, en effet, parce qu'il est inévitable que toute représentation soit suivie d'une tendance conforme à sa qualité, les êtres, précédemment innocents et encore innocents, ne laissent pas de se sentir aussi près du mal que du bien, réduits à choisir entre les deux, et peut-être même en plus grand danger de mal agir que de bien faire. Du reste, ces êtres ont-ils le malheur de succomber à la tentation, leur chûte, si Dieu l'eût permis, serait, comme celle des purs esprits, irrémédiable et éternelle; mais Dieu ne l'a pas ainsi voulu, non par partialité, mais par raison, comme chacun pourra facilement le comprendre.

Dans le péché du diable comme du premier homme, l'acte coupable consiste à passer d'une volonté ou tendance complète, bonne et actuelle, à une volonté ou tendance complète, mauvaise et possible. Chez le diable, la bonne volonté disparut sans retour après le péché. Mais la chûte de l'homme à la seule instigation de l'ange déchu paraissant un cas grâciable aux yeux de la Sagesse infinie, Dieu voulut bien, dans ce cas, maintenir la tendance bonne à côté de la tendance mauvaise. En apparence, c'était seulement enlever à cette dernière son aiguillon, comme parle l'Apôtre; mais, au fond, c'était néanmoins fonder la réhabilitation, c'était constater la grâce du retour, c'était en ménager le moyen. Dieu daigna donc ne pas achever d'éteindre la mèche qui fumait encore; et de là vient qu'aujourd'hui le péché de l'homme ne consiste point le plus souvent à passer simplement d'une tendance bonne actuelle à une tendance mauvaise possible, mais à choisir entre deux tendances également actuelles, l'une mauvaise et l'autre bonne, pour sacrifier cette dernière à celle-là.

Cependant, l'homme ayant reçu successivement, dans l'origine, la double semence du bien et du mal, cette double semence a dû se développer conformément à sa nature, c'est-à-dire, dans l'espace et le temps. Ce grand développement, quoique peut-être sans beautés intrinsèques pour les êtres accoutumés à voir tous les effets dans leurs causes, ne laisse pas d'être très-remarquable pour lui; d'abord, parce que c'est là son point de vue spécial; puis, parce qu'il y contemple sous de grandes proportions les propres tendances des êtres célestes, que nous savons maintenant être identiques aux divers motifs mis par eux en usage pour le perfectionner ou le dépraver, le sauver ou le perdre.

Déterminologie.

§ 135.

Après avoir étudié l'intime constitution des esprits individuels et discerné leur côté défectueux ou vulnérable, nous avons à considérer successivement leurs relations spéciales, c'est-à-dire, à découvrir leurs développements respectifs soit en bien soit en mal, le progrès de ces deux diverses phases, et les forces auxquelles ils obéissent dans les moments successifs de leur lutte. Mais, pour être plus clairs, nous nous abstiendrons en ce moment d'approfondir la question historique, et nous vouerons, au contraire, à la question des causes et des principes ou des motifs du développement et de la lutte, toute notre attention.

Le mal est une interversion d'unions. Nous pouvons distinguer d'abord, au risque de les réduire ensuite, trois sortes d'unions. La première est celle de tout esprit contingent, avec Dieu son principe; la seconde est celle de tout esprit contingent, avec les autres esprits de même espèce; la dernière, enfin, est celle d'un esprit avec son corps. De ces trois sortes d'unions, la plus vive, la plus étendue, la plus intime est et doit être, primordialement, celle d'un esprit avec Dieu; l'union d'un esprit avec les autres esprits vient ensuite comme moins intime que la première, et plus étendue que la troisième; l'union de l'esprit avec le corps est la dernière, comme, régulièrement, moins intime, moins vive, moins étendue que les deux autres. Maintenant, à ces trois sortes d'unions devraient correspondre trois sortes de tendances diverses, puisque les tendances sont l'indispensable condition des unions. Mais il n'est pas difficile de voir que la tendance, inclinant un esprit à se placer ou à demeurer sous l'influence des autres esprits ses semblables, est essentiellement identique à celle qui le porte à se placer ou à demeurer sous l'influence divine. (De là, cette parole évangélique : « Vous aimerez le Seigneur..... C'est le premier et le plus grand commandement. Et voici le second, qui est semblable à celui-là : Vous aimerez votre prochain. » Math., 22, 37-39). Nous pouvons donc regarder les deux premières sortes de tendances comme équivalentes à une seule. Au contraire, la dernière sorte de tendance diffère essentiellement des deux autres; et, comme sans doute à cause de son caractère impersonnel elle est naturellement beaucoup plus faible, le premier homme, bien que déjà placé par le seul fait de son existence sous l'influence du diable, n'en était pas moins exempt de toute occasion prochaine de péché, tant qu'il se trouvait plus efficacement protégé par la prépondérance de l'union divine à son aurore. Mais le diable, ayant en sa puissance le moyen de le faire tomber, de l'occasion éloignée du péché, dans l'occasion prochaine, en fortifiant de toute son influence l'influence sensible et l'exaltant outre mesure, ne manqua pas d'en profiter. Il eut recours, à cet effet, à la ruse et au mensonge; et le f r u i t, sagement d é f e n d u comme prématuré par la bonté divine, fut l'instrument de sa malice. S'approchant de l'homme, il lui dit : « Devance le temps; hâte-toi de jouir... cueillant le fruit, tu seras Dieu. » Et l'homme l'écouta; voici pourquoi. L'on admet communément sans peine que l'homme avait primitivement reçu du Créateur le pouvoir, dont il conserve au reste encore aujourd'hui des marques assez visibles, de discerner par la seule inspection ou impression sensible les qualités ou les vertus de la plupart des êtres corporels ou des fruits. Dès-lors, le premier homme n'avait besoin que d'appliquer ses sens à un objet, pour en connaître instinctivement l'efficacité naturelle; et c'est en partant de cette première connaissance purement instinctive ou infuse, qu'il devait ensuite se déterminer pour en régler l'emploi, c'est-à-dire, pour s'en servir ou s'en priver selon les circonstances, conformément aux prescriptions de la raison. Puisqu'il est parlé, toutefois, d'un fruit défendu dès l'origine, il faut bien reconnaître que le premier homme ne savait pas d'abord bien clairement discerner la qualité de ce fruit, ou bien que la première impression faite par ce fruit sur ses sens était une impression de répulsion et de crainte; d'où il suit qu'alors il était, tout à la fois par raison et par instinct, obligé de s'abstenir d'en manger jusqu'à plus ample information, ou, pour mieux dire, jusqu'à cessation de la défense. Mais, si le premier homme se fut ainsi conduit, il était sauvé. Dans cette conjoncture, le diable, uniquement inspiré par la malice et l'envie, survient et lui représente, comme nous avons dit, que cette défense n'est point inviolable, qu'elle est l'effet d'un abus de pouvoir, qu'en surmontant hardiment toutes les répugnances de la raison et des sens, on s'ouvre une route de gloire et de bonheur... Devant ces belles paroles et ces flatteuses espérances, le premier homme dût sans doute éprouver d'abord un premier mouvement de surprise et d'incrédulité, comme font aujourd'hui tous les pécheurs. Mais une affirmation plus positive, un geste plus imposant de l'ange de ténèbres pouvaient encore surmonter ces résistances de la grâce : le premier homme cesse alors de craindre du mal, il espère...; regardant le fruit, il le trouve beau, comme tout ce que Dieu a créé...; le trouvant beau, il le présume bon ; de plus en plus, il donne ainsi des forces à la tentation ; enfin, il cesse tout-à-fait d'y résister, il s'y abandonne, il consent positivement à tenter la voie du sort, et sa chûte est instantanément consommée. Dès ce moment, soustrait définitivement à la prépondérance de l'influence divine, il passe dans l'esclavage du corps, et, par l'esclavage du corps, dans l'esclavage des puissances perverses qui s'efforcent de l'entraîner vers l'abîme, après qu'il a perdu la charité.

L'évolution des deux principes (bon et mauvais) dans

les différents âges offre maintenant trois périodes à considérer : dans la première, les deux esprits opposés, rayonnant dans l'ensemble des évènements temporels, sont la charité et la concupiscence; dans la seconde, ce sont l'espérance et la cupidité; dans la troisième, ce sont la foi et l'orgueil.

Nous avons appris ailleurs (*Examen...*, § 66) à connaître, sous les noms de **plaisir**, de **bonheur**, d'**honneur** et de **devoir**, les diverses classes de motifs propres à influencer du dehors ou à déterminer objectivement le caractère. Nous savons aussi dans quel ordre elles se développent dans l'âme ou lui font sentir leur influence. Cependant, comme nous n'avons encore rien dit explicitement sur leur mode commun de manifestation ou sur leur forme de complication avec le caractère, c'est maintenant le cas de nous expliquer à cet égard. Or, il est, là-dessus, manifeste, d'après l'observation et la raison, que, si un être libre se laisse, en un moment quelconque, influencer par un motif, il y a de suite complication étroite entre le caractère et le motif influent ; d'où résulte un esprit nouveau, susceptible de se fortifier par la réitération du même acte d'acquiescement, et de former ainsi, dans la conscience, une classe distincte de disposition ou de tendance volontaire. On appelle **maximes** les règles de conduite ainsi formées d'après les diverses classes de motifs influents.

Chez un être libre, autant de classes de motifs ou de maximes d'origine externe ou objective, autant de tendances ou d'esprits relatifs, infus et impersonnels, c'est évident. Mais toutes les tendances infuses ne sont point toujours, au même rang ni au même degré, déterminantes ou efficaces ; il y en a qui sont, respectivement, primitives ; et les autres, subséquentes. De là, chez l'homme, distinction et subordination apparente des esprits spéciaux.

Des deux tendances dominantes se manifestant les premières dans l'humanité, l'une dirige l'homme vers les objets apparents ou la nature, l'autre le dirige vers les volontés non apparentes ou vers l'aspiration pure et simple. La première tendance est, il est vrai, naturelle ou naturellement acquise; mais elle n'est point parfaite, une, infinie, et, sous ce rapport, elle implique un vice radical, un péché originel, c'est-à-dire, une première complication fautive entre le caractère et les motifs [1]. La dernière tendance est aussi naturelle, en un sens très-véritable; mais, comme elle est essentiellement une, infinie ou parfaite, et que, sous ce rapport, elle se distingue éminemment de la première par son origine divine, elle est dite, avec juste raison, surnaturelle. Le nom de la première tendance ou du premier esprit est la **concupiscence**, et le nom de la seconde tendance ou du second esprit est la **charité**.

---

[1] Il nous semble aisé de comprendre la transmission de ce péché par la génération, dans notre système de la reproduction des êtres vivants, § 118. Nous avons d'ailleurs expliqué (*Examen...*, § 82) comment Dieu peut très-sagement avoir permis cette transmission, qui n'opère point, par elle-même, la damnation **positive** des êtres ainsi produits, mais les tient seulement éloignés, d'un certain degré, de leur fin, par la faute de leur père. — Il y a des hérétiques qui ont enseigné que, par le péché originel, l'homme avait perdu la puissance de faire bien ou mal, c'est-à-dire, la **liberté**. La vérité est, comme il ressort de notre exposition, que l'homme a seulement perdu, par ce péché, l'**acte** et l'**habitude** (ou la facilité) du bien. Rien n'est plus distinct que des choses de cette nature : puissance, acte, tendance ; et c'est pour les avoir aveuglément confondues, qu'on a pu si long-temps et si déplorablement errer sur la nature de la justification ou les effets de la grâce divine, jusqu'à soutenir, par exemple, que les péchés de l'homme étaient seulement couverts, et non radicalement effacés. L'apôtre Saint Jean, bien loin de partager ce sentiment, nous apprend que l'homme pratiquant la justice est juste à l'imitation même de Dieu, c'est-à-dire, participe à sa justice, à sa rectitude et à sa vie. *Filioli, nemo vos seducat. Qui facit justitiam, justus est, sicut et ille (Deus) justus est.* 1 Joan., 3, 7.

L'homme libre, aux tendances naturelles, a bientôt appris à connaître, par sa propre expérience, combien les plaisirs sensibles sont étroits et courts. De même, l'homme libre, aux tendances surnaturelles, ne tarde point à s'apercevoir qu'il ne jouit point ici-bas de toute l'union spirituelle possible. Un certain vide, spirituellement percevable, se découvre alors à tous les deux; et, par un mouvement spontané naturel ou surnaturel, ils tendent semblablement à le combler. Dans le premier cas, on appelle c u p i d i t é l'esprit en mouvement; et, dans le second cas, on l'appelle espérance.

Enfin, l'homme libre, que la concupiscence et la cupidité n'empêchent point de discerner la capacité de sa nature et la sublimité de sa destination, voudrait nier ou se déguiser au moins, s'il le pouvait, la contrariété qui règne en lui entre l'acte et la puissance, la conduite et les devoirs. L'homme libre, en butte aux traits de la cupidité malgré toutes les douceurs de l'espérance, apprend chaque jour à mieux discerner la réalité des délices invisibles, et veut alors y ramener toute son existence temporelle. Ces deux désirs indestructibles, mais l'un vain, l'autre fondé, d'atteindre immédiatement, tôt ou tard, à l'unité parfaite ou à la consommation du bonheur par l'alliance définitive de la puissance et de l'acte, sont sans contredit deux nouvelles tendances efficaces, dont l'une exprime ou prouve une infinie déviation, et l'autre une infinie rectitude d'exercice ou d'action. Il y a donc, en troisième lieu, deux derniers esprits infiniment opposés de direction et de vues : l'un est l'o r g u e i l; l'autre, la f o i.

Religion.

§ 130.

La religion est une tendance générale par laquelle on ramène ou rallie le caractère et les maximes, ou le subjectif et l'objectif, à un seul but qui est — toujours l'harmonie du caractère et des maximes reçues, et doit être en définitive — la parfaite harmonie du caractère et de la loi morale, ou de la **volonté de l'homme et de la volonté de Dieu**.

Nous avons deux choses à faire concernant cette définition, la prouver et l'appliquer ; mais nous pouvons nous acquitter de cette double tâche en peu de mots. D'abord, il est aisé de découvrir l'existence et l'origine d'une troisième sorte de tendance, ou d'une tendance réelle universelle ; car son apparition résulte manifestement de ce que nous avons établi précédemment. Le caractère existe, avons-nous dit, comme une tendance individuelle, inclinant l'homme, sous forme de désir ou de besoin, à rechercher le bonheur en général ou le souverain bien. Les maximes sont, de leur côté, l'indication des moyens propres à faire arriver ou du moins à suppléer, dans l'attente d'une possession future plus complète, à la jouissance de ce bien. Mais le caractère ne peut évidemment suffire de prime abord à répondre aux tendances contraires excitées dans le cœur par les divers ordres de maximes dont l'entière réalisation actuelle est simultanément impossible, puisqu'elles se font mutuellement obstacle ou opposition. Donc, au-dessus de toutes les maximes déjà spécifiées, il est une dernière maxime infiniment supérieure, tendant à concilier l'unité du caractère avec la totalité des intérêts engagés, par la proposition d'un but général et définitif. Donc il y a réellement une dernière tendance réelle, ramenant tout à l'unité parfaite; et la dénomination de cette même tendance a, toujours et partout, été celle de religion. De plus, les conséquences de notre définition sont faciles à indiquer. Car, si la religion est le produit naturel de la fusion de toutes les tendances spéciales en une seule tendance, cette dernière sorte de tendance doit naturellement renfermer, tout à la fois, du sensible et du supra-sensible, du présent et du futur, de l'intelligible et du mystérieux, et cela non au hasard, mais selon certaines proportions plus ou moins justes, en raison de la qualité des maximes admises en principe. Or, il est de fait que la religion tend toujours à s'assimiler réellement ce qui tombe sous les sens comme ce qui n'y tombe pas, le présent et l'avenir, les vérités naturelles et les vérités révélées ; hommes et choses, elle prend tout sous son empire ; et, plus même ses maximes sont saines et droites, plus elle aspire à tout régir pour une fin unique regardée comme le bien suprême. Ainsi, le sens et la vérité de notre définition sont ou peuvent être maintenant manifestes.

Que nous apprend, à cet égard, l'histoire?

La religion peut être envisagée dans ses relations avec le dehors, et encore en elle-même.

La considérons-nous, en premier lieu, dans ses relations avec le dehors : l'histoire nous la montre comme une tendance distincte, mais saisie d'un développement constant, dès l'origine des choses, en proportion de tous les autres développements de la nature humaine, et en particulier du développement social. Il est remarquable qu'en considérant, en général, la nature et l'ordre des faits ou des évènements historiques, on les trouve exactement divisibles en trois séries de faits religieux et moraux, et que, dans chacune de ces grandes séries successives, se présente encore la trace de deux séries distinctes, dont le développement parallèle se modifie régulièrement de deux mille ans en deux mille ans; de sorte cependant que la série du bien a constamment le pas sur la série du mal, réduite alors à végéter sur les commencements de la première comme on voit une plante parasite croître sur le tronc ou les branches d'un arbre. D'abord, nul n'ignore que les trois formes de société religieuse (domestique, nationale, universelle) se rattachent aux noms à jamais mémorables d'Adam, d'Abraham et de Jésus-Christ. Puis, tout le monde sait également qu'à côté de l'initiative de ces trois chefs de religion ont dû se former et se sont formées réellement d'autres institutions analogues aux leurs, mais néanmoins incapables de s'en approprier jamais l'esprit. Et quel est l'ordre de ces diverses formes religieuses, orthodoxes ou hétérodoxes, se succédant ainsi périodiquement dans la suite des âges ? C'est l'ordre même du développement des esprits décrit plus haut (§ 135); la correspondance entre les besoins et les faits est, comme elle devait être, entière. Or, rien n'est plus démonstratif, ce nous semble, en faveur de la religion catholique, la seule représentation parfaite de la série du bien, que cette simple correspondance générale des besoins et des faits. Le philosophe de Genève a dit, en parlant de l'histoire et de la vie de Jésus-Christ, que ces faits ne sont pas de ceux qu'on invente. Encore moins y a-t-il lieu de regarder les faits et le plan de l'histoire universelle comme des contes inventés à plaisir; et quiconque a bien saisi la force de cette démonstration ne s'alarme plus mal-à-propos de l'apostasie de notre époque, car il sait d'où l'esprit vient et où il va. Le principe et le but de l'esprit incarné dans le mouvement religieux, c'est en effet la morale, d'où il s'inspire et qu'il inspire, ou qu'il expire et aspire. La marche de la morale, dans le monde, est identique à la marche de la religion positive ; et nul ne peut séparer ces deux choses sans les condamner à périr toutes les deux, de même qu'on ne peut séparer l'âme du corps sans donner la mort à l'homme.

Considérons-nous, en second lieu, la religion en elle-même : l'histoire nous la présente comme une tendance éminemment féconde en œuvres personnelles et en institutions sociales, ayant, toutes, la morale pour principe ou pour fin. Parlons, d'abord, des œuvres personnelles.

Ces œuvres sont la morale en action.

Tendre, c'est manifestement, tout à la fois, s'éloigner d'un côté et s'approcher d'un autre. Toutes les tendances spéciales de chaque série du développement humanitaire, telles que la concupiscence et la charité, la cupidité et l'espérance, etc., doivent donc uniformément se diviser en deux tendances opposées qui sont comme les deux pôles de l'esprit. Ces deux tendances contraires sont, du reste, très-faciles à reconnaître : elles sont ce qu'on appelle généralement a m o u r et a v e r s i o n.

Cherchant à voir ce que nous donnent, à ce double point de vue, les deux tendances générales de la première série, nous trouvons que la concupiscence, envisagée sous ces deux faces à la fois, se revêt immédiatement de deux formes contraires ; car elle engendre ou détermine simultanément, sous la forme de l'amour, la l u x u r e, et, sous la forme de l'aversion, la c o l è r e. La charité se présente également sous ces deux formes invariables, mais, cette fois, en sens inverse, par rapport aux mêmes objets que la concupiscence fait rechercher ou fuir ; car, comme amour, elle est d o u c e u r, et, comme aversion, p u r e t é. Les temps de la première période historique nous offrent les types les plus naïfs de ces diverses tendances. Ainsi, la douceur brille en Abel; Caïn respire la colère. Adam et Ève, Sem et Japhet s'honorent par la pureté; par leur effroyable corruption, au contraire, les hommes qu'engloutit le déluge nous prouvent tout le danger de la luxure et toute l'horreur de Dieu pour cet infâme vice.

Les traits distinctifs de la seconde époque de l'histoire, envisagée sous le même point de vue culminant de l'esprit, sont les deux manifestations opposées des deux tendances dominant alors le genre humain : la cupidité et l'espérance. Avertis par l'extermination des hommes de la première époque, les nouveaux habitants de la terre, qu'inspire la cupidité, craignent d'offenser Dieu, mais ne se fient réellement qu'à eux-mêmes : ainsi s'ils recourent à l'invocation divine, ils croient arriver, par d'importunes sollicitations, à leurs fins ; et, s'il s'agit de se précautionner contre des malheurs futurs plus ou moins imminents, ils immolent sans ménagement tous les droits aux lois de la prudence. De cette sorte, ils deviennent, en peu de temps, superstitieux et barbares; la superstition les précipite ensuite dans les abominables pratiques de l'idolâtrie, et enfin la barbarie leur fait inventer l'esclavage. Les hommes, restés vertueux au milieu de ce nouveau débordement du vice, sentent alors le besoin d'espérer contre l'espérance même, et cherchent instinctivement, dans l'avenir, l'accomplissement de leurs vœux. Cette ferme espérance les préserve, d'une part, de la corruption qui les entoure, et, d'autre part, leur fait porter avec patience le joug de la loi qui les instruit ; c'est-à-dire, elle les rend droits et forts.

Dans la troisième époque, l'homme plus éclairé par la révélation et par le temps, mais non moins perverti par le cœur, veut faire cesser le combat qu'il éprouve au dedans de lui-même, et pour cela cherche à s'attribuer l'indépendance suprême, afin de se délivrer, en un instant, de toute responsabilité : les effets de son orgueil sont, alors, l'impiété et la licence. Au contraire, l'homme juste, se représentant par la foi le but final comme présent et le bien surnaturel comme sensible, unit le ciel avec la terre, ou fait descendre Dieu sur la terre, afin de pouvoir être avec Dieu dans le ciel : les fruits de cette foi sont, dans ce cas, la piété et la perfection. En preuve de ces assertions, nous mentionnerons les œuvres d'orgueil, ou de foi, vivantes sous nos yeux. Par exemple, toutes les libertés sociales illimitées : la liberté de la pensée d'où sont sorties les hérésies, la liberté de la presse d'où sont sorties les révolutions, et la liberté des passions d'où sortira l'abomination de la désolation, ne sont que la pure expression de l'orgueil sous le triple rapport de l'ordre religieux, politique et moral ; car l'orgueilleux seul se réjouit du mal, et veut le rendre facile. Puis, l'esprit de foi se manifeste dans ses œuvres ; car c'est lui qui, depuis le temps des apôtres, répand et perpétue dans l'église la pratique de la vie intérieure, l'observation des conseils évangéliques, l'ardeur du prosélytisme et l'absolu dévouement à la cause de Dieu. Si la foi n'était, comme dit Saint Paul, la substance des biens futurs et l'argument des choses non apparentes, toutes ces merveilles que le monde ne comprend pas, comme la pauvreté volontaire, l'abnégation volontaire, la souffrance volontaire, ne seraient point des réalités quotidiennes, et nous serions encore réduits aux anciennes mœurs du paganisme. Mais quelle distance entre la moralité chrétienne et la païenne ! Le sage païen ne visait qu'à la satisfaction actuelle et à la gloire du siècle ; le sage chrétien vise à la gloire éternelle ; et, comme la foi seule explique et justifie ce but, c'est donc la foi qui rend le chrétien vainqueur du monde. *Hæc est victoria quæ vincit mundum, fides nostra.*

Les institutions religieuses sociales sont l'église et le culte.

L'église, ou la forme sociale sous laquelle la religion doit tendre incessamment à paraître, n'est point, il est vrai, manifeste en tout temps ; et sa principale prérogative, l'autorité, demeure elle-même long-temps indistincte ou latente : néanmoins, il est vrai de dire que la religion les implique toujours d'une manière ou d'une autre, puisque autrement sa transmission serait radicalement impossible. D'ailleurs, il est aisé de se rendre raison de cette inégalité d'apparition dans la suite des âges ; remarquons en effet que le développement de la forme religieuse est toujours réellement ce qu'il doit être, s'il correspond, pas à pas, au développement de la morale pour laquelle elle est instituée. Or, il existe réellement une parfaite correspondance de développement entre la forme religieuse et la morale. C'est ainsi, par exemple, que, dans la première époque, il n'y a point encore de terre promise, ni de tribunal de la foi, mais seulement l'autorité du foyer domestique, parce que ce temps est l'âge de la charité par excellence. Dans la seconde époque, où l'éducation et la tradition domestiques ne suffisent plus pour dominer la voix de la cupidité qui domine la voix de la conscience, il faut des signes particuliers de la protection céleste, et des figures ou des emblèmes sensibles de la fin surnaturelle ; cependant, parce qu'une simple dispensation de forme civile et politique, ou bien l'association nationale, est accidentellement capable de maintenir l'unité d'enseignement et de croyance, il n'y a point encore d'autorité spirituelle distincte. Au contraire, dans la troisième époque, le champ de la religion est le monde entier. Comment donc réunir toutes les nations de la terre dans un même bercail mystique, malgré toutes les oppositions de penchants, de mœurs et d'intérêts, sans une a u t o r i t é . s p i rituelle visible, étendant sa juridiction sur toutes les contrées de l'univers? Evidemment cela ne se pourrait; le besoin de l'église se fait alors sentir distinctement; c'est pourquoi l'église intervient enfin, pour être, selon l'expression de l'Apôtre, la colonne et le fondement de la vérité pour tous les peuples du monde.

Le culte embrasse à la fois toutes les choses qui servent immédiatement de matière ou d'aliment à l'esprit religieux, telles que les cérémonies, les sacrements, la prière, et surtout le sacrifice qu'on peut regarder non seulement comme l'abrégé le plus parfait du culte, mais encore comme l'essence de la religion, sa démonstration et sa loi. Le sacrifice a, maintenant, d'autant plus de valeur, que l'objet offert a plus d'excellence intrinsèque ou relative. Dans les premiers temps, on sacrifiait des fruits de la terre, ou des animaux; ces sortes de sacrifices étaient des annonces ou des signes du véritable sacrifice du cœur, qui consiste à se sacrifier soi-même. Jésus-Christ, en cela figuré par d'illustres et saints personnages, est venu mettre fin à tous ces sacrifices grossiers par l'oblation de la victime la plus noble et la plus innocente, lorsque, substituant son corps divin aux boucs et aux taureaux, il a voulu être et demeurer éternellement immolé pour la gloire de son Père et la rédemption de ses frères. Les admirables effets de cette immolation pérenne démontrent la vérité de cette parole divine : « Si le grain de bled mis en terre ne meurt, il ne fructifie point; mais s'il meurt, il porte du fruit en abondance. » Ici, la mort engendre la vie, parce que, comme la lumière brille dans les ténèbres, l'esprit éclate dans la mort aux sentiments naturels, et surtout dans la mort d'un Homme-Dieu.

§ 137.

Revenons maintenant sur la considération de la lutte et de la génération des esprits, que nous avions négligée (§ 135). Puisque toute la philosophie de l'histoire consiste à savoir distinguer trois moments essentiels dans la série des divers événements, portons là-dessus notre attention, et demandons-nous ce que sont ces trois moments. A les prendre ou considérer dans la perpétuelle relation entre le bien et le mal, ces trois moments impliquent : 1° la libre position du bien avant l'avènement du mal ; 2° la survenance plus ou moins immédiate du mal, ainsi que son opposition et ses progrès contre le bien ; 3° la conservation ou la permanence incessante du bien, et son triomphe définitif sur le mal. En effet, au lieu que les trois relations personnelles et internes subsistent éternellement et immuablement l'une à côté de l'autre dans l'être nécessaire, elles se posent simplement l'une après l'autre chez les êtres contingents tels que l'homme ; et, par suite de cette succession réelle entre les relations, il est bien évident que, dans le dernier cas, il faut admettre un certain ordre déterminé d'évolutions temporelles pour se trouver ou se retrouver, en un moment quelconque, au niveau de leur ordre immanent ou purement rationnel d'existence éternelle. Il n'y a nul embarras, d'ailleurs, à concevoir que le premier âge de l'humanité se détermine par la première relation, comme le second par la seconde, et le troisième par la troisième ; et, supposé que nous ne nous soyons pas trompés dans la caractérisation de ces époques, lorsque le mal survient au début de la première époque, il a manifestement pour principale fin d'anéantir la charité, comme au commencement de la seconde il a le but de dissiper l'espérance, et au commencement de la troisième le but de détruire la foi, et, avec la foi, tout moyen de s'entendre, d'où devrait résulter finalement, si le mal était vainqueur dans ce dernier combat, l'anéantissement du genre humain. Mais Dieu, dont les desseins sont éternels et bienveillants, ne peut certainement permettre un pareil résultat : aussi, proportionne-t-il toujours les secours aux besoins ; et, comme vers la fin de la seconde époque les dangers sont plus grands ou doivent l'être, il met alors le comble à ses bienfaits temporaires en intervenant personnellement, et s'appliquant d'abord à préserver la foi de toute atteinte, ensuite à rendre à l'espérance sa vigueur, enfin à préparer prochainement le règne parfait de la charité, c'est-à-dire, le règne des trois relations éternelles ou le règne divin. Après cela, la seule difficulté qui nous semble capable d'embarrasser le lecteur, est celle de comprendre pourquoi nous avons nommé charité l'esprit du premier âge, qu'absolument on pourrait désigner par le mot de nature. Nous l'avons nommé charité pour deux raisons : d'abord, parce que c'est là son véritable nom ; ensuite, parce qu'on emploie communément le mot nature à signifier l'esprit mauvais de la première époque, c'est-à-dire, la tendance instinctive vers les objets physiques. Sans doute, à ne considérer que cette tendance instinctive sans détermination d'objet, la nature alors exempte de limites serait identique à la charité même, dont les tendances demandent l'infini ; mais qui songe à prendre le mot nature dans cette sublime acception? Pour ne pas s'exposer à confondre deux cas si différents, on a donc imaginé d'employer deux qualifications distinctes; on a dit la tendance physique naturelle, et la tendance indépendante des sens surnaturelle. Ce sont là, comme on voit, deux branches posées sur un même tronc; et, si l'on y fait bien attention, la dernière ou la surnature se trouve autant ou même plus naturelle et radicale que l'autre. La charité peut donc être appelée nature dans la plus sublime acception de ce mot; et, dès-lors, l'esprit du premier âge, nous voulons dire le bon esprit ou la charité que nous appelions naguère surnature, mérite d'échanger cette dernière dénomination contre celle de nature, puisque, durant tout cet espace de temps, la charité fait la fonction de nature, en ne se manifestant pas seulement comme acte (absolu) de charité pure et simple, mais encore comme puissance et première sorte de puissance, c'est-à-dire, comme puissance naturelle. La charité fonctionne en effet comme puissance et première forme de puissance, quand elle apparaît réduite à l'état distinct de simple tendance première ou radicale. Or, si jamais la charité s'offre à nous sous cette forme, c'est bien sans contredit au premier âge de l'histoire, que signale une lutte intestine dans le sein de la nature humaine entendue comme nous le disions tout-à-l'heure. Donc la charité, comme nature ou réduite à la première forme de puissance, constitue réellement le propre caractère de l'âge primitif, durant lequel on dût toujours s'inspirer principalement de la charité, si l'on voulut parvenir à surmonter les sens. Le même genre de considération s'applique, maintenant, à l'analyse des deux âges suivants. La première forme de la charité surnaturelle ou la puissance radicale de la charité s'enlève dans le temps, quand Dieu le veut, c'est-à-dire, quand il permet aux sens de gagner tant de terrain sur elle qu'ils ne lui laissent déjà plus d'exercice extérieur possible dans l'ordre de la nature. Dans ce cas, la charité violemment oppressée sous l'étreinte des sens, cherche un refuge dans le domaine plus libre de la représentation ; et là, les satisfactions qu'elle perd d'une part, elle se prépare à les reconquérir ou les espère de l'autre avec une confiance inébranlable, quelles que soient les apparences contraires. Mais ce n'est pas tout. De même que l'exercice de la charité se suspend pour laisser apparaître distinctement l'espérance ou la seconde puissance de la charité, l'exercice simultané de ces deux premières puissances de la charité, la délectation surnaturelle et l'espérance, doit encore cesser pour en laisser ressortir la dernière puissance ou la foi. Admettons que l'espérance soit la charité moins sa délectation actuelle : la foi sera, de même, la charité moins sa nature et l'espérance ; elle sera, par conséquent, d'une part, la plus nue, d'autre part, la plus vive apparition de la charité sous forme potentielle et relative. Pour amener cette dernière apparition, Dieu ménage à la mauvaise nature et à la fausse science un triomphe éphémère ; par exemple, le but que nous poursuivions de nos désirs dans le lointain, il le rapproche extrêmement de nous ; mais en même temps il nous le présente si différent de ce que nous nous imaginions, qu'il n'y a pas moyen d'y reconnaître la moindre trace des goûts sensibles que nous en attendions. La vraie charité ne se désiste point pour cela de ses poursuites ; fidèle à son esprit, elle résiste incessamment à toutes les répugnances des sens comme à toutes les difficultés de la raison ; et triomphant ainsi, par la seule énergie de la volonté, des portes de l'enfer, elle s'ouvre enfin les portes du ciel ou bien s'établit dans l'immuable repos des personnes divines.

On voit, par ce rapide exposé, que la meilleure preuve ou le meilleur signe précurseur du subit déploiement de l'être en relations internes est précisément l'apparent obscurcissement ou enveloppement de l'état immédiat précédent; et, comme il convient qu'en somme le triomphe de la charité dans le monde paraisse être le triomphe de Dieu même, toutes les périodes de l'histoire doivent s'ouvrir par une corruption initiale de son œuvre essentiellement pure au sortir de ses mains, et se fermer par une rénovation générale émanant de sa propre puissance surnaturelle et souveraine. Nous sommes loin de partager, toutefois, dans toute son extension, l'opinion de l'illustre orateur espagnol, Donoso Cortès, disant : « Je tiens pour prouvé et évident qu'ici-bas le » mal finit toujours par triompher du bien, et que le » triomphe sur le mal est réservé, si on peut s'exprimer » ainsi, à Dieu personnellement. Aussi, n'y a-t-il au- » cune période historique qui ne vienne aboutir à une » catastrophe. La première période historique commence » à la création et aboutit au déluge. Et que signifie le » déluge? Deux choses : le triomphe **naturel** du mal » sur le bien, et le triomphe **surnaturel** de Dieu » sur le mal, par le moyen d'une action directe, per- » sonnelle et souveraine. »

Il y a, dans ces paroles du célèbre orateur, quelque chose d'incontestable : c'est la vérité du fait, c'est-à-dire, du triomphe, non absolu, mais relatif, du mal sur le bien, à la fin de chaque époque. Mais est-ce à dire, pour cela, qu'il soit permis de soutenir que le mal triomphe naturellement du bien, que toujours le bien a besoin de nouveaux secours surnaturels pour se maintenir dans le monde, qu'enfin le mal possède essentiellement ou en lui-même tant d'efficacité, tant d'énergie, tant d'influence, que le bien doive toujours être naturellement vaincu par lui, comme un Hector devrait toujours être censé défait par un Achille? Nous ne pouvons supporter un seul moment la pensée d'une telle disproportion naturelle ou radicale de forces entre le bien et le mal; et, pour l'honneur de la liberté, pour l'honneur du bien et de l'humanité, nous la repoussons donc de toute la puissance de notre âme, soutenant au contraire que, si le bien est quelquefois vaincu, sa défaite provient, non d'une prédominance naturelle du mal sur le bien, mais de la simple fragilité de toute bonté créée, sujette à de trop longues épreuves; ou bien que, si le mal est quelquefois vainqueur, son triomphe n'est point un triomphe naturel, mais un triomphe de circonstance, un triomphe accidentel. En effet, comme le froid saisit le corps, ainsi le mal envahit l'âme de l'homme. On sait d'où vient le froid : il résulte d'une déperdition du calorique rayonnant dans un milieu d'une température respectivement plus basse, en l'absence de corps aptes à le réfléchir vers le corps rayonnant; auquel cas le refroidissement est encore plus rapide, si l'on suppose le corps chaud possédant une grande surface, exposé à l'air libre, etc.; car toutes ces circonstances influent particulièrement sur l'abaissement de sa température. De même, l'âme est plus ou moins envahie par le mal en raison de la position objective ou subjective de l'homme, c'est-à-dire, de sa situation externe, de sa disposition interne, de ses précédents, de ses désirs, de ses conseils, de sa réserve ou de sa témérité. Car, où l'un succombe, il arrive souvent que l'autre résiste et se conserve, et inversement; ce qui prouve bien que le triomphe et la défaite dépendent beaucoup moins de la tentation ou de la grâce, que des circonstances où l'on se trouve placé, — si ce n'est qu'on nomme grâce l'avantage d'être placé dans des circonstances favorables ; mais il ne nous convient pas d'entrer ici dans une discussion si pointilleuse. Nous voulons dire et nous disons uniquement que le triomphe ou la défaite du bien et du mal dépendent généralement, chez les êtres libres, de circonstances accidentelles ; et cette assertion est une vérité qui nous semble déjà suffisamment établie. Peut-être essaiera-t-on, néanmoins, de nous opposer cette apparente loi de décroissement numérique, par laquelle la société des justes se trouve, à la fin de chaque période, réduite à quelques hommes. Avouons la loi : s'ensuivra-t-il que le mal a naturellement l'empire sur le bien ? Nullement ; car ce qui cause ici le décroissement numérique, c'est encore une simple circonstance, le temps. La vertu, d'origine surnaturelle (§ 134), est, dans le monde, comme serait un édifice au milieu de la mer. Si cet édifice était long-temps, très-long-temps, battu des vents et des flots, ne devrait-il pas, quelque solide qu'il fût par lui-même, parce qu'il est périssable, perdre successivement, les unes après les autres, toutes ses parties jusqu'aux fondements, de manière à laisser finalement tout-à-fait à nu le roc sur lequel il reposait ? De même, la vertu de l'homme, parce qu'elle est en lui contingente, est sujette à des pertes successives qui l'exposent infailliblement à périr. D'abord, la concupiscence le tente, dit Saint Jacques ; puis, elle l'attire ; puis, elle le captive ; puis, elle le livre au mal ; enfin, par la consommation du mal, elle lui donne la mort. La charité des premiers hommes, par exemple, après deux mille ou quinze cents ans d'épreuve, s'évanouit à peu près entièrement ; après deux autres mille ans, l'espérance fut sur le point d'expirer ; après deux nouveaux mille ans peut-être, la foi fera presque universellement défaut. On ne peut cependant affirmer, pour cela, que le mal soit naturellement plus puissant que le bien, comme on ne peut dire que la mort soit naturellement plus puissante que la vie dont elle tranche le fil ; car la fin du bien mesure ou termine seulement le degré de bonté propre à la créature éprouvée ; le mal n'est rien en lui-même. Ce n'est pas tout encore. Où voit-on le triomphe du mal jamais complet, jamais réel ? De même qu'un prophète a dit, de la mort, « qu'elle porte sa mort en soi, » ce serait plutôt le cas de dire, de lui, qu'il est caduc par nature ; les signes de cela sont écrits soit au ciel soit en terre. Dans le ciel, le signe en est cette loi générale que toute opposition, toute lutte donne à chaque âge son complément divin. Le premier âge, par exemple, nous présente la lutte incessante de la concupiscence contre la charité ; mais plus la concupiscence gagne en étendue d'une part, plus la charité s'enracine d'autre part ; et la merveille du premier âge consiste en ce qu'il part d'une simple union morale et individuelle de l'homme avec Dieu, pour aboutir à une alliance positive et publique. Le second âge, placé dès le début en si bonnes relations avec le Créateur, se trouve en apparence gravement entravé par les envahissements continus de la cupidité sur l'espérance ; mais ces fréquents envahissements sont sagement disposés de Dieu, pour dégager l'alliance personnelle avec lui, de tout mélange d'intérêts temporels ; et, quand les temps sont accomplis, l'incarnation divine découvre clairement à l'homme de désir ce magnifique dénoûment de l'espérance. Le troisième âge, dont le premier mérite est de saisir l'étonnante incompatibilité qui règne, dès ce moment, entre une aussi haute représentation et notre nature déchue, risque infiniment d'oublier cette importante distinction de la foi pour se perdre dans le délire d'un orgueil sans pareil. Mais, au fond, quoi de plus propre que les luttes de l'orgueil à faire aimer et ressortir tout l'héroïsme de la foi? La pure perception du devoir tend, alors, à se dégager, comme une nymphe, de sa dernière enveloppe terrestre en se faisant de cet obstacle un moyen; et s'il arrive, en effet, qu'elle s'en dégage au point de dominer et d'absorber tout autre sentiment, semblable au fleuve grossi qui surmonte et recouvre ses digues, alors l'homme cesse tout-à-fait d'appartenir à ce monde, et l'union essentielle ou plénière avec Dieu se trouve consommée sans retour. Après le signe céleste de la caducité naturelle du mal, il y a le signe terrestre à indiquer. Ce dernier signe, nous le trouvons dans la situation défavorable du mérite moral aux prises avec la puissance et le nombre. Au temps du déluge, par exemple, toute chair, à peu près, a corrompu sa voie; mais un juste, avec toute sa famille, résiste à la contagion universelle, et brave courageusement les insultes journalières d'un peuple corrompu. Si l'honneur de la victoire est toujours en raison inverse du nombre des combattants, où est donc là le triomphe du mal? En envoyant sur le monde les eaux dévastatrices, on peut dire que Dieu détruit le mal par son action directe, personnelle et souveraine; mais son action occulte, son simple concours, sa seule grâce ordinaire l'avait déjà défait par la main d'un seul homme, par la main de Noé... De même, à la fin des temps, malgré l'affaiblissement général de la foi, malgré tous les prestiges de l'enfer, n'y aura-t-il point des milliers de croyants décidés à ne jamais adorer l'image de la bête? Et, pour lors, sera-t-il possible [1], au monde, de

---

1 *Surgent enim Pseudochristi... et dabunt signa... ita ut in errorem inducantur (si fieri potest) etiam electi.* Math., 24, 24.

séduire cette troupe d'élus? Non; les portes de l'enfer s'élèveront contre elle, par la permission de Dieu, pour la tenter, c'est-à-dire, pour en faire ressortir le mérite. Mais, une fois son mérite éprouvé, c'est-à-dire, une fois le monde vaincu, Dieu viendra directement, personnellement, exterminer, du souffle de sa bouche, ses faibles ennemis; il viendra directement, personnellement, ouvrir à ses élus, pour prix de leur triomphe, les portes du séjour de la gloire. Jamais, à proprement parler, le mal ne triomphe donc du bien dans le monde; et tout ce que Dieu fait, il le fait pour sa gloire, comme tout ce qui arrive, arrive pour les élus. *Universa propter semetipsum operatus est Dominus* [1]. *Omnia... propter electos* [2].

CONCLUSION.

§ 138.

De nos dernières paroles, on peut déjà conclure qu'il n'y aura point de distinction entre le règne des élus consommés en gloire et le règne de Dieu, puisque ces deux règnes doivent simultanément embrasser toutes choses. Mais comment sera-t-il possible que ces deux règnes coïn-

---

1 Prov., 16, 4.

2 2 Tim., 2, 10. Il est hérétique de prétendre que Dieu c o n v e r t i t le mal en bien, et catholique de dire qu'il le f a i t s e r v i r au bien. Aussi Dieu ne d i s p o s e ni n'o r d o n n e le mal, comme l'enseigne Calvin; mais seulement il le p e r m e t et t o l è r e, ou laisse faire. Gen., 45, 8; Job, 1, 12; 3 Reg., 12, 15.

cident et s'identifient, alors que l'esprit de Dieu est un [1] (charité [2]), et l'esprit de l'homme triple (charité, espérance, foi [3]) ? L'apôtre Saint Paul, un jour ravi jusqu'au troisième ciel, nous résoudra cet apparent mystère. Maintenant, la foi nous est nécessaire comme supplément de représentation ou d'intelligence ; l'espérance nous est également nécessaire comme supplément de perception ou de sensibilité. Mais quand Dieu daignera nous apparaître, c'est-à-dire, quand, délivrés de ce corps de mort, nous serons définitivement constitués, comme Dieu, dans l'unité radicale de tendance ou de puissance, aurons-nous besoin de suppléments de cette sorte ? Nullement. Car alors, mûs par une seule tendance à opérer dans toute espèce d'acte, nous devrons forcément goûter tout sentiment dans une seule et même perception supérieure, et reconnaître également tout événement dans une seule et même représentation dominante. Ne savons-nous pas déjà, par notre propre expérience, qu'il y a des plaisirs qui ne servent qu'à rehausser d'autres plaisirs, et des idées qui ne servent qu'à déterminer d'autres idées ? Mais cet effet ne peut manquer d'être surtout sensible après la délivrance de l'âme de ses liens terrestres. Alors donc, la lutte finissant entre les deux forces internes d'où nous est venue l'opinion de deux âmes, il n'y aura plus seulement, chez les justes, accord, mais parfaite unité de sentiment. Alors encore, à cause de l'entière prépondérance de la représentation radicale sur toutes les représentations sensibles, toutes les ombres ou toutes les obscurités provenant des représentations sensibles s'évanouiront sans

---

[1] Ephes., 4, 4. *Unus Spiritus.* — [2] 1 Joan., 4, 16. *Deus charitas est.* — [3] 1 Cor., 13, 13. *Nunc autem manent fides, spes, charitas.*

laisser de vestige au fond de l'âme. Ainsi, l'âme, achevant de pénétrer sans le moindre effort la raison de tout ce qu'elle fait ou qui se fait en elle, deviendra tout-à-coup comme transparente ou translucide, et cessera, dans le même moment, de chercher et de croire, pour tout posséder et tout comprendre à la fois. L'espérance et la foi, ces deux esprits partiels et finis, se dissiperont donc d'eux-mêmes [1]. Mais la charité n'est pas un supplément, ni n'a de supplément; elle peut seulement s'agrandir ou se développer de jour en jour, sans changer de nature; car, sur la terre comme au ciel, elle est toujours une seule et même chose, aspiration ou tendance. La charité ne peut donc subir aucun changement essentiel [2]; elle ne passe point, elle demeure immuable, elle demeure éternellement identique en acte ou en puissance. Ce n'est pas tout; une et identique en tous les êtres intelligents, elle est encore essentiellement apte à les tous unir et identifier. L'Apôtre, continuant à décrire ses perfections, dit : « Elle est bienveillante [3], compatissante [4], sympathique [5]; elle est accessible à tout et pénètre tout [6]; elle domine tout [7]. » Comment, après cela, ne pas comprendre que, des deux esprits de Dieu et de l'homme, il ne se forme un seul esprit? Aussi, Saint Paul ne fait pas difficulté de le déclarer formellement : « Dans l'union de Dieu et de l'homme, il n'y a qu'un esprit [8], » c'est-à-dire, qu'une aspiration. On sait, maintenant, la

---

1 1 Cor., 13, 10. *Cùm autem venerit quod perfectum est, evacuabitur quod ex parte est.* — 2 1 Cor., 13, 8. *Charitas nunquam excidit.* — 3 1 Cor., 13, 4. *Benigna est.* — 4 1 Cor., 12, 26. *Si quid patitur unum membrum, compatiuntur omnia membra.* — 5 Ibid. *Sive gloriatur unum membrum, congaudent omnia membra.* — 6 1 Cor., 2, 10. *Spiritus omnia scrutatur, etiam profunda Dei.* — 7 1 Cor., 13, 13. *Major autem est charitas.* — 8 1 Cor., 6, 17. *Qui adhæret Domino, unus Spiritus est.*

nature de l'aspiration : elle est relative ; et comme toute relation implique deux termes dont, au moins à certains égards, l'un voit et comprend l'autre comme il en est compris [1], dans la vie future il y aura donc, pour ainsi dire, émulation ou rivalité de tendance entre la créature et Dieu. De même qu'en Dieu l'esprit procède éternellement du Père et du Fils, il semblera donc alors procéder également du sein même des élus associés au Fils, pour rejaillir, d'eux, sur la nature divine et l'embrasser étroitement. Ainsi le même esprit ira et viendra des deux côtés, et par-là confondra, non seulement dans un même acte, mais encore dans une même puissance [2], Dieu, Jésus-Christ, les anges, les hommes, en un mot tous les bienheureux immortels.

D'après cela, les résultats de la commune association de Dieu et des élus peuvent être entrevus clairement. La créature, glorifiée, sera comme Dieu même ; elle aura particulièrement, dans sa spécialité, la même facilité, que lui, de percevoir ou de sentir, de représenter ou de comprendre, d'aspirer ou de vouloir. Comment Dieu se trouve-t-il, en effet, en rapport direct et immédiat avec tout ? Dieu touche immédiatement à tout, parce qu'il est charité. Remarquons qu'il est impossible que la réalité ne soit, elle-même et seule, l'éternelle matière du réel, et par conséquent, tout à la fois, sa propre mesure, sa force, sa lumière. Mais Dieu ou la réalité, dit Saint Jean, est charité. Donc Dieu juge de tout par la charité son essence. Comme on ne sent peut-être pas la force de ce raisonnement, exposons-le plus longuement.

---

[1] 1 Cor., 13, 12. *Tunc autem cognoscam, sicut et cognitus sum.* —
[2] 1 Cor., 15, 8. *Ut sit Deus omnia in omnibus.*

Supposé qu'on n'aperçoive pas de prime abord la nécessité de reconnaître que Dieu juge immédiatement de tout par son essence ou par sentiment et par goût, l'on peut toutefois se remettre aisément en mémoire qu'aux trois puissances radicales internes, une fois constituées, appartient la vertu de discerner avec une égale promptitude instinctive trois sortes de sentiments particuliers, que nous avons appelés physiques, esthétiques ou moraux. Or, il est, par-là, manifeste, non seulement que la perception, la représentation, l'aspiration peuvent être et même sont, toutes également, instinctivement averties ou conscientes de tout ce qui peut être ou devenir, mais encore que la source ou le principe de toute connaissance, reconnaissance ou convenance est toujours et nécessairement le simple sentiment ou le goût; car le principe général de tout exercice contingent des puissances radicales ne peut être différent de leur qualité générale ou commune. Donc Dieu juge réellement de tout par sentiment ou par goût, c'est-à-dire, par sa qualité générale ou son essence; et l'enseignement des livres saints confirme cette conséquence, car à chaque page ils nous apprennent que telle est réellement la vraie nature de la lumière de gloire, dans laquelle Dieu et les Saints se contemplent aux cieux. Saint Jean, par exemple, voulant nous indiquer par quel moyen Dieu, qui est sans ténèbres, se découvre aux élus, dit formellement que c'est par sens ou sentiment [1]. Jésus-Christ, voulant nous mettre sur la voie de découvrir en quoi consiste le royaume de Dieu, nous atteste qu'il est au dedans de nous-mêmes [2]; ce qui convient parfai-

---

1 1 Joan., 5, 20. *Filius Dei venit, et dedit nobis sensum ut cognoscamus verum Deum, et simus in vero Filio ejus.* — 2 Luc., 17, 21. *Ecce enim regnum Dei intrà vos est.*

tement au sentiment interne. Mais voici que déjà l'on nous crie peut-être : « Quoi de plus ténébreux que le sentiment? Et quelle présomption n'y a-t-il pas à tenter de qualifier une lumière que Saint Paul appelle inaccessible [1], tant elle est grande et parfaite? » Sans doute, rien n'est plus ténébreux, d'une part, que le sentiment interne, ou le sentiment surnaturel; mais, d'autre part, rien n'est plus lumineux : cette apparente contradiction qu'on nous objecte, est ce qui nous rassure; il la faut, pour que l'homme spirituel voie tout et ne soit vu de rien, ou bien, comme parle Saint Paul, soit juge de tous et jugé de personne [2]. De là vient que nous lisons dans le Prophète royal : « La nuit est mon illumination au milieu de mes délices [3]; » dans Saint Jean : « La lumière luit dans les ténèbres [4]; » dans Job : « La lumière divine était mon flambeau dans les ténèbres, aux jours de mon adolescence, alors que Dieu résidait invisiblement en ma tente [5]; » dans le Prophète royal encore : « Les cœurs droits ont vu la lumière briller dans les ténèbres [6]; » dans Isaïe : « Le peuple qui marchait dans les ténèbres a vu une grande lumière; le jour s'est levé sur ceux qui habitaient dans la région de l'ombre de la mort [7]; » dans Saint Jean : « Le Verbe était la véritable lumière qui éclaire tout homme venant en ce monde [8]. » S'il existe

---

1 1 Tim., 6, 16. *Lucem inhabitat inaccessibilem.* — 2 1 Cor., 2, 15. *Spiritualis autem judicat omnia; et ipse à nemine judicatur.* — 3 Ps., 138. *Nox illuminatio mea in deliciis meis.* — 4 Joan., 1, 5. *Lux in tenebris lucet.* — 5 Job, 29, 3. *Ad lumen ejus ambulabam in tenebris. — Sicut fui in diebus adolescentiæ meæ, quando secretò Deus erat in tabernaculo meo.* — 6 Ps., 111. *Exortum est in tenebris lumen rectis.* — 7 Isaï., 9, 2. *Populus qui ambulabat in tenebris vidit lucem magnam; habitantibus in regione umbræ mortis, lux orta est eis.* — 8 Joan., 1, 9. *Erat lux vera quæ illuminat omnem hominem venientem in hunc mundum.*

une lumière distincte de la lumière physique, et luisant présentement aux yeux de tous les hommes, quoiqu'elle ne soit point reconnue de tous, mais seulement de ceux qui sont nés de Dieu, cette lumière est certainement comprise dans la conscience et ne peut essentiellement différer du sentiment interne. Or, il est indubitable, d'après tous les textes cités, que la vraie lumière divine brille dès-à-présent aux yeux de tous les hommes, et ne peut cependant être aucunement confondue avec la lumière physique dont la jouissance est actuellement commune aux bons et aux méchants. Donc la lumière divine ou la lumière de gloire consiste essentiellement dans le sentiment interne, qui est le sens surnaturel. Qu'est maintenant, en lui-même, le sentiment interne ? Le sentiment interne est essentiellement charité. Car la charité présente tous les caractères du sens intérieur, comme s'exerçant par le sentiment, n'impliquant ni n'excluant aucun autre sentiment, et enfin, de tous les autres sentiments, étant le plus radical et le plus pur. D'abord, la charité s'exerce sous forme de sentiment ; cela est manifeste. Ensuite, la charité n'implique ni n'exclut aucun autre sentiment. Car elle a lieu, d'abord, sans le concours d'aucun exercice accidentel externe. On ne peut dire, par exemple, que son exercice invoque la coopération de la vue, de l'ouïe, de l'odorat, et même du goût et du toucher naturels ou physiques, puisqu'elle s'exerce indépendamment de toute couleur, forme ou distance et propriété corporelle. Puis elle est compatible avec tout autre sentiment ; car on conçoit sans peine qu'en même temps que la charité vit et règne au dedans, le sentiment s'exerce encore au dehors d'une infinité de manières. C'est ainsi que l'on se représente les bienheureux, tantôt charmés par les plus riches couleurs, tantôt courant à l'odeur de parfums agréables [1], etc. Enfin, la charité surpasse en profondeur tous les autres sentiments; car tout ce qui fait le sentiment et peut lui donner de la force ou le parfaire, elle le renferme éminemment. Le toucher, par exemple, que nous savons être le sens fondamental, elle l'admet comme puissance de perception ou de discernement, abstraction faite de toutes formes corporelles étrangères aux esprits; et le goût, qui va plus loin, en un sens, que le toucher, puisqu'il suppose les natures non seulement en contact, mais encore en état de combinaison ou de mélange, elle le renferme si bien que, nommer la charité, c'est nommer à la fois tout ce qui goûte et que l'on goûte le mieux entre toutes les espèces d'activités possibles. L'identité radicale du sentiment interne et de la charité se trouve donc inniable, et, comme tous les caractères du sentiment conviennent à la charité, nous devons dire inversement que tous les caractères de la charité conviennent au sentiment interne, dont la nature est, alors, beaucoup plus sublime qu'on ne le croit communément. Il n'a point essentiellement besoin, par exemple, d'une lumière étrangère; car toute semblable lumière ne pourrait que l'obscurcir. Indépendant de tout, il se passe de tout. Il n'est pas seulement toujours possible; il est encore toujours réel; et la mort ne peut l'atteindre, elle ne le menace point de ses terreurs, parce qu'il est sans fin comme sans commencement. Ainsi, Dieu, pouvant et devant tout connaître et juger par le sentiment ou par la charité, juge de fait, à ce simple point de vue, les choses physiques qui n'en sont que des réalisations déterminées, les choses intelligibles qui n'en représentent que le mode, et les

---

[1] Cant., 1, 3. *Post te curremus in odorem unguentorum tuorum.*

choses morales qui n'en expriment que la loi ; et son jugement, dans ce cas, est toujours instantané, parce qu'il est toujours identique à la réalité. Nous avons une image de cette infinie promptitude du jugement divin dans la facilité que nous avons nous-mêmes à prononcer, en morale, sur le juste et l'injuste. Nos jugements moraux, on le sait, se distinguent principalement de tous les autres, par leur évidence et leur nécessité; car nous n'avons pas besoin d'accord, pour nous entendre à cet égard ; la conscience parle également à tous les peuples du monde, et ses premières inspirations, au moins, sont absolument nécessaires ou évidentes. Mais les choses physiques et les choses intelligibles, qu'on pourrait croire, de prime abord, r a d i c a l e m e n t séparées de la morale, sont, de même que la morale dont elles dépendent essentiellement, sujettes à tomber, par une certaine face, sous l'œil de cette même perspicacité surnaturelle pour laquelle il n'y a point de mystères. Les choses physiques, qui semblent s'en écarter le plus, sont les premières à s'y prêter par les plaisirs passifs qu'elles sont aptes à produire et que la charité comprend, parce qu'elle les renferme éminemment. De même, les choses intelligibles sont encore, pour la charité, d'inépuisables sources d'application, par les sentiments esthétiques qu'elles conditionnent et que tout exercice de la charité présuppose. De cette manière, plaisirs, beauté, sagesse, tout est immédiatement saisi de Dieu, qui juge alors avec la promptitude de l'éclair et comme sans s'en mêler ou malgré lui : La l u m i è r e e s t s a n a t u r e, e t i l n'y a p o i n t d e t é n è b r e s e n l u i, p a r c e q u'i l e s t c h a r i t é [1].

---

1 1 Jean., 2, 10. *Qui diligit... in lumine manet.*

Ici l'on nous dira sans doute : Comment est-il possible que les êtres contingents, peut-être la plupart hétérogènes ou de diverse qualité, soient (malgré leurs différences absolues) réductibles au même point de vue, et, par-là, susceptibles d'être uniformément aspirés, représentés et perçus tous à la fois? A cela nous répondons : N'importe que les différences absolues des êtres contingents soient actuelles ou possibles, comme eux ; Dieu les peut aspirer, représenter et percevoir également dans les deux cas, parce qu'en ces deux cas il les contient de même, éminemment, comme étant leur principe. En effet, c'est maintenant une question déjà vidée, que les êtres contingents sont tous, intelligiblement, éminemment contenus en Dieu seul, qui les pose absolument ou les crée quand et comme il lui plaît dans le temps et l'espace, en imprimant volontairement à son activité permanente et radicale une inflexion accidentelle ou incidente. Mais, d'abord, des activités absolues telles qu'elles ne laissent point de dépendre d'une même activité radicale et lui sont ainsi subordonnées, autant elles peuvent et doivent être réputées absolues ou essentielles entre elles ; autant elles peuvent et doivent encore être réputées accidentelles ou contingentes à l'égard de leur cause. Ensuite, il est bien clair qu'en tout ce qui se trouve compris sous un même principe et, sous lui, ne constitue qu'une somme de différences radicalement accidentelles ou contingentes, on chercherait vainement quelque chose d'antérieur à la volonté divine qui pût multiplier la représentation, après coup, là où une seule représentation est déjà suffisante en principe. D'ailleurs, où la représentation est une, il est encore manifeste qu'il existe une seule perception impliquée en principe. Donc il n'est point incompatible, il est au contraire conforme à la nature des êtres contingents d'admettre entre eux des différences éminemment réductibles au même acte radical ; et quand, par conséquent, nous supposons que Dieu les aspire, représente et perçoit tous à la fois, nous n'alléguons rien d'absurde, nous proclamons seulement un admirable avantage de la nature divine dont la position originaire au-dessus de tous les êtres contingents n'implique pas moins tout savoir, que tout avoir et pouvoir.

Mais, s'il est rationnel d'admettre que Dieu représente et perçoit à la fois ou d'une seule vue toutes choses, l'est-il encore d'admettre que les créatures ont le même avantage ? Oui ; car il suffit pour cela d'imaginer en elles, comme nous l'avons déjà dit des purs esprits (§ 134), un vif sentiment purement tactile, subitement traduit en représentation sans distinctions ni formes accidentelles, ou bien un sentiment qui, comme celui de la Divinité, semble ne s'engendrer que du dedans, et pousse immédiatement jusqu'à l'aspiration. Un tel sentiment peut être, en effet, sinon en intensité, du moins en extension, un, instantané, complet ; et comme, d'ailleurs, il est déjà convenu que les purs esprits en sont naturellement susceptibles sans corps, il ne peut plus, dès-lors, y avoir rien d'absurde à supposer tous les êtres glorifiés confirmés en cet état, et par suite voyant, à la façon de Dieu, toutes choses.

Ainsi la raison s'accorde avec la foi pour nous apprendre que la créature peut passer du passé réellement, après la vie, dans la lumière divine. Redevable alors de la connaissance des choses à ses actes de vertu, dont Dieu fut le principe et par lesquels il achève actuellement de se révéler à sa conscience comme lumière de gloire [1] ; c'est à

---

[1] Apoc., 21, 23. *Civitas non eget sole... nam claritas Dei illuminavit eam.*

peine si elle peut se reconnaître au milieu de l'éclat qui l'environne. Dans l'infinie splendeur de sa transfiguration, elle n'a plus besoin de calculs ni de raisonnements. Son sentiment est lumineux, comme la lumière physique est aujourd'hui sensible ; c'est pourquoi ce qu'elle veut savoir, elle le sait, comme ce qu'elle veut goûter, elle le goûte, et ce qu'elle veut faire, elle le fait. Elle veut, et tout se fait. Désirer, saisir, goûter, tout se réduit, pour elle, à vouloir ; et par ce moyen elle entre définitivement en participation de la nature divine [1], ou bien est réellement et éternellement semblable à Dieu [2] dans sa sainteté, dans sa gloire et dans sa félicité.

Du reste, cette gloire et cette étonnante puissance de discernement, que Dieu destine aux bienheureux, sont déjà mystérieusement communiquées, sur cette terre, à tous les disciples de la vérité qui reçoivent et conservent en eux le Saint-Esprit, le Consolateur, le Paraclet ; car il est dit de ceux-ci, que l'esprit de Dieu les éclaire en leurs ténèbres, les inspire dans leurs pensées, les fait parler dans leurs discours, et les détermine en leurs actes, et tous ces dons ne se conçoivent point sans une certaine participation anticipée de la science divine [3]. Aussi, tandis que les anciens justes, au moment de leur mort, n'avaient pas le droit de s'attendre à trouver immédiatement autre chose que le repos des limbes, les justes de la nouvelle loi, sur le point de mourir, espèrent voir aussitôt s'accomplir pour chacun d'eux la promesse faite par Jésus-Christ, sur la croix, au bon larron qui partageait

---

1 2 Pet, 1, 4. *Divinæ consortes naturæ.* — 2 1 Joan., 3, 2. *Similes ei erimus.* — 3 1 Cor., 2, 12. *Nos autem non spiritum hujus mundi accepimus, sed Spiritum qui ex Deo est, ut sciamus quæ à Deo donata sunt nobis.*

ses douleurs : « Aujourd'hui même, vous serez avec moi dans le ciel. » *Hodiè mecum eris in paradiso* (Luc, 23, 43).

Réunissant maintenant tous ces résultats, pouvons-nous nous flatter d'avoir résolu, de la manière tout à la fois la plus simple et la plus relevée, le grand problème de l'Être et du Devenir ? Nous le croyons. Car, selon nous, il est vrai de dire, d'une part, qu'en créant le monde, Dieu se voile et s'enveloppe lui-même ; et, d'autre part, il est encore vrai de dire qu'alors Dieu se manifeste ou se révèle au dehors. Tout, ici, dépend du point de vue où l'on se place ; ce qui est, en effet, obscur et ténébreux pour la créature, est clair et lumineux pour le créateur, et ce qui n'est que ténèbres et obscurité pour le créateur, est, pour la créature, lumière et clarté ; la science divine et la science humaine sont, entre elles, comme le jour et la nuit. Ces deux lumières inverses, l'une incréée, l'autre créée, ne sont point cependant opposées, mais se correspondent, au contraire, exactement ; car « ce qui est
» invisible devient visible par la parole de Dieu ; et ce qui
» est visible redevient invisible par la foi de l'homme, dit
» Saint Paul ; ainsi tout se rapporte, s'harmonise et
» s'explique. » *Fide intelligimus aptata esse sæcula verbo Dei, ut ex invisibilibus visibilia fierent* (Hebr., 11, 3).

FIN.

NOUVEL APPENDICE.

NOUVEL APPENDICE.

DU RÈGNE DE DIEU.

Dans notre Appendice à l'*Examen de la Rationalité de la Doctrine catholique*, nous avons réfuté la fausse notion des novateurs socialistes sur le Règne de Dieu, mais nous nous sommes toutefois abstenus d'en définir le caractère interne, parce qu'en l'absence de tout développement antérieur suffisant sur la religion et l'église, il ne nous paraissait pas possible de traiter convenablement ce sujet. Maintenant, tout étant dit sommairement sur ces deux points essentiels, la difficulté qui nous arrêtait n'existe plus; nous allons donc entreprendre immédiatement de définir la vraie nature du règne de Dieu selon les principes de la foi. Dans ce but, nous nous appliquerons, premièrement, à faire ressortir l'immense différence qui sépare la doctrine catholique de la doctrine des sectaires; nous montrerons, en second lieu, comment le règne de Dieu, surnaturel par lui-même, en vient jusqu'à comprendre dans sa sphère tout l'ordre des choses terrestres et temporelles ; nous chercherons, en outre, à reconnaître distinctement son essence au milieu de tous les accessoires qui la dissimulent ou la dérobent présentement à nos yeux ; enfin, nous essaierons de nous faire une juste idée du règne de Dieu dans le ciel.

I.

Entre les nouveaux sectaires et nous, le but est identique : il consiste à réunir Dieu et l'homme en un même système, de manière à ne former, de tous deux, qu'un seul tout, qu'une seule chose, qu'une unité parfaite [1]. Or, ce ne peut être évidemment en les identifiant au sens des panthéistes, c'est-à-dire, en soutenant qu'il existe, entre eux, une parfaite identité de nature. Car, de quelle utilité nous serait-il de le prétendre ? Le sentiment dit clairement à tout homme, non seulement qu'il n'est point, en nature, identique à Dieu, mais encore qu'il n'est point, de la même manière, identique à ses semblables ; et que, bien loin d'avoir jamais besoin de travailler à sortir d'une trop absolue concentration originaire d'être pour répandre un peu de diversité sur son existence actuelle, l'objet incessant de son application est, au contraire, de chercher à limiter les effets d'une absolue séparation radicale, pour introduire, entre les êtres, la plus haute manifestation possible d'entente et d'union. Donc le moyen de réunir Dieu et l'homme n'est point la reconnaissance d'une simple identité de nature, mais plutôt l'exercice, l'emploi, l'application de toutes les natures individuelles à favoriser, par leur concours, l'union désirée ; et ce qui doit maintenant nous occuper, c'est de déterminer la nature de ce concours, seul apte à fonder l'union.

Deux principes disparates ou opposés sont proposés à cet égard, l'un par les catholiques, l'autre par les sectaires.

Le principe d'union, mis en avant par les sectaires, c'est toujours et partout la Raison, — parce qu'en effet la raison

---

1 Joan., 17, 21. *Ut et ipsi in nobis unum sint.*

n'en peut connaître d'autre. Représentons-nous l'homme seul ou livré à lui-même, avec son impuissance et son isolement : en cet état, si son esprit se porte vers le dehors, son seul guide apparent est la raison ; car il n'a point l'instinct pour guide, comme les animaux, et la foi lui fait défaut, puisqu'il ne sait point encore, comme les catholiques, en apprécier le bienfait ; il est donc forcément réduit à se contenter de la raison comme principe de perfectionnement et d'union. Or, la raison est essentiellement principe de lumière ; c'est elle qui voit, discerne et juge intellectuellement toutes choses ; par exemple, la raison réfléchit Dieu, elle le conçoit, elle pénètre même, jusqu'à un certain point, dans son essence en analysant ses perfections ; et de là vient que l'homme paraît s'approcher de Dieu par le développement de sa raison, car plus il s'instruit, plus il lui devient, en apparence, semblable. Le règne de Dieu serait donc, dans l'opinion des sectaires, le règne de la raison par excellence, c'est-à-dire, le règne où chacun, parce qu'il s a u r a i t toujours ce qu'il d o i t faire, ferait toujours ce qu'il v o u d r a i t.

Les catholiques ne rejettent point tout-à-fait l'union avec Dieu par la raison ou par l'idée ; mais ils la proclament non primitive, insuffisante, et soutiennent que le premier principe d'union, n'étant ni le sentiment ni la raison, est exclusivement la Volonté. Ce n'est pas à dire pour cela que, dans leur intention, la volonté soit l'unique principe ou le principe primitif du sentiment et de la connaissance ; mais ils pensent et affirment qu'une fois en exercice, la volonté détermine, par son intervention, l'apparition d'un nouveau mode de sentiment et de connaissance, supérieur au mode naturel et primitif de sentir et de connaître, et que, munie de ce double développement intrinsèque, la volonté ne peut ne pas tendre infailliblement à prendre le souverain empire sur l'âme ; car c'est une inévitable nécessité qu'on finisse toujours par exécuter ce qu'en définitive on se résout à vouloir ; et l'on ne saurait nier, d'ailleurs, qu'il n'y ait une volonté d'une telle nature qu'elle domine réellement tout penchant et toute idée : cette volonté toute-puissante et souveraine est connue de tout le monde, c'est la volonté morale. Il n'y a personne, en effet, que la volonté morale ne rende conscient de sa domination légitime, soit par un indicible sentiment de paix intérieure, si l'on est vertueux, soit par un intolérable remords, si l'on est criminel. On peut, il est vrai, résister à cette tendance suprême; mais quiconque y résiste, n'est-il pas toujours d'autant plus éloigné de sa perfection et par-là même d'autant plus dégradé dans son être, qu'il y conforme moins sa conduite et ses mœurs? Les catholiques ne sont donc pas mal fondés à prétendre que la volonté constitue le premier principe de l'union divine ou le règne de Dieu, règne dans lequel chacun ferait toujours ce qu'il voudrait, parce qu'il ne pourrait et ne saurait jamais que ce qu'il devrait faire [1].

De ces deux systèmes, quel est maintenant le meilleur, celui des catholiques, ou celui des sectaires? Il nous semble impossible de rester long-temps en suspens à cet égard.

D'abord, nous rejetons le système des sectaires ou bien nous refusons de reconnaître la raison comme premier principe d'union, parce qu'elle est intrinsèquement dépouillée de toute législation primitive. Est-ce que la raison est, en effet, essentiellement législative? Non; la raison dénonce les lois, c'est-à-dire, les promulgue et les fait reconnaître, mais elle ne les fonde point, ne les fait point. La fonction de la raison est d'être comme le miroir de l'esprit, c'est-à-dire, une représentation, une image, une expression des choses. Si rien ne tombe sous son acte, s'il n'y a point, par exemple, d'objet qu'elle représente, d'accident qu'elle imagine ou d'impression qu'elle retrace, qu'est-ce qui reste d'elle? A défaut de matière à élaborer, ce qui reste, c'est la simple possibilité, la simple forme, le simple vide, ou le Rien. Ainsi, la raison n'est point premier principe d'union.

Supposons-lui cependant une matière, et pour matière assignons-lui toute la somme des impressions, des mouvements et des faits extérieurs que nous expérimentons journellement. En ce cas, il n'y a plus seulement lieu, mais urgence d'admettre une législation quelconque; car, alors, chaque homme

---

1 « Dans le Verbe, dit Saint Jean (Joan., 1, 4), était la volonté, l'activité, la vie, et la vie devenait, était lumière à la raison des hommes. » *In ipso vita erat, et vita erat lux hominum.* D'après le système des novateurs, il eût fallu intervertir cet ordre, et dire : Le Verbe était lumière, et la lumière était vie.

est, tous les jours, en état d'être intérieurement déchiré par une foule de désirs opposés ; et, de plus, la guerre est incessamment au moment d'éclater entre les hommes, à cause de l'innombrable multitude d'intérêts ou de passions contraires qui les divisent à l'infini ; la pomme de discorde est ou peut être partout dans l'état de nature. Dans ce pressant besoin, nous diront maintenant les sectaires, si l'homme et la société veulent se conserver, ils le peuvent ; la raison peut les sauver. Comment cela ? Nous présumons tout naturellement qu'elle le peut, en s'interposant en arbitre entre les parties contendantes, et au besoin en décidant souverainement des droits et des devoirs de tous. Ainsi, si la contestation roule, par exemple, sur l'occupation des hautes places, des emplois lucratifs, des positions les plus commodes, la raison interviendra pour dire à l'un qu'il sera chef, intendant, surveillant, directeur ; et à l'autre, qu'il sera subordonné, domestique, ouvrier, homme de peine ; et, de peur que ses arrêts ne soient pas toujours bien accueillis, elle prendra la balance en sa main, elle y pèsera publiquement tous les motifs que les divers membres de la société peuvent faire valoir en leur faveur. Mettant, par exemple, dans un des bassins de la balance, le plaisir de l'un, seul motif réellement influent dans notre cas, elle ira demander pareillement à l'autre son plaisir, pour en charger l'autre bassin ; et, pour lors, si les deux plaisirs ou bien les deux motifs se font équilibre, elle proclamera la compensation effectuée ; sinon, elle variera les conditions. La raison est donc souveraine ? Tout au contraire ; et nous ne voulons pas d'autre preuve de notre négation que ce qu'on vient de lire. Nous avons dit que, si les intérêts se compensent, la raison le proclamera ; que, si les avantages sont inégaux, la raison réclamera. Qu'est-ce qui se compense ou réclame finalement ici ? N'est-ce pas l'intérêt qui, par la voix de la raison, est seul bon à se dire satisfait, ou, s'il ne l'est point, à se plaindre ? N'est-ce point l'intérêt qui, par conséquent, juge en dernier ressort ? Donc la raison n'est point premier principe d'union. — Mais l'on insistera peut-être, et l'on dira : « La raison n'a-t-elle point la sublime prérogative d'intimer le devoir ? Donc la raison est souveraine. » La raison n'est pas plus souveraine pour intimer le devoir, que pour constater le sentiment. Pour qu'elle le fût, il faudrait qu'elle fût ou constituât l'un et l'autre ; et c'est ce qu'elle ne fait point. Elle ne fonde point, en particulier, le devoir. Où est, en effet, le devoir? Dans l'obligation ; et l'obligation, où réside-t-elle? dans la volonté de l'être obligeant, et parfois aussi de l'être obligé. Sans volonté d'obliger surtout, il n'y aurait pas d'obligation, c'est incontestable. Donc, puisque la volonté seule constitue le devoir, la raison, qui seulement le promulgue, n'est point législative; mais, au contraire, puisqu'elle le promulgue, elle est seulement ministre, et non point souveraine.

Ce n'est pas tout. Au lieu d'être un principe d'union sociale, la raison est, autant que l'intérêt, source et foyer de division. En effet, si nous enlevons par la pensée la notion du devoir dont nous venons de reconnaître que la raison n'est point la source, la raison est, comme l'intérêt, un simple droit ou mobile de contestation et de dispute. Est-ce que l'on songerait seulement à discuter, s'il existait un premier principe reconnu d'union? Non sans contredit, puisque la difficulté ne serait pas plutôt soulevée qu'aplanie. Mais, parce que la raison présuppose au contraire l'absence de tout semblable principe d'union, de là vient qu'on discute et qu'on discutera toujours sans pouvoir jamais parvenir à s'entendre. Une preuve évidente de cette assertion nous est fournie par l'histoire des dissentions interminables entre les philosophes tant anciens que modernes. A mesure que l'expérience et l'instruction se sont accrues, les questions auraient dû s'éclaircir et l'entente se faire. Or, il s'en faut bien qu'il en soit ainsi ; car, de nos jours, on discute aussi vivement, ou même plus vivement qu'autrefois sur la morale et le droit ; ni la religion ni la société ne sont à l'abri d'attaques sans cesse renaissantes; philosophes, protestants, sociologues, tout se précipite dans l'arène et provoque au combat toutes les générations passées, présentes et futures; mais le sort de ces intrépides lutteurs est toujours néanmoins le sort des Danaïdes, de Tantale et de Sisyphe; tous leurs efforts n'aboutissent à rien.

Considérons-nous, maintenant, la volonté comme premier principe? Rien de plus aisé que de concevoir l'union. Supposons, en effet, que l'opposition des sens et de la raison soit aussi grande qu'on voudra bien l'admettre : il n'est pas cependant impossible que la même division ne s'étende point jusque dans la région des volontés; car, quelques divisés que soient deux ou plusieurs êtres par le sentiment ou par l'idée, tous peuvent être unanimes à désirer la fin de cette opposition, de cette lutte. Mais, la discorde étant étouffée sur un point, le bienfait de l'union sur tous doit devenir immédiatement sensible. La volonté, parce qu'elle est unanime, tend donc alors unanimement à changer, sur tous les points, l'opposition en union. Elle enseigne, par exemple, aux êtres opposés, à voir du même côté les mêmes choses; elle leur apprend à résoudre leurs différents de la même façon; l'accord s'étend ainsi de proche en proche sur tous les points en litige, et tout s'unit finalement dans la volonté, quand la volonté règne complètement en souveraine sur le sentiment et la raison.

D'après cette première considération, nous pouvons déjà facilement concevoir par quelle voie la volonté tend efficacement à s'emparer du suprême pouvoir; mais cela ne suffit peut-être pas encore pour nous révéler tout le secret de sa force. Pour arriver à le connaître, transportons-nous à l'origine des choses, ou remontons par la pensée jusqu'aux relations primitives entre le Créateur et l'homme; Dieu, comme créateur surtout, va nous offrir, en sa volonté, toutes les conditions requises. Ces conditions sont trois prérogatives, seules, capables de fonder sur une base inébranlable le suprême empire de Dieu sur les volontés humaines, et par suite sur l'humanité tout entière; elles consistent en ce qu'il possède naturellement, en son vouloir, un triple amour; savoir : un amour antérieur ou prévenant, quant au temps; un amour pur ou désintéressé, quant au motif; et un amour tout-puissant ou infini, quant à la manifestation. Et d'abord, il possède un amour antérieur ou prévenant, quant au temps. Car il est très-évident que, en qualité de créateur, il nous fait du bien et nous oblige ou nous aime avant tout mérite et tout retour de notre part. De là cette parole de l'apôtre Saint Jean : « Il nous a aimés le premier [1]. » Puis, il possède un amour entièrement pur ou désintéressé, quant au motif. Car, si la créature, toutes les fois qu'elle agit, consulte autant son intérêt et son devoir que sa perfection ou sa gloire, Dieu, jouissant

---

1   1 Joan., 4, 10. *Ipse prior dilexit nos.*

éternellement de la plénitude du bonheur et de la liberté, ne peut vouloir le moins du monde agir par intérêt ou par obligation; il ne devient pas même plus parfait par son action; il se maintient seulement, alors, au niveau de sa perfection naturelle, en ce qu'étant par lui-même parfait au dedans, il se plaît à manifester sa perfection au dehors. Mais, dans cette manière de voir, il est bien clair que le motif déterminant implique, en Dieu, la générosité la plus absolue, le désintéressement le plus complet. Donc l'amour divin est réellement pur et parfait, et le Roi-Prophète avait raison de l'exalter, en disant : « Seigneur, vous êtes mon Dieu, parce que vous n'avez nul besoin de mes biens [1]. » Enfin, Dieu possède un amour tout-puissant ou infini en manifestation. Nous en avons pour preuve, d'abord, la création par laquelle il commence à nous obliger infiniment; puis, tous ses autres actes temporels par lesquels il nous révèle une suite infiniment variée de moyens de nous retenir à son service. De ce nombre sont : la conservation, par laquelle il nous continue le bienfait de l'existence; l'incarnation, par laquelle il nous associe pour jamais à son Fils; la promesse de la vie future, par laquelle il nous destine une béatitude infinie, etc. A la vue de ces ineffables bienfaits, qui ne confesserait la grandeur et l'incompréhensibilité de son amour? De là cette autre belle parole de l'Apôtre de l'amour : « Dieu est plus grand que notre cœur [2]. » Qu'après cela le monde, uniquement touché des plaisirs et des peines sensibles, ne daigne point tenir en grande considération ces trois prérogatives de l'amour surnaturel, c'est le signe de son prodigieux aveuglement. Car, quoi de plus fort que l'amour dont « de grandes eaux ne peuvent éteindre les ardeurs [3]? » Et quel amour plus saisissant qu'un amour tout à la fois « prévenant, parfait et infini? » En la créature, on ne saurait sans doute découvrir rien de tel; mais, en Dieu, nous ne pouvons plus nier que ce ne soit; c'est pourquoi toutes ses volontés doivent s'accomplir — comme elles s'accomplissent en effet —

---

[1] Ps., 15, 2. *Deus meus es tu, quoniam bonorum meorum non eges.* — [2] 1 Joan., 3, 20. *Major est Deus corde nostro.* — [3] Cant., 8, 7. *Aquæ multæ non potuerunt extinguere caritatem.*

doucement, mais fortement [1], — en tous temps et en tous lieux.

Il fallait bien que Jésus-Christ eût ainsi compris toutes ces vérités avec leurs conséquences immédiates ou médiates, pour pouvoir les exprimer, en paroles et en œuvres, avec tant d'assurance et de facilité. Dans ses discours, il disait, par exemple : « Dieu seul est bon [2]. » — « Le Christ seul est maître [3]. » — « Le Père opère toujours, et Moi de même [4]. » — « Les organisateurs de la société terrestre ont réprouvé la Pierre angulaire [5], » nécessaire à la solidité de l'édifice ; néanmoins, « ayez confiance, j'ai vaincu le monde [6]. » — « Levez les yeux, et voyez comme les champs sont prêts pour la moisson [7] ; » les nations entendront ma voix et m'obéiront docilement, « il n'y aura plus alors qu'un troupeau et qu'un pasteur [8]. » Quoi de plus clair que ces paroles pour montrer que Jésus-Christ savait discerner parfaitement le principe de sa puissance, la mesure de ses moyens, et qu'à ses yeux toutes ses doctrines, tout son espoir, tous ses succès se rapportaient à la volonté comme à l'unique principe générateur de l'union divine ? En œuvres, du reste, il témoignait encore la même chose ; car toute sa vie fut un exemple perpétuel d'abnégation volontaire ; et l'apôtre Saint Paul, voulant marquer ce qu'il était par sa libre disposition, dit qu'il s'était fait obéissant jusqu'à la mort et la mort de la croix. « Ne saviez-vous point, dit-il lui-même un jour à Marie et à Joseph, qu'il me faut être aux choses de mon Père [9] ? » Ce mot résume parfaitement non seulement sa doctrine et sa vie, mais encore, en quelque sorte, toute sa personnalité.

---

1 Ssp., 8, 1. *Attingit à fine usque ad finem fortiter, et disponit omnia suaviter.* — 2 Luc., 18, 19. *Nemo bonus, nisi solus Deus.* — 3 Math., 23, 10. *Magister vester unus est, Christus.* — 4 Joan., 5, 17. *Pater meus usque modò operatur, et ego operor.* — 5 Math., 21, 42. *Lapidem quem reprobaverunt ædificantes, hic factus est in caput anguli.* — 6 Joan., 16, 33. *Confidite, ego vici mundum.* — 7 Joan., 4, 35. *Levate oculos vestros ; et videte regiones, quia albæ sunt jam ad messem.* — 8 Joan., 10, 16. *Et fiet unum ovile, et unus pastor.* — 9 Luc., 2, 49. *Nesciebatis quia in his, quæ Patris mei sunt, oportet me esse ?*

II.

Nous pensons que le lecteur a pu déjà parfaitement comprendre comme nous, par ce qui précède, que, dans l'œuvre de l'union divine primitive, il est impossible de faire tout dériver de la raison, et qu'il est, au contraire, extrêmement simple et naturel de rapporter tout à la volonté, comme à son premier principe. Nous devons, maintenant, tâcher de mettre plus clairement en lumière cette différence radicale entre les deux systèmes opposés, en considérant spécialement de quelle manière les catholiques ou les sectaires ramènent, à la raison ou à la volonté, tout l'ensemble des actes ou des événements temporels.

Dans notre premier Appendice, nous avons, en passant, fait remarquer l'inconcevable aveuglement, ou, si nous osons nous exprimer franchement, la stupide présomption par laquelle les sectaires appellent Règne de Dieu un règne où rien de Dieu ne subsiste. La nécessité logique qui les force à se jeter ainsi dans les folies du panthéisme, mot singulier par lequel on confesse et l'on nie Dieu du même coup, nous apparaîtra clairement, si nous découvrons le besoin où l'on est, en tout système, d'admettre une immédiate participation de l'homme à la nature divine. Quel est le but, en effet, qu'on se propose d'atteindre en transportant à Dieu tout pouvoir ? Ce n'est point, assurément, de dépouiller l'homme au profit de Dieu ; c'est plutôt d'enrichir l'homme, en le faisant participer aux biens de Dieu. Il y a donc, en tout système, une rigoureuse nécessité d'admettre une certaine communion de puissance entre l'homme et son Auteur ; et c'est seulement quand cette communion est parfaite, que le règne de Dieu peut et doit être censé parfait ou réel. Quelle sera, maintenant, la communauté de puissance ralliant Dieu et l'homme ? Les sectaires prétendent, comme nous le savons déjà, que le lieu de leur rencontre est la raison. Il faut donc, selon eux, qu'en un certain moment la raison divine et la raison humaine soient proprement identiques. Or, cette identité se trouve-t-elle un seul moment admissible ? Et comment pourrons-nous nous représenter le changement de la raison humaine en la raison divine ? Rien de plus aisé, disent ici les sectaires : la raison divine inspire d'abord la raison générale, et la raison générale, à son tour, inspire la raison individuelle ; de là résulte l'identité de la raison humaine à la raison divine. Nous conviendrons que rien n'est plus aisé que d'assembler ainsi trois termes, que l'on franchit et que l'on identifie à son gré ; mais cette marche n'est point peut-être aussi facile à justifier qu'on le pense. Car comment s'opère donc cette prétendue transformation de la raison divine en raison générale, et de la raison générale en raison individuelle ? — Est-ce que, par hasard, on entendrait nous parler ici d'une immédiate participation de la raison humaine à la raison divine, sous forme d'incarnation réelle, en ce sens que, l'homme agissant, ses actes pourraient être attribués à Dieu de la même manière que nous, catholiques, avons coutume de rapporter à la seconde Personne divine tous les actes humains de Jésus-Chist ? Mais cela supposerait indubitablement, en Dieu, un acte volontaire, ou une volonté quelconque très-positive ou efficace, puisque la raison humaine n'est point naturellement en la raison divine ; et nos adversaires ne peuvent évidemment, dans leurs pensées, admettre une pareille idée. Donc il ne s'agit point ici, d'abord, d'une immédiate participation de la raison humaine à la raison divine par acte volontaire ou par incarnation. — Est-ce donc qu'ils entendraient nous parler d'une immédiate participation de la raison humaine à la raison divine par illumination surnaturelle ou par révélation ? Cela n'est pas davantage possible ; car les sectaires rejettent formellement ce moyen extraordinaire de communication ; et, d'ailleurs, pour qu'il fût praticable, il faudrait que l'humanité pût s'agglomérer tout entière dans un seul et même lieu, pour y être favorisée des mêmes grâces. Mais l'incessante dispersion de l'humanité dans le temps et l'espace met un obstacle invincible à ce mode extraordinaire d'infusion d'une raison en l'autre. Donc il ne s'agit point, en second lieu, d'une immédiate participation de la raison humaine à la raison divine par illumination surnaturelle ou par révélation. — Dans ce cas, il reste donc à dire seulement qu'il s'agit d'une simple communication par influence ou par relation accidentelle ; ou se résoudre à professer le plus crû panthéisme. Mais, si ce dernier parti répugne, le premier ne vaut pas davantage. Qu'est-ce qui leur garantit, en effet, la vérité de cette relation accidentelle qu'ils imaginent entre la raison humaine et la raison divine? L'identité prétendue de la raison générale à la raison divine n'est point, d'abord, évidente; c'est évident. Donc elle est arbitrairement admise et professée. De plus, pour concevoir unies deux raisons aussi (préalablement) divisées que la raison humaine et la raison divine dans l'état présent, nous ne voyons pas d'autre moyen qu'un acte subjectif du côté de l'homme, la foi; et nos adversaires rejettent encore ce moyen. Donc ils nient, par-là même, la condition indispensable de cette relation accidentelle qui fait leur dernière ressource. Enfin, comme la raison divine est nécessairement une, il faudrait, pour avoir le droit d'affirmer l'identité de la raison humaine avec elle, être en état de prouver que la raison générale est elle-même quelque chose d'un et de réel, comme cela serait si tous les hommes parvenaient à s'entendre sur tous les points controversés et à rédiger de cette sorte un symbole universel. Mais cela n'est point. Il n'est pas plus vrai, que la raison générale se répète dans toutes les raisons particulières, puisqu'on ne distingue les raisons particulières qu'à cause de l'absence de la raison générale. Donc ni la raison divine n'est identique à la raison générale, ni la raison générale n'est identique à la raison particulière; et ainsi cette superbe trinité de degrés par laquelle les sectaires se flattent d'aller et de venir sur le chemin du ciel, comme les anges montaient et descendaient sur l'échelle de Jacob, disparaît en définitive aussi promptement que s'évanouit autrefois, à son réveil, la trop courte vision de ce saint patriarche.

Le système des catholiques n'est point, de son côté, sujet à de semblables critiques, parce qu'il est seulement question, en lui, de simples actes volontaires, sans aucune espèce de considérations — sensibles ou intellectuelles — primitives. Il est vrai qu'il a, comme le système des sectaires, une égale suite de transformations à présenter ou de degrés à parcourir; mais nous espérons faire voir aisément qu'en même temps que la cime de cette échelle sainte touche au ciel, ses pieds ne laissent pas de reposer très-positivement sur la terre. Les trois termes qu'embrasse, en effet, le système catholique, sont Dieu, Jésus-Christ, l'Eglise. Le mode de transition, indiqué pour réunir ces divers termes entre eux, n'a pas besoin d'être indiqué ; tout le monde a compris déjà que c'est l'activité, et mieux encore, la volonté. D'abord, Dieu, par ses actes ou par sa volonté souveraine, règne sur Jésus-Christ, en exerçant sur sa nature humaine un empire absolu. Jésus-Christ, à son tour, étant Dieu et homme tout ensemble, s'unit, non plus sans doute hypostatiquement, mais toutefois réellement et par acte, à l'Eglise comme à son épouse immortelle, et règne ainsi sur elle, en lui communiquant son divin Esprit en personne ou en acte. Enfin, l'Eglise, en quelque sorte divinisée par le legs de son divin époux montant au ciel, règne sur le monde, en le réprouvant pour le péché, le surmontant par la justice et le confondant par le jugement. D'ailleurs, il est visible que ce qui convient à l'Eglise, convient à chacun de ses membres saints ; seulement, aucun membre de l'Eglise (si ce n'est la Sainte-Vierge) ne saurait offrir dans sa personne la plénitude du Saint-Esprit inhabitant dans tout le corps des fidèles. A cause de l'identité de ce divin Esprit en l'Eglise, en Jésus-Christ, en Dieu, les trois règnes de Dieu, de Jésus-Christ et de l'Eglise, ne constituent, maintenant, qu'un seul règne. Car, quand l'Eglise règne, Jésus-Christ règne avec elle ; et, quand Jésus-Christ règne, c'est encore Dieu qui règne [1]. Inversement, le règne de Dieu devient le règne de Jésus-Christ, et le règne de Jésus-Christ devient le règne de l'Eglise, quand la même volonté, le même esprit passe d'un terme en un autre, pour les unir tous les trois dans un seul et même esprit [2]. Ainsi, rien de plus aisé que d'aller et de venir, cette fois, avec les anges sur le chemin du ciel. Au lieu que, dans le système des sectaires, tout est contradictoire, faux ou hypothétique, tout est, au contraire, dans le système catholique, fondé, clair et rationnel. Donc ce dernier système, seul, expose radicalement la vérité sur le règne de Dieu.

---

[1] 1 Cor., 3, 22-23. *Omnia vestra sunt; Vos autem Christi; Christus autem Dei.* — [2] Joan., 14, 20. *In illo die vos cognoscetis, quia ego sum in Patre meo; et vos in me; et ego in vobis.*

III.

Si Dieu règne avec Jésus-Christ, et Jésus-Christ avec l'Eglise, il est clair que, pour connaître distinctement le règne de Dieu, l'on doit connaître le règne de Jésus-Christ, comme, pour connaître le règne de Jésus-Christ, il faut connaître le règne de l'Eglise; d'où il suit que la connaissance du règne de l'Eglise est la connaissance de celui de Jésus-Christ et de Dieu, ou la connaissance du règne en général. En quoi consiste donc le règne de l'Eglise, ou qu'est-ce que l'Eglise?

L'Eglise est le règne de Dieu sur l'homme et la société. Dieu gouverne temporellement l'humanité par ses inspirations, ses lumières, ses dons surnaturels; mais, comme l'homme est naturellement, surtout par son corps, dans un état d'ignorance et de ténèbres, il accomplit ordinairement sous le voile de la parole interne ou externe la dispensation de ses faveurs, et ceux auxquels il accorde cette grâce sont ses voyants ou ses prophètes. Il y a donc toujours deux choses à distinguer dans une révélation divine, savoir, son expression et son objet; mais l'objet de la révélation en est évidemment la partie principale, et, lorsque Dieu fait successivement plusieurs révélations, il ne faudrait pas s'imaginer qu'il agit ainsi sans suite ni motifs; au contraire, il faut croire que toutes ses grâces s'enchaînent et qu'il règne entre elles l'ordre le plus parfait; car un être infiniment parfait ne saurait se conduire autrement. Quel est, maintenant, l'ordre secret qui lie les unes aux autres toutes les révélations successives? Dieu, dans la dispensation d'une aussi grande faveur, suit exactement l'ordre indiqué par le développement naturel des facultés humaines; c'est pourquoi, d'abord, il parle à la sensibilité [1] de l'homme; puis, à son intelligence [2]; et, enfin, à son vouloir [3].

Parce que l'homme est primitivement un être percevant et sensible, Dieu s'attache à lui révéler d'abord les conditions de

---

1 Rom., 2, 15. *Ostendunt opus legis scriptum in cordibus suis.* — 2 Rom., 2, 18. *Instructus per legem.* — 3 Luc., 2, 14. *Pax hominibus bonæ voluntatis.*

son bonheur personnel dans le domaine de la nature et des instincts physiques. En effet, si nous ouvrons les Saintes Ecritures, nous y voyons que les vrais intérêts naturels et domestiques de l'homme sont ceux dont Dieu l'instruit et l'entretient de préférence, au premier âge. Par exemple, quand Dieu veut défendre à nos premiers parents de manger d'un certain fruit qui leur serait mortellement funeste, il leur dit expressément : « En manger, ce sera subir l'arrêt de mort [1]. » Quand ensuite il s'agit de leur expliquer les suites plus immédiates de leur désobéissance, il dit à l'homme : « Vous vous nourrirez de pain à la sueur de votre front [2], » et à la femme : « Vous serez en puissance d'homme [3]. » Voyant Caïn près de succomber sous l'envie, le Seigneur lui donne cet avis salutaire : « Si vous faites bien, vous vous en trouverez bien ; mais si vous faites mal, les suites de votre péché le prouveront [4] ; » et, comme Caïn indocile à sa voix avait commis son crime, il lui dénonce en ces mots son châtiment : « Vous serez errant et vagabond sur la terre [5]. » N'oublions pas de remarquer ici que les promesses ou les menaces, dont se compose la sanction de la législation divine primitive, ne se limitent à aucun temps ni aucun lieu. Car Dieu ne dit point, par exemple, à la femme : « Vous serez en puissance d'homme un certain temps ; » mais il lui dit sans restriction : « Vous serez en puissance d'homme ; » et, par cette manière de parler, il atteste clairement que ses volontés s'étendent à tous les temps et lieux ; Adam et Ève dûrent parfaitement le comprendre. D'ailleurs, cela ne se trouve-t-il point rigoureusement impliqué par ces paroles, devenues proverbiales, du Seigneur à Caïn : « Qui fait bien, trouvera bien ; et qui fait mal, trouvera mal ? » Une vérité nécessaire exprime toujours un rapport ou une chose immuable. Il était si bien entendu que tout acte bon ou mauvais en l'homme lui méritait une bénédiction ou malédiction éternelle du côté de Dieu, que l'écrivain sacré nous le représente lui-même, proférant cette terrible sentence contre l'homme charnel : « Mon esprit ne demeurera point éternellement dans l'homme, parce qu'il est chair [6]. » L'a-

---

1 Gen., 2, 17. — 2 Ibid., 3, 19. — 3 Ibid., 3, 16. — 4 Ibid., 4, 7. — 5 Ibid., 4, 12. — 6 Ibid., 6, 3.

mour divin est comme l'amour humain : une fois qu'il s'envole, il ne connaît plus de retour [1].

Au second âge, un nouvel ordre de choses s'élève, non à la place, mais au-dessus du précédent. Dieu cesse d'envisager seulement l'homme individuel, pour voir en lui l'homme civil et politique ; aussi ne lui parle-t-il plus explicitement, dans la loi, que de biens ou de maux atteignant, immédiatement et par nature, tous les membres d'un état. Les biens, qu'il s'engage à donner en récompense à tous ceux qu'il bénit ainsi temporellement, sont spécialement la liberté, la paix, la gloire, la richesse, etc. Inversement, les maux, dont il menace dans ce cas les maudits, sont une suite correspondante de peines, telles que l'esclavage, la guerre, le déshonneur, la disette, etc. Les vertus, auxquelles sont attachées les bénédictions divines, sont la religion, l'équité, la justice, etc. : et les vices, qui doivent faire encourir au contraire les vengeances divines, sont l'impiété ou l'idolâtrie, la mauvaise foi, l'injustice, etc. Du reste, la preuve que ce nouvel ordre de récompenses ou de peines concerne dorénavant les hommes envisagés non plus comme individus, mais comme peuple ou nation, se trouve souvent fournie par la Sainte Ecriture, notamment dans le texte de l'alliance contractée par Dieu même et les enfants de Jacob. Là, Dieu dit expressément à ceux-ci : « Si vous écoutez ma voix et gardez mon alliance, j'établirai mon royaume au milieu de vous, vous serez la nation sainte, » c'est-à-dire, je vous comblerai de biens civils et politiques ; mais, si vous violez jamais cette même alliance, sachez que ma fureur s'allumera contre vous ; car « je suis, Moi, le Seigneur, fort, jaloux, visitant l'iniquité des pères, de génération en génération, sur tous leurs enfants qui leur ressemblent, comme je répands également avec profusion et sans fin mes miséricordes sur tous ceux qui m'aiment et gardent mes commandements [2]. » Cette seconde législation divine n'a pas, maintenant, plus de limites que la législation primitive ; car aujourd'hui, comme autrefois, il doit être vrai de dire que Dieu seul élève les nations ou les abaisse pour leurs vertus ou

---

[1] Sauf repentir et changement. La bonté sait pardonner au repentir sincère. — [2] Exod., 19, 5 et 20, 5.

leurs vices publics. De là vient que, pour le faire servir encore d'exemple à tous les peuples, il conserve le peuple juif après tant de siècles d'exil et de souffrances. Ce peuple survit, seul, à tant de nations anéanties, à cause même de la grandeur de son crime ; et parce que, se souvenant aussi de ses anciennes promesses, Dieu lui réserve peut-être, pour la fin des temps, un dernier témoignage de prédilection et de grâce.

Enfin s'ouvre le troisième âge. Le Fils, envoyé du Père pour régner sur les hommes de bonne volonté par ses grâces et sur les méchants par ses rigueurs, descend des cieux pour accomplir sa mission. D'abord, comme il convenait à ses desseins, rien d'éclatant ne le distingue, au dehors, du commun des mortels. Car, s'il fait des miracles, d'autres en avaient fait, avant lui, peut-être d'aussi nombreux et d'aussi grands. D'ailleurs, ses miracles n'ont jamais pour but d'établir sa grandeur ; à peine on les lui souffre comme des actes de bienfaisance ; jamais on ne lui permet de s'en prévaloir pour appuyer, du témoignage du Père, son propre témoignage. Toutefois, si, malgré cette faiblesse visiblement affectée, l'on réfléchit avec attention sur ses discours, si l'on s'applique sérieusement à démêler, parmi tant d'autres sujets d'admiration, les fondements de l'empire éternel qu'il jetait sur la pierre sans paraître seulement y songer, l'on ne tardera pas à reconnaître évidemment en lui le véritable dépositaire des clefs du ciel et de l'enfer. De même que le bois vert, mis au feu, fume et jette des flammes en même temps, de même les deux législations précédentes, quoique bonnes pour leur époque, avaient laissé subsister à côté d'elles une foule de ressorts ou de désirs inutiles et dangereux, essentiellement incompatibles avec la perfection d'un empire éternel : Jésus-Christ commence par élaguer de sa législation tout ce grossier alliage. Sans doute, il ne proscrit point absolument l'exercice de la force publique, tout comme il ne songe point à forger des lois civiles pour les hommes encore indépendants et libres ; mais aussi n'a-t-il aucun besoin de rien ordonner à cet égard, pour atteindre son but. Sa législation ne concerne que médiatement les corps ; elle atteint immédiatement les âmes. Sachant mieux ce qui est en l'homme que l'homme lui-même, où les anciens Sages n'avaient jamais seulement soupçonné l'existence d'une force publique, universelle, Jésus-Christ distingue et signale un ressort sans égal, un moyen de gouvernement inimitable, et débute ou prélude ainsi, par sa mise en œuvre, à des succès indéfinis. Le fondement de son empire est, nous ne dirons pas la morale, — ce mot ne serait pas compris, — mais le principe de la morale, ou la foi [1]. Au fond, rien n'est plus simple à dire; en apparence, rien n'est plus facile à découvrir; tous les hommes, ayant évidemment les mêmes besoins, les mêmes goûts, doivent conséquemment être animés d'une même tendance à l'unité. Mais ce principe secret, cette tendance innée, qui jamais l'avait estimée quelque chose?... Jésus-Christ, plus intelligent que tous les hommes, « démêle, seul, les secrets des ténèbres, et manifeste les conseils des cœurs; » il fait intervenir Dieu même au milieu de ce monde ténébreux; il montre son action possible au milieu de nos débats; nous n'avons plus, nous, qu'un mot à dire; un *fiat* de notre part est capable de nous élever, par sa grâce, jusqu'aux biens de l'ordre le plus élevé, qui sont ceux de l'ordre moral et de l'éternité. Mais, peut-être, le lecteur incrédule rit ici, déjà, de notre simplicité. Prêcher à tous les hommes la bienveillance, à tous les citoyens la droiture, à tous les rois la justice : est-ce là la matière d'un empire, ou n'est-ce pas plutôt la royauté d'un esprit hors de sens? Il serait téméraire de prendre ici parti si promptement; consultons les faits. Toutes ces nouvelles tendances que nous venons de voir jaillir du cœur de l'homme par l'ordre de Jésus-Christ, plus promptement qu'une eau miraculeuse ne jaillit autrefois d'un aride rocher par l'ordre de Moïse, toutes ces nouvelles tendances, disons-nous, ne devaient point demeurer indépendantes ou isolées, sous peine de ne servir à rien; ainsi, toutes les tentatives des anciens Sages avaient échoué par défaut d'unité. Mais Jésus-Christ, assez clairvoyant pour découvrir le principe, l'est encore assez pour découvrir le moyen : pour réunir comme en un seul faisceau toutes les tendances morales jusqu'alors isolées, il institue son Église. Toutefois, cette Église nouvelle n'a d'autre fondement ni d'autre garantie que la morale, ou la foi; mais quoi

---

[1] La foi (qu'on ne l'oublie pas) est la force d'affirmation appliquée aux choses ou aux faits du monde interne ou externe, dont on n'a point la conviction par perception ou représentation propres.

de plus puissant, de plus illimité, de plus actif que ce simple ressort? Est-ce que tout le bonheur de l'homme, tous les succès des nations, toutes les destinées de l'humanité ne dépendent pas de cette unique vertu [1]? Le voilà donc, pour ainsi parler, le véritable Dieu terrestre! Supposons que l'homme donne et ne donne qu'à Dieu sa foi : le voilà lui-même, en quelque sorte, revêtu de toute la puissance divine! Il est, dès ce moment, en état de transporter les montagnes. Que sont, par exemple, en comparaison des biens ou des maux éternels que l'on sait être l'objet en même temps que la sanction de la foi, tous les avantages ou tous les désavantages, naturels et domestiques, civils et politiques, des deux législations précédentes? Une âme grande et généreuse, une âme même simplement droite et juste, une âme de foi estime ces derniers moins que rien, et n'a d'appréhension que pour ceux-là. Pourquoi? Parce qu'elle a déjà sa conversation dans les cieux. Ce n'est plus en réalité contre les puissances de ce monde, mais contre les portes même de l'enfer que cette âme, maintenant, se reconnaît aux prises; cependant elle ne craint point, elle ne craint rien, parce qu'elle sent en soi le Dieu qui la regarde, qui l'aime, qui l'éclaire et qui la fortifie. « De la foi vient la vie [2], » disait Saint Paul; « de la foi vient l'intelligence [3]; » « sans la foi, comme sans la charité, l'homme n'est rien devant Dieu [4]. » De peur qu'on ne présume trop exagérées ces louanges, Saint Jean enchérit encore en disant, non seulement que par la foi l'homme devient enfant de Dieu et vainqueur du monde, mais que « l'homme est né de Dieu et a vaincu le monde, par cela même qu'il a reçu la foi [5]. » D'où il suit que la foi est, en abrégé, toute la vertu de Dieu.

En d'autres termes, nous dirons que la foi est comme le germe de l'esprit. Ce germe est d'abord déposé, latent, avec le don de la parole, dans le sein de tout homme qui vient en ce monde; la charité des premiers temps et l'espérance des

---

1 La mauvaise foi désorganise tout, et sans foi à rien l'homme tombe dans l'inertie. — 2 Rom., 1, 17. *Justus autem ex fide vivit.* — 3 Hebr., 11, 3. *Fide intelligimus.* — 4 Hebr., 11, 6. *Sine fide autem impossibile est placere Deo.* — 5 1 Joan., 5, 4. *Omne quod natum est ex Deo, vincit mundum; et hæc est victoria quæ vincit mundum, fides nostra.*

siècles prophétiques contribuent ensuite à le faire éclore ; mais, ce germe une fois éclos, l'alliance du ciel et de la terre est consommée. « Les hommes sont, désormais, dociles à Dieu. » L'esprit de Dieu ne se donne plus avec mesure, mais « avec plénitude ; » et de cette alliance des deux esprits céleste et terrestre résulte alors l'Eglise. Cependant l'Eglise, le merveilleux produit de cette union merveilleuse, ne doit point disperser sans combat toute l'armée des puissances ennemies, conjurées pour sa perte ; Dieu l'a voulu pour la confusion des esprits de ténèbres. Leur destin est de préparer et de soutenir la lutte ; celui de l'Eglise est de vaincre, car, comme s'exprime Saint Jean : « Elle est venue pour vaincre et vaincre encore [1] ; » ou bien, comme disait Jésus-Christ de la pierre angulaire, il faut « que tout ce qui lui fait la guerre, ou la reçoit d'elle, soit également anéanti [2]. » Dans le cours de son pèlerinage, elle n'attaque directement ni la liberté ni l'indépendance civile, ni le pouvoir ni la force politique ; elle travaille seulement, sans éclat et sans bruit, à les modérer ou régler, en ramenant les hommes sauvages à la vie sociale, et mitigeant l'usage de la force ; et l'histoire est là pour attester que, ce que la civilisation païenne n'a pu faire, l'Eglise catholique l'a fait. Mais l'Eglise attaque immédiatement et de front l'erreur, la faiblesse et le vice ; et tous ces maux ont dû céder à sa puissance. L'Eglise, par exemple, a voulu ravir l'empire au Paganisme, et placer la vérité sur le trône ; elle l'a fait en se posant efficacement dans le monde comme la lumière des nations et le juge suprême de la foi. L'Eglise a voulu flétrir le vice et préconiser au contraire les bonnes œuvres et les vertus ; elle l'a fait en déclarant seuls dignes d'honneurs publics et solennels les hommes vertueux. L'Eglise, enfin, a voulu fortifier la faiblesse et rabattre l'orgueil d'une prospérité temporelle souvent imméritée ; elle l'a fait en élevant la croix au dessus des sceptres et des couronnes. Ainsi, tout ce que l'Eglise attaque a succombé sous ses coups ; mais elle est à l'abri de tout semblable destin. Car, supposé que ces dangereux voi-

---

[1] Apoc., 6, 2. *Exivit vincens ut vinceret.* — [2] Math., 21, 44. *Qui ceciderit super lapidem istum, confringetur : super quem verò ceciderit, conteret eum.*

sins qu'elle n'a point entrepris de détruire, tels que l'indépendance politique et les pouvoirs publics, osent lever contre elle une main sacrilège, leur première victime est, non point l'Eglise qu'ils voudraient payer ainsi de ses bienfaits, mais eux-mêmes. Ces rois ou ces peuples, ingrats envers l'Eglise, n'éprouvent-ils pas aujourd'hui même, plus manifestement qu'autrefois, le sort prédit par Jésus-Christ à tous les ennemis de l'Eglise, quand il disait : « Celui qui frappe du glaive, sera frappé du glaive à son tour [1]; » et encore : « Vous serez traités comme vous aurez traité les autres [2]? » L'Eglise ne peut plus être en danger quelque part, que tout n'y tombe simultanément en ruine ; on la dirait le baromètre de l'esprit. Ses chancellements présagent d'immédiates commotions sociales, comme autrefois son repos indiquait la stabilité des nations. Mais jamais, peut-être, cette vérité n'apparaîtra plus clairement qu'aux temps dont nous nous approchons, et que, bien à tort, on semble redouter pour l'Eglise. Car il nous semble aisé de remarquer qu'à mesure que le siècle s'avance, l'esprit de l'Eglise se développe, aussi, sensiblement, en révélant de plus en plus, dans le corps des fidèles, trois dispositions admirables, qui sont, d'abord, un profond sentiment, non amer, mais au contraire consolant, du néant originaire de toute créature ; puis, une vue beaucoup plus intelligente et plus compréhensive des vérités divines, ainsi que de la nature et de l'esprit humain ; enfin, un plus généreux désir de se dévouer, comme les martyrs d'autrefois, à tous les sacrifices réclamés par le service de Dieu et des hommes. Ces dispositions, qui sont comme les prémices de la vie glorieuse, sont, il est vrai, d'autant plus rares qu'elles sont plus héroïques, et nous ne devrons pas nous étonner qu'elles deviennent encore en peu de temps beaucoup plus rares ; mais Dieu sait jusqu'à quelle limite peut se réduire le nombre des membres saints de son Eglise ; et c'est quand ce nombre sera précisément atteint, que se déclarera cette crise dernière après laquelle l'Eglise, un moment abattue, se relèvera, plus triomphante et plus belle, pour se constituer dans sa dernière ère de gloire, de bonheur et de paix.

---

1 Math., 26, 52. *Omnes enim qui acceperint gladium, gladio peribunt.*
— 2 Math., 7, 2. *In quâ mensurâ mensi fueritis, remetietur vobis.*

IV.

Loin de nous la pensée de décrire, dans toutes ses parties et ses détails, l'état glorieux des bienheureux dans le ciel ! Ce qu'il est dans la mesure de nos forces de comprendre, ce qu'il suffit à notre esprit de savoir, ce qu'enfin la révélation semble immédiatement nous offrir, voilà tout l'objet de nos recherches actuelles.

Tout l'essentiel sera sommairement compris à cet égard, si nous parvenons à pénétrer, d'abord, le principe de la béatitude apparente ou de l'état externe glorieux des élus ; puis, le principe de leur béatitude interne ou de leur consommation en sensibilité, en intelligence et en amour.

Le principe de la béatitude apparente des élus, qui constitue le caractère négatif de leur état céleste, est tout simple : c'est, avec le maintien ou (si l'on veut) la revivification de leur état interne, la fin ou l'exclusion absolue de tout ce que l'état actuel de l'Eglise contient, non seulement d'étranger et de défectueux, mais encore de relativement bon et d'essentiel pour elle. Rien de plus facile à concevoir qu'une définitive cessation ou chûte de dispositions accidentelles et superflues, et, par cette cessation ou chûte, l'éclatante apparition des choses ainsi momentanément recouvertes d'une sorte de rouille ou de voile. Il est certainement au pouvoir de Dieu de défaire ce qu'il a fait ; et, de même qu'après l'enlèvement d'un moule on voit avec plaisir ressortir sur le plâtre les formes projetées par l'ouvrier, ainsi, quand l'actuelle disposition des choses prendra fin, nous contemplerons avec bien plus de bonheur qu'aujourd'hui, dégagée de ses moyens d'action, l'œuvre projetée par la Sagesse infinie. Rien de plus certain encore, par la révélation, que la cessation d'une foule de dispositions actuelles. D'abord, tout ce que l'état présent de la Cité de Dieu contient d'étranger et de défectueux passera : comme la mortalité, la souffrance, le besoin, la contrainte, etc. Car, si nous ne nous trompons dans l'interprétation de Saint Jean [1], la Cité de Dieu dans la gloire doit être comme

---

[1] Apoc., ch. 21 et 22.

placée dans le vide de l'air, n'ayant que Dieu pour soutien : tous ses membres, disposés entre eux comme le seraient les parties d'un merveilleux édifice, mais mobiles, obéiront à deux simples forces opposées, mais harmoniques, l'amour et la volonté ; et, de tous les maux qui nous assiégent maintenant, il ne leur restera ni ressentiment ni vestige. Puis, ce que l'Eglise contient momentanément de relativement bon et d'essentiel pour elle doit encore finir. La foi, par exemple, et tout ce qu'elle implique, comme le saint ministère et la prédication (Rom., 10, 17), n'auront plus lieu dans le ciel [1]. De même, l'espérance et tout ce qu'elle entraîne, comme les sacrements et les autres signes de la grâce divine, cesseront sans retour ; car « l'espérance n'est point des choses que l'on voit ; qui est-ce qui espère en ce qu'il voit [2] ? » La foi et l'espérance passeront donc, parce qu'elles n'ont qu'une bonté relative ; on connaît ces belles paroles du Docteur des nations : « Quand j'aurais toute la foi possible, jusqu'à transporter les montagnes, si je n'ai la charité, je ne suis rien, etc. [3]. » Comme, maintenant, la charité est essentiellement bonne et le principe de tout bien, elle devra donc demeurer éternellement avec ses œuvres ou ses mérites, pour ordonner toutes choses, c'est-à-dire, tous les êtres, dont ceux qui se trouvent écrits dans le Livre de vie vivront, et ceux qui n'y sont point écrits mourront éternellement.

Le principe du bonheur réel ou de la béatitude interne, qui constitue le caractère positif de l'état glorieux, peut être envisagé de diverses manières, absolument, subjectivement et objectivement ; mais il est clair qu'ici toutes ces acceptions doivent être prises ensemble ; et, pour les réunir en effet, nous poserons en conséquence cette définition générale : Le principe de la béatitude interne consiste en un Acte de simple perception, radicalement infini en représentation et en aspiration.

---

1 1 Cor., 13, 10. *Cùm autem venerit quod perfectum est, evacuabitur quod ex parte est.* — 2 Rom., 8, 24. *Spes autem quæ videtur, non est spes ; nam quod videt quis, quid sperat ?* — 3 1 Cor., 13, 2. *Si habuero omnem fidem, itd ut montes transferam, charitatem autem non habuero, nihil sum.*

Au lieu d'employer cette définition, nous pourrions dire : Le principe de la béatitude éternelle est un Acte d'aspiration, radicalement infini en puissance et en efficacité ; ou bien encore : Il est un Acte de représentation radicalement infini en perception et en aspiration. Car le sens de toutes ces locutions est le même, puisque nous retrouvons, en toutes également, l'indication des actes relatifs de perception, de représentation et d'aspiration, sans lesquels on ne conçoit pas plus la possibilité de satisfactions que de besoins d'aucune sorte. L'ordre rationnel des relations fondamentales nous semble, seulement, mieux observé dans notre première définition que dans les autres ; et c'est par cette raison que nous l'avons préférablement adoptée.

Après cette justification préalable de notre définition, il nous reste maintenant à la comprendre. Pour en venir plus aisément à bout, considérons quelques exemples ; et tout d'abord, entre autres, celui d'une mère dont nous savons que l'affection et les soins pour son fils font le bonheur naturel. D'où lui vient son bonheur ? nous demanderons-nous. Son bonheur lui vient d'abord, évidemment, du plaisir de le v o i r. Mais, quoiqu'elle y contribue, ce n'est point cependant la s i m p l e v u e p h y s i q u e de son fils qui la charme, puisqu'il est incontestable que la vue de tout autre enfant aussi bien constitué que le sien serait loin de lui faire éprouver la même jouissance. Au plaisir naturel de le voir se joint donc, alors, une nouvelle source de plaisir ; et c'est, d'une part, le plaisir de contempler, en son fils, la représentation ou l'image d'elle-même, de ses parents, de son époux, etc. ; d'autre part, la prévision de l'heureux avenir qu'elle lui souhaite et dont elle espère être elle-même témoin, comme de ses utiles travaux, de ses vertus, de ses mérites, etc. Ainsi, le bonheur naturel d'une mère est une jouissance complexe qui provient, d'abord, d'un acte de perception physique, tel que la vue ou le toucher ; puis, du souvenir de tous les autres actes de même nature, que le précédent acte de perception est apte à réveiller ; enfin, de la prévision de tous les actes analogues dont son cœur est déjà gros pour l'avenir.

Prenons pour deuxième exemple l'acte du Samaritain que l'Évangile nous dit avoir déployé tant de zèle au service d'un pauvre blessé gisant sur un chemin, tout couvert de sang et de plaies. Le même effet que la maternité fait dans la mère, l'humanité le faisait, alors, dans cet homme de bien. Voir la malheureuse victime des voleurs et se sentir touché de pitié, ce fut, pour ses yeux et son cœur, une même et subite impression. On ne peut dire, néanmoins, que ce premier sentiment, évidemment dépendant de l'impression physique, ne dépendit absolument que d'elle; car, supposé qu'il eût trouvé dans cet état déplorable, non un homme, mais une créature irraisonnable, la douloureuse affection ne se fût point communiquée, de ses sens, à son âme. Mais, en même temps qu'il avait aperçu, des yeux du corps, des blessures cruelles, il avait reconnu, des yeux de l'âme, dans la nature du malheureux estropié, l'image ou la représentation de lui-même, de ses proches et de tous les hommes en général; il avait encore, d'un coup d'œil intérieur, entrevu mille maux à venir, par exemple, la désolation d'un père et d'une mère que la nouvelle de cette catastrophe pouvait conduire au tombeau, le désespoir d'une famille dont cet homme peut-être était le seul appui... D'ailleurs, que de biens anéantis tout d'un coup! Que d'espérances évanouies!... L'avenir et le passé, non moins que l'actuel ou le présent, contribuaient donc à le remplir d'une émotion ineffable; c'est pourquoi, sans délibérer, il fit pour l'homme ce que la mère aurait fait pour le fils: il le servit, lava ses plaies, et le prit avec lui.

Les deux exemples que nous venons de proposer ont cela de commun qu'ils nous offrent deux affections distinctes, mais chacune, complexe, en ce sens qu'elles se composent de trois points de vue sans lesquels le plaisir, en un cas, et la douleur, en l'autre, n'auraient point de sujet, de raison ni de but, mais avec lesquels ces deux sentiments nous apparaissent naturellement, rationnellement et moralement nécessaires. Mais, outre ces ressemblances, ils offrent des différences qu'il n'est point inopportun d'observer, et que nous résumerons en disant que le second exemple nous révèle un point de vue beaucoup plus élevé que le premier. Car, ce qui guide la mère, par exemple, c'est la simple affection domestique; le besoin, l'intérêt, le devoir ont de l'empire sur elle, parce qu'ils s'adaptent merveilleusement au cadre de la famille hors de laquelle une mère ne se comprendrait plus elle-même; et de là vient que le soin de sa famille forme ordinairement toute sa vocation. Le Samaritain, au contraire, juge et sent au point de vue d'une affection plus haute ou plus profonde; pour lui, la société se substitue à la famille et s'en approprie les besoins, les intérêts et les lois; et la qualité d'homme devient, alors, synonyme de frère. Ainsi, la mère a naturellement le sentiment moins étendu, parce qu'il est objectivement plus restreint; l'idée moins compréhensive, parce qu'elle embrasse moins de faits, et l'aspiration moins libre, parce qu'elle a moins de moyens de se produire. Le Samaritain, au contraire, a naturellement le sentiment plus extensif, parce qu'il convient à plus d'objets; l'idée plus compréhensive, parce qu'elle embrasse plus de faits, et enfin, l'aspiration plus libre, comme aussi plus méritoire, parce qu'ayant beaucoup plus de moyens de s'exercer, elle se produit, quand elle est bonne, beaucoup plus spontanément.

Par-dessus ces deux amours s'élève un autre amour dont la nature est indépendante, non seulement de la chair et du sang, de la ressemblance et de la parenté, mais encore de la volonté de l'homme, de la sympathie naturelle ou de toute autre sorte de considération propre : c'est l'amour uniquement fondé sur les rapports de volonté à volonté, d'esprit à esprit, d'être à être, ou bien l'amour spirituel, la charité. Le plus noble et plus touchant exemple de ce céleste amour est le très-volontaire sacrifice de Jésus-Christ offert, comme l'on sait, pour racheter les hommes pécheurs, préserver les anges innocents et glorifier en même temps les trois Personnes divines. Il ne faudrait pas songer à comparer, cette fois, l'amour révélé par une aussi sainte action à l'amour des deux cas précédents; car l'amour spirituel excelle infiniment sur tout autre amour, en longueur, largeur, hauteur et profondeur, comme parle l'Apôtre [1]. De même que le sentiment d'humanité, bien et dûment dégagé du cadre étroit de la famille, domine notablement le sentiment maternel tout en lui servant de raison et d'appui; de même, l'amour spirituel domine infiniment le sentiment d'humanité tout en lui servant de raison et de base, car l'amour spirituel sort du cadre étroit du temps et de l'es-

---

[1] Ephes., 3, 18. *Ut possitis comprehendere cum omnibus sanctis quæ sit latitudo, et longitudo, et sublimitas, et profundum.*

pace pour être ou devenir infini. Rien de plus réel, de plus fort, de plus étendu, par conséquent, que ce dernier amour. Comme il a son centre et sa sphère partout, et que, d'ailleurs, tout esprit est radicalement pénétrable, il n'y a plus lieu de se demander ici s'il est capable d'opérer l'union, d'esprit à esprit, la plus intime, la plus entière et la plus pleine. L'union est opérée, par cela seul qu'il existe ; et son exercice propre consiste à s'exciter, à se communiquer, et à se recueillir sans commencement et sans fin.

Cela posé, remarquons qu'étudier l'état interne des bienheureux dans le ciel, c'est rechercher comment les esprits y sont disposés en eux-mêmes, entre eux, et dans leurs relations avec leur corps et les êtres réprouvés.

Or, 1° en eux-mêmes, les bienheureux seront de purs esprits doués d'une ineffable et pérenne participation aux joies des trois Personnes divines, conformément à ces paroles du Sauveur : « Entrez dans la joie de votre maître [1]. » Car le principe de leur bonheur est d'abord la charité ; puis, comme cet acte absolu pris relativement, implique en Dieu trois relations essentielles, ils devront participer à ces trois relations comme à Dieu même. Si nous cherchions, en conséquence, à nous faire une idée juste du bonheur de Jésus-Christ ou de la Sainte-Vierge dans le ciel, nous devrions ne pas oublier de concevoir en eux une admirable reproduction des relations divines, par exemple, une action immanente qui serait leur première relation, une passion commémorative qui serait comme l'extension idéale de cette même action, et enfin une tension efficace qui représenterait leur puissance intensive.....

2° Entre eux, les bienheureux seront des esprits bien plus étroitement unis les uns aux autres d'esprit à esprit, qu'ils ne le seront, chacun, avec son propre corps. Cette union réciproque des Saints est une conséquence, soit de leur union avec Dieu qui la conditionne et l'implique, soit de la prépondérance radicale des unions personnelles sur les unions physiques dans un état où

---

[1] Math., 25, 21. *Intra in gaudium Domini tui.*

tout doit être parfait comme la charité, son principe. Comme nous ne nous sommes point, jusqu'à cette heure, clairement expliqués sur la nature des unions personnelles, nous allons dire ici ce qu'il faut entendre par-là. Les unions personnelles sont celles dans lesquelles les purs esprits s'influencent respectivement comme principes, termes ou moyens d'action... Il y a deux principales sortes d'union personnelle d'une créature avec Dieu : l'une immédiate et nécessitante, c'est-à-dire, provenant immédiatement de Dieu par un acte absolu de vouloir; l'autre médiate et simplement inclinante, c'est-à-dire, seulement produite entre la créature et Dieu par manière de désir et de grâce. De ces deux unions, la première est uni-personnelle et s'appelle hypostatique; la seconde est bi-personnelle et revient à ce qu'on nomme ordinairement adoption, alliance; la fin en est d'ailleurs identique, c'est l'union parfaite d'esprit et de substance. — Il nous semble aisé de concevoir que les esprits puissent s'unir ensemble, puisqu'ils ne sont, par eux-mêmes, fixés en aucun lieu et de plus sont susceptibles de toute sorte de relations sociales, pourvu qu'elles n'impliquent point contradiction. Mais est-il bien vrai de dire que les unions personnelles sont naturellement plus étroites que l'union physique d'une âme avec son corps? Oui, quoique les faits paraissent maintenant témoigner le contraire; car il n'est pas rare de voir une cause moins puissante mais plus prochaine l'emporter accidentellement sur une cause éloignée plus puissante. Par exemple, on sait que, si l'on met en présence les deux gaz hydrogène et oxigène, ces deux gaz, malgré leur étroite affinité respective, ne se combinent point de suite et restent à l'état de simple mélange, mais que, si l'on fait pénétrer dans l'ensemble une étincelle électrique, ils sortent immédiatement de leur apparente indifférence et se combinent. Or, quelle est la raison de ce fait? La raison en est très-vraisemblablement, que les éléments des deux gaz sont d'abord empêchés de céder à leur tendance respective par les éléments électriques ou calorifiques déjà rassemblés autour d'eux et suffisants pour les retenir isolés dans le repos de leurs sphères, mais qu'ensuite, ces sphères étant troublées ou momentanément détruites au moyen de l'étincelle électrique, ils profitent de ce moment de trouble et de libre essor pour accomplir leur union. De même, donc, les esprits doués de leurs trois facultés ou puissances ont certainement beaucoup plus d'aptitude à s'allier entre eux, qu'à se charger d'un corps. Mais l'union corporelle précède ; il leur faut bien la subir aux dépens de toute autre union non encore actuelle. Le moment vient-il pourtant où, par grâce ou autrement, l'union corporelle s'affaiblit ou finit? Les esprits, libres dès-lors de céder à leurs mutuelles tendances, s'allient activement; et cette union est en même temps si profonde que, comme dans le cas de la combinaison entre l'oxigène et l'hydrogène, il n'y a point de comparaison à faire entre la précédente et celle-là [1].

3° Considérés sous l'aspect général de l'union des esprits et des corps, les bienheureux auront une absolue liberté [2] de percevoir accidentellement tous les sentiments naturels les plus parfaits; comme Dieu même, ils sembleront, alors, s e j o u e r d a n s l'u n i v e r s [3]. Ces jeux corporels, très-innocents par eux-mêmes, le seront surtout par l'intention ; car ils n'auront point pour but le délassement et la distraction, mais seulement l'exercice apparent ou la représentation sensible de leur constante obéissance aux lois du saint amour [4]. Comme des amis sincères ont coutume de se témoigner leurs sentiments intérieurs par des actes accidentels auxquels ils seraient très-indifférents par eux-mêmes, ainsi les bienheureux, dans le ciel, se donneront des témoignages extérieurs d'honneur et d'affection par des actes spontanés dont il serait d'ailleurs présomptueux et téméraire de vouloir, en cette vie, leur ravir le secret [5]. « Ni les yeux, ni les oreilles, ni le cœur de l'homme ne sauraient se représenter, dit Saint Paul, ce que Dieu tient en réserve à ceux qui l'aiment [6]. »

4° Enfin, les bienheureux ne jouiront pas seulement d'un

---

1 Gen., 49, 29 et 32. *Et præcepit eis* (Jacob), *dicens : Ego congregor ad populum meum... et obiit, appositusque est ad populum suum.* — Luc., 16, 23. *Elevans autem oculos suos, cùm esset in tormentis, vidit Abraham à longè, et L a z a r u m i n s i n u e j u s.* — 2 2 Cor., 3, 17. *Ubi Spiritus Domini, ibi libertas.* — 3 *Delectabar per singulos dies, ludens coram eo omni tempore, ludens in orbe terrarum.* Prov., 8, 30-31. — 4 Ps., 33. *Inquirentes autem Dominum non minuentur omni bono.* — 5 2 Cor., 12, 4. *Quæ non licet homini loqui.* — 6 1 Cor., 2, 9. *Oculus non vidit, nec auris audivit, nec in cor hominis ascendit, quæ præparavit Deus iis qui diligunt illum.*

empire absolu sur leur corps ; par une sorte d'extension ou de prolongation de pouvoir, ils régneront encore immédiatement ou médiatement sur les réprouvés, soit par leurs décrets ou volontés, soit par la nature dont ils dirigeront à leur gré la puissance [1]. L'intelligence de cette proposition suppose au moins une idée sommaire de l'état des réprouvés après la vie. Nous ferons donc observer qu'il existe deux sortes de peines très-distinctes après la vie, les unes **essentielles et générales**, les autres **accidentelles et spéciales ou particulières**. Les peines essentielles sont le remords, la honte, et la douleur sensible ou physique interne. Nous ajoutons : interna, pour bien marquer que la douleur sensible essentielle n'est point causée par un feu corporel, mais a sa source au centre même de l'âme [2], et résulte de la simple privation de Dieu. Cette assertion est, en effet, confirmée par tous les passages où il est question de **feu éternel** [3], de **feu inextinguible** [4]... Car il est manifeste que ces épithètes ne conviennent point parfaitement au feu matériel. D'ailleurs, Sainte Thérèse, que l'on a raison de regarder comme plus experte en ces matières que les théologiens les plus habiles, parce qu'elle en parle d'après sa propre expérience, professe clairement la même foi ; car elle dit expressément « qu'il n'y a point de rapport entre les choses de la terre et les tourments des réprouvés [5]; » et, en un autre endroit, elle affirme aussi positivement « que l'âme peut souffrir, indépendamment du corps, des sentiments si douloureux que, quand même on le mettrait en pièces, elle n'en serait point touchée [6]. » Ces trois sortes de peines, la morale, l'intellectuelle et la sensible interne, étant maintenant inséparables de l'âme et dépendant exclusivement des œuvres accomplies,

---

1 Ps., 149. *Exultabunt sancti in gloriâ, lœtabuntur in cubilibus suis. Exaltationes Dei in faucibus eorum, et gladii ancipites in manibus eorum. Ad faciendam vindictam in nationibus... Ad alligandos reges eorum in compedibus... Ut faciant in eis judicium conscriptum ; gloria hœc est omnibus sanctis ejus.* — 2 Ezech., 28, 18. *Producam ergo ignem de medio tui, qui comedat te.* — 3 Math., 25, 41. *Discedite à me, maledicti, in ignem œternum, qui paratus est Diabolo.* — 4 Math., 3, 12. *Paleas autem comburet igni inextinguibili.* — 5 Le Château, 6ᵉ Dem., ch. 1, pag. 145. — 6 *Ibid.*, 6ᵉ Dem., ch. 9, pag. 239.

qu'il n'est au pouvoir d'aucune créature de changer, on ne peut dire que le sort éternel des réprouvés soit à la discrétion des élus ; Dieu seul en est, sous ce rapport, le souverain arbitre.—Les peines accidentelles auxquelles les réprouvés restent sujets après les peines éternelles, bien qu'elles soient respectivement très-légères et presque nulles, ne laissent pas de mériter en elles-mêmes une très-grande considération, à cause des relations qu'elles expriment et qui représentent à l'imagination ou aux sens extérieurs les souffrances internes. Les peines accidentelles spéciales, surtout, sont propres à cette fin ; mais, pour les bien connaître, il faut les considérer, d'abord avant, puis après le dernier jugement. Considérées avant le dernier jugement, elles iront en augmentant ou seront progressives. Car, d'abord, cela nous est clairement insinué dans la parabole du mauvais riche, où nous voyons d'une part qu'il n'y a plus de mitigation à espérer dans l'enfer [1], et d'autre part que le malheureux réprouvé s'y trouve en chaque instant menacé d'un redoublement de tourments par l'arrivée, toujours trop fréquente, de ses divers complices [2]. Puis, nous pouvons encore invoquer à notre appui, sur ce point, l'autorité de Sainte Thérèse, dont les paroles conviennent au moins aux temps présents, quand elle dit si positivement : « Considérons donc, mes sœurs, quels sont les tourments des damnés, puisqu'ils ne sont adoucis ni...., ni..., mais qu'au contraire ils vont toujours en augmentant, j'entends quant aux peines accidentelles [3]. » Considérées après le dernier jugement, les mêmes peines accidentelles ne suivent plus la même loi ; cessant alors d'être progressives, elles deviennent constantes en principe, et restent variables dans les applications. En effet, il faut ou il convient que les peines accidentelles des damnés soient incessamment le contrepied des plaisirs accidentels des élus. Or, on admet, comme nous avons déjà vu n° 3, une certaine variation accidentelle dans l'état bienheureux, d'ailleurs fixe et constant, de ceux-ci. Donc la même variation peut et doit se reproduire dans l'état malheureux, d'ailleurs fixe et constant, de ceux-là. De plus, si la somme des plaisirs accidentels dont

---

[1] Luc., 16, 25. *Fili, recordare...* — [2] *Ibid.*, 16, 28. *Ut testetur illis, ne et ipsi veniant...* — [3] Le Château, 6ᵉ Dem., ch. 9, pag. 241.

chaque juste est susceptible est incessamment déterminée par la somme de ses mérites antérieurs ou son degré de gloire, la somme des peines accidentelles doit être également déterminée, pour le méchant, par l'ensemble de ses œuvres; et l'on ne peut supposer qu'aucune intercession puisse atténuer alors l'effet de ses démérites passés, car « il n'y a de rédemption d'aucune sorte dans l'enfer [1]. » Or, la béatitude du juste, en général, se mesure uniquement à ses œuvres, suivant la loi suprême de justice. Donc la souffrance des méchants se détermine encore à la même mesure, ou bien, dans l'enfer comme au ciel, les passions sont exclusivement proportionnelles aux actions accomplies dans la vie. — Maintenant, il pourrait nous venir en pensée de vouloir connaître la nature objective des peines accidentelles réservées aux méchants; mais il serait absurde et même puéril de prétendre assigner, dès cette vie, quelque chose d'aussi variable et d'aussi changeant par soi-même. Les réprouvés comme les élus, seuls, peuvent savoir ce qui leur fait, en détail, peine ou plaisir. Au lieu, donc, de porter là-dessus notre attention, demandons-nous : Quel est le principe déterminant des peines ou des plaisirs accidentels? Peut-être, aurons-nous le bonheur de rencontrer juste, en disant qu'il est dans la volonté même des élus, qui ne sont pas seulement libres, mais souverains. Ils sont libres par la grâce de Dieu qui les préserve de tout assujettissement externe; ils sont souverains, parce que Dieu daigne encore les associer à son empire en leur assujettissant toutes les puissances inférieures [2]. Aussi, les plaisirs spéciaux des élus se reflètent-ils parfaitement dans les peines spéciales des méchants. Leur empire inaliénable est, en général, ce qui réjouit accidentellement les premiers; leur esclavage temporel pour la forme, mais au fond immuable, est ce qui remplit les derniers de confusion et de rage. Peu importe le signe extérieur de cette souveraineté comme de cette dépendance absolue! Entre un sou-

---

[1] Office des Morts, 7ᵉ rép. *In inferno nulla est redemptio.* — [2] Luc., 10, 20. *In hoc nolite gaudere, quia spiritus vobis subjiciuntur; gaudete autem...* — Sap., 5, 17. *Accipient regnum decoris et diadema speciei de manu Domini...* — Apoc., 2, 26. *Qui vicerit... dabo illi potestatem super gentes, et reget eas in virgâ ferreâ...*

verain et un sujet, concevons-nous une chaîne dont le souverain tient le haut bout, et le sujet le bas? La même chaîne distribue, pour lors, le bonheur ou le malheur suivant les bouts ; mais le souverain est seul maître de régler cette distribution, il ne dépend que de lui-même [1].

Après tous ces développements, est-il cependant aisé de se faire une idée nette du règne divin, dégagé de toutes considérations accessoires? Il suffit, ce nous semble, pour acquérir cette notion distincte, de bien saisir la nature des fonctions éminemment compréhensives des Personnes divines auxquelles les élus seront associés. D'abord, dans le ciel, le Père agit ou travaille sans cesse à se contempler lui-même dans sa gloire, en éloignant de lui tout sentiment accidentel et ne s'adorant qu'à cause de son infinie perfection. Puis, le Fils y agit encore incessamment, en obéissant toujours, en faisant toujours ce que fait le Père, en l'imitant en toutes choses. Enfin, le Saint-Esprit y agit ou travaille lui-même incessamment, en s'efforçant de complaire tout à la fois au Père et au Fils et les servant fidèlement. En d'autres termes et plus brièvement, le Père y travaille toujours pour le Fils qu'il produit à son image ; le Fils y travaille toujours à correspondre au Père; et le Saint-Esprit y travaille toujours à leur complaire à tous deux. Mais remarquons ; là le travail du Père n'est jamais sans plaisir, ni l'obéissance du Fils sans honneur, ni la complaisance du Saint-Esprit sans mérite. Donc travail et plaisir, correspondance et honneur, complaisance et mérite, voilà les choses toujours inséparables deux à deux ou trois à trois, qui constituent le Règne de Dieu, le Paradis ou le Ciel.

---

1. Subissant la loi des bienheureux, les méchants conservent très-probablement une certaine liberté d'action, c'est-à-dire, le pouvoir de se tourmenter eux-mêmes ou entre eux. De là, la dernière classe des peines accidentelles, qui sont les peines élémentaires ou particulières de l'enfer.

NOTES.

Nota 1º. — En lisant (*Préface*, pag. 1ʳᵉ) que le besoin d'une conviction personnelle nous a mis dans nos recherches, quelques personnes ont cru qu'en d'autres temps nous avions manqué de foi. C'est une fausse interprétation. Regardant en nous-mêmes la foi comme une conviction par autrui, et la science comme une conviction par soi, nous avons seulement voulu dire que nous nous étions toujours senti le besoin de convertir la foi ou conviction d'emprunt en science ou conviction personnelle. Du reste, cette manière de parler n'est pas de nous seuls; on peut la retrouver dans Malebranche.

Nota 2º — Dans notre première publication, nous n'avions pas indiqué, comme nous le faisons dans celle-ci, quelles étaient, après le symbole catholique, les sources (Herbart et Drobisch) où nous avions trouvé nos inspirations et nos principes; en cela, notre but était de tenir nos lecteurs *présumés* hors de toute prévention, et en état d'en apprécier impartialement l'importance et l'à-propos. Or, il paraît qu'il n'eût pas été moins urgent de parer à un autre danger; car, si nous en croyons le peu de jugements émis et recueillis, nos opinions auraient eu besoin de l'appui de quelque grand nom pour faire impression sur les esprits. Nous invitons, en conséquence, tous ceux qui seraient ainsi portés à faire, d'une doctrine, une question de noms, à vouloir bien s'appliquer un moment à comparer nos principes avec ceux des principaux apologistes de la religion. Il n'y a pas seulement, entre eux et nous, une grande différence; mais, si nous prenons Bergier pour exemple, on n'aura pas de peine à reconnaître, dans son grand et beau *Traité de la vraie Religion*, dix ou vingt propositions contradictoires ou erronées, dans lesquelles ce savant auteur fait, sans s'en douter, cause commune avec les incrédules et leur donne des armes.